Unilaterale internationale Transfers

Europäische Hochschulschriften
Publications Universitaires Européennes
European University Studies

Reihe V
Volks- und Betriebswirtschaft

Série V Series V
Sciences économiques, gestion d'entreprise
Economics and Management

Bd./Vol. 2447

PETER LANG
Frankfurt am Main · Berlin · Bern · New York · Paris · Wien

Thomas Richter

Unilaterale internationale Transfers

Zur Analyse von Kapitaltransfers unter modernen Wirtschaftsbedingungen

PETER LANG
Europäischer Verlag der Wissenschaften

Die Deutsche Bibliothek - CIP-Einheitsaufnahme

Richter, Thomas:

Unilaterale internationale Transfers : zur Analyse von Kapitaltransfers unter modernen Wirtschaftsbedingungen / Thomas Richter. - Frankfurt am Main ; Berlin ; Bern ; New York ; Paris ; Wien : Lang, 1999
(Europäische Hochschulschriften : Reihe 5, Volks- und Betriebswirtschaft ; Bd. 2447)
Zugl.: Köln, Univ., Diss., 1998
ISBN 3-631-34822-3

D 38
ISSN 0531-7339
ISBN 3-631-34822-3

Vorwort

Die hier vorgelegte Forschungsarbeit setzt sich mit einem besonderen Gebiet der Außenwirtschaftstheorie auseinander, das bereits eine Geschichte von mehr als 200 Jahren kennt. Die bekanntesten Beiträge dazu sind vorwiegend nach größeren Kriegen mit anschließenden Tribut- oder Reparationsleistungen der Verliereran die Siegerstaaten entstanden. Gleichwohl sind die Gegenstände der Untersuchung unter gegenwärtigen und absehbaren zukünftigen Wirtschaftsbedingungen von höchster *Aktualität*: Zum einen rücken Nationen gerade in modernen Friedenszeiten ökonomisch und politisch immer mehr zusammen, wobei zunehmend Geflechte wechselseitiger Transferströme zwischen den oft deutlich unterschiedlichen Staats- und Wirtschaftsräumen entstehen. Zum andern und zugleich hat sich die Kapitalmobilität in jüngerer Zeit weltweit über alle Maße erhöht mit der Folge globaler Finanztransaktionen großen Stils, die nach Art und Wirkung unilateralen Transfers zumindest sehr nahekommen.

Beherrschendes Ziel dieser Studie von Herrn Dr. RICHTER war es, bekannte Hauptansätze der internationalen Transfertheorie auf ihre Relevanz unter *modernen* Wirtschaftsbedingungen, insbesondere bei flexiblen Wechselkursen und hoher Kapitalmobilität mit weltweit verflochtenen Güter- und Faktormärkten, zu überprüfen, sie wo nötig zu erweitern oder neueren Erkenntnissen anzupassen, um so zu besser fundierten Gesamtaussagen über Brennpunkte und Erfolgsaussichten grenzüberschreitender Transferleistungen zu gelangen.

In mindestens drei wesentlichen Punkten weicht die Vorgehensweise dabei von den traditionellen Ansätzen der internationalen Transfertheorie ab. Aufgrund der deutlichen Orientierung an *monetären* Aspekten wurde es notwendig, bereits die Initialeffekte von Transfers sehr viel stärker in den Vordergrund zu rücken, beginnend mit den Aufbringungs- und Kassenhaltungseffekten auf Güter-, Geld- und Devisenmärkten des Geberlandes. Ebenfalls auf die prononcierte Einbeziehung monetärer Aspekte zurückzuführen ist die Betonung monetärer *Gegen*transfers in dieser Arbeit. Sie können einerseits Ausdruck des Nichtgelingens eines Transfers sein, andererseits aber auch Indiz einer gezielten intertemporalen Optimierung der implizierten Zahlungsströme. Damit können sie als möglicher gemeinsamer Nenner für monetäre *und* reale Effekte des Transfers fungieren, denn erst das Verhältnis von Transferzahlung, Gütertransfer und monetärem Gegentransfer im Raum und in der Zeit kann ein umfassendes Gesamtbild des Transferprozesses liefern. Als dritte gewichtige Modifikation ist die Einbeziehung von *Handelsstrukturen* in ihrer Abhängigkeit von den jeweils zu unterstellenden Angebots- und Nachfrageverhältnissen in den beteiligten Ländern zu nennen. Sie erweist sich einer eher statischen, auf die Nachfrageseite beschränkten Betrachtung als überlegen, da sie zu deutlich allgemeineren (im Sinne von breiteren) Aussagen über den Transfer führt.

Mit dem Fortgang der Arbeit wurde deutlich, auf welche Weise sich aus dem geschichtlichen Erbe in Verbindung mit neueren Ansätzen auch bei methodischen Diskrepanzen im einzelnen sehr wohl konsistente Aussagen ableiten lassen und - von noch höherer Valenz - in welcher Weise sich die Erkenntnisse aus solchen Ansätzen zu einem allgemeinen Bild von Transfers zwischen Staaten und Wirtschaftsräumen zu ergänzen vermögen. In diesem Sinne wiegt das Ergebnis der Arbeit insgesamt schwerer als die Summe der Einzelergebnisse in den jeweiligen Kapiteln!

Köln, im Januar 1999 Univ.-Prof. Dr. Rolf Rettig

Diese Arbeit entstand während meiner Tätigkeit als wissenschaftlicher Mitarbeiter am Staatswissenschaftlichen Seminar der Universität zu Köln. Im Dezember 1998 wurde sie als Dissertation der Wirtschafts- und Sozialwissenschaftlichen Fakultät der Universität zu Köln angenommen.

Danken möchte ich an erster Stelle meinem Doktorvater Herrn Prof. Dr. ROLF RETTIG, auf dessen Anregung hin diese Arbeit entstand und der mir in jeder Phase der Arbeit wertvolle Hilfestellung gab. Ohne die Beschäftigung an seinem Lehrstuhl wäre diese Arbeit nicht entstanden. Für die zahlreichen Diskussionen, die moralische Unterstützung und nicht zuletzt die tatkräftige Hilfe möchte ich allen Mitarbeitern des Lehrstuhls danken, insbesondere Herrn Dr. KLAUS-DIETER ROTHE und Herrn Dr. LUDWIG BÖCKMANN. Herrn Prof. Dr. RALPH ANDEREGG danke ich für die Übernahme des Korreferates. Besonders wertvoll waren die Anregungen von Frau Dr. MOUNA THIELE und Frau Dr. STEFANIE FELKEL, deren konstruktive Kritik in unzähligen Diskussionen mich das Ziel nicht aus den Augen verlieren ließ und deren gute Ratschläge meinen Weg begleiteten.

Ein ganz besonderer Dank gilt meiner Frau, Dipl.-Ök. SABINE RICHTER, die wohl am meisten die Höhen und Tiefen des Werdegangs einer Dissertation zu spüren bekam. Einen gehörigen Schuß Motivation im Schlußspurt verdanke ich meiner kleinen Tochter, auch wenn sie selbst noch nicht um ihre "Mitarbeit" weiß.

Ich widme diese Arbeit meinen Eltern, die mich immer in jeder Hinsicht unterstützt haben.

Essen, im Januar 1999 Thomas Richter

Übersicht

Inhaltsverzeichnis

Symbolverzeichnis

Kapitel I und II:

A	Absorption
a	marginale Absorptionsquote (bezüglich des Einkommens)
a′	marginale Absorptionsquote (bezüglich des Transfers)
B	Wertpapierangebot
B^d	Wertpapiernachfrage
C	Konsumausgaben
C^a	autonomer Konsum
c	marginale Konsumquote bezüglich des Nettosozialprodukts zu Faktorkosten
c^v	marginale Konsumquote bezüglich des verfügbaren Einkommens
DBS	Devisenbilanzsaldo
Ex	Exportwert
e	nominaler Wechselkurs
G	autonome Staatsausgaben ohne Transferausgaben
g	staatsbedingte Nachfrageänderung inklusive Transfer (logarithmische Darstellung)
h	marginale Hortungsquote (bezüglich des Einkommens)
h′	marginale Hortungsquote (bezüglich des Transfers)
I	Nettoinvestitionen
I^a	autonome Investitionen
Im	Importwert
Im^a	autonome Importe
i	Zinsniveau
i^*	ausländisches Zinsniveau
K	Kapitalimporte
KBS	Kapitalbilanzsaldo
k	Kassenhaltungskoeffizient
L	reale Geldnachfrage
L^{nom}	nominale Geldnachfrage
L^P	Portfoliokasse
L^{Tr}	Transaktionskasse
L^T	Transferkasse
LBS	Leistungsbilanzsaldo
M	reale Geldmenge
M^*	Geldschöpfung (flow supply)
M^{nom}	nominale Geldmenge

MB	monetäre Basis
m	marginale Importquote (bezüglich des Einkommens)
m´	marginale Importquote (bezüglich des Transfers)
m^g	marginale Importquote des Staates
m^d	Geldnachfrage (logarithmische Darstellung)
m^s	Geldangebot (logarithmische Darstellung)
N	Summe der autonomen Nachfragekomponenten
P	Preisniveau
p	Preisniveau (logarithmische Darstellung)
St^a	autonome Steuern
s	marginale Sparneigung (bezüglich des Einkommens)
s´	marginale Sparneigung (bezüglich des Transfers)
T	Transferbetrag
W	nominaler Wechselkurs
w	nominaler Wechselkurs (logarithmische Darstellung)
X	Exportmengen
Y	nominales Einkommen
Y^v	verfügbares Einkommen
y	Güterangebot (logarithmische Darstellung)
y^d	Güternachfrage (logarithmische Darstellung)
ZBS	Zahlungsbilanzsaldo
α	Veränderung der autonomen Importe
δ	terms of trade-Elastizität der Güternachfrage
ε	Semi-Elastizität der Zinsnachfrage
ϕ	Einkommenselastizität der Geldnachfrage
Γ	Importmengen
γ	Summe der marginalen Nachfrageausfälle m, s und t
η	Nachfragekoeffizient bezogen auf das Einkommen
φ	Abkürzung für (T + St)/N
κ	Geldmengenmultiplikator
λ	Transfermultiplikator
μ	Kaufkraftverhältnis
π	Trägheitsfaktor der Gütermarktanpassung
θ	erwartete Anpassungsgeschwindigkeit des Wechselkurses
ρ	Zinsreagibilität der Geldnachfrage
τ	marginale Steuerquote bezogen auf das Nettosozialprodukt zu Faktorkosten (Grenzsteuersatz)
ϖ	Zinsreagibilität der Investitionen

Kapitel III

B	Kreditaufnahme
C	Konsum/Ausgaben
c′	marginale Ausgabenneigung
c	durchschnittliche Ausgabenneigung
F	Transformationsfunktion
FPV	Faktorpreisverhältnis
GRS	Grenzrate der Substitution
GRT	Grenzrate der Transformation
I	Investitionen
i	Zinssatz
i^s	subjektiver Abdiskontierungsfaktor
PV	Preisverhältnis
r	Produktionsfaktor
t	Periode
T	Transfer
X	Güteraggregat
x	Gütermenge
$\hat{Y}$	Einkommen bei unverändertem Kapitalstock
$\tilde{Y}$	Einkommen nach Kapitalstockveränderungen (nach Investitionen)
α	Faktorsubstitutionselastizität des Faktors r_1
β	Faktorsubstitutionselastizität des Faktors r_2
π	Niveauproduktivität

Abbildungs- und Tabellenverzeichnis

I. Entwicklung und Grundlagen der Transfertheorie

A. Gegenstand der Transfertheorie

In der Theorie des Transfers werden internationale Kapitalübertragungen einschließlich der damit verbundenen Güterströme hinsichtlich ihrer Auswirkungen auf zentrale ökonomische Größen der beteiligten Länder untersucht. Wesentliche Elemente der Transfertheorie entstammen der Theorie des Zahlungsbilanzausgleichs. Zu eigenständigen Ansätzen der Transfertheorie kam es vor allem im Anschluß an die Transferdebatte zwischen JOHN MAYNARD KEYNES und BERTIL OHLIN im Economic Journal 1929, die die Erfüllbarkeit der deutschen Reparationszahlungen nach dem I. Weltkrieg zum Gegenstand hatte. Die KEYNES/OHLIN-Debatte hinterließ zahlreiche offene Fragen, die zu der Entwicklung von theoretischen Konzepten anregten,[1] die sich explizit auf die ökonomischen Auswirkungen eines Transfers, in diesem Fall einer zu leistenden Reparationszahlung zwischen zwei Ländern bzw. zwei Ländergruppen, beziehen. Die weitere Entwicklung der Transfertheorie wurde maßgeblich durch den Erklärungsbedarf hinsichtlich der ökonomischen Anpassungswirkungen, die mit einem Transfer einhergehen, bestimmt.

Die beherrschende Frage bis heute lautet: Führt ein Transfer zu einer Verbesserung der ökonomischen Situation des Transferempfängers, und mit welchen Lasten ist er für den Transferleistenden verbunden? Nach der z.T. sehr praxisnah geführten KEYNES/OHLIN-Debatte wurden die Diskussionsthemen in der Literatur zunehmend generalisierender. Insbesondere die Artikel von SAMUELSON Anfang der 50er Jahre[2] trugen zur Festigung des theoretischen Fundaments bei. Die Theorie des (Einkommens-)Transfers war zu Anfang noch wenig verbunden mit der Analyse anderer Kapitalbewegungen, nach und nach erstreckten sich die Erklärungsansätze dann aber auf die verschiedensten Kapitaltransaktionen aus

---

1 Eine erste Diskussion in der ökonomischen Literatur über die Auswirkungen von Transfers fand, abgesehen von vereinzelten Beiträgen, bereits im Zusammenhang mit den Reparationszahlungen im Anschluß an den preußisch-französischen Krieg 1870/71 statt. Zwar wurden zahlreiche Versuche unternommen, ökonomische Erklärungsansätze auf den Transfer zu beziehen, es gelang jedoch nicht, einen stimmigen Ansatz zu entwickeln, so daß die sich an die KEYNES/OHLIN-Debatte anschließenden Veröffentlichungen, insbesondere die Werke von CECIL ARTHUR PIGOU (The Effect of Reparations on the Ratio of International Interchange, in: Economic Journal, Vol. 42 (1932), S. 532 - 543) und WASSILY LEONTIEF (A Note on the Pure Theory of Capital Transfer, in: Explorations in Economics, Notes and Essays Contributed in Honor of F.W. Taussig, New York 1936, S. 84 - 91), als Beginn einer Transfertheorie anzusehen sind.

2 Vgl. SAMUELSON, P.A.: The Transfer Problem and Transport Costs: The Terms of Trade when Impediments are Absent, in: Economic Journal, Vol. 62 (1952), S. 278 - 304, und SAMUELSON, P.A.: The Transfer Problem and Transport Costs II: Analysis of the Effects of Trade Impediments, in: Economic Journal, Vol. 64 (1954), S. 264 - 289.

ganz unterschiedlichen Motiven.[3] Eine starke Belebung erfuhr die Transfertheorie Mitte der 80er Jahre, als im Zuge der Schuldenkrise zahlreicher Entwicklungsländer die Problematik der Rückzahlungsfähigkeit von Krediten, auch als "Transferbegabung" bezeichnet, in den Blickpunkt rückte.[4] Parallel dazu entwikkelte sich auch eine erneute Diskussion um das Phänomen des "Transferparadoxons" – es wurden die Bedingungen erörtert, unter denen Entwicklungs- und Kapitalhilfen keinen Erfolg zeigen oder sogar zu negativen Wohlfahrtswirkungen im Empfängerland führen.[5] Gerade die letztere Diskussion weist auf ein Manko hin, das die Transfertheorie seit ihrer Entstehung begleitet: Nur selten gelingt der Brückenschlag von der Theorie zu praktischen Politikempfehlungen.[6]

Eine allgemeine Transfertheorie, die *die* Auswirkungen eines Transfers aufzeigen kann, gibt es aufgrund der unterschiedlichen modellhaften Abstraktionen und Prämissen nicht, vielmehr handelt es sich um Ansätze, die unterschiedliche Schwerpunkte setzen. Ihren Ursprung hat die Analyse des Transfers im Modell PIGOUS,[7] das eindeutig im Zusammenhang mit der realen Außenwirtschaftstheorie zu sehen ist.[8] Mit Hilfe realer Modelle der Außenwirtschaftstheorie werden langfristige, güterwirtschaftliche Zusammenhänge untersucht. Im Gegensatz zur monetären Theorie bleiben Aspekte des internationalen Zahlungsverkehrs ausgeklammert. Es dominieren Methoden der Preistheorie, der allgemeinen Gleichgewichtstheorie und der Wohlfahrtsökonomie, die die Auswirkung des Transfers

---

3 Vgl. REISEN, H./van TROTSENBURG, A.: Developing Country Debt: The Budgetary and Transfer Problem, in: Development Centre of the Organisation for Economic Co-Operation and Development (ed.): Development Centre Studies, Paris 1988, S. 22 ff.

4 Vgl. dazu z.B. DODD, R.: Jubilee or Apocalpyse: Debt Forgiveness and Capital Transfers in an Interdependent World Economy, Ann Arbor (Michigan) 1990, vgl. auch STÜVEN, V.: International Capital Transfers with Public Guarantees: A Principal Agent Analysis, Kiel 1989.

5 Vgl. hierzu z.B. BHAGWATI, J.N./BRECHER, R./HATTA, T.: The Paradox of Immizerizing Growth and Donor-Enriching "Recipient-Immiserizing" Transfers: A Tale of Two Literatures, in: Weltwirtschaftliches Archiv, Vol. 120 (1984), S. 228 - 243, und vgl. BHAGWATI, J.N./BRECHER, R.A./HATTA, T.: The Generalized Theory of Transfer and Welfare: Bilateral Transfers in a Multilateral World, in: The American Economic Review, Vol. 73 (1983), S. 606 - 618.

6 BERTHELEMY bemerkt hierzu: "Quite surprisingly, this literature is on the whole extremely disconnected from policy issues concerning the opportunity of aid and capital transfer to LDCs, which should be one of its main applications." [BERTHELEMY, J.-C.: The Transfer Paradox in a Non-Walrasian Context, in: Weltwirtschaftliches Archiv, Vol. 124 (1988), S. 420 - 434].

7 Vgl. PIGOU, C.A.: The Effect of Reparations on the Ratio of International Interchange, in: Economic Journal, Vol. 42 (1932) , S. 532 - 543.

8 Vgl. dazu BROCK, P.L.: International transfers, the relative price of non-traded goods, and the current account, in: Canadian Journal of Economics, Vol. 29 (1996), S. 164.

auf Verteilung und Allokation der Ressourcen in den Vordergrund stellen. Die bekanntesten und in der Lehrbuchliteratur meistzitierten "Standardmodelle" der Transfertheorie sind dagegen der "klassische" und der "keynesianische Ansatz", die der monetären Theorie zugerechnet werden. Beide sind kurzfristig orientiert und untersuchen die im Zusammenhang mit internationalen Handels- und Kapitalverkehrsbeziehungen auftretenden Zahlungs- und Güterströme sowie die Auswirkung des Transfers auf das Zahlungsbilanzgleichgewicht. Die Analysemethoden entstammen der monetären Außenwirtschaftstheorie bzw. der Makrotheorie. Im Vordergrund stehen hier direkte und indirekte Nachfrageeffekte, die sich aufgrund des monetären Transfers ergeben.[9]

Die Modelle beider Theorierichtungen treffen Aussagen über die Auswirkungen eines Transfers hinsichtlich Änderung der relativen bzw. absoluten Güterpreise, der Produktionsstrukturen, des Einkommens und der Konsummöglichkeiten. Die Unterteilung in "reale" und "monetäre" Transfertheorie ist in dem Sinne unbefriedigend, als beide Theorien ein und denselben Sachverhalt, den Transfer, zum Gegenstand haben, ihre Ergebnisse aufgrund der unterschiedlichen Annahmen und Instrumentarien jedoch wenig kompatibel sind, so daß die Modelle nicht zu einer ganzheitlichen Aussage über *die* Auswirkungen eines Transfers kommen.[10]

Ein Relikt der Anfänge der Transfertheorie ist die Begriffsunschärfe, die bis zum heutigen Tag ein gewisses Maß an Undurchschaubarkeit oder zumindest Mißverständlichkeit birgt. Sie ist in der Hauptsache zurückzuführen auf unterschiedliche Ansatzpunkte und Begriffsdefinitionen in der realen und monetären Außenwirtschaftstheorie, zum Teil aber auch auf die Vielfalt der Vorgehensweisen und Annahmen, die von vornherein bestimmte Anpassungsmechanismen in den Vordergrund stellen, andere hingegen ausschließen.

Im Mittelpunkt der Transfertheorie steht der Kapitaltransfer[11] im Sinne einer *einseitigen monetären Übertragung* zwischen zwei Ländern bzw. Ländergruppen,

---

9 Vgl. CAVES, R.E./JONES, R.W.: World Trade and Payment, Boston 1973, S. 455; vgl. außerdem SCHRÖDER, J.: Transfertheorie, in HdWW, Bd. 8 (1980), S. 8.

10 "The difficulty with analysing these cases, however, is that they need a combination of two different types of analysis which cannot theoretically be mixed. The use of income changes and multipliers assumes linear propensities to save and import, which, in turn, depend upon constant prices based on idle ressources. Terms-of-trade analysis, on the other hand, assumes full employment and complete equilibrium. If the terms of trade change, this alters the propensity to import and possibly to save, which affects the multiplier analysis." (KINDLEBERGER, C.B.: International Economics, 3rd ed., Homewood 1963, S. 315).

11 In dieser Arbeit wird zwischen zwei Kapitalbegriffen unterschieden. Im monetären Teil der Analyse wird Kapital mit Geldkapital gleichgesetzt, d.h., ein Kapitaltransfer beschreibt einen Transfer in Form monetärer Mittel in Abgrenzung zum Realtransfer in Form von Gütern. Im realen Teil der Analyse wird u.a. der Transfer von Realkapital be-

auch als monetärer Transfer bezeichnet. Diese Übertragung ist unilateral[12] in dem Sinne, daß sie *ohne eine unmittelbare sachliche oder pekuniäre Gegenleistung* erfolgt, wie z.B.:

- Reparationsleistungen an ausländische Regierungen,
- private und staatliche Entwicklungshilfe,
- Beiträge für internationale Organisationen,
- unentgeltliche Militärhilfen,
- Überweisungen von Gastarbeitern in ihre Heimatländer,
- Geschenke von privaten inländischen an ausländische Wirtschaftssubjekte,
- Leistungen an das Ausland aus Wiedergutmachungsabkommen.

Die Abgrenzung "ohne Gegenleistung" impliziert, daß die Beweggründe des Transfers nicht dem ökonomischen System entstammen, sondern z.B. politischer oder soziokultureller Natur sind. In bezug auf bestehende binnenwirtschaftliche und/oder außenwirtschaftliche Gleichgewichte tragen unilaterale Transfers den Charakter eines externen oder exogenen Schocks.[13]

Im Zuge der Entwicklung der Transfertheorie wurde die Wirkungsanalyse auch auf solche Kapitalübertragungen ausgedehnt, die ihre Beweggründe durchaus *innerhalb* des ökonomischen Systems haben, z.B. auf Kapitalübertragungen, die mit einer ökonomischen Gegenleistung verbunden sind, etwa im Tausch gegen Güter oder Finanztitel. Beispielsweise lassen sich Kapitalübertragungen, die durch ein Kreditgeschäft ausgelöst werden, als Anpassungsvorgänge an ein intertemporales Gleichgewicht interpretieren. Charakteristisch dafür sind Zins- und Tilgungsforderungen, die zu einem späteren Zeitpunkt einen gegenläufigen Kapi-

---

trachtet, der sich auf den Transfer von Produktionsfaktoren bezieht, in Abgrenzung zum Gütertransfer, der den Transfer in Form von Konsumgütern beschreibt.

12 Davon abweichend ist in der Literatur mitunter von bilateralen Übertragungen die Rede, wenn hervorgehoben werden soll, daß in die Analyse des Transfers nur *zwei* Länder einbezogen werden. Zudem werden Ansätze der Transfertheorie auch verwendet, um Kapitaltransaktionen, die ein Gegengeschäft involvieren – und in *diesem* Sinne bilateral sind – zu analysieren. Um zu verdeutlichen, daß der monetäre Transfer nicht mit einem gegenläufigen Geschäft verknüpft ist, wird im folgenden durchweg der Begriff "unilateral" verwendet. In der Literatur ist hier synonym von "einseitigen", "unentgeltlichen" oder "autonomen" Kapitalübertragungen die Rede.

13 Eine in den monetären Modellen der Außenwirtschaft gern diskutierte Frage bezieht sich auf die zeitliche Abfolge von (Geld-)Kapital und Güterbewegungen, etwa der Art: "Zieht ein Kapitaltransfer einen Gütertransfer nach sich, oder wird der Kapitaltransfer seinerseits durch Veränderungen im güterwirtschaftlichen Bereich ausgelöst?", vgl. etwa KINDLEBERGER, C.B.: International Economics, 3rd ed., Homewood 1963, S. 318. Durch die Beschränkung der Analyse auf *unilaterale* Transfers ist der Ursprung der Störung des Gleichgewichts jedoch klar definiert: Im folgenden wird davon ausgegangen, daß ein monetärer Transfer bzw. dessen Aufbringung der Ausgangspunkt der Analyse ist.

talstrom zur Folge haben. Kapitalübertragungen im Zuge von Portfolioüberlegungen stellen unter diesem Aspekt Anpassungsbewegungen bei Veränderung von ökonomischen Variablen wie etwa Erwartungen, Vermögenshöhe, Liquiditätsausstattung oder Zinsstruktur dar. Auch hier steht die Annäherung an ein ökonomisches Optimum im Vordergrund: Mit der Kapitalübertragung ist die Erwartung eines gegenläufigen Kapitalstroms verbunden, der nach Höhe, Zeitpunkt, Sicherheit, Verfügbarkeit etc. präferiert wird. Die Abgrenzung des Begriffs "unilateraler Transfer" bereitet in dieser Hinsicht Schwierigkeiten: Welcher Natur eine Kapitalbewegung ist, ob sie mit ökonomischen Gegenleistungen verbunden ist oder nicht, ist von der Abgrenzung des zu analysierenden ökonomischen Systems abhängig.[14] Diese Abgrenzung läßt sich nicht allgemeingültig festschreiben, da sie sowohl von Überlegungen der Zweckmäßigkeit wie auch von der subjektiven Einstellung gegenüber der Reichweite des Untersuchungsobjektes "Ökonomie" beeinflußt wird. Tendiert man beispielsweise zu einer Anwendung des ökonomischen Nutzenmaximierungskalküls auf weite Teilbereiche menschlichen Handelns, so lassen sich auch einem Transfer, der etwa der Linderung einer Hungersnot dienen soll, "ökonomische" Beweggründe zuordnen, etwa wenn man Altruismus als nutzenmaximierende Handlungsweise ansieht. Der Transfer ist in diesem Sinne nicht "einseitig" oder "autonom", das "Entgelt" – hier die Befriedigung, in einer Notsituation geholfen zu haben – ist lediglich nicht pekuniär meßbar. Wird dagegen der Betrachtungshorizont auf einen eng gesteckten Analyserahmen beschränkt, etwa die Auswirkung desselben notlindernden Transfers auf die Zahlungsbilanz einer bestimmten Periode, so ist er exogen vorgegeben, in diesem Sinne also "einseitig", "autonom" und "ohne Entgelt". Großenteils wird in der Literatur der *engeren Begriffseingrenzung* der Vorzug gegeben. Die betrachteten Transfers haben keine den Betrachtungshorizont betreffende sachliche oder pekuniäre Gegenleistung zur Folge. Die Begriffe "unentgeltlich", "autonom", "einseitig" oder "exogen" sind im Sinne des in dieser Arbeit verwendeten Begriffs "unilateral" zu verstehen.[15]

---

14 "... capital movements such as portfolio and direct investment ... may not be autonomous in the same sense as a reparation payment, and [...] they may occur in conjunction with increased flows of goods and services in response to some common economic cause." (STERN, R.M.: The Balance of Payments. Theory and Economic Policy, London/ Basingstoke 1973, S. 256).

15 Eine begriffliche Unschärfe anderer Art soll hier nur am Rande erwähnt werden: In der Praxis setzen sich Kapitalübertragungen häufig aus einem unilateralen Teil und einem Teil, der mit einer Gegenleistung verbunden ist, zusammen. Wird beispielsweise Entwicklungshilfe in Form eines zinsverbilligten Kredites gewährt, so ist ein solcher Kapital"transfer" in bezug auf die Transferanalyse in die Kredittransaktion (die zu einem späteren Zeitpunkt zu einer entgegengesetzten Kapitalbewegung führt) und den eigentlichen (unentgeltlichen) Transferbestandteil in Form des Zinserlasses zu unterteilen. Auch ist der Transfer häufig mit Auflagen oder immateriellen Gegenleistungen verbunden, de-

Zumeist wird die Transferproblematik mit der Frage des *Transferproblems* verknüpft. In der Literatur existieren unterschiedliche, mehr oder weniger exakte Definitionen des Begriffs "Transferproblem":

- In der älteren Literatur, wie z.B. in der KEYNES/OHLIN-Debatte, wird unterschieden zwischen dem Budget- und dem Transferproblem, wobei letzteres mit dem Problem der *Devisenaufbringung* gleichgesetzt wird. Dies soll hier als das Transferproblem im *engeren* Sinne bezeichnet werden.
- Abweichend von diesem Sprachgebrauch wird der Begriff des Transferproblems immer dann verwendet, wenn der Transfer für das Geberland ein *ökonomisches Problem* im *weiteren* Sinne darstellt. In der monetären Theorie wird ein Transferproblem dann konstatiert, wenn der Transfer eine Störung von Marktgleichgewichten bewirkt, und in der Folge – für das Geberland nachteilige – Anpassungszwänge auf zentrale ökonomische Daten ausübt, in diesem Sinne also zu einem "Problem" führt.
- In der realen Theorie wird das Transferproblem ähnlich definiert, es wird allerdings zumeist auf die Frage verkürzt, ob der Transfer die *terms of trade* für das Geberland verbessert oder verschlechtert.

B. Ökonomisches Umfeld des Transfers

Verglichen mit dem wirtschaftshistorischen Umfeld, in dem die Grundlagen der Transfertheorie erarbeitet worden sind, haben sich die wirtschaftlichen Bedingungen deutlich gewandelt. In dieser Arbeit werden insbesondere die folgenden Kernpunkte berücksichtigt:

- *Abkehr von einem weltweiten Festkurssystem.* Die Grundlegung der Transfertheorie und deren Ausbau erfolgten zu einer Zeit, als die Entwicklung der Theorie eng mit dem System frei konvertierbarer Währungen mit prinzipiell festen Wechselkurssystemen verknüpft war.[16] Seitdem haben die Wechselkursarrangements an Komplexität erheblich zugenommen. Einige Industrie-

---

ren Auswirkungen u.U. Verlauf und Ergebnis des Transfers maßgeblich beeinflussen. Die Kredite des IWF (z.B. an Indonesien Ende ´97 und Rußland Mitte ´98) bieten ein gutes Beispiel sowohl der Kombination der (überwiegenden) Kredit- und Transferkomponente als auch der Kreditauflagen.

16 Im letzten Viertel des 19. Jahrhunderts schlossen sich die führenden Nationen zu einem Goldstandard zusammen, der bis zum Ausbruch des ersten Weltkriegs währte. Nach der währungspolitischen Desintegration zwischen den beiden Weltkriegen, unter deren Eindruck die Transferdebatte zwischen KEYNES und OHLIN stattfand, herrschte ein Golddevisenstandard vor, ab 1944 in Form des Systems von Bretton Woods – die Golddeckung wurde erst in den 60er Jahren aufgegeben. Anfang der 70er Jahre endete das System fester Wechselkurse. Vgl. hierzu z.B. WILLMS, M.: Internationale Währungspolitik, 2. Aufl., München 1995, S. 158 ff.

länder haben sich Wechselkursblöcken angeschlossen (group floating) oder ihre Währung zu der anderer Industrieländer, insbesondere dem US-$, der DM oder dem Yen fixiert. Im europäischen Wirtschaftsraum steht man kurz davor, die stufenflexiblen Wechselkurse des EWS endgültig zu fixieren und mit dem Euro eine gemeinsame Währung zu schaffen, die gegenüber den Währungen anderer Länder nicht fixiert ist. Zwischen diesen Wechselkursblöcken, die durch die Währung der jeweils wirtschaftlich bedeutendsten Länder beherrscht werden, insbesondere der USA und Japans sowie einiger anderer Industrienationen, finden sich überwiegend frei schwankende Wechselkurse. Zum Teil greifen die Währungsbehörden in die Wechselkursentwicklung ein, sogenanntes "managed floating". Zahlreiche Entwicklungsländer besitzen gegenüber dem US-$, dem französischen Franc oder dem britischen Pfund stufenflexible Wechselkurse. In Entwicklungsländern wie auch in den postkommunistischen Staaten findet man zum überwiegenden Teil Devisenkontrollen sowie multiple Währungsmärkte, so daß man nicht von einer freien Marktpreisbildung für Devisenkurse sprechen kann.[17] Einen Schwerpunkt der Arbeit bilden demnach auch die Implikationen des Wechselkursregimes für das Transferergebnis. Exemplarisch werden feste und flexible Wechselkurse gegenübergestellt, da diese beiden Wechselkurssysteme Prototypen darstellen, die bei der konkreten Ausgestaltung eines Wechselkurssystems als Richtlinie dienen können.

- *Starke Zunahme der internationalen Kapitalmobilität.* Trotz der Aufgabe der Wechselkursfixierung – an sich ein der Kapitalmobilität abträgliches Vorgehen, da mit flexiblen Wechselkursen zur Unsicherheit der Rendite das Wechselkursrisiko hinzukommt ist weltweit eine Zunahme von international gehandeltem Kapital zu beobachten. Insbesondere die Anteile multinationaler Unternehmen und staatliche Wertpapier-Emissionen stabiler Industrienationen werden weltweit gehandelt. Kapitalströme aus der Analyse auszuschließen, wäre vor diesem Hintergrund nicht zu rechtfertigen. Andererseits ist gerade bei Entwicklungsländern eine fehlende Einbindung in internationale Finanzmärkte zu beobachten, z.T. aufgrund fehlenden Vertrauens in die Stabilität dieser Länder, z.T. aber auch aufgrund von konkreten Eingriffen in den Devisenverkehr. In diesen Fällen erfolgt die Verschuldung nicht gegenüber einem anonymen Finanzmarkt mit einer Vielzahl von Gläubigern, sondern zumeist gegenüber dem Bankensektor, d.h. einzelnen Geschäftsbanken oder Konsortien. In dieser Arbeit werden internationale Kapitalmärkte in die Analyse des Transfers miteinbezogen und die Auswirkungen auf das Transferergebnis untersucht.
- *Abbau von Zoll- und Handelsschranken und Internationalisierung von Märkten.* Die Zunahme der internationalen Arbeitsteilung führt zunehmend

17 Zu den gegenwärtigen Wechselkurssystemen vgl. z.B. WILLMS, M.: Internationale Währungspolitik, 2. Aufl., München 1995, S. 158 ff, und ETHIER, W.J.: Moderne Außenwirtschaftstheorie, 3. Aufl., München 1994, S. 430 ff.

nicht mehr nur zu einem Austausch von Fertigprodukten gegen Rohstoffe oder andere Fertigprodukte, sondern auch zu einem Handel mit Vorleistungen bzw. Produktionsfaktoren. Mit der Überführung des GATT-Abkommens in die Welthandelsorganisation (WTO) ist die Hoffnung auf einen weiteren Abbau von künstlichen Handelshemmnissen sowohl beim Handel mit Fertigprodukten wie auch mit Faktorleistungen verbunden.[18] Um neben den Handelsvorteilen auch Spezialisierungsgewinne zu realisieren, ist eine Strukturanpassung bzw. Ressourcenreallokation notwendig, die in den meisten der der WTO beigetretenen Länder noch nicht annähernd vollzogen ist. Die Arbeit trägt dieser Entwicklung Rechnung durch eine verstärkte Einbeziehung von Angebotseffekten in die Analyse sowie durch die Berücksichtigung des Ressourcentransfers in Form von Produktionsfaktoren.

- *Starke Entwicklungsdisparität zwischen Nord-Süd und Ost-West.* Wenn auch hier nicht das Klischee vom "typischen" Industrie- oder Entwicklungsland bemüht werden soll, hat diese Unterscheidung in der Theorie nach wie vor ihre Berechtigung. Insbesondere ist zu erwarten, daß ein Transfer zwischen Industrieländern andere Probleme aufwirft als der zwischen einem Industrieland und einem Entwicklungsland. Gerade die Motivation eines unilateralen Kapitaltransfers findet in diesem Aspekt ihre Ursache. So sind die Ursachen unilateraler Kapitaltransfers zwischen Industrienationen gerade in der Ähnlichkeit ihrer Wirtschafts- und Gesellschaftsstruktur begründet, etwa Kapitalhilfen für gemeinsame Projekte oder Organisationen. Unilaterale Kapitaltransfers zwischen Ländern unterschiedlicher wirtschaftlicher Entwicklung, wie etwa die Entwicklungshilfe, wiederum entspringen häufig dem Bestreben, Disparitäten zu verringern.

C. Gang der Untersuchung

Das erste Kapitel ist den traditionellen Ansätzen der Transfertheorie gewidmet. Aus dem historischen Kontext wird deutlich, welche Fragen an die Transfertheorie gestellt wurden und wie die Erklärungsschwerpunkte zustandekamen. Insbesondere die Betonung des Zahlungsbilanzausgleichs und die damit verbundene terms of trade-Debatte sowie die Betonung der Nachfrageeffekte des Transfers sind hier verankert. Der weitere Gang der Arbeit ist in einen monetären und einen realen Teil geteilt. Der Grundgedanke dabei besteht darin, daß es zwei prinzipiell unterschiedliche Einflußsphären auf die Transfereffekte gibt, nämlich

- zum einen alle monetären Effekte, die sich aufgrund des monetären Umfelds der Transferzahlung ergeben, und
- zum anderen die realen Effekte des Transfers, die auf Optimierungsentscheidungen der Wirtschaftssubjekte hinsichtlich Produktion und Konsum im Raum und in der Zeit wirken.

---

18 Vgl. HAUSER, H./SCHANZ, K.U.: Das neue GATT, München/Wien 1995.

Die in Kapitel II dargestellten monetären Modelle stellen die Auswirkungen des monetären Umfelds auf den Transfer in den Vordergrund. Zum einen sollen der prinzipielle Ablauf des Transfers sowie die daran beteiligten Mechanismen, die auf einen Realtransfer hinwirken oder diesen behindern, aufgezeigt werden (Kapitel II-A). Während in der Literatur vorwiegend das Transferproblem im Vordergrund steht, wird hier auch ausführlich auf das Budgetproblem eingegangen. Denn wesentliche Wirkungen des Transfers entfalten sich bereits bei der Budgetaufbringung im Geberland, die eingehend im Zusammenhang mit der Denominierung des Transfers, der Finanzierung sowie des Wechselkurssystems dargestellt werden (Kapitel II-B). Die internationalen Auswirkungen des Transfers, insbesondere auf den Devisenmarkt, werden ebenfalls im Zusammenhang von Aufbringung und Verwendung des Transfers betrachtet (Kapitel II-C). Schließlich wird aufgezeigt, welches Ergebnis ein Transfer im System flexibler Wechselkurse bewirkt, wenn die Devisentransaktionen vorwiegend kapitalmarktbestimmt sind (Kapitel II-D).

Bei den Darstellungen der realen Transfereffekte wird der Schwerpunkt nicht in traditioneller Weise auf die Nachfrageeffekte gelegt, sondern das Zusammenwirken von Nachfrage- und Angebotseffekten untersucht. Der traditionelle Fall des Gütertransfers wird dazu im Zusammenhang mit den Produktions- und Handelsmustern dargestellt (Kapitel III-A) und anschließend auf die Effekte des Faktortransfers erweitert (Kapitel III-B). Eine intertemporale Betrachtung, die eine weitergehende Evaluierung der Auswirkung des Transfers in der Zeit erlaubt, schließt die Arbeit ab (Kapitel III-C).

D. Historische Ansätze der Transfertheorie

1. Preis- oder Einkommensmechanismus?

Zwar erscheint es überschwenglich zu behaupten, die Transfertheorie sei so alt wie die ökonomische Theorie selbst, es ist jedoch nicht zu leugnen, daß der Sachverhalt des Transfers von jeher von ökonomischem Interesse war und mehr oder weniger plausible Erklärungen des Transfers entwickelt wurden. Schon früh wurde in der Diskussion deutlich, welche Sachverhalte eine Theorie des Transfers zu erklären hat, auch wenn über die beteiligten Mechanismen und Wirkungszusammenhänge Uneinigkeit herrschte. In dieser Einführung wird diese Problematik dargestellt, in den beiden folgenden Kapiteln ergänzt durch eine Darstellung des "klassischen" und des "keynesianischen" Ansatzes, die bis heute die Standardmodelle der Transfertheorie bilden.

Bei der Betrachtung der historischen Literatur zum Thema Transfer fällt auf, daß es im wesentlichen immer wiederkehrende Hauptpunkte sind, die kontrovers diskutiert werden:

- Welche Effekte wirken nach einem Transfer auf die Zahlungsbilanz?
- Wie verändern sich die terms of trade im Zuge des Transfers?
- Wie verändert ein monetärer Transfer die "Kaufkraft" im Empfänger- und im Geberland?
- Welche Rolle spielen die sich anschließenden direkten und indirekten Einkommenseffekte?
- In welcher Reihenfolge bzw. mit welcher Interdependenz wirken Preis- und Einkommenseffekte?

Bereits vor der Entwicklung der klassischen Theorie wurde zur Erklärung des Zahlungsbilanzausgleichs im Anschluß an einen monetären Transfer eine Art Einkommens- oder Nachfragemechanismus herangezogen, nach dem der Transfer zu einer Erhöhung des verfügbaren Einkommens führt, das – zumindest in Teilen – für zusätzliche Importe ausgegeben wird und so dem monetären einen realen Transfer folgen läßt.[19]

Diesem einleuchtenden, wenn auch etwas cruden Mechanismus fiel nach dem Vormarsch der klassischen Lehre nur noch eine untergeordnete Rolle zu, denn mit Beginn der Klassik herrschte die Doktrin des automatischen Zahlungsbilanzausgleichs – herbeigeführt durch eine Veränderung von Preis- und Kostenniveaus in Relation zum Ausland – in englischer Tradition vor.[20] David HUME beschreibt 1752 als erster[21] einen automatischen Mechanismus des Zahlungsbilanzausgleichs in einem System fester Wechselkurse (single specie currency),[22] der noch heute unter dem Namen Geldmengen-Preis-Mechanismus zu einem der beliebtesten

---

19 "... imports pay for exports, and (...) an increase in imports by providing foreigners with increased means of payment, would operate to increase exports ..." (zitiert nach VINER, J.: Studies in the Theory of International Trade, New York 1937, S. 294).

20 Vgl. METZLER, L.A.: The Theory of International Trade. in: ELLIS, H.S. (ed.): A Survey of Contemporary Economics, Philadelphia/Toronto 1949, S. 211.

21 Ansätze waren schon 1720 von GERVAIS entwickelt worden [Vgl. GERVAIS, I.: The System of Theory of The Trade of The World, 1720, abgedruckt in: John Hopkins University Press (ed.): Economic Tracts, 1956], der von einer "natural distribution of specie" sprach, eine Idee, die ein Jahrhundert später, 1821, von RICARDO als "natural traffic" wieder aufgenommen wurde (RICARDO D., On the Principles of Political Economy and Taxation [1821], in: SRAFFA, P. (ed.): The Works and Correspondence of David Ricardo, Vol. 1, Cambridge 1951, S. 224 ff.).

22 Vgl. HUME, D.: Political Discourses (1752), in: Essays, Moral, Political and Literary, 1875, S. 330 - 345. Nach dieser Überlegung kommt es in den beiden betrachteten Ländern nach einer monetären Störung (er nahm als Beispiel an, daß über Nacht vier fünftel der Geldausstattung Großbritanniens verschwinden würden) zu Anpassungen hauptsächlich des Preisniveaus und u.U. auch des Wechselkurses, so daß über (Gold-)Arbitrage und Nachfrageumlenkung ein Rückfluß der Geldmittel und damit ein Ausgleich der Zahlungsbilanz bewirkt wird. Vgl. dazu auch VINER, J.: Studies in the Theory of International Trade, New York 1937, S. 292.

Erklärungsparadigma gehört und erst "kürzlich" – zumindest in Größenordnungen der Dogmenhistorie – Mitte der 70er Jahre im Zuge der monetären Zahlungsbilanztheorie eine Renaissance erlebte. 1802 weitet THORNTON die Beschreibung dieses Ausgleichsmechanismus von rein monetären Fällen auf Fälle realwirtschaftlicher Störungen, etwa einer Mißernte, aus.[23] Überträgt man diese Überlegung auf einen Transfer zwischen zwei Staaten, so hätten HUME und THORNTON in moderner Terminologie aller Wahrscheinlichkeit nach wie folgt argumentiert:

"Unilaterale Transfers müssen in Form von Gold erbracht werden. Im Geberland kommt es durch den Goldabfluß zu einer Störung des Bestandsgleichgewichts am Geldmarkt in dem Sinne, daß die gehaltene Geldmenge bei konstanten Preisen nach erfolgtem monetärem Transfer vom Transfergeber als zu gering empfunden wird. Die erneute Aufstockung der Geldbestände im Geberland geschieht bei gegebener Budgetrestriktion durch einen Rückgang der Güternachfrage, bzw. die Güternachfrage wird schon vor dem Transfer reduziert, um die Geldmittel zur Verfügung zu stellen. Bei den Transferempfängern bewirkt der Transfer entsprechend eine bei gegebenen Preisen als zu hoch empfundene reale Kassenhaltung. Das Enthorten dieser Geldbestände bewirkt eine Erhöhung der Güternachfrage. Im Geberland ergibt sich tendenziell eine Senkung der Güterpreise (bzw. des Preis*niveaus*; Änderungen der Relativpreise, d.h. der Preisstruktur *innerhalb* eines Landes bei sich automatisch klärenden Märkten sind für diesen Mechanismus von untergeordneter Bedeutung[24]), im Empfängerland entsprechend ein Anstieg. Das Geberland würde dadurch ein relativ billiger Markt werden, so daß Güterexporte induziert würden, verbunden mit einem Rückfluß des Goldes. Der Prozeß würde andauern, bis sich ein neues Gleichgewicht eingestellt hat."

Dem Preismechanismus, genauer dem Preisgefälle zwischen Geberland und Empfängerland, kommt in dem von HUME ausgearbeiteten Mechanismus die zentrale Rolle beim Zahlungsbilanzausgleich zu. Er beruht auf einfachen quantitätstheoretischen Vorstellungen, ohne die möglichen Auswirkungen der monetären Kontraktion im Geberland bzw. der Expansion im Empfängerland auf Produktion und Beschäftigung miteinzubeziehen. Unter diesen Annahmen determiniert das exogen bestimmte Geldangebot das Preisniveau und nicht etwa Beschäftigung und Einkommen. Die Überwindung der merkantilistischen Doktrin rückte den Handelsbilanzausgleich in den Vordergrund, die Bedeutung von Kapitalbewegungen

---

23 Vgl. THORNTON, H.: An Inquiry into the Nature and Effects of the Paper Credit of Great Britain, 1802.

24 In der Terminologie der neoklassischen Außenwirtschaftslehre könnte man von einer Änderung des Relativpreises sprechen, wenn man von einer Handelsstruktur ausgeht, bei der Land A als einziges das Gut X_1^A produziert und gegen das allein in Land B produzierte Gut X_2^B tauscht. Nur dann ist die Veränderung des Preises (Preisniveaus) in einem Land ist identisch mit einer Veränderung des Relativpreises bezogen auf das Handelsgut des anderen Landes.

und insbesondere die Rolle des Zinssatzes im Transmissionsmechanismus des Zahlungsbilanzausgleichs traten in den Hintergrund, da in der klassischen Theorie Friktionen in Übergangsphasen analytisch keine Bedeutung beigemessen wurde.[25]

Hinsichtlich der terms of trade-Veränderungen ging die vorherrschende Meinung davon aus, daß ein Transfer zu einer *Verschlechterung der terms of trade* für das transferierende Land führt, in der angelsächsischen Literatur deswegen als "orthodox result" bezeichnet. Diese Haltung geht auf JOHN STUART MILL zurück,[26] der zu der (primären) Last des Transfers eine (sekundäre) zusätzliche Belastung durch die terms of trade-Verschlechterung ableitete. Die die terms of trade-Verschlechterung bewirkenden Anpassungsmechanismen werden jedoch nicht beschrieben, und auch nachfolgende Vertreter dieser Meinung[27] bleiben eine theoretische Fundierung schuldig. Eine nachträgliche theoretische Analyse dieses Standpunkts bringt ARTHUR CECIL PIGOU 1932 im Rahmen eines Zwei Länder-Modells mit dem Resultat, daß das orthodoxe Ergebnis keinesfalls zwingend ist.[28] Die generelle Überlegung, die zum klassischen Ergebnis führt, lautet:

"Wenn die marginale Neigung zum Konsum eines transferierten Gutes im Geberland höher ist als im Empfängerland (was als wahrscheinlich angenommen wird), dann wird die Weltnachfrage nach diesem Gut sinken und (Markträumung vorausgesetzt) auch der Preis dieses Gutes. Da das Geberland Exporteur dieses Gutes ist, verschlechtern sich die terms of trade für das transferierende Land."[29]

Der HUME/THORNTON-Mechanismus blieb jedoch nicht unwidersprochen, allerdings wurde die Diskussion um die Rolle von Preis- und Einkommenseffekten beim Zahlungsbilanzausgleich zunächst nicht im Zusammenhang mit dem Transferthema diskutiert. RICARDO[30] verneinte zunächst gänzlich die Notwendigkeit eines Anpassungsmechanismus, da Störungen temporärer Natur (als Beispiel führte er einen Ernteausfall an) durch gleichhohe Änderungen zu einem späteren

---

25 Vgl. METZLER, L.A.: The Theory of International Trade. in: Ellis, H.S. (ed.): A Survey of Contemporary Economics, Philadelphia/Toronto 1949, S. 212, sowie FLASSBECK, H., Preise, Zins und Wechselkurs, Tübingen 1988, S. 10 ff.

26 Vgl. MILL, J.S.: Some unsettled Questions of Political Economy, London 1844, S. 41 - 43, und vgl. MILL, J.S.: Priniciples of Political Economy, London 1848, Book III, Ch. XXI, §4.

27 Vgl. dazu TAUSSIG, F.W.: International Trade, New York 1927, S. 132 ff.

28 Vgl. CHIPMAN, J.S.: The Transfer Problem Once Again, in: HORWICH, G./SAMUELSON P.A. (eds.): Trade, Stability, and Macroeconomics – Essays in Honor of Lloyd A. Metzler, New York/London, 1974, S. 19.

29 Vgl. JONES, R.W.: The Transfer Problem Revisited, in: Economica, Vol. 37 (1970), S. 179.

30 RICARDO, D.: High Price of Bullion, appendix, in: Mc CULLOCH, J.R. (ed.): The Works of David RICARDO, 1852, S. 268 - 69.

Zeitpunkt ohnehin wieder ausgeglichen würden.[31] WHEATLEY[32] vertrat die Auffassung, daß eine Anpassung von Preisniveau und Wechselkurs bei einer temporären Störung nicht nötig sei, vielmehr würde sich die Nachfrage der Länder nach den Gütern des jeweils anderen Landes so verschieben, daß Handelsbilanzänderungen die Zahlungsbilanz ausgleichen würden. Er argumentierte mit der Wertäquivalenz von Importen und Exporten, so daß im Falle des Ernteausfalls bei einem höheren Import von Agrargütern das Ausland mit diesem zusätzlichen Einkommen auch mehr Exportgüter nachfragen könnte. Zumindest ein Teil des Ausgleichs ginge dann ohne Preisänderung vonstatten. Damit waren – im Gegensatz zum Geldmengenpreismechanismus – *direkte* Nachfrage- und Einkommenseffekte beim Ausgleich der Zahlungsbilanz berücksichtigt.

Ähnlich wie RICARDO konnte sich WHEATLEY mit seinen Vorstellungen jedoch gegen die herrschende Lehre nicht durchsetzen, und der "Purchasing Power Theory" wurde im klassischen Gedankengut weiterhin keine große Bedeutung zugemessen. Sie wurde allenfalls nebenbei erwähnt – oft im Widerspruch zur eigentlichen Argumentationskette des jeweiligen Autors.[33] Mit dem Erscheinen von MILLs "Principles",[34] die den Preismechanismus als alleinigen Anpassungsmechanismus betonten, rückte die einkommenstheoretische Argumentation fast gänzlich in den Hintergrund, paradoxerweise findet sich in den "Principles" selbst jedoch ein Hinweis auf die "Purchasing Power Theory". Die Betonung liegt zwar auf den Veränderungen der relativen Preise, diese führen jedoch zu Einkommenseffekten, die über Nachfrageerhöhung oder -senkung am Markt wirken – sozusagen als Mechanismus innerhalb des Preismechanismus. Lediglich bei CAIRNES,

---

31 "... these results would (...) be forseen (and) the expense and trouble attending this needless operation effectually prevented." RICARDO, D.: High Price of Bullion, in: Mc CULLOCH, J.R.: The Works of David RICARDO, 1852, S. 292.

32 WHEATLEY, J.: Report on the Reports of the Bank Committees, Shrewsbury 1819, S. 20 f.

33 So findet sich eine Erwähnung des Einkommensmechanismus 1840 bei LONGFIELD, der ihm jedoch keine hohe Bedeutung zumaß, da z.B. im Fall eines Ernteausfalls mit anschließenden Agrarimporten der typische Agrarexporteur nur einen Bruchteil ("...not one fiftieth part...") seines zusätzlichen Einkommens im Ausland ausgeben würde. Allein zusätzliche Preisänderungen könnten zu einem neuen Gleichgewicht führen, vgl. LONGFIELD, M.: Banking and Currency, Part I, in: Dublin University Magazine, Vol. 15 (1840), S. 10. TORRENS beharrte zwar auch auf der Rolle der Preise beim Zahlungsbilanzausgleich, er präsentierte jedoch ein Rechenbeispiel, bei dem Preisänderungen allein nicht für einen Zahlungsbilanzausgleich ausreichen, vgl. TORRENS, R.: The Budget, a Series of Letters on Financial, Commercial, and Colonial Policy, 1841-44, Letter II. Ähnlich betonte auch JOPLIN die Rolle der Veränderung der relativen Preise, argumentierte jedoch an einer Stelle mit einer Nachfrageverschiebung, aufgrund welcher erst Preisänderungen einsetzen würden, vgl. JOPLIN, T.: Currency Reform: Improvement, not Depreciation, 1844, S. 14 f.

34 Vgl. MILL, J.S.: Priniciples of Political Economy, London 1848.

der später auch MILLs Auffassung folgt,[35] finden sich in einer früheren Veröffentlichung – jedoch nach dem Erscheinen von MILLs "Principles" – Hinweise auf die Purchasing Power Theory.[36]

Diese kontroverse Diskussion über den Mechanismus des Zahlungsbilanzausgleichs wird 1889 zum ersten Mal im Zusammenhang mit Transfers geführt; die Parallelen zur späteren KEYNES/OHLIN-Debatte sind dabei unverkennbar. Gegenstand der Diskussion sind die französischen Entschädigungszahlungen gegenüber Deutschland nach dem französisch-preußischen Krieg 1870/71. Der englische Ökonom BASTABLE vertrat die Auffassung, daß durch einen (monetären) Transfer die Kaufkraft im einen Land sinken und im anderen Land steigen würde.[37] So könnte ein Transfer auch ohne Veränderung der Preise und ohne Goldtransfer geschehen – eine Ansicht, der die herrschende Meinung heftig widersprach. BASTABLE fehlte jedoch – wie auch später OHLIN – eine Theorie über Einkommen und Beschäftigung, wie sie erst durch KEYNES geliefert wurde.[38] BASTABLE konnte daher nur die *direkte* Verlagerung von Nachfrage als einen zusätzlichen, direkten Anpassungskanal beim Zahlungsbilanzausgleich beschreiben; die Änderungen von Einkommen und Beschäftigung, die indirekt über eine Beeinflussung von Import- und Exportwerten einen Zahlungsbilanzausgleich bewirken können, finden noch keine Berücksichtigung.

Vor der KEYNES/OHLIN-Debatte gab es noch eine kurze Auseinandersetzung zwischen TAUSSIG und WICKSELL, die die Reihenfolge der Effekte zum Gegenstand hatte.[39] TAUSSIG führte an, daß in einem System fester Wechselkurse ein Ausgleich über Einkommensströme erst nach einer Veränderung der relativen Preise

35 Vgl. CAIRNES, J.E.: Some Leading Principles of Political Economy Newly Expounded, 1874, S. 360 ff.

36 Vgl. CAIRNES, J.E.: An examination into the principles of Currency, 1854, S. 34 - 36.

37 "Suppose that A owes B (pounds) 1,000,000 anually. This debt is a claim in the hands of B, which increases her purchasing power, being added to the amount of that power otherwise derived. [...] The sum of money incomes will no doubt be higher in the former; but that increased amount may be expended in purchasing imported articles obtained by means of the obligations held against the debtor nation. [...] The inhabitants of the former, having larger money incomes, will purchase more at the same price, and thus bring about the necessary excess of imports over exports." [BASTABLE, B.: On Some Applications of the Theory of International Trade, in: Quarterly Journal of Economics, Vol. 4 (1889), S. 16].

38 Vgl. VINER, J.: Studies in the Theory of International Trade, New York 1937, S. 303, und vgl. METZLER, L.A.: The Theory of International Trade, in: ELLIS, H.S. (ed.): A Survey of Contemporary Economics, Philadelphia/Toronto 1949, S. 217 f.

39 Vgl. TAUSSIG, F.W.: International Trade under Depreciated Paper, in: Quarterly Journal of Economics, Vol. 31 (1917), und WICKSELL, K.: International Freights and Prices, Quarterly Journal of Economics, Vol. 32 (1918), S. 404 - 410.

erfolgen würde. WICKSELL war der Meinung, daß eine Veränderung der Nominaleinkommen auch ohne Währungsbewegungen bereits ausreichend für eine Ausgleichstendenz der Zahlungsbilanz sei – die Währungsbewegungen würden nur aus den ausgleichenden Güterströmen resultieren.[40]

Es bleibt festzuhalten, daß schon vor der KEYNES/OHLIN-Debatte bekannt, wenn auch umstritten war, daß nach einem Transfer neben Preisänderungen (die zumeist in Verbindung mit einer terms oft trade-Verschlechterung gesehen wurden) Änderungen von Einkommen und Nachfrage ausgleichend auf die Zahlungsbilanz wirken können, insbesondere, daß ein Transfer *direkte* Nachfrageeffekte bewirkt, die auf einen Ausgleich der Zahlungsbilanz hinwirken. Meinungsverschiedenheiten bestanden insbesondere hinsichtlich des Zusammenhangs mit dem Preismechanismus und der Rolle bzw. dem Vorhandensein von Einkommensänderungen:[41]

- BASTABLE, RICARDO, LONGFIELD, MILL und CAIRNS bestätigen, daß ein Transfer eine Veränderung des Einkommens bzw. der "purchasing power" bewirken könne und so zum Zahlungsbilanzausgleich beitragen würde.
- BASTABLE, RICARDO und WHEATLEY legten dar, daß Preisänderungen für einen Zahlungsbilanzausgleich nicht zwingend nötig seien.

Zu Beginn der 20er Jahre dieses Jahrhunderts ergaben zahlreiche empirische Studien zum Anpassungsmechanismus, daß sich die terms of trade durch einen Transfer nicht unbedingt verschlechterten. In zwei der untersuchten Fälle ging der Transfer gar mit sich verbessernden terms of trade für das Geberland einher.[42] Insbesondere überraschte die Erkenntnis, daß die Veränderung der relativen Preise allein die Schnelligkeit der Anpassung nicht erklären konnte:

"The actual merchandise movements seem to have adjusted to the shifting balance of payments with surprising exactness and speed. [...] – all this can hardly be expected to take place so smoothly and quickly. [...] ... it must be confessed, that here we have a phenomena not fully understood."[43]

---

40 In seiner Antwort geht TAUSSIG auf diesen Einkommensmechanismus nicht näher ein, wendet sich jedoch gegen die Behauptung, daß der Mechanismus ohne Währungsbewegungen ablaufen könnte: "I find it difficult to conceive how "increased demand for commodities" will cause a rise in the price for commodities, unless more money is offered for them; and no more money can be offered for them unless the supply of money is larger." [TAUSSIG, F.W.: A rejoinder, Quarterly Journal of Economics, Vol. 32 (1918), S. 410 - 412].

41 Vgl. VINER, J.: Studies in the Theory of International Trade, New York 1937, S. 303 f.

42 Vgl. TITZRATH, A.: Wirkung internationaler Kapitalbewegungen auf Einkommen und Beschäftigung, Studie zum Stand der Transfertheorie, Köln 1959, S. 68 ff.

43 TAUSSIG, F.W.: International Trade, New York 1928, S. 239.

2. Die KEYNES/OHLIN-Debatte als Grundstein transfertheoretischer Ansätze

Die KEYNES/OHLIN-Debatte soll an dieser Stelle in ihren Grundzügen nachvollzogen werden, da die Einsicht in die Sachproblematik allgemeine Schlußfolgerungen über die Beseitigung von Ungleichgewichten bei festen und flexiblen Wechselkursen zuläßt. Wesentliche Fragestellungen der Transfertheorie, die auch den Gang dieser Arbeit mitbeeinflußt haben, und zum Teil auch entsprechende Lösungsansätze waren nämlich bereits in dieser Debatte angelegt.

Die KEYNES/OHLIN-Debatte geht auf eine Veröffentlichung von JOHN MAYNARD KEYNES im Economic Journal im März 1929 zurück, die sich mit den dem Deutschen Reich nach dem Ersten Weltkrieg auferlegten Reparationszahlungen an das Ausland beschäftigte. Der Kopenhagener Professor BERTIL OHLIN warf KEYNES in einem Antwortartikel vor, er habe wesentliche Aspekte nicht berücksichtigt. Auch nach mehreren "rejoinder" und "replies" in derselben Zeitschrift konnten die Theoriefragen nicht abschließend geklärt werden. Neben ihrem unbestreitbaren Beitrag zur Zahlungsbilanz- und Transfertheorie verdankt die Debatte ihre Popularität wohl einem Umstand, der in der Literatur immer wieder als dogmenhistorische Kuriosität wahrgenommen wurde: Bei der Frage, wie ein den Reparationsleistungen entsprechender Exportüberschuß zu erwirtschaften sei, argumentierte KEYNES "neoklassisch"-mikroökonomisch mit sinkenden Preisen und Löhnen als Voraussetzung für einen solchen Überschuß. Die Reparationsleistungen seien nur zu schlechteren terms of trade zu erbringen, gleichbedeutend mit einer stärkeren Belastung Deutschlands.[44] OHLIN hingegen argumentierte im Sinne einer nachfrageorientierten, makroökonomischen Theorie, die zu diesem Zeitpunkt nur von einer Minderheit geteilt wurde – erst später sollte ausgerechnet sein Diskussionspartner mit der "General Theory"[45] ein Konzept entwerfen, das fundierte einkommenstheoretische Überlegungen gestattete. KEYNES' Aussage stand in der Transferdebatte noch ganz auf klassischem Boden, und daß KEYNES sich dabei ganz als gelehriger Schüler MARSHALLs zeigte,[46] ist zwar überspitzt, verdeutlicht jedoch die Polarisierung in der Debatte.

Nachdem Deutschland Reparationsverpflichtungen in historisch zuvor nie erreichter Höhe auferlegt worden waren,[47] wurde schnell deutlich, daß ein Transfer

---

44 Diese Ansicht hatte KEYNES schon lange vor Beginn der Debatte vertreten, vgl. dazu KEYNES, J.M.: The Economic Consequences of the Peace [1920], in: The Collected Writings of John Maynard Keynes Vol. II, London/Basingstoke 1971, S. 71 - 142, insb. S. 106 ff.

45 KEYNES, J.M.: The General Theory of Employment, Interest and Money, London 1936.

46 Vgl. TITZRATH, A.: Wirkung internationaler Kapitalbewegungen auf Einkommen und Beschäftigung, Studie zum Stand der Transfertheorie, Köln 1959, S. 70.

47 Vgl. zur Diskussion über die internationalen Auswirkung der deutschen Reparationszahlungen vor allem TAUSSIG, F.W.: Germany's Reparation Payments, in: The American Economic Review, Vol. 10 (1920), S. 33 - 57.

letztlich in Form von Gütern zu leisten war, denn Deutschland besaß nach dem Krieg keine nennenswerten Währungsreserven, um daraus die Zahlung auch nur eines Bruchteils solch hoher Summen zu bestreiten. Schon früh schrieb KEYNES: "Germany can pay in the long run in goods, and in goods only, whether these goods are furnished direct to the Allies, or whether they are sold to neutrals and the neutral credits so arising are then made over to the Allies".[48] Anlaß der Transfer-Diskussion war der DAWES-Plan,[49] der das Reparationsproblem – in Übereinstimmung mit der vorherrschenden Lehrmeinung – in zwei logische Teilbereiche teilte:

- das Budget-Problem der Ressourcenaufbringung – die notwendigen Geldbeträge müssen durch Steuern oder Anleihen aufgebracht werden, so daß der Umfang der Transfermöglichkeiten von der Prosperität der deutschen Volkswirtschaft abhängt, zudem müssen die notwendigen Ressourcen in Form von Exportgütern zur Verfügung stehen – und
- das Transferproblem bei der Konvertierung der Reichsmark in Devisen.

---

48 KEYNES, J.M.: The Economic Consequences of Peace [1920], in: The Collected Writings of John Maynard Keynes Vol. II, London/Basingstoke 1971, S. 118. Fast der gleiche Wortlaut findet sich auch bei TAUSSIG, vgl. TAUSSIG, F.W.: Germany's Reparation Payments, in: The American Economic Review, Vol. 10 (1920), S. 41. Die politischen Dimensionen eines solchen Leistungsbilanzüberschusses wurden keineswegs übersehen. Taussig äußert in diesem Zusammenhang die Befürchtung, daß ein deutscher Exportüberschuß in Verkennung der ökonomischen Zusammenhänge als Zeichen neuer deutscher Expansion gesehen werden würde und den Deutschen eine Genugtuung als Kompensation für die erniedrigenden Reparationszahlungen bereiten könnte: "Notwithstanding the plain fact that these exports, being so much tribute, yield nothing at all to the country, the mercantilist attitude will infalibly persist. ... (the sales) will be deemed by those astude folk evidence of commercial victory." [TAUSSIG, F.W.: Germany's Reparation Payments, in: The American Economic Review, Vol. 10 (1920), S. 44].

49 Bereits 1920 und 1921 erfolgten erste Festlegungen der Reparationssummen [Der erste Plan umfaßte 269 Mrd. Goldmark binnen 42 Jahren (1 Goldmark = 0,36 Gramm Gold) und legte die Verteilung auf die Siegermächte fest (Frankreich 52,5%, Großbritannien 22%, Italien 10%, Belgien 8%, sonstige 8%).]. Im Londoner Ultimatum von 1921 wurde die Summe auf 132 Mrd. Goldmark bei jährlicher Zahlung von 2 Mrd. Goldmark sowie 26% des Exports festgelegt. Das Jahr 1923 schließlich war das Jahr der Hyperinflation gefolgt vom Zusammenbruch 1924. Er führte zu einer Neuevaluierung der Reparationszahlungen, die schließlich in den DAWES-Plan mündeten – benannt nach dem Vorsitzenden der Reparationskommission C.G. DAWES. Die Reparationen wurden auf 2,5 Mrd. Reichsmark jährlich ab 1928 festgesetzt (ohne Festsetzung der Gesamtschuldsumme bzw. zeitliche Limitierung der Leistung), verbunden mit einer internationalen Anleihe von umgerechnet über 800 Mio. Goldmark zur Stützung der deutschen Währung, etwa zur Hälfte von USA und Europa aufgelegt und mit 7% verzinst. Vgl. JOHNSON, E. (ed.): The Collected Writings of John Maynard Keynes, Vol. XVIII: The End of the Reparations, London/Basingstoke 1978, insbesondere S. 234 ff.

In seinem Aufsatz "The German Transfer Problem"[50] wendet sich KEYNES zunächst gegen die herrschende Meinung, daß das Transferproblem als zweitrangig anzusehen sei, sobald das Budgetproblem gelöst sei: Nach dieser Meinung bestehe das Hauptproblem in der Abzweigung von Einkommensteilen für die Reparationszahlungen bzw. die damit verbundenen Exportüberschüsse aus der laufenden Wertschöpfung des Geberlandes. Hauptsächlich handelt es sich hier um ein Problem des staatlichen Finanzaufkommens, wobei die Umlenkung der Produktion in den Exportgütersektor im Falle Deutschlands als wenig problematisch angesehen wurde. Nach KEYNES jedoch sei das Transferproblem allgemein nur dann von geringer Bedeutung, wenn der Transferempfänger mit den erhaltenen Transfermitteln in Deutschland die gleichen Güter nachfragen würde, die dort der inländischen Absorption entzogen sind. Allein in diesem Fall würde die auf die Produktion des Geberlandes entfallende Nachfrage in Höhe und Zusammensetzung auch nach einem Transfer unverändert bleiben und ein Exportüberschuß in Höhe der Reparationszahlungen entstehen. KEYNES hatte somit die Möglichkeit eines *direkten* Nachfrageeffektes, der einem monetären Transfer einen realen folgen läßt, für den *allgemeinen Fall* durchaus in Betracht gezogen.[51] Er hielt sie jedoch für wenig relevant, denn in der Realität würde es zu Nachfrageumlenkungen kommen, so daß die Devisen aus den Reparationszahlungen nicht nach Deutschland in Form von Exportgüternachfrage zurückfließen – genaugenommen müßten die Transfermittel in Deutschland auch ausschließlich durch eine Reduktion der Nachfrage nach solchen exportfähigen Gütern gewonnen werden. Die aus dem Export gewonnenen Devisen stünden dann zur Leistung der Reparationszahlungen zur Verfügung. Notwendig zur Lösung des Transferproblems sei also vor allem eine Umlenkung von Produktionsfaktoren in den Exportsektor.[52]

KEYNES bezweifelte in diesem Zusammenhang, daß es tatsächlich gelingen würde, die Produktion des Exportgütersektors genügend zu erhöhen, um einen entsprechenden Exportüberschuß zu erreichen, denn bislang seien die Reparationszahlungen aus internationaler Kreditaufnahme finanziert worden, so daß die Reallokation der Produktionsfaktoren in den Exportsektor noch nicht erfolgt sei (Das Deutsche Reich besaß bei einem Exportvolumen von umgerechnet ca. 600 Mio. Pfund ein Handelsbilanzdefizit von 150 - 200 Mio. Pfund). Diese Form der Finanzierung kommt einem Hinauszögern der notwendigen Anpassungen gleich, denn die Verbindlichkeiten ge-

---

50 KEYNES, J.M.: The Transfer Problem, in: Economic Journal, Vol. 39 (1929), S. 1 - 7.

51 KEYNES wurde oft vorgeworfen, dieses nicht getan zu haben und die Argumentationsweise OHLINs diesbezüglich ignoriert zu haben, vgl. dazu auch FLASSBECK, H.: Preise, Zins und Wechselkurs, Tübingen 1988.

52 "... the solution of the Transfer Problem must come about, in main, not by the release to foreign consumers of goods now consumed by Germans (...), but by the diversion of German factors of production from other employments into the export industries." [KEYNES, J.M.: The Transfer Problem, in: Economic Journal, Vol. 39 (1929), S. 3].

genüber dem Ausland insgesamt werden nur zeitlich verschoben. Wenn nicht jetzt, so würde – um die Tilgungs- und Zinszahlungen zu bewältigen – eben zu einem späteren Zeitpunkt eine Verringerung der inländischen Absorption und eine Erhöhung der Exportproduktion notwendig werden.

Die Exportsteigerung sei nur durch eine entsprechende Verbesserung der Wettbewerbsfähigkeit zu erreichen. Eine den Exportsektor begünstigende Abwertung der Währungsparität als "transfer protection" verbot der DAWES-Plan ausdrücklich. KEYNES hielt drastische Effizienzsteigerungen und Zinssenkungen für unrealistisch, so daß als einziger Kostensenkungsfaktor die Löhne blieben, genauer eine Senkung des Goldwertes der Effektivlöhne. Eine Lohnsenkung wiederum führe jedoch zu einer Verschärfung des Budgetproblems, da die Reparationssteuern oder -anleihen nun aus einem niedrigeren verfügbaren Einkommen gezahlt werden müßten. KEYNES ging jedoch davon aus, daß die Reallöhne nicht so stark wie die Nominallöhne sinken würden, da aufgrund des zu erwartenden Nachfragerückgangs auch das Preisniveau sinken würde.

KEYNES führte weiter an, daß Lohnsatzsenkungen jedoch nicht zu einer Verbesserung der Wettbewerbsfähigkeit führen, wenn

- sie in Sektoren erfolgen, die nichthandelbare Güter produzieren,
- die Nachfrageelastizität des Auslands für Produkte des Exportsektors geringer als 1 ist, so daß der Export*wert* trotz Preissenkung nicht steigt,
- ausländische Konkurrenten gleichfalls ihre Löhne senken oder
- ausländische Regierungen mit Einfuhrzollerhöhungen antworten.

Vor diesem Hintergrund sei eine Umlenkung von Produktionsfaktoren in den Exportsektor höchst problematisch und zur Deckung der Reparationszahlungen wohl nicht im erforderlichen Maße zu bewerkstelligen. Eine wachsende Verschlechterung des realen Austauschverhältnisses sei unvermeidlich.[53] Auch eine Deflationspolitik der Reichsbank scheine kein Ausweg zu sein, da sie mit einem Beschäftigungsproblem verbunden sei. Einzig eine beschränkte Zulassung von "transfer protection" könne diesen Exportüberschuß erzeugen. Die Analyse der Preiselastizitäten wurde im übrigen weitgehend durch TAUSSIG, VINER, PIGOU und andere unterstützt.[54]

In der Juni-Ausgabe des Economic Journal findet sich eine ausführliche Diskussion zwischen KEYNES und OHLIN sowie ein Beitrag von JACQUES RUEFF[55]. Zu-

---

53 Vgl. KEYNES, J.M.: The Transfer Problem, in: Economic Journal, Vol. 39 (1929), S. 5 f.

54 Vgl. TITZRATH, A.: Wirkung internationaler Kapitalbewegungen auf Einkommen und Beschäftigung, Studie zum Stand der Transfertheorie, Köln 1959, S. 73.

55 Vgl. RUEFF, M.J.: Mr. Keynes' Views on the Transfer Problem: I. A Criticism, in: Economic Journal, Vol. 39 (1929), S. 388 - 399.

erst stellt OHLIN[56] seine "modern view" der "orthodox view" von KEYNES gegenüber, KEYNES antwortet in einem Folgebeitrag,[57] OHLIN antwortet in der Septemberausgabe erneut,[58] KEYNES – er war Mitherausgeber des Economic Journal – hat schließlich das letzte Wort.[59]

Im Verlaufe der Debatte zeigt OHLIN, daß in dem Umfang, wie die Nettokreditaufnahme die Reparationszahlungen übersteigt, die deutsche Kaufkraft höher ist als ohne diesen Überschuß (der Transfer läuft gewissermaßen in die falsche Richtung). Im Umfang der Nettokreditaufnahme sei so ein Handelsbilanzdefizit entstanden. Beim Transfer sieht er zum einen einen *direkten* Transfer, der entsteht, wenn die Empfänger der Reparationszahlungen die Mittel zum Kauf deutscher Güter verwenden, er scheint diesem jedoch eine höhere Bedeutung beizumessen als KEYNES. Er fährt fort zu erläutern, daß ein weiterer *indirekter* Effekt des Kaufkrafttransfers zu berücksichtigen sei, den KEYNES übersehen habe. Die zusätzliche Nachfrage in den Empfängerländern, die sich auf jeweils inländische Märkte richtet, führe dort zu einem Anstieg der Produktion im Binnensektor, verbunden mit einer Reallokation von Produktionsfaktoren aus der Exportwirtschaft in diesen Sektor. Aus dem gleichen Grunde würde in Deutschland die nachlassende Nachfrage bei Binnengütern eine Reallokation der Produktionsfaktoren in den Exportsektor bewirken, so daß der Exportüberschuß Deutschlands größer ausfällt als nur bei der Berücksichtigung des direkten Impulses. Eine Verbesserung der Wettbewerbsfähigkeit Deutschlands, gleichbedeutend mit einer Veränderung der relativen Preise (terms of trade), sei so nicht notwendig, um den Transfer herbeizuführen, da der anstoßende Impuls bei der Verlagerung von Kaufkraft – "buying power" – liege. Gleichzeitig führt er an, daß terms of trade-Veränderungen wahrscheinlich seien – die Preise heimischer Güter in Relation zu den Preisen gehandelter Güter im Geberland würden sinken und im Empfängerland steigen –, weist aber darauf hin, daß im Gegensatz zur (neo-)klassischen Theorie der Auslöser nicht bei der Veränderung der terms of trade, also der Relativpreise der gehandelten Güter liegt, sondern von der Kaufkraftverschiebung ausgeht.[60]

---

56 Vgl. OHLIN, B.: The Reparation Problem: A Discussion. Transfer Difficulties, Real and Imagined, in: Economic Journal, Vol. 39 (1929), S. 172 - 178.

57 Vgl. KEYNES, J.M.: The Reparation Problem: A Rejoinder, in: Economic Journal, Vol. 39 (1929), S. 178 - 182.

58 Vgl. OHLIN, B.: Mr. Keynes' Views on the Transfer Problem: A Rejoinder, in: Economic Journal, Vol. 39 (1929), S. 400 - 404.

59 Vgl. KEYNES, J.M.: Views on the Transfer Problem: A Reply, in: Economic Journal, Vol. 39 (1929), S. 404 - 408.

60 "Note that these price changes are quite different to those assumed by the classical barter theory, ...(according to which)... the primary price change is one between the prices of these international trade goods in both countries, not between prices of these

Er greift damit auch die Elastizitätsannahmen von KEYNES an, die unter der Annahme konstanter Nachfrage konstruiert seien, die Veränderung der Nachfrage jedoch gerade den Anstoß gebe.[61] Eine Verschlechterung der Austauschrelation von Export- zu Importgütern sei keineswegs zwingend, diese irrige Schlußfolgerung der orthodoxen Doktrin komme nur zustande, weil nur die direkten Wirkungen auf die Nachfrage nach internationalen Gütern als Folge der Kaufkraftverschiebung betrachtet werden. Übereinstimmend mit KEYNES sieht er Probleme bei protektionistischen Maßnahmen der Empfängerländer, die ihre Exportindustrien schützen wollen.

In einem sich an diesen Artikel anschließenden "Rejoinder" widerspricht KEYNES der von OHLIN geäußerten Auffassung, wobei er bemüht ist, nicht generell auf die Transferproblematik einzugehen, sondern den speziellen Fall der deutschen Reparationszahlungen zu diskutieren – die theoretischen Grundlagen der Diskussion sollten nicht zuletzt deshalb nie zweifelsfrei geklärt werden. Er geht zunächst auf den Begriff "buying power" ein: KEYNES widerspricht der Auffassung, daß ein Kapitaltransfer die Kaufkraft eines Landes erhöhe.[62] Zu den von OHLIN angesprochenen indirekten Effekten bemerkt er, daß die Auswirkung dieser "repercussions" im konkreten Fall sehr gering seien und sich über die ganze Welt verteilen würden. Er greift den Nachfragemechanismus von OHLIN so auf zwei Ebenen an. Zum einen verneint er einen Kaufkrafteffekt des Transfers, der auf Deutschland zurückwirkt. Zusätzlich spricht er den indirekten Effekten, die sich an den direkten Effekt des Transfers anschließen, keine hohe Bedeutung zu.

In der September-Ausgabe äußert sich OHLIN zu diesen Aussagen und wirft KEYNES vor, nur die Angebotsseite zu berücksichtigen und die Nachfrageseite völlig zu vernachlässigen, und verneint dessen Auffassung, daß eine Übertragung von Kaufkraft erst dann geschehen könne, wenn sie mit dem realen Transfer von Gütern verbunden ist.[63] Er wehrt sich gegen KEYNES' Auffassung, daß die Kauf-

international goods and of home goods, as explained above." [OHLIN, B.: The Reparation Problem: A Discussion. Transfer Difficulties, Real and Imagined, in: Economic Journal, Vol. 39 (1929), S. 175].

61 Vgl. OHLIN, B.: The Reparation Problem: A Discussion. Transfer Difficulties, Real and Imagined, in: Economic Journal, Vol. 39 (1929), S. 176.

62 "... foreign loans do not increase income within Germany, ..." [KEYNES, J.M.: The Reparation Problem: A Rejoinder, in: Economic Journal, Vol. 39 (1929), S. 179]. Einkommen entsteht für KEYNES nur aus den "aggregate money earnings" und verändert sich so durch die Kreditaufnahme nicht – ein solch enger Einkommensbegriff ist mit der Analyse von OHLIN nicht kompatibel. Die einzige Möglichkeit, unter diesen Umständen einen Exportüberschuß zu erwirtschaften, ist in der Tat die Steigerung der Wettbewerbsfähigkeit durch Senkung der Lohnkosten.

63 Vgl. OHLIN, B.: Mr. Keynes' Views on the Transfer Problem: A Rejoinder, in: Economic Journal, Vol. 39 (1929), S. 400.

kraft eines Landes mit dem Einkommen dieses Landes übereinstimmen müsse, und er führt als Gegenbeispiel einen Transfer von Gold an, der die Verlagerung der Nachfrage zur Folge hätte und so einen Transfer bewirkt. Desgleichen könne ein solcher Transfer auch in Form anderer Zahlungsmittel bzw. auf dem Kreditwege geschehen.[64]

KEYNES antwortet auf den folgenden Seiten mit einem "reply", in dem er nochmals darauf hinweist, er wolle die Diskussion konkret auf das Deutsche Transferproblem beschränken. So gesteht er zwar auch der Nachfrage einen Einfluß zu, jedoch hält er diese Nachfrageeffekte im konkreten Fall für nachrangig. Er stimmt zu, daß ein Transfer in Form einer Goldversendung prinzipiell eine Verlagerung von Nachfrage bewirken könne, im Falle Deutschlands fehlten jedoch diese Reserven und auf dem Kreditwege sei diese Nachfrageverlagerung nicht zu erreichen. Gleichfalls sei selbst bei einer signifikanten Nachfrageverlagerung nicht damit zu rechnen, daß Deutschlands Exporte gegenüber den Exporten anderer Nationen stärker zunehmen würden.[65] Im Gegensatz zum Zwei-Länder-Modell OHLINs, das den prinzipiellen Mechanismus aufzeigt, geht KEYNES realitätsnäher davon aus, daß sich die entsprechenden Nachfrageeffekte weltweit zerstreuen.

Zwar wurde im Zuge der Debatte nur in wenigen Punkten Einigkeit erzielt, gerade die offen gebliebenen Streitfragen aber waren der Anlaß zu der sich anschließenden ausführlicheren theoretischen Befassung mit den in der Debatte erwogenen Aspekten des Transfers. Die folgenden Punkte werden auch in Kapitel II und III dieser Arbeit von Bedeutung sein:

- Die – zumindest vordergründige – Hauptkontroverse stellte wohl die Diskussion um Vorhandensein und Relevanz der *direkten Nachfrageeffekte* des Transfers und die damit verbundene Verschiebung von "purchasing power" im Zuge des monetären Transfers dar.[66] Allgemein akzeptiert wurde, daß durch den monetären Transfer das Empfängerland in die Lage versetzt wird, zusätzliche Güter im Ausland nachzufragen. Entfällt diese zusätzliche Nachfrage auf Güter des Geberlandes, so entsteht, wie OHLIN richtig bemerkte, in diesem Umfang ein realer Transfer. In zweierlei Hinsicht blieb der Sachzusammen-

---

64 "...I must uphold my contenation that reactions on the demand side play their very important part in the mechanism of international capital movements just as well as reactions on the supply side." [OHLIN, B.: Mr. Keynes' Views on the Transfer Problem: A Rejoinder, in: Economic Journal, Vol. 39 (1929), S. 403]. Er weist in diesem Zusammenhang auch auf die oben zitierten historischen Schriften von RICARDO und BASTABLE hin.

65 Vgl. KEYNES, J.M.: Views on the Transfer Problem: A Reply, in: Economic Journal, Vol. 39 (1929), S. 407.

66 Vgl. VINER, J.: Studies in the Theory of International Trade, New York 1937, S. 307 ff. (Zu diesem Zeitpunkt war das Gedankengut der "General Theory" noch nicht auf außenwirtschaftliche Fragestellungen übertragen worden.).

hang jedoch kontrovers: Zum einen maß KEYNES dem direkten Nachfrageeffekt keine quantitative Bedeutung bei, da nur ein geringer Teil des Transfers für Käufe deutscher Exportgüter verwendet würde. Gewichtiger jedoch war der Einwand, daß diese Effekte erst eintreten können, *nachdem* der monetäre Transfer erfolgt ist, und daher nicht in der Lage seien – wie OHLIN vermutete – den monetären Transfer selbst zu erleichtern. Zwar sind OHLINs Ausführungen unmittelbar einleuchtend, angesichts fehlender Währungsreserven war das Deutsche Reich jedoch nicht in der Lage, über einen monetären Transfer Nachfrageeffekte in den Empfängerländern zu erzeugen, die für sich genommen einen nennenswerten Realtransfer hätten bewirken können.[67]

- Durch die Betonung der direkten Nachfrageeffekte wirft die Debatte ein Schlaglicht auf die Frage, auf welche Weise überhaupt im Geberland die Transfer*aufbringung* und im Empfängerland die Transfer*verwendung* erfolgt. Diese entscheiden maßgeblich Art und Umfang der direkten Effekte. Gerade im Falle der Reparationsverpflichtungen Deutschlands war zu beobachten, daß ein wesentlicher Teil des Zahlungsbilanzüberschusses nicht auf eine überschüssige Leistungsbilanz, sondern auf Kapitalimporte zurückzuführen war, oft sogar direkt von den Alliierten, wie etwa im Falle der amerikanischen Kreditzusagen. Der Einfluß der Transferaufbringung auf die inländische Nachfrage war gering, so daß Deutschland ein Deflationsprozeß erspart wurde.
- Hypothesen über die *terms of trade-Änderung* hängen ebenfalls maßgeblich von der Einschätzung der von OHLIN beschriebenen direkten Kaufkrafteffekte ab, d.h. ob das Minus an Nachfrage im Geberland und das Plus an Nachfrage im Empfängerland hinsichtlich der Quantität und Zusammensetzung divergieren.[68] Auf diese Weise ist der Argumentationsstrang vorgezeichnet, der zunächst von PIGOU begründet wird und in das von SAMUELSON formulierte Kriterium der marginalen Ausgabeneigungen mündet. Mit Hilfe des Instrumentariums der "offer curves" läßt sich zeigen, daß das Verhältnis der terms of trade maßgeblich durch den Vergleich der beiden Länder bezüglich des Verhältnisses der Einkommenselastizität der Güterausgaben für Import- und Exportgut bestimmt wird.[69] Die beiden anscheinend gegensätzlichen Standpunkte wurden in der Folge angeglichen: Die orthodoxe Richtung stellte die gegen-

---

67 Vgl. dazu auch FLASSBECK, H.: Preise, Zins und Wechselkurs, Tübingen 1988, S. 30 ff. FLASSBECK weist auch darauf hin, daß OHLIN im Grunde eine Tauschwirtschaft abbildete, die in dieser Art nur bei einer Beschränkung auf zwei Wirtschaftssubjekte funktioniert, vgl. FLASSBECK, H.: Die deutsche Vereinigung – ein Transferproblem, in: Wochenbericht des DIW 1995, S. 405 f.

68 Vgl. RÖPKE, W.: Zum Transferproblem bei internationalen Kapitalbewegungen, in: Jahrbücher für Nationalökonomie und Statistik, Bd. 133 (1930), S. 236.

69 Eine Darstellung des Transfers mit offer curves findet sich z.B. bei MUNDELL, R.A.: International Economics, New York/London 1968, insbesondere S. 17 - 26.

seitige Verschiebung der "offer curves" in Rechnung, postulierte aber dennoch eine Verschlechterung bei in der Praxis vorherrschenden Bedingungen, die "modern view" räumte die Wahrscheinlichkeit sich verändernder terms of trade ein, hielt jedoch an ihrem Unbestimmtheitspostulat fest.[70]

- Eng zusammenhängend mit der terms of trade-Problematik ist die Beurteilung des *zeitlichen Ablaufs* des Transfers zu sehen. Auf der einen Seite kann man wie OHLIN davon ausgehen, daß nach erfolgter Lösung des Budgetproblems und Durchführung des monetären Transfers im Zuge der direkten Nachfrageeffekte die Devisen zumindest z.T. ohne die Notwendigkeit weiterer Anpassungen zurückfließen – der monetäre Transfer steht in diesem Fall am Anfang und zieht einen realen Transfer nach sich. Schätzt man andererseits wie KEYNES die Wirkung der direkten Nachfrageeffekte eher gering ein, stellt das vorrangig zu lösende Problem die Generierung des Exportüberschusses dar – in diesem Fall müssen vor einem monetären Transfer erst die Mittel für den realen Transfer erwirtschaftet werden. In der Diskussion wurde jedoch nicht deutlich, daß es eines *Mechanismus* bedarf, der zusätzliche Nachfrage, entstamme sie nun den direkten Kaufkrafteffekten des monetären Transfers oder ganz allgemein der Exportnachfrage neutraler Länder, auf die Exportgüter des Transfergebers *lenkt*. In Abwesenheit von Paritätsänderungen können dies nur Preissignale sein. Zwar mag im Zwei-Länder-Fall eine terms of trade-Änderung nicht zwingend notwendig sein, in der Realität jedoch sind Wechselkurs- und Preisänderungen die wirksamste Möglichkeit, Güterströme entsprechend den Transferanforderungen so umzuleiten, daß gerade das Geberland einen entsprechenden Leistungsbilanzüberschuß erwirtschaftet und das Empfängerland von einem entsprechenden Realtransfer profitiert.[71] Für Deutschland war die Aussicht, auf diese Weise von Einkommenserhöhungen in den Empfängerländern zu profitieren, keineswegs gut, wie TAUSSIG schon 1920 bemerkte: "All protectionists, especially in the Allied countries, will furiously oppose direct exports into their own domains. [...] No German colonies remain. [...] The one direction in which a considerable expansion of German trade may be looked for is in Eastern Europe and especially Russia".[72]
- Sowohl im Geberland wie auch im Empfängerland werden *Angebotseffekte* beschrieben. KEYNES hebt die Bedeutung der Ausweitung der Produktion im

70 FLASSBECK bemerkt hierzu in einer Fußnote: "Die Konzentration auf die Vor- und Nachteile einer terms of trade-Veränderung und der Versuch, analytische "Lösungen" zu finden, die sie entbehren können, bringt die Untersuchung von *Anpassungsprozessen* kaum weiter" (FLASSBECK, H.: Preis, Zins und Wechselkurs, Tübingen 1988, S. 34; Hervorhebung nicht im Original).

71 Vgl. FLASSBECK, H.: Preise, Zins und Wechselkurs, Tübingen 1988, S. 32.

72 Vgl. TAUSSIG, F.W.: Germany's Reparation Payments, in: The American Economic Review, Vol. 10 (1920), S. 45.

Exportbereich hervor, OHLIN betrachtet die Angebotswirkung der indirekten Nachfrageeffekte im Empfängerland, die aufgrund der verstärkten Nachfrage nach inländischen Gütern Produktivkräfte aus dem Exportsektor abziehen.

- Ein Teil der Mißverständnisse ist auf die fehlende bzw. unzureichende Theorie des *Einkommens* und der *Beschäftigung* zurückzuführen,[73] deren Grundstein erst 1936 durch KEYNES' "General Theory" gelegt wurde – eine Übertragung des KEYNESschen Gedankengutes auf die Zahlungsbilanztheorie erfolgte durch ROBINSON[74] und HARROD[75]. Nach dieser Auffassung kommt es zu einem Zahlungsbilanzausgleich durch direkte Nachfrageeffekte aufgrund der Erhöhung der Importe im Empfängerland sowie zu indirekten Nachfrageeffekten aufgrund von kontraktiven Beschäftigungseffekten im Geberland und expansiven im Empfängerland – u.U. auch ohne Veränderung der Preise. Mit der Berücksichtigung von Beschäftigungseffekten erfolgte auch die Abkehr von der Vorstellung einer konstanten Weltkaufkraft. Sowohl KEYNES als auch OHLIN hatten aufgrund der Vollbeschäftigungsannahme ein konstantes Gesamteinkommen der beiden Länder postuliert, das im Zuge des Transfers eine Umverteilung erfährt, sei es durch Kaufkraftverschiebung wie im Falle OHLINs oder durch Veränderung der Wettbewerbsfähigkeit wie im Falle KEYNES'.[76] Die Ursache dieser Einengung lag in der bewußten Konzentration auf kurzfristige Effekte, entsprechend den Aspekten der kurzfristigen Preistheorie.[77] In dem später von METZLER entwickelten keynesianischen Transferansatz spielen solche Beschäftigungseffekte eine ähnlich ausgeprägte Rolle wie die Preiseffekte in der Klassik/Neoklassik.[78]

3. Der "klassische" Transferansatz

a) Das Verhältnis von monetärem zu realem Transfer – der Zahlungsbilanzausgleich in einem Zwei-Länder-Modell

Der Ansatz des "klassischen" Transfermechanismus kann nicht im engen dogmenhistorischen Sinne als "klassisch" bezeichnet werden. Der Begriff dient vielmehr der Abgrenzung der traditionellen preistheoretischen Ansätze von den spä-

73 Vgl. METZLER, L.A.: The Theory of International Trade, in: Ellis, H.S. (ed.): A Survey of Contemporary Economics, Philadelphia/Toronto 1949, S. 213.

74 Vgl. ROBINSON, J.: The Foreign Exchanges, in: Essays in the Theory of Employment, New York 1937, S. 134 ff.

75 Vgl. HARROD, R.F.: International Economics, London 1939, S. 81 - 102.

76 Vgl. NURSKE R.: Internationale Kapitalbewegungen, S. 61.

77 Vgl. dazu TITZRATH, A.: Wirkung internationaler Kapitalbewegungen auf Einkommen und Beschäftigung, Studie zum Stand der Transfertheorie, Köln 1959, S. 80.

78 Vgl. METZLER, L.A.: The Theory of International Trade, in: Ellis, H.S. (ed.): A Survey of Contemporary Economics, Philadelphia/Toronto 1949, S. 213 ff.

ter entwickelten keynesianischen, einkommenstheoretischen Ansätzen – im englischen Sprachgebrauch ist hier auch der Begriff der "orthodox theory" gebräuchlich. Auch ist er aufgrund der restriktiven Prämissen nicht so streng an einer bestimmten Theorierichtung orientiert, daß man ihn als eindeutig "klassisch" oder "neoklassisch" bezeichnen kann. In der Literatur sind zudem Darstellungsformen des klassischen Ansatzes verbreitet, die deutlich die Handschrift modernerer Ansätze tragen. Da sich die Bezeichnung jedoch in der Literatur eingebürgert hat und in der Sache cum granu salis auch zutrifft, wird im folgenden weiterhin vom "klassischen" Transfermechanismus die Rede sein. Er beruht in seiner Funktionsweise auf dem Geldmengenpreismechanismus HUMEs, der den Zahlungsbilanzausgleich ursprünglich im Rahmen eines Goldwährungssystems beschreibt, das die teilnehmenden Länder zu festen Paritäten gegenüber einer definierten Goldeinheit verpflichtet.

Es wird angenommen, daß in den beiden betrachteten Ländern Vollbeschäftigung bei Übereinstimmung von geplanter Ersparnis[79] und geplanter Investition herrsche und daß keine Horte existieren. Eine sehr restriktive Prämisse ist, daß von weiteren Kapitalbewegungen neben dem monetären Transfer abstrahiert wird. Der Ausschluß von finanziellen Reserven in Form von Horten bedeutet, daß der monetäre Transfer nicht ohne Einschränkung der Gesamtausgaben geleistet werden kann bzw. daß die empfangenen Mittel ausgabewirksam werden. Der Ansatz unterstellt ferner, daß das Budgetproblem gelöst ist, d.h., daß die Mittel, die Land A für den Finanztransfer bereitstellt, durch eine Einschränkung der Gesamtausgaben in vollem Umfang aufgebracht bzw. zusätzlich zur oben angegebenen Kapitalbildung für Inlandszwecke gespart werden.

Der monetäre Transfer sei zunächst am historischen Beispiel des Goldstandards – d.h. bei *festen Währungsparitäten* – erklärt.[80] Angenommen Land A leistet im System des Goldstandards einen monetären Transfer an Land B. Der Umtausch von Währung des Landes A in Währung des Landes B führt am Devisenmarkt zu einer Abwertung der Währung des Landes A bis zum Goldexport-Punkt. Die sich anschließenden Goldexporte von Land A nach Land B führen in Land A zu einer Kontraktion der Geldmenge und in Land B zu deren Expansion.[81] Entsprechend

79 Ausgenommen der für den Transfer freigestellten Mittel.

80 Für eine Darstellung des klassischen Transfermechanismus vgl. TAUSSIG, F.W.: Germany's Reparation Payments, in: The American Economic Review, Vol. 10 (1920), S. 33 ff. Er bezeichnete diese Auffassung des Transfermechanismus als "orthodox" bzw. "ricardianisch". Zum Ablauf eines Transfers im Goldstandard vs. Papierwährung vgl. KINDLEBERGER, C.B.: International Economics, 3rd ed., Homewood 1963, S. 307 f.

81 Hebt die Zentralbank in Land A den Diskontsatz, um den Goldabfluß zu begrenzen, bzw. wird er in Land B gesenkt, so kann die Goldbewegung zum Teil durch Kapitalbewegungen ersetzt werden, die Wirkung auf die Preise ist jedoch aufgrund der Zinssatzänderung

den Annahmen der Quantitätstheorie des Geldes führt dies zu einem nachfragebedingten Preisniveauanstieg in Land B und zu einer Preisniveausenkung in Land A. Aufgrund des Preisniveauanstiegs in Land B verringert sich die Nachfrage nach Exporten des Landes B, identisch mit geringeren Importen des Landes A. Die Senkung der Preise in Land A erhöht die Importnachfrage des Landes B und damit die Exporte von A. Der resultierende Außenhandelsüberschuß von Land A und das Außenhandelsdefizit in Land B stellen einen Realtransfer dar. Im Zuge dieses Realtransfers kommt es zu einem Rückfluß der Goldbestände in das Geberland. Die angesprochenen Preisniveauveränderungen in beiden Ländern sind gleichbedeutend mit einer Veränderung der terms of trade, so daß die klassische Transfertheorie den Schluß nahezulegen scheint, ein Transfer führe zwangsläufig zu einer Verschlechterung der terms of trade für das Geberland. Betrachtet man den monetären Transfer isoliert, so trifft dies auch zu, der Gesamteffekt auf die terms of trade hingegen hängt vom Größen*verhältnis* des *monetären* zum *realen* Transfer ab: Im Zuge des realen Transfers kommt es zu einer gegenläufigen Preisveränderungstendenz, denn die zusätzliche Nachfrage nach Exportgütern des Geberlandes führt tendenziell zu einem Preisniveauanstieg, im Empfängerland führt die geringere Nachfrage des Geberlandes tendenziell zu einem Preisniveaurückgang.

Der Anpassungsmechanismus bei *flexiblen Wechselkursen* – im klassischen Fall der paper standard – verläuft ganz ähnlich. Das Geberland erfährt aufgrund des Transfers eine Abwertung seiner Währung, die Währung des Empfängerlandes wertet auf. Die verbesserte Wettbewerbsfähigkeit des Geberlandes induziert dann Güterexporte, das Empfängerland hingegen erfährt ein Leistungsbilanzdefizit. Aufgrund der unmittelbaren Abwertung am Devisenmarkt treten monetärer und realer Transfer simultan auf, wenn man von weiteren Kapitalbewegungen absieht. Nach Abschluß des Transfers nimmt der Wechselkurs wieder seinen ursprünglichen Wert an. Läßt man hingegen die Annahme spekulativer Kapitalbewegungen zu, so führt die Änderung der Wechselkurse zu gegenläufigen Kapitalbewegungen, *wenn* erwartet wird, daß die Wechselkurse nach dem Transfer auf ihr ursprüngliches Niveau zurückkehren. Die Abwertung der Währung des Geberlandes fällt geringer aus, dafür wirkt der Kapitalzustrom zinserhöhend und preissenkend; im Empfängerland führt die Reaktion der Spekulanten zu Kapitalabflüssen verbunden mit Preiserhöhungen. Der Fall der flexiblen Wechselkurse ähnelt unter diesen Annahmen hinsichtlich der Preisniveaueffekte dem Fall fester Wechselkurse.[82] Voraussetzung für diese einfache Erklärung ist jedoch die ad hoc-Annahme, daß die Spekulation stabilisierend wirkt.

---

die gleiche: In Land A wirkt die Veränderung der Zinsen auf einen Preisanstieg hin, in Land B entsprechend auf eine Preissenkung.

82 Vgl. dazu KINDLEBERGER, C.B.: International Economics, 3rd ed., Homewood 1963, S. 307 ff.

Im Zuge der KEYNES/OHLIN-Debatte wurden die direkten Nachfrageeffekte in den Vordergrund gestellt. Die Beschäftigung mit dem Ausmaß der direkten Effekte bzw. die Notwendigkeit von Preis(relation)änderungen, d.h. terms of trade-Änderungen, hat in der Lehrbuchliteratur zu einer Darstellungsform geführt, die die direkten Nachfrageeffekte in den Vordergrund stellt. Diese direkten Effekte sind in dieser Hinsicht schon als Erweiterung der klassischen Aussagen zu sehen, die, wie oben gesehen, allein mit einer Veränderung des Preisniveaus argumentieren.[83] Der Teil des Transfers, der nicht im Empfängerland ausgabenwirksam wird, sondern für den Erwerb von Exporten des Geberlandes verwendet wird, trägt nicht zu der Preisauftriebstendenz im Inland bei und bremst aufgrund der zusätzlichen, im Geberland entwickelten Nachfrage dort den Rückgang der Preise. In der gleichen Weise wirkt der Teil des Transfers, der im Geberland durch eine Verringerung von Importausgaben aufgebracht wird, im Geberland nicht dämpfend auf die Preise und verringert im Empfängerland die Tendenz zum Preisauftrieb.

Reichen die direkten Ausgabeänderungen aus, um einen realen Transfer in Höhe des monetären zu erzeugen, sind *keine Preisänderungen nötig*. Der klassische Transferansatz formuliert nun genau die Bedingungen, unter denen ein monetärer Transfer einen *gleichhohen* realen Transfer in dieser Art und Weise bewirkt, so daß die Goldbestände nach dem Transfer der Situation in der Ausgangslage entsprechen und die Preisniveaurelation der beiden Länder durch den Transfer *keine* Veränderung erfährt. Die Höhe des Zahlungsbilanzsaldos des Landes A (ZBS^A) bleibt dann nach dem Transfer (T, ausgewiesen als Saldo der Übertragungsbilanz) unverändert, wenn ein positiver Leistungsbilanzsaldo (LBS^A) in gleicher Höhe entsteht, so daß die Leistungsbilanz im weiteren Sinne im Gleichgewicht verbleibt. Die Höhe des Leistungsbilanzsaldos hängt von den mit dem Transfer verbundenen, direkten Importnachfrageänderungen ab: In Land A verringern sich die Importe aufgrund des Nachfragerückgangs ($\Delta Im^A = \Delta Ex^B$),[84] die Exporte hingegen steigen aufgrund der nun höheren Nachfrage aus Land B ($\Delta Ex^A = \Delta Im^B$):

(1) $\Delta LBS^A = \Delta Ex^A - \Delta Im^A$ oder

(2) $\Delta LBS^A = \Delta Im^B - \Delta Ex^B$

Welcher Teil des Transfers in Land B für Importe ausgegeben wird, wird durch die marginale Importquote m^B angegeben, nämlich $m^B \cdot T$.[85] In Land A bezeich-

---

83 Vgl. KINDLEBERGER, C.B.: International Economics, 3rd ed., Homewood 1963, S. 309 f.

84 Wobei beide Veränderungen einen negativen Wert aufweisen.

85 Die Höhe der marginalen Importquote m ($m = dM/dY^{nom}$ mit $0 < m < 1$, wobei Y^{nom} = verfügbares Nominaleinkommen) gibt im allgemeinen den Anteil der Importausgabenver-

net m^A analog den Rückgang der Importe infolge der Transferaufbringung mit $m^A \cdot (-T)$ (Die Variable des Transferbetrages T nimmt für sich genommen immer einen positiven Wert an). Der Leistungsbilanzsaldo setzt sich zusammen aus der Importverringerung entsprechend der marginalen Importquote des Landes A sowie der Exporterhöhung entsprechend der marginalen Importquote des Landes B:

(3) $\Delta LBS^A = -[m^A \cdot (-T)] + m^B \cdot T$

Die Zahlungsbilanz bleibt als Ganzes ausgeglichen, wenn dem negativen Saldo der Übertragungsbilanz $-T$ ein positiver Leistungsbilanzsaldo ΔLBS^A gegenübersteht:

(4) $\Delta ZBS^A = -[m^A \cdot (-T)] + m^B \cdot T - T$ oder

(5) $\Delta ZBS^A = (m^A + m^B - 1) \cdot T$

Aus Gleichung (5) läßt sich die Kernaussage des klassischen Transferansatzes ableiten: *Der Ausgleich der Zahlungsbilanz erfolgt unmittelbar, d.h. ohne Preisänderung, wenn die Summe der marginalen Importneigungen 1 beträgt*. In diesem Fall nimmt der Klammerausdruck in (5) den Wert Null an, denn dem Betrag des monetären Transfers $(-T)$ folgt in gleicher Höhe ein Leistungsbilanzsaldo $\{-[m^A \cdot (-T)] + m^B \cdot T\}$. Die Zahlungsbilanz ist ausgeglichen, da der Teil des Handelsbilanzüberschusses, der auf den Rückgang der Importe zurückgeht $\{-[m^A \cdot (-T)]\}$, zusammen mit dem Teil, der auf einer Ausweitung der Exporte beruht $(m^B \cdot T)$, mit dem Wert des monetären Transfers $(-T)$

änderung bei einer Veränderung der *Gesamtausgaben* bzw. des *Gesamteinkommens* an. In der Transfertheorie, insbesondere in einkommenstheoretischen Ansätzen, werden häufig Importquoten so definiert, daß sie speziell die Änderung der Ausgaben *aufgrund des Transfers* wiedergeben ($m' = \Delta M/\Delta T$) und sich von der allgemeinen Importquote (m) unterscheiden. Damit wird dem Sachverhalt Rechnung getragen, daß die Verwendung des Transfereinkommens von der regulären Einkommensverwendung abweichen kann. Zur Vereinfachung werden m' und m zunächst als identisch angenommen, d.h., das aus dem Transfer zugeflossene Einkommen wird von den Wirtschaftssubjekten in gleicher Weise wie das reguläre Einkommen verwendet. Genaugenommen handelt es sich bei dieser Darstellungsform um eine funktionale Abhängigkeit der Importnachfrage vom (Transfer-)Einkommen, so daß im – an sich preistheoretischen – "klassischen" Ansatz in dieser Hinsicht Elemente einer makroökonomischen, einkommenstheoretischen Argumentation enthalten zu sein scheinen – ein Umstand, der in Diskussionen häufig zu Mißverständnissen führt (vgl. die Anmerkung VINERs zur KEYNES/OHLIN-Debatte im vorangegangenen Kapitel). In der Tat werden in Arbeiten mit mikroökonomisch orientierten, neoklassischen Ausführungen, insbesondere PIGOU und später SAMUELSON, an dieser Stelle marginale *Ausgabe*neigungen verwendet.

übereinstimmt. Ein hoher Wert von m^A (und ein entsprechend geringer von m^B) bedeutet, daß der größere Teil der Anpassung auf den Rückgang der Importnachfrage des Geberlandes $\{-[m^A \cdot (-T)]\}$ zurückgeht, ein geringer Wert von m^A, daß der größere Teil der Anpassung durch eine Erhöhung des Exports des Geberlandes ($m^B \cdot T$) zustandekommt.

In Abb. I-1 ist das Verhältnis von monetärem zu realem Transfer graphisch dargestellt. Zur Vereinfachung wird von konstanten marginalen und durchschnittlichen Importquoten ausgegangen, so daß die Importfunktionen M^A und M^B als Gerade aus dem Ursprung gezeichnet werden können. Die Steigung der Importfunktion wird durch die marginale Importquote m beschrieben. Ein monetärer Transfer bewirkt in Land A einen Rückgang des verfügbaren Nominaleinkommens um T und in Land B eine entsprechende Zunahme, die Einkommen beider Länder zusammen bleiben unverändert. In Land A gehen die Importausgaben um $-\Delta Im^A$ zurück, in Land B nehmen die Importausgaben um ΔIm^B zu, so daß der Saldo $\Delta Im^B - \Delta Im^A$ die Veränderung des Leistungsbilanzsaldos ΔLBS wiedergibt. Das Land, das die höhere marginale Importneigung besitzt, in diesem Fall Land B, trägt entsprechend stärker durch seine Ausgabenänderung (konkret: Importsteigerung) zum Leistungsbilanzsaldo bei. Für den Fall, daß sich beide Importquoten zu 1 addieren, entspricht der Leistungsbilanzbilanzsaldo ΔLBS dem monetären Transfer T, wie in der Abb. I-1 dargestellt.

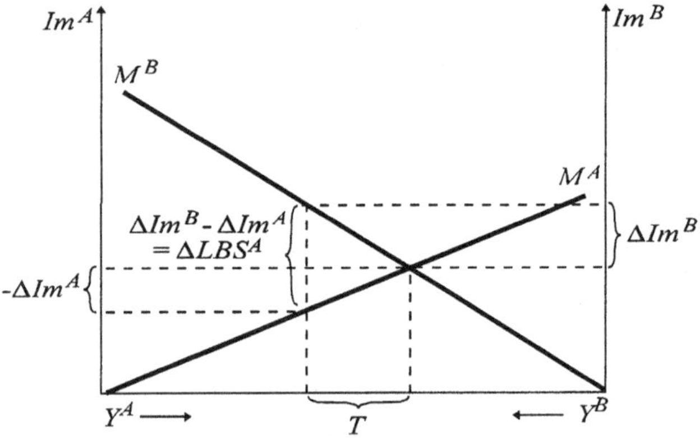

Abb. I-1: Monetärer und realer Transfer im klassischen Transferansatz

Gilt $m^A + m^B < 1$, so verlaufen die Kurven der Importausgaben in Abb. I-1 mit geringerer Steigung, so daß der Leistungsbilanzsaldo – zunächst – hinter dem monetären Transfer zurückbleibt. Umgekehrt ist der reale Transfer bei $m^A + m^B > 1$ größer als der monetäre, in diesem Fall verlaufen die Kurven steiler. Ein Zahlungsbilanzgleichgewicht wird in diesen Fällen nicht erreicht, vielmehr sind weitere Anpassungsmechanismen erforderlich, die auf eine Veränderung des

Leistungsbilanzsaldos hinwirken, etwa (Relativ-)Preisänderungen der gehandelten Güter.[86] Im Prinzip wirkt eine solche Änderung der Preise auf eine Veränderung der marginalen Importneigungen hin. Unter den Annahmen des klassischen Transferansatzes wird zumeist mit einer Veränderung der Preis*niveau*relationen zwischen beiden Ländern aufgrund des Geldmengenpreismechanismus argumentiert.

$m^A + m^B = 1$	Realer Transfer entspricht dem monetären Transfer
$m^A + m^B > 1$	Realer Transfer übertrifft monetären Transfer
$m^A + m^B < 1$	Realer Transfer bleibt hinter monetärem Transfer zurück

Tab. I-1: Zusammenhang von monetärem und realem Transfer im klassischen Ansatz

b) Terms of trade-Änderungen im klassischen Ansatz – das Transferproblem

Durch eine leichte Modifikation der Analyse von CAVES/JONES[87] lassen sich die terms of trade-Wirkungen eines Transfers in einem einfachen graphischen Modell darstellen. Abb. I-2 zeigt die angebotenen und nachgefragten Gütermengen im Geberland in Abhängigkeit von der Preisrelation P^A/P^B. Diese Relation kann auch als die terms of trade aufgefaßt werden, wenn die marginalen Importquoten sowie der (nominale) Wechselkurs als konstant angesehen werden und keine Binnengüter existieren. Wie schon angenommen, ist das gesamte Angebot konstant, so daß Veränderungen der terms of trade allein durch eine Veränderung der Nachfrageverhältnisse bewirkt werden können – die Güterangebotskurve verläuft senkrecht. Ein Transfer bewirkt nun im Geberland eine Reduktion des verfügbaren Nominaleinkommens, so daß bei unveränderter Preisniveaurelation die binnenländische Nachfrage (d.h. die Nachfrage ohne den nach Maßgabe der marginalen Importquote auf Importe entfallende Teil) geringer ausfällt [um $1 - m^A \cdot (-T)$], gleichbedeutend mit einer Linksverschiebung der Güternachfragekurve. In Land B hingegen steigt die Kaufkraft, so daß bei unveränderter Preisniveaurelation die Nachfrage wieder ansteigt (um $m^B \cdot T$). In diesem Umfang kommt es zu einer Rechtsverschiebung der Nachfragekurve. Ob sie dabei ihre Ausgangslage wieder erreicht oder sogar überschreitet, hängt von der Relation der beiden Verschiebungen ab. Bei geringen marginalen Importquoten kommt es insgesamt zu

86 Denkbar ist hier eine Veränderung des Wechselkurses, der Preisniveaurelation zwischen den Ländern oder der Preisrelationen der gehandelten Güter.

87 Vgl. CAVES, R.E./JONES, R.W.: World Trade and Payments, Boston 1973, S. 456 ff. Die Modifikationen beziehen sich auf die Anwendung der Analyse auf einen Fall der monetären Außenwirtschaftstheorie, was unter konstanten Preisen und der Vernachlässigung von Geldeffekten möglich ist, sowie auf die Verwendung von nur einem Gut.

einer Linksverschiebung der Nachfragekurve durch den Transfer, denn zum einen fällt der Nachfragerückgang $1 - m^A \cdot (-T)$ recht groß aus, zum anderen ist der Nachfragezufluß aus dem Ausland $m^B \cdot T$ recht gering. Gilt also $m^A + m^B < 1$, so verringert der Transfer die Nachfrage. Ein neues Gleichgewicht stellt sich bei einem niedrigeren Preisniveauverhältnis (t.o.t.$_1$) ein. Für Land A bedeutet ein Absinken von P^A in Relation zu P^B eine Verschlechterung der terms of trade, für Land B eine Verbesserung.

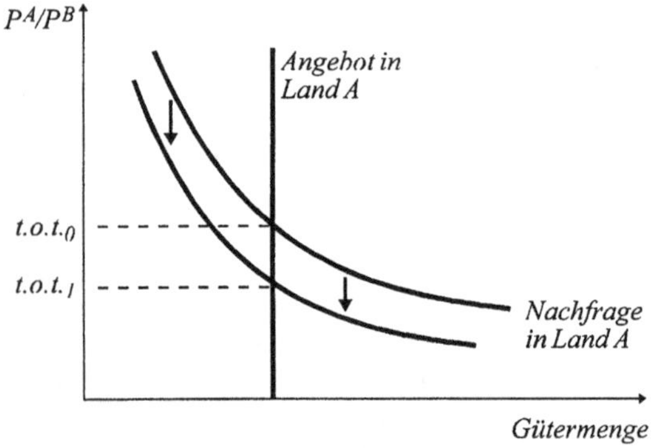

Abb. I-2.: Klassischer Transfer und terms of trade-Verschlechterung

Gilt bei hohen marginalen Importen $m^A + m^B > 1$, so verschiebt sich die Kurve der Weltnachfrage über ihre Ursprungslage nach rechts hinaus, in diesem Fall erfährt Land A eine Verbesserung seiner terms of trade.

Da in der Empirie zumeist marginale Importquoten gemessen werden, die deutlich unter den für einen Ausgleich nötigen Werten liegen ($m^A + m^B < 1$), legt die "klassische" Transferanalyse eine Verschlechterung der terms of trade nahe. Der Ansatz beruht jedoch auf sehr restriktiven Annahmen, die im folgenden näher beleuchtet werden sollen. Vor allem aber ist der Frage nachzugehen, inwiefern eine Verschlechterung der terms of trade ein Transferproblem für das Geberland darstellt.

Bleibt der reale hinter dem monetären Transfer zurück, so heißt dies *zunächst*, daß in *geringerem* Maße Güter vom Geberland in das Empfängerland transferiert werden. Problematisch ist dies zwar für den Transfer an sich, denn er ist nicht im gewünschten Umfang gelungen, für die Situation des Geberlandes stellt dies hingegen eine Erleichterung dar, da der Güterverzicht geringer ausfallen kann.[88] Die Betonung muß jedoch auf dem Wort "zunächst" liegen, denn diese Situation stellt

88 Problematisch kann jedoch sein, daß im Umfang des monetären Transfers Devisen abgeflossen sind, die bei einem zu geringen Realtransfer nicht ins Land zurückfließen.

ein Zahlungsbilanzungleichgewicht dar. Dieses Ungleichgewicht führt zu einer Veränderung der Preisniveaurelationen, die erneut auf einen Realtransfer hinwirkt, aufgrund der veränderten Preise jedoch zu schlechteren Konditionen für das Geberland: zu schlechteren terms of trade. In Abb. I-2 stellt sich diese Situation als eine Wanderung auf der Nachfragekurve dar, bis im neuen Schnittpunkt mit der senkrechten Angebotskurve bei veränderten terms of trade ein neues Gleichgewicht erreicht wird.

c) Erklärungsgehalt des klassischen Transferansatzes

Auf zwei wesentliche Fragen der Transfertheorie kann der klassische Ansatz Antwort geben:

- Er erklärt, wie die direkten Nachfrageeffekte in Form der marginalen Ausgabeneigung ausfallen müssen, damit einem monetären Transfer ein realer in gleicher Höhe folgt.
- Durch den Vergleich von monetärem und realem Transfer können Rückschlüsse auf die Veränderung der terms of trade gezogen werden.

Dem stehen jedoch gewichtige Einschränkungen des Erklärungsgehaltes gegenüber:

- Ein wesentlicher Kritikpunkt an der klassischen Transfertheorie, neben der Vollbeschäftigungsannahme, bezieht sich auf die vereinfachte Verknüpfung von Geldmenge und Güternachfrage mit Hilfe der Quantitätstheorie des Geldes. Insbesondere ist anzuzweifeln, daß Geldmengenveränderungen automatisch zu Ausgabenveränderungen und Ausgabenveränderungen wiederum automatisch zu Preisveränderungen führen.[89] Gerade die Frage, auf welchen Wegen der monetäre Impuls des monetären Transfers zu einer realen Wirkung führt, ist ein wesentlicher Aspekt der Transfertheorie und bedarf der näheren Erläuterung. Hier mit Hilfe des mechanistischen Konzepts der Quantitätsgleichung von einer Geldmengenerhöhung auf eine Erhöhung der Güternachfrage zu schließen, ist gerade dann unbefriedigend, wenn man sich die Bedeutung der Zusammensetzung dieser Ausgabekomponenten vor Augen hält.
- Im klassischen Ansatz werden lediglich Ausgaben für Importe einerseits und Güter aus inländischer Produktion andererseits unterschieden, so daß Aufbringung und Verwendung des monetären Transfers immer in vollem Umfang ausgabewirksam werden.
- Eine weitere Komponente der Kritik bezieht sich auf die Vernachlässigung von Kapitalbewegungen neben dem monetären Transfer: Die Zahlungsbilanz muß durch die Handelsbilanz ausgeglichen werden und nicht etwa durch ent-

---

89 Vgl. dazu KINDLEBERGER, C.B.: International Economics, 3. Aufl., Homewood 1963, S. 309 f.

sprechende Kapitaltransaktionen, einzige Ausnahme ist hier der Kapitaltransfer selbst. In diesem Fall ist es zwingend, daß der Ausgleich der Zahlungsbilanz in der gleichen Periode erfolgt. Eine Verbesserung der Nettovermögensposition des Empfängerlandes durch den Erwerb von Forderungen gegen das Geberland, z.B. um den Güterstrom aus dem Transfer auf mehrere Perioden zu verteilen, würde gegen die Annahme der internationalen Kapitalimmobilität verstoßen.

- Der klassische Ansatz geht von konstanten Produktionsverhältnissen, insbesondere einem unelastischen Güterangebot aus. Durch die Veränderung der terms of trade kommt es jedoch je nach Angebotselastizität zu einer Verringerung des Angebots sowie zu einer Umschichtung von Produktionsfaktoren in die Exportgüterindustrie im Geberland sowie zu einem erhöhten Angebot von Gütern im Empfängerland. Dies wirkt der Verschlechterung der terms of trade entgegen.[90]

Die Aussage des klassischen Ansatzes läßt sich auf das System flexibler Wechselkurse übertragen. Der Geldmengenpreismechanismus wird durch den Wechselkursmechanismus ersetzt. Sowohl Preis- wie Wechselkursänderungen verändern die terms of trade, die genauen Auswirkungen auf die international gehandelten Gütermengen erfordern an dieser Stelle eine Elastizitätsanalyse, d.h., der klassische Ansatz ist in dieser Hinsicht auch ein Elastizitätsansatz.[91] Im Falle einer ungebundenen Papierwährung und flexibler Wechselkurse wird die Abwertungstendenz der Währung des Landes A nicht durch die Goldarbitrage gebremst, sondern führt direkt zu einer Verringerung der Preise der von Land A exportierten Güter in B-Währung, während sich die Exporte des Landes B in A-Währung verteuern. Land A erwirtschaftet unter normalen Elastizitätsannahmen einen Leistungsbilanzüberschuß, während in Land B die Leistungsbilanz defizitär wird. Zwar rückt der Mechanismus der flexiblen Wechselkurse die Elastizitätsannahmen in den Vordergrund, daß diese Annahmen aber im System fester Wechselkurse für die realen Wirkungen die gleiche Bedeutung haben, ist bereits oben deutlich geworden.

4. Der keynesianische Transferansatz

a) Einführung

Die Frage nach der Rolle der Einkommenswirkung von monetären Transfers beim Zahlungsbilanzausgleich wird – wie oben dargestellt – seit den Anfängen der Transfertheorie heftig diskutiert. Eine erste Anwendung der KEYNESschen Ideen zum Einkommensmultiplikator auf die Außenwirtschaft geschah bereits kurz nach

---

90 Vgl. BORCHERT, M.: Außenwirtschaftslehre, 3. Aufl., Wiesbaden 1987, S. 150.

91 Vgl. BORCHERT, M.: Außenwirtschaftslehre, 3. Aufl., Wiesbaden 1987, S. 150.

Veröffentlichung von KEYNES' "General Theory"[92] in den späten 30ern durch ROBINSON[93] und HARROD[94] mit dem Ergebnis, daß sich die raschen Anpassungsbewegungen der Zahlungsbilanz sogar besser durch Beschäftigungs- und Einkommensänderungen als durch Preisänderungen erklären lassen. Eine erste Anwendung auf den Fall des Transfers erfolgte durch METZLER[95], eine umfassende Erläuterung der Effekte findet sich bei JOHNSON[96].

Im Vordergrund der keynesianischen Analyse des Transfermechanismus bei festen Wechselkursen steht die Rolle der Beschäftigung, die über eine Veränderung von Export- und Importausgaben den Zahlungsbilanzausgleich beeinflußt. Um die Rolle des Einkommensmechanismus zu isolieren, wird von anderen Zahlungsbilanzausgleichsmechanismen – insbesondere Preisniveau- und Wechselkursreaktionen – abgesehen. Die Theorie des keynesianischen Transfermechanismus geht von folgenden Annahmen aus: Die Absorption einer bestimmten Einkommenshöhe ist im Gegensatz zum klassischen Einkommensmechanismus nicht gegeben, sondern variiert im Zuge der Anpassungen an das Gleichgewicht (Unterbeschäftigungsannahme) mit Veränderung der Nachfrage. Die Höhe der Produktion ist in diesem einfachen Ansatz bei praktisch unveränderten Preisen *unendlich elastisch* und damit ausschließlich durch die *Nachfrage* determiniert. Mit der Annahme der Unterbeschäftigung ist die Vorstellung verbunden, daß bei initialen Störungen des Gleichgewichts durch einen Transfer zusätzliche multiple Expansionen bzw. Kontraktionen des Einkommens zu einem neuen Gleichgewicht auf dem Gütermarkt führen. Auch der keynesianische Transfermechanismus abstrahiert von internationalen Kapitalbewegungen, die einen monetären Gegentransfer bewirken könnten. Eine weitere wesentliche Neuerung ist die Aufgabe der starren Verknüpfung von Geldmengen- und Güternachfrageeffekten, wie sie im Falle des klassischen Transfermechanismus durch die Quantitätstheorie gegeben ist. Eine genaue Analyse der Zusammenhänge von Geldmengenerhöhung und Güternachfrage erfolgt zwar nicht, immerhin wird jedoch berücksichtigt, daß der monetäre Transfer im Geberland im Falle einer Verringerung der Geldhaltung nicht in voller Höhe zu einer Ausgabenreduktion führen muß bzw. im Empfängerland nicht in voller Höhe für eine Erhöhung von inländischem Konsum und Importen verwendet wird.

---

92 Vgl. KEYNES, J.M.: The General Theory of Employment, Interest and Money, London 1936.

93 Vgl. ROBINSON, J.: The Foreign Exchanges, in: Essays in the Theory of Employment, New York 1937, S. 134 ff.

94 Vgl. HARROD, R.F.: International Economics, London 1939, S. 81 ff.

95 Vgl. METZLER, L.A.: The Transfer Problem Reconsidered, in: Journal of Political Economy, Vol. 50 (1942), S. 297 - 414.

96 JOHNSON, H.G.: The Transfer Problem: A Note on Criteria for Changes in Terms of Trade, in: Economica, Vol. 22 (1955), S. 113 - 121.

Untersucht wird, wie Kaufkraftübertragungen im Zuge eines Transfers über multiplikative Einkommensveränderungen die Höhe des Gleichgewichtseinkommens in den beiden Ländern verändern und gleichzeitig einen Zahlungsbilanzsaldo herbeiführen. Die Multiplikatoranalyse erfordert eine Unterscheidung in dauerhafte und einmalige Transfers. Nur in ersterem Fall ist die Änderung des Einkommens und damit der Zahlungsbilanzausgleich von Dauer. Ein monetärer Transfer (T) führt in dem Umfang, wie die Geldmittel für Importe (M) verwendet bzw. aus der Kürzung von Importausgaben aufgebracht werden, nicht zu einer Veränderung der inländischen Absorption (A), sondern zu einer direkten Veränderung des Außenbeitrags. Kommt es jedoch zu einer Veränderung der Absorption, ergeben sich (primäre) Nachfrageimpulse, die weitere multiple (sekundäre) Nachfrageänderungen nach sich ziehen. Dazu gehört auch die Nachfrage nach Importgütern, so daß der Transfer auf diesem Wege den Außenbeitrag indirekt beeinflußt. Formal handelt es sich also um eine Gleichgewichtsanalyse von multiplen Einkommenseffekten mit internationalen (bzw. bilateralen) Rückwirkungen, wobei ausschließlich die marginalen Absorptions- und Importquoten in den beiden Ländern über den Zahlungsbilanzausgleich entscheiden. Die dabei sich kompensierenden oder verstärkenden Einkommenswirkungen erschweren im Vergleich zum einfachen klassischen Transferansatz eine Prognose der Effekte des Transfers.

Die folgende Fallunterscheidung der Fälle a) - c) geht auf die Analyse von METZLER[97] zurück, die sich anschließenden Fälle auf JOHNSON[98] und deren Darstellung bei JARCHOW/RÜHMANN[99]. Die formale Analyse erfolgt mit Hilfe einer – gegenüber der Analyse METZLERs – erweiterten Multiplikatorformel, die es auch erlaubt, die Annahmevariation von JOHNSON zu berücksichtigen, so daß ein Vergleich der Ergebnisse in einem einheitlichen Analyserahmen möglich ist. Das Modell von JOHNSON berücksichtigt im Gegensatz zum METZLER-Modell auch, daß die ursprüngliche Mittelaufbringung ganz oder teilweise aus Importverzicht erfolgen kann (also nicht nur aus Enthortung und Konsumverzicht bei Inlandsgütern) bzw. im Empfängerland B zu Importen führt. Es beseitigt damit einen wesentlichen Mangel der Analyse METZLERs und erlaubt zudem einen Vergleich mit den Aussagen des klassischen Ansatzes.

---

97 Vgl. METZLER, L.A.: The Theory of International Trade, in: ELLIS, H.S. (ed.): A Survey of Contemporary Economics, Philadelphia/Toronto 1949, S. 212 ff. Dieser Beitrag stellt eine überarbeitete Version seines ersten Beitrags von 1942 dar, vgl. METZLER, L.A.: The Transfer Problem Reconsidered, in: Journal of Political Economy, Vol. 50 (1942), S. 297 - 414.

98 Vgl. JOHNSON H.G.: The Transfer Problem: A Note on Criteria for Changes in Terms of Trade, in: Economica, Vol. 22 (1955), S. 113 - 121.

99 Siehe dazu JARCHOW, H.-J./RÜHMANN, P.: Monetäre Außenwirtschaftslehre I: Monetäre Außenwirtschaftstheorie, 4. Aufl., Göttingen 1994, S. 124 ff. und S. 325 ff.

Des weiteren berücksichtigt das Modell von JOHNSON, daß die transferbezogene marginale Importneigung (m′) und Sparneigung (s′) von der auf das Gesamteinkommen bezogenen marginalen Importneigung (m) und Sparneigung (s) abweichen können[100] – sei es, weil die typische Verwendung eines Transfers von der sonstigen Verwendung des Einkommens abweicht oder der Transfer weitere Auswirkungen hat (etwa für die Portfolioentscheidung der Vermögensanlage), die die marginale Sparquote verändern oder aber auch eine Änderung der Ausgabegewohnheiten, also eine geänderte Importquote, bewirken kann.

b) Das Transfermodell von JOHNSON

(1) Modellkomponenten und -annahmen

Die inländische Konsum- und Investitionsnachfrage wird zur Absorption E zusammengefaßt. Die einkommensabhängige Absorption wird mit A(Y), die autonome Absorption mit $\overline{A}$ bezeichnet. $\overline{Im}$ bezeichnet die einkommensunabhängigen Importe, Im(Y) die einkommensabhängigen. Hochgestellte Indizes bezeichnen Größen des Geberlandes A bzw. des Empfängerlandes B. Die Nachfragegleichungen (I-1a) und (I-2a) geben die Güternachfrage nach Konsum- und Investitionsgütern sowie die Exportnachfrage vermindert um die Importnachfrage wieder, wobei jede Nachfragekomponente in einen einkommensunabhängigen und einen einkommensabhängigen Teil unterteilt ist. Gleichung (I-3a) gibt den Leistungsbilanzsaldo wieder, wobei die Importe und Exporte ebenfalls in einen einkommensabhängigen und einen autonomen Teil unterteilt werden.

(I-1a) $$Y^A = \overline{A}^A + A^A(Y^A) + \overline{Im}^B + Im^B(Y^B) - \overline{Im}^A - Im^A(Y^A)$$

(I-2a) $$Y^B = \overline{A}^B + A^B(Y^B) + \overline{Im}^A + Im^A(Y^A) - \overline{Im}^B - Im^B(Y^B)$$

(I-3a) $$LBS^A = \overline{Im}^B + Im^B(Y^B) - \overline{Im}^A - Im^A(Y^A)$$

Veränderungen von Einkommen und Zahlungsbilanzsaldo sind in linearisierter Form in den Gleichungen (I-1b), (I-2b) und (I-3b) beschrieben (autonome Änderungen sind durch Fettdruck hervorgehoben). Die Gleichungen (I-1b) und (I-2b) beschreiben die multiplen Einkommens- bzw. Zahlungsbilanzsaldoänderungen einer transferbedingten Einkommensänderung dY^A, dY^B. Die Zahlungsbilanz ist ausgeglichen [$dZBS^A = 0$ in (I-3b)], wenn der Saldo der Übertragungsbilanz T dem Leistungsbilanzsaldo $dLBS^A$ entspricht.

100 KINDLEBERGER spricht z.B. von einer speziellen Importneigung aus Transfereinkommen gegenüber der normalen Importneigung. Vgl. KINDLEBERGER, C.B.: International Economics, 3rd ed., Homewood 1963, S. 313. Vgl. auch die Ausführungen in der Fußnote 85.

(I-1b) $$dY^A = \mathbf{d\overline{A}^A} + a^A dY^A + \mathbf{d\overline{Im}^B} + m^B dY^B - \mathbf{d\overline{Im}^A} - m^A dY^A$$

(I-2b) $$dY^B = \mathbf{d\overline{A}^B} + a^B dY^B + \mathbf{d\overline{Im}^A} + m^A dY^A - \mathbf{d\overline{Im}^B} - m^B dY^B$$

(I-3b) $$dZBS^A = \mathbf{d\overline{Im}^B} + m^B dY^B - \mathbf{d\overline{Im}^A} - m^A dY^A - T$$

Die Veränderung des Einkommens im Geberland dY^A hängt generell von der Veränderung der Absorption, des Exports und der Importe ab:

$$dY^A = \underbrace{\mathbf{d\overline{A}^A} + a^A dY^A}_{\text{Absorptionskomponente}} + \underbrace{\mathbf{d\overline{Im}^B} + m^B dY^B}_{\text{Exportkomponente}} - \underbrace{\mathbf{d\overline{Im}^A} - m^A dY^A}_{\text{Importkomponente}}$$

Absorptions-komponente	Exportkomponente	Importkomponente

Die Veränderung der Zahlungsbilanz hängt zum einen vom Saldo der Übertragungsbilanz, der bei geleistetem Transfer ein negatives Vorzeichen besitzt, sowie vom Leistungsbilanzsaldo ab:

$$\underbrace{dZBS^A}_{\text{Zahlungsbilanzsaldo}} = \underbrace{\underbrace{\mathbf{d\overline{Im}^B} + m^B dY^B}_{\text{Exportkomponente}} - \underbrace{\mathbf{d\overline{Im}^A} - m^A dY^A}_{\text{Importkomponente}}}_{\text{Leistungsbilanzsaldo}} \underbrace{- \; T}_{\text{Übertragungsbilanzsaldo}}$$

Wie schon bei der Untersuchung der direkten Effekte im klassischen Ansatz werden Veränderungen von Preisniveau und Wechselkurs ausgeschlossen, so daß die Fragestellung lautet, ob und unter welchen Bedingungen durch die Güternachfrageveränderungen – beschrieben durch marginale Absorptions- und Importneigung – ein Ausgleich der Zahlungsbilanz ohne begleitende Wechselkurs- und Preisniveauänderungen erfolgen kann.

Im keynesianischen Ansatz wird angenommen, daß die Transfermittel entweder durch Enthortung oder durch Verringerung der autonomen Komponenten geleistet werden, also aus der Verringerung von Konsum, Investition oder Importen. Analog können die empfangenen Mittel im Empfängerland gehortet oder für Konsum, Investition oder Importe verausgabt werden. Die transferbedingten Nachfrageveränderungen schlagen sich zunächst ausschließlich in den *autonomen* Komponenten nieder.

Zu welchen Teilen die einzelnen autonomen Komponenten durch den Transfer betroffen werden, wird durch die (*speziellen*) marginalen Neigungen m′, h′ und a′

bezeichnet. Gilt z.B. $m'^B = 0{,}3$, $h'^B = 0{,}4$ und $a'^B = 0{,}3$ bei einem Transfer von 100 Einkommenseinheiten, so heißt das, daß 40 Einheiten gehortet werden und die verbleibenden 60 Einheiten jeweils zur Hälfte für Binnengüter und für Importe ausgegeben werden.

$d\overline{Im}^A$	$= m'^A \cdot (-T)$		[Änderung der autonomen Importe in Land A]
$d\overline{Im}^B$	$= m'^B \cdot T$		[Änderung der autonomen Importe in Land B]
$d\overline{A}^A$	$= a'^A \cdot (-T)$	$= (1 - h'^A) \cdot (-T)$	[Änderung der autonomen Gesamtausgaben in Land A]
$d\overline{A}^B$	$= a'^B \cdot T$	$= (1 - h'^B) \cdot T$	[Änderung der autonomen Gesamtausgaben in Land B]

Die Wirkung des Transfers auf dieses System ist zu Beginn der Entwicklung identisch mit dem Verlauf im klassischen Transfermechanismus. Betrachten wir dabei zunächst isoliert das Empfängerland: Ein monetärer Transfer bewirkt eine Veränderung des Gleichgewichts am Devisenmarkt und dadurch – infolge der Interventionspflicht der Währungsbehörde bei festen Wechselkursen – am Geldmarkt. In Land B stehen nun zusätzliche monetäre Mittel in Höhe des Transfers T zur Verfügung. Sei beispielsweise angenommen, der monetäre Impuls dT führe lediglich zu einer Erhöhung der Kassenhaltung, so entstehen in Land B keine weiteren realen Impulse – die Neigung zur Hortung der Mittel wäre in diesem Falle $h' = 1$, die Erhöhung der Ausgaben $a' = 0$ und $m' = 0$. Da der monetäre Impuls T auch zu keiner Veränderung der Nachfrage nach Importgütern führt, entstehen auch keine weiteren Auswirkungen auf das Einkommen im Geberland. Von der *Verwendung* des Transfers im Empfängerland gehen unter diesen Umständen keine Impulse aus. Erst wenn zumindest in einem Land eine Veränderung in den autonomen Komponenten der Güternachfrage stattfindet, kann ein Realtransfer beginnen.

Werden die zusätzlichen Mittel T hingegen ausschließlich für Importausgaben verwendet ($m' = 1$, $a' = 0$ und $h' = 0$), so ergibt sich zwar im Empfängerland selbst keine direkte Einkommenswirkung, in Höhe der Importe folgt jedoch dem monetären Transfer (direkt) ein realer Transfer.

Wird der Transfer für die Erhöhung der Absorption benutzt ($a' = 1$, $m = 0$ und $h' = 0$), so erhöht sich die autonome Komponente der inländischen Absorption und bewirkt ein Ungleichgewicht auf dem inländischen Gütermarkt. Diese initiale Veränderung bewirkt im oben dargestellten System multiple Nachfrageveränderungen und damit Einkommensveränderungen, die erst bei Erreichen eines neuen internen Gleichgewichts zum Stillstand kommen.

Aufgrund der Interdependenz der beiden Länder hat eine Störung des binnenwirtschaftlichen Gleichgewichts in einem Land auch eine Störung des Gleichgewichts im anderen Land zur Folge. In diesem Sinne bewirkt eine Erhöhung der autonomen Absorption in Land B $d\overline{A}^B$ in einem ersten Schritt eine Erhöhung des Einkommens in Land B um diesen Wert. Diese Einkommenserhöhung führt dazu, daß die einkommensabhängigen Komponenten der Absorption $dA^B(Y^B)$ sowie der Importe $dIm^B(Y^B)$ ebenfalls steigen. Der Anstieg der Importe ist gleichbedeutend mit einem Anstieg der Nachfrage in Land A und löst dort einen Einkommensanstieg in gleicher Höhe aus. Dieser Einkommensanstieg wiederum bewirkt eine Erhöhung der Importe des Landes A etc. (vgl. Abb. I-3).

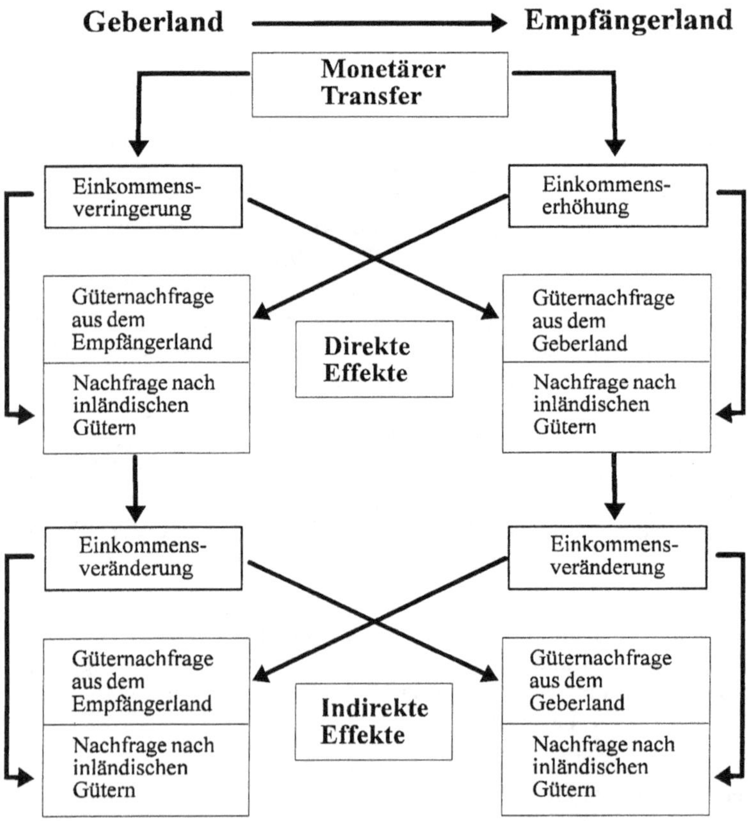

Abb. I-3: Wirkungszusammenhänge im keynesianischen Transferansatz

Die Berücksichtigung des Einkommensmultiplikators und der internationalen Rückwirkungen erfordert die simultane Lösung der Gleichungen (I-1) bis (I-3), um die Wirkung auf Einkommen und Zahlungsbilanz zu bestimmen. Eine Herleitung der Gleichungen, die konkret die Einkommens- und Handelsbilanzveränderungen (dY^A, dY^B und $dLBS^A$) eines Transfers T unter Berücksichtigung dieser Interdependenzen beschreiben, findet sich im Anhang, S. 260 f. Die dabei ermittelten Gleichungen (I-4) - (I-6) gelten für beliebige Werte von h, h′, m und m′ und bilden die Grundlage für die darauf folgende Fallunterscheidung, die spezielle Annahmen hinsichtlich dieser Werte macht.

(I-4) $$dY^A = \frac{-(h^B + m^B)\cdot(1-h'^A) + h^B\cdot(m'^B - m'^A) + m^B\cdot(1-h'^B)}{h^A\cdot h^B + h^A\cdot m^B + h^B\cdot m^A}\cdot T$$

(I-5) $$dY^B = \frac{(h^A + m^A)\cdot(1-h'^B) + h^A\cdot(m'^A - m'^B) + m^A\cdot(1-h'^A)}{h^A\cdot h^B + h^A\cdot m^B + h^B\cdot m^A}\cdot T$$

(I-6) $$dLBS^A = \frac{h^B\cdot m^A\cdot(1-h'^A) + h^A\cdot m^B\cdot(1-h'^B) + h^A\cdot h^B\cdot(m'^B + m'^A)}{h^A\cdot h^B + h^A\cdot m^B + h^B\cdot m^A}\cdot T$$

Die Gleichungen (I-4) - (I-6) beschreiben die Veränderungen des Einkommens bzw. Leistungsbilanzsaldos unter Berücksichtigung der Verhaltensparameter der beiden Länder und der Interdependenz aufgrund der multiplen Einkommensveränderungen. Sie dienen als Grundlage für die im folgenden angeführten Fallunterscheidungen.

(2) Die Ergebnisse METZLERS

Hinsichtlich der primären Einkommenswirkung des Transfers untersuchte METZLER drei Fälle (hier a - c), alle unter der Annahme, daß die primäre Wirkung *keine* Veränderung der Importausgaben umfaßt – die *autonomen Importe* werden in keinem der beiden Länder von dem Transfer betroffen ($m'^A = 0$ und $m'^B = 0$).

Fall a) Der Transfer bewirkt nur eine *Erhöhung* der autonomen Absorption im *Empfängerland.*

Der monetäre Transfer wird in Land A aus finanziellen Reserven (bzw. durch die Schöpfung zusätzlicher Mittel) aufgebracht ($h'^A = 1$), Einkommen und Nachfrage bleiben zunächst in Land A unverändert. Im Empfängerland wird der Transfer in vollem Umfang für die Erhöhung der inländischen Absorption verwendet ($h'^B = 0$). Eine Störung des Gleichgewichts tritt zunächst nur in Land B ein. Die durch den Transfer bedingte Einkommenssteigerung führt in den Folgerunden auch zu höheren Importen von B, d.h. Exporte von A, so daß es zu Einkommenserhöhungen in beiden Ländern kommt. Die dadurch entstehende Tendenz zum Zahlungsbilanzausgleich wird leicht dadurch gemindert, daß die positiven Einkommenseffekte auch Importe des Landes A auslösen und in diesem Umfang den positiven Leistungsbilanzsaldo mindern. Insgesamt gleicht dieser Transfer einem expansiven Konjunkturprogramm.

Monetärer Transfer aus Reserven ⇒ Erhöhung der Ausgaben in B ⇒ Einkommenserhöhung in B ⇒ Importzunahme in B, d.h. Exportzunahme in A ⇒ Einkommenserhöhung in A ⇒ Importzunahme in A ...

Für Fall a) erhält man aus den Gleichungen (I-4) - (I-6) die folgenden vereinfachten Multiplikatorgleichungen für die Veränderung der Einkommen und des Leistungsbilanzsaldos:

$$\frac{dY^A}{T} = \frac{m^B}{h^A \cdot h^B + h^A \cdot m^B + h^B \cdot m^A} > 0$$

$$\frac{dY^B}{T} = \frac{h^A + m^A}{h^A \cdot h^B + h^A \cdot m^B + h^B \cdot m^A} > 0$$

$$\frac{dLBS^A}{T} = \frac{h^A \cdot m^B}{h^A \cdot h^B + h^A \cdot m^B + h^B \cdot m^A} > 0$$

Die Einkommenswirkung ist in beiden Ländern positiv, und auch der Außenbeitrag in Land A steigt durch die vermehrte Exportnachfrage von Land B an. Allerdings nimmt der Außenbeitragsmultiplikator einen Wert von kleiner als eins an, so daß $dLBS^A < T$. Die Erhöhung des Außenbeitrags bleibt in diesem Fall hinter der Passivierung der Übertragungsbilanz durch den monetären Transfer zurück, so daß die Zahlungsbilanz *nicht* in vollem Umfang durch die Erhöhung des Außenbeitrags ausgeglichen wird.

Fall b) Der Transfer bewirkt eine *Verringerung* der autonomen Absorption im *Geberland.*

In Land A verringert sich die Absorption im Umfang des Transfers ($h'^A = 0$), in Land B werden die Mittel gehortet, d.h. zur Aufstockung der finanziellen Reserven genutzt ($h'^B = 1$). Auch in diesem Fall ergeben sich keine unmittelbaren Wirkungen auf die autonome Importnachfrage ($m'^A = 0$ und $m'^B = 0$). Aufgrund des Absorptionsrückganges verringern sich im Geberland auch die einkommensabhängigen Importe, so daß sich indirekt der Transfer auch auf die Exporte des Landes B auswirkt. In diesem Fall kommt es in beiden Ländern zu Einkommensrückgängen. Die Importverminderung des Landes A bewirkt eine Tendenz zur Leistungsbilanzverbesserung, die jedoch durch die gleichfalls abnehmende Importnachfrage in Land B abgeschwächt wird. Die Transferwirkung gleicht einem kontraktiven Konjunkturprogramm in beiden Ländern.

Monetärer Transfer aus Absorptionsreduktion ⇒ Hortung der empfangenen Mittel in B/Einkommenssenkung in A ⇒ Importabnahme in A, d.h. Exportabnahme in B ⇒ Einkommensrückgang in B ⇒ Importabnahme in B, d.h. Exportabnahme in A ⇒ weiterer Einkommensrückgang in A ...

Für Fall b) erhält man folgende Gleichungen für die Veränderung des Einkommens und des Außenbeitrags:

$$\frac{dY^A}{dT} = -\frac{h^B + m^B}{h^A \cdot h^B + h^A \cdot m^B + h^B \cdot m^A} < 0$$

$$\frac{dY^B}{T} = -\frac{m^A}{h^A \cdot h^B + h^A \cdot m^B + h^B \cdot m^A} < 0$$

$$\frac{dLBS^A}{T} = \frac{h^B m^A}{h^A \cdot h^B + h^A \cdot m^B + h^B \cdot m^A} > 0$$

Auch in diesem Fall erreicht die Erhöhung des Außenbeitrags nicht die Transferhöhe, denn $dLBS^A < T$.

Fall c) Im *Geberland verringert* sich die autonome Absorption, im *Empfängerland erhöht* sie sich.

In Land A verringert sich die heimische Nachfrage im Umfang des Transfers ($h'^A = 0$), in Land B erhöht sie sich entsprechend ($h'^B = 0$). In A kommt es zu negativen, in B zu positiven Nachfrageeffekten, die sich in ihrer entgegengesetzten Wirkung jedoch gegenseitig abschwächen. In dieser Konstellation ist der Leistungsbilanzsaldo am größten, da die multiplikativen Einkommenssteigerungen in B dessen Exporte erhöhen, während die Einkommenssenkungen in A dessen Importe aus B vermindern.

Monetärer Transfer aus Absorptionsreduktion ⇒ Erhöhung der Ausgaben in B/Senkung in A ⇒ Einkommenserhöhung in B/Einkommenssenkung in A ⇒ Importzunahme in B, Importabnahme in A, d.h. Exportzunahme in A/ Exportabnahme in B ⇒ Einkommenserhöhung in A, Einkommenssenkung in B ...

Für Fall c) erhält man folgende Gleichungen für die Veränderung des Einkommens und des Außenbeitrags:

$$\frac{dY^A}{T} = -\frac{h^B}{h^A \cdot h^B + h^A \cdot m^B + h^B \cdot m^A} < 0$$

$$\frac{dY^B}{T} = \frac{h^A}{h^A \cdot h^B + h^A \cdot m^B + h^B \cdot m^A} > 0$$

$$\frac{dLBS^A}{T} = \frac{h^A \cdot m^B + h^B \cdot m^A}{h^A \cdot h^B + h^A \cdot m^B + h^B \cdot m^A} > 0$$

Die Erhöhung des Außenbeitrags ist im Fall c) zwar größer als in den Fällen a) und b), jedoch ist der Wert des Multiplikators auch in diesem Fall geringer als eins, so daß die Außenbeitragsveränderung wiederum geringer ausfällt als der monetäre Transfer.

(3) Die Ergebnisse JOHNSONS

Eine wesentliche einschränkende Annahme der Analyse METZLERs ist, daß die initiale Einkommensänderung bei Aufbringung bzw. Verwendung des Transfers nicht die Importnachfrage betrifft ($m'^A = 0$ und $m'^B = 0$). In Land A kann der Transfer so nicht aus einer Reduktion der Importnachfrage aufgebracht werden, ein für den Zahlungsbilanzausgleich hilfreicher Vorgang, da er gleichermaßen die Inlandsnachfrage reduziert, wie auch die Leistungsbilanz aktiviert. Gleichfalls sollte das zusätzliche Einkommen in Land B nicht für zusätzliche Importe ausgegeben werden dürfen, auch dies wäre für einen Ausgleich der Zahlungsbilanz hilfreich. Die folgenden Fälle berücksichtigen diese Art von Transferaufbringung und -verwendung.

Fall d) Einschränkung der *Importausgaben* im Geberland, Erhöhung der *Absorption* im Empfängerland.

In diesem Fall erfolgt unmittelbar *ein vollständiger realer Transfer*, denn die Einschränkung der Importausgaben in Land A bewirkt einen gleichhohen Außenbeitragssaldo ($h'^A = 0$, $h'^B = 0$, $m'^A = 1$ und $m'^B = 0$). In Land A bleibt die gesamtwirtschaftliche Nachfrage konstant, da ausschließlich die Importe gekürzt wurden, im Ausland erfolgt ebenfalls keine Veränderung der Höhe der gesamtwirtschaftlichen Nachfrage, da der Nachfrageausfall bei den Exporten durch eine gleichhohe inländische Mehrnachfrage aufgrund des Transfers ausgeglichen wird. Der monetäre Transfer zieht unter diesen Bedingungen einen vollständigen realen Transfer nach sich. Damit ergibt sich für den Zahlungsbilanz-Multiplikator:

$$dLBS^A = \frac{h^B \cdot m^A + h^A \cdot m^B + h^A \cdot h^B}{h^A \cdot h^B + h^A \cdot m^B + h^B \cdot m^A} \cdot T \qquad \text{und somit} \qquad dLBS^A = T$$

Fall e) Einschränkung der *Absorption* im Geberland, Erhöhung der *Importausgaben* im Empfängerland.

In diesem Fall erfolgt ebenfalls *ein vollständiger Transfer*, denn im Empfängerland betrifft der Nachfrageanstieg in voller Höhe Exportgüter des Geberlandes, die Nachfrage nach inländischen Gütern im Empfängerland bleibt unberührt. Im Geberland wird der Nachfrageausfall durch inländische Nachfrage vollständig durch die Nachfrage des Empfängerlandes ausgeglichen. Der monetäre Transfer zieht wiederum einen gleichhohen realen Transfer nach sich, so daß die Zahlungsbilanz ausgeglichen ist. Wie im Fall d) ergibt sich der folgende Zahlungsbilanzmultiplikator:

$$dLBS^A = \frac{h^B \cdot m^A + h^A \cdot m^B + h^A \cdot h^B}{h^A \cdot h^B + h^A \cdot m^B + h^B \cdot m^A} \cdot T \qquad \text{und somit} \qquad dLBS^A = T$$

Fall f) Einschränkung der *Importausgaben* im Geberland, Erhöhung der *Importausgaben* im Empfängerland.

Bei dieser Kombination der Fälle d) und e) führt der Transfer zunächst zu einem Außenbeitragssaldo, der *höher als der monetäre Transfer* ist, die expansiven Einkommenseffekte im Geberland und die kontraktiven Effekte im Empfängerland wirken diesem starken Anstieg des Außenbeitrags entgegen. Trotzdem geht bei dieser Art von Transferaufbringung und -verwendung die Höhe des realen Transfers über den monetären hinaus. Der Multiplikator lautet:

$$dLBS^A = \frac{h^B \cdot m^A + h^A \cdot m^B + 2 \cdot h^A \cdot h^B}{h^A \cdot h^B + h^A \cdot m^B + h^B \cdot m^A} \cdot T \text{ und somit } dLBS^A > T$$

Die Chancen für einen Realtransfer verbessern sich somit in dem Maße, wie im Geberland die Aufbringung aus Importausgaben erfolgt und im Empfängerland für Importausgaben verwendet wird. Es ist davon auszugehen, daß ein Transfer sowohl bei Aufbringung als auch Verwendung zu bestimmten Teilen die Veränderung der Reserven, die Absorption sowie die Importe betrifft. Aus diesen Kombinationsmöglichkeiten entsteht somit eine Vielzahl von Fällen, die jedoch vollständig durch die allgemeinen Gleichungen (I-4) - (I-6) erfaßt werden können.

Eine Annahmenvariation, die die Gleichung von JOHNSON etwas reduziert, ohne jedoch wesentliche Aspekte zu vernachlässigen, wäre, daß der Transfer in der gleichen Weise wirkt wie Einkommensänderungen. In diesem Fall ist $h = h'$ und $m = m'$, so daß die Multiplikatoren lauten:

$$Y^A = \left(1 - \frac{h^B}{h^A \cdot h^B + h^A \cdot m^B + h^B \cdot m^A}\right) \cdot T$$

$$Y^B = \left(\frac{h^A}{h^A \cdot h^B + h^A \cdot m^B + h^B \cdot m^A} - 1\right) \cdot T$$

$$dLBS^A = \frac{h^A \cdot m^B + h^B \cdot m^A}{h^A \cdot h^B + h^A \cdot m^B + h^B \cdot m^A} \cdot T$$

c) Zusammenfassung und Vergleich mit den Aussagen des klassischen Transferansatzes

Wie sich zeigt, beruht der METZLERsche Transferpessimismus auf einem Spezialfall, der bei einer erweiterten Betrachtung nicht zwingend ist. Gleichwohl zeigt sich jedoch, daß Beschäftigungsänderungen unter "normalen" Annahmen keinen vollständigen Ausgleich der Zahlungsbilanz bewirken, abgesehen davon, daß Einkommensreduzierungen im Geberland meist kein angestrebtes Ziel sind.[101] Bei der Vielzahl von möglichen Kombinationen der verwendeten Verhaltensparameter fällt eine ökonomische Interpretation des keynesianischen Transferansatzes nicht leicht.[102] Nach der eher nach Vollständigkeit der theoretischen Betrachtung strebenden Analyse des vorangegangenen Kapitels soll nun die Analyse durch einige Plausibilitätsüberlegungen etwas verengt werden.

In einigen Fällen ist davon auszugehen, daß ein Teil des Realtransfers durch direkte Effekte zustandekommt. Beispielsweise ist es denkbar, daß Transfers an Länder mit Devisenknappheit – etwa im Zuge der Entwicklungshilfe – von den Empfängerländern zu einem großen Teil für Importe von hochwertigen Investitions- und Konsumgütern ausgegeben werden. In diesem Fall fällt der Realtransfer relativ hoch aus, die Einkommenswirkung im Empfängerland bleibt jedoch gering. Gleiches gilt für den Fall des gebundenen Transfers. Durch die Bindung kann das Geberland sicherstellen, daß die positiven direkten Einkommenswirkungen z.T. die negativen Einkommenswirkungen der Aufbringung kompensieren – ein Argument, das zudem die politische Durchsetzbarkeit eines Transfers erleich-

101 Vgl. REISEN, H.: Über das Transferproblem hochverschuldeter Entwicklungsländer, Baden-Baden 1987, S. 71 f.

102 "Most readers will mop their brows at this point and conclude that one cannot say much about terms of trade under capital transfer. Sad but true. ... But the position is by no means hopeless." (KINDLEBERGER, C.B.: International Economics, 3rd ed., Homewood 1963, S. 316 f).

tert. Gerade bei bilateralen Transfers auf staatlicher Ebene, die die politische Durchsetzbarkeit in den Vordergrund stellen und somit auch die Verwendung des Transfers mehr oder weniger stark festschreiben, erscheinen solche Transfers wahrscheinlich, die auf der einen Seite danach streben, das Einkommen im Empfängerland zu erhöhen und auf der anderen Seite das Einkommen im Geberland in möglichst geringem Umfange zu reduzieren oder gar zu erhöhen. Auch ist anzunehmen, daß die direkten – d.h. offensichtlichen – Effekte ein stärkeres politisches Gewicht entfalten als die z.T. unbestimmten indirekten Effekte. Vor diesem Hintergrund ist eine Ausgestaltung des Transfers wahrscheinlich, die auf einen dem monetären Transfer entsprechenden realen Transfer abzielt.

Benutzt die Regierung des Empfängerlandes den Transfer jedoch, um externe Staatsschulden zu tilgen, so bleiben positive Einkommenseffekte im Inland aus. Positive Auswirkungen auf das Zinsniveau können zwar zu einer Erhöhung der Investitionsnachfrage führen, die indirekten Einkommenswirkungen werden jedoch – gerade bei geringen marginalen Importneigungen – nicht ausreichen, um einen signifikanten Realtransfer herbeizuführen. Die Bewertung eines solchen Transfers erfordert die Einbeziehung von Kapitalmärkten in die Analyse.

In allen Fällen, in denen die direkten Einkommenseffekte weniger stark ausgeprägt sind, lassen sich dennoch einige Tendenzaussagen über die Höhe des realen Transfers machen. Der reale Transfer fällt dabei ceteris paribus umso höher aus,[103]

- je stärker das Einkommen im Geberland bei der Aufbringung des Transfers sinkt und je höher aufgrund der marginalen Importquote der Rückgang der Importausgaben ist,
- je stärker das Einkommen im Empfängerland erhöht wird,
- je höher der Anteil der direkt im Geberland ausgegebenen Transfermittel ist,
- je geringer dämpfende internationale Rückwirkungen sind,
- je weniger die Zentralbanken und das Bankensystem die monetären Effekte absorbieren.

Vergleicht man diese Ergebnisse mit denen des klassischen Modells, so läßt sich auch das klassische Modell (zumindest formal) als Spezialfall des JOHNSON-Modells schreiben: Von Horten und Beschäftigungsänderung wird abgesehen, so daß sich die Gleichung für die Zahlungsbilanz (I-3b) verkürzt auf:

$$dZBS^A = (m^A + m^B - 1) \cdot T$$

Vor diesem Hintergrund lassen sich die Aussagen des einkommenstheoretischen Modells mit den Hypothesen über die terms of trade-Veränderung verbinden.

---

103 Vgl. KINDLEBERGER, C.B.: International Economics, 3rd ed., Homewood 1963, S. 311 f.

Eine Schwierigkeit stellen die unterschiedlichen Prämissen der beiden Modelle dar, einige Tendenzaussagen sind jedoch erlaubt. Bleibt der reale Transfer nach Ablauf der Einkommenseffekte hinter dem monetären zurück, so werden aufgrund des Zahlungsbilanzungleichgewichts Preiseffekte einsetzen, die ihrerseits die der einkommenstheoretischen Analyse zugrundeliegenden Parameter beeinflussen.[104] Für den Fall, daß das Einkommen im Empfängerland stärker ansteigt als das Einkommen im Geberland zurückgeht, hängt die Frage nach den terms of trade von der Verteilung der zusätzlichen Ausgabe auf die beiden Länder ab. Für den Fall, daß das Einkommen insgesamt sinkt, ist gleichfalls zu fragen, welches Land vom Einkommensrückgang stärker betroffen ist. In diesem Zusammenhang ist die Frage nach der Verteilung eng verknüpft mit dem klassischen Kriterium der Summe der Importquoten, das seinerseits durch die Präferenzen der Wirtschaftssubjekte determiniert ist.[105]

---

104 "If income changes fail to transfer all the capital, additional capital is left to be transferred through price changes. The income impact on terms of trade may be outweighed by direct price changes." (KINDLEBERGER, C.B.: International Economics, 3rd ed., Homewood 1963, S. 317).

105 Vgl. KINDLEBERGER, C.B.: International Economics, 3rd ed., Homewood 1963, S. 317.

II. Der Transfer in monetärer Betrachtung

A. Transfer und Zahlungsbilanzgleichgewicht

1. Modelltheoretische Vorbemerkung

Im folgenden werden die Ansätze der Transfertheorie dahingehend erweitert, daß Kapitalbewegungen zugelassen sind. Des weiteren wird der Transfer konkret im Zusammenhang mit der Mittelaufbringung und -verwendung dargestellt. Zu beantworten sind dieselben Fragen, die auch schon in der historischen Debatte ein Rolle spielten:

1. In welchem Umfang kommt es zu einem realen Transfer bzw. zu einem monetären Gegentransfer?
2. Welche Ausgleichsmechanismen wirken auf eine neues Gleichgewicht hin?
3. Welche Umstände wirken erschwerend bzw. erleichternd für die Durchführung des Transfers?

Die Beantwortung dieser Fragen durch ein einziges Modell wäre zwar wünschenswert, sie ist angesichts unterschiedlicher Modellannahmen der Transferansätze jedoch nur schwer möglich. Im folgenden finden das MUNDELL/FLEMING-Modell, der Monetäre Ansatz der Zahlungsbilanztheorie und das DORNBUSCH-Modell einer offenen Volkswirtschaft bei flexiblen Wechselkursen Anwendung. Gemeinsam ist diesen Ansätzen, daß sie von einem homogenen Gut, einer Ein-Sektor-Volkswirtschaft und von Geld als einem ausschließlich im Inland Verwendung findenden Zahlungsmittel ausgehen.

Das MUNDELL/FLEMING-Modell erlaubt es, die Initialeffekte der Budgetaufbringung und -verwendung exakt darzustellen und deren Auswirkungen im System fester und flexibler Wechselkurse gegenüberzustellen. In diesem Modell werden die genauen Modalitäten der Transferaufbringung untersucht. Der Monetäre Ansatz der Zahlungsbilanz erlaubt es, in einem Zwei-Länder-Modell den Ablauf des Transfers und das Verhältnis von monetärem zu realem Transfer abzubilden. Insbesondere die Art der Geldhaltung und Währungssubstitution lassen sich untersuchen. Das DORNBUSCH-Modell geht von trägen Preisen und flexiblen Wechselkursen aus und erlaubt es, den Anpassungspfad abzubilden, den die monetären Variablen beschreiben. Zudem werden im Rahmen dieses Modells Annahmevariationen untersucht, die neueren Erkenntnissen entsprechen. Die in den Modellen notwendigen Fallunterscheidungen beinhalten insbesondere die Art der für den Transfer verwendeten Währung, die Art der Transferfinanzierung und die Art des Wechselkursregimes.

Versteht man den Kern des Transfermechanismus als einen Ausgleich der Zahlungsbilanz nach einem unilateralen monetären Transfer, so stellt sich unmittelbar die Frage nach dem Begriff der Zahlungsbilanz und der damit verbundenen Gleichgewichtskonzeption. Das Konzept der Zahlungsbilanz stellt im ex post-

Sinne eine systematische gegenüberstellende Erfassung der Zahlungsströme aus dem Kapital und Güterverkehr dar, die im konkreten Fall auf die Transaktionen eines Landes mit anderen Ländern bezogen wird, beispielsweise die Zahlungsbilanz der Bundesrepublik Deutschland.[106] Die Betrachtung des Kapitaltransfers "beschränkt" sich somit auf solche unilateralen Zahlungen, die die Grenzen eines aus ökonomischer Sicht willkürlich abgegrenzten politisch-nationalen Gebietes überschreiten. Es liegt jedoch auf der Hand, daß dieselben Prinzipien eines Transfermechanismus auch für Zahlungen innerhalb einer Volkswirtschaft gelten, etwa bei staatlichen Subventionen und Sozialtransfers – die Terminologie weist schon auf die Parallele hin. Daraus folgt, daß einzel- und weltwirtschaftliche Gleichgewichtskonzeptionen sowie die entsprechenden Ausgleichsmechanismen ineinander überführbar sind, da sie prinzipiell verwandte Sachverhalte beschreiben.

Im Kontensystem der Zahlungsbilanz werden Leistungen ohne Gegenleistung, wie sie ein Transfer darstellt, gesondert in einem Posten "unentgeltliche Übertragungen" als Teil der Leistungsbilanz im weiteren Sinne erfaßt,[107] wobei aufgrund des Prinzips der doppelten Verbuchung dieser Posten als Gegenbuchung zur eigentlichen Transfer*zahlung* dient. Im Geberland wird die Transferzahlung auf der Debet-Seite der Kapitalbilanz[108] als Kapitalexport verbucht, vgl. Tab. II-1. Die Gegenbuchung erfolgt auf der Credit-Seite der Bilanz der unentgeltlichen Übertragungen als "Geleistete Übertragung", vgl. Tab. II-2. Im Empfängerland wird der Eingang der Transferzahlung entsprechend auf der Credit-Seite der Kapitalbilanz als Kapitalimport verbucht, die Gegenbuchung erfolgt auf der Debet-Seite der Übertragungsbilanz. Aufgrund der Gegenbuchung bleibt die Zahlungsbilanz in toto immer ausgeglichen, die Salden der *Teilbilanzen* hingegen werden durch die Verbuchung des Transfers beeinflußt.

Credit	Kapitalbilanz	Debet
Kapitalimport		Kapitalexport

Tab. II-1: Kapitalbilanz

106 Auf die genuin einzelwirtschaftliche Konstruktion der Zahlungsbilanz verweist REUTER, die "erst durch die Aggregation über alle Wirtschaftssubjekte einer politisch-national abgegrenzten Volkswirtschaft auch eine gesamtwirtschaftliche Dimension erhält", REUTER, M.: Gleichgewichtswechselkurs, Zahlungsbilanzgleichgewicht und Budgetdefizite, München 1989, S. 70; vgl. auch HABERLER, G.: Der internationale Handel, Berlin 1933, S. 9 f.

107 Die Deutsche Bundesbank erfaßt Transfers als unentgeltliche Übertragungen in einer eigenen Teilbilanz "Übertragungen". Seit Herbst 1971 ist diese in das Konzept der Leistungsbilanz aufgenommen. Aus der Leistungsbilanz im engeren Sinne wurde die Leistungsbilanz *im weiteren Sinne*, die die Änderung der Vermögensposition des Inlands gegenüber dem Ausland angibt.

108 Die Begriffe Kapitalbilanz und Kapitalverkehrsbilanz werden synonym verwendet.

Credit	Übertragungsbilanz	Debet
Geleistete unentgeltliche Übertragungen		Empfangene unentgeltliche Übertragungen

Tab. II-2: Übertragungsbilanz

Führt der monetäre Transfer in der Folge zu einem realen Transfer, so erfolgt die Aufzeichnung in der Zahlungsbilanzstatistik wie die anderer Güterbewegungen auch, also als Güterexport oder -import gegen eine Zahlung. Die (bewerteten) Güterbewegungen werden in der Handels- und Dienstleistungsbilanz erfaßt – also der Leistungsbilanz im engeren Sinne (vgl. Tab. II-3) –, die Zahlung in der Kapitalbilanz.

Credit	Handels- und Dienstleistungsbilanz	Debet
Export		Import

Tab. II-3: Handels- und Dienstleistungsbilanz

Die Gegenbuchung der Transferzahlung in einer Position der Leistungsbilanz ist dann methodisch richtig, wenn man unterstellt, daß dem monetären Transfer ein realer Transfer folgt, daß es letztendlich - ex post - zu der intendierten Verlagerung von Gütern vom Geberland in das Empfängerland in Form eines Exportüberschusses des Geberlandes kommt.[109] Dieser Überschuß ist in der Leistungsbilanz (i.w.S.) dann dem Transfer aufgrund der gesonderten Ausweisung zuzuordnen. Aufgrund des Prinzips der doppelten Verbuchung jeder grenzüberschreitenden Transaktion auf der Aktiv- und auf der Passivseite eines Kontos der Zahlungsbilanz gilt nun, daß die Zahlungsbilanz als Ganzes stets ausgeglichen ist:[110]

$$ZBS = LBS(i.w.S.) + KBS(i.w.S.) = 0$$

mit: ZBS = Zahlungsbilanzsaldo, LBS(i.w.S.) = Leistungsbilanzsaldo im weiteren Sinne und KBS(i.w.S) = Kapitalverkehrsbilanzsaldo im weiteren Sinne. Gliedert man die Veränderung der Nettoauslandsposition der Notenbank aus der Kapitalbilanz in einen gesonderten Posten "Devisenbilanzsaldo der Notenbank", DBS, aus, so erhält man die Kapitalverkehrsbilanz im engeren Sinne (KBS) und es gilt:

$$DBS = KBS(i.w.S.) - KBS$$

---

109 Vgl. KINDLEBERGER, C.B.: International Economics, 3rd ed., Homewood 1963, S. 307.

110 Vgl. zum folgenden auch GÄRTNER, M.: Makroökonomik flexibler und fester Wechselkurse, 2. Aufl., Berlin u.a. 1997, S. 3 f.

Die Veränderung der Nettoauslandsposition der Notenbank spiegelt den Zahlungsbilanzüberschuß als Summe des Saldos der Leistungsbilanz und der Änderung der Forderungen und Verbindlichkeiten von inländischen Wirtschaftssubjekten (ausgenommen der Notenbank) gegenüber dem Ausland wider:

$$DBS = LBS + KBS$$

Die Reaktion der Zahlungsbilanz auf den Transfer läßt sich nun je nach Wechselkurssystem wie folgt konkretisieren: Bei festen Wechselkursen kann die Transferzahlung, die in der Kapitalbilanz als Kapitalexport (KBS < 0, d.h. ein tendenzielles Kapitalverkehrsbilanzdefizit) erfaßt wird, prinzipiell zu drei Reaktionen führen (Tab. II-4):

1. Es kommt zu einem *monetären Gegentransfer* (z.B. Verkauf von Wertpapieren; Kapitalimport; KBS > 0), in diesem Fall gilt DBS = 0.
2. Es kommt aufgrund der Intervention der Währungsbehörde zu einer Reaktion der *Devisenbilanz*, also DBS > 0 bei KBS = 0 und LBS = 0.
3. Es kommt zu einem *realen Transfer*, in diesem Fall gilt KBS = LBS mit LBS > 0 und DBS = 0.

Monetärer Transfer	**(1) Monetärer Gegentransfer (KB)**	**(2) Monetärer Gegentransfer (DB)**	**(3) Realer Transfer**
KBS < 0	KBS > 0, LBS = 0, DBS = 0	DBS > 0, LBS = 0, KBS = 0	LBS > 0, KBS = 0, DBS = 0
"Kapitalexport"	Kapitalimport	Devisenimport	Güterexportüberschuß
Kapitalverkehrsbilanz-defizit	Kapitalverkehrsbilanz-überschuß	Devisenbilanz-überschuß	Leistungsbilanz-überschuß

Tab. II-4: Ex post-Zahlungsbilanzausgleich nach monetärem Transfer

Der Fall eines Devisenbilanzsaldos [Fall (2) in Tab. II-4] ist im System flexibler Wechselkurse auszuschließen, denn die Notenbank tritt nicht als Anbieter oder Nachfrager am Devisenmarkt auf und die Devisenbilanz ist stets ausgeglichen (DBS = 0). Die Zahlungsbilanz als Ganzes ist somit im ex post-Sinne bei flexiblen Wechselkursen immer ausgeglichen:

$$LBS + KBS = 0$$

Bei Betrachtung des gesamten Ablaufs eines Transfers wird deutlich, daß die Zahlungsbilanz nicht allein durch den monetären Transfer und den sich anschließenden realen oder monetären Gegentransfer beeinflußt wird. Es ist offensichtlich, daß neben diesen reinen Fällen auch Kombinationen auftreten können, die mehrere oder alle Teilbilanzen der Zahlungsbilanz einschliessen. Schon die *Aufbringung* ist maßgeblich für die Initialeffekte, die von einem Transfer ausgehen. Im folgenden wird deshalb zu untersuchen sein, welche Sequenzen beim Transfer berücksichtigt werden müssen und wie sie sich je nach Fallunterscheidung auf die in die Betrachtung einbezogenen Märkte auswirken. Der Ablauf des Transfers wird in der Darstellungsweise der monetären Theorie in zwei Teile gegliedert (vgl. Abb. II-1):

1. Mittelaufbringung, -übertragung und -empfang.
2. Die Mechanismen des Zahlungsbilanzausgleichs.

In einem *ersten Schritt* (linke Seite von Abb. II-1) müssen im Geberland die für den Transfer benötigten Mittel durch Abzweigung von monetären Mitteln aus anderen Verwendungen für den Transfer bereitgestellt werden – d.h., das Budgetproblem ist zu lösen. Die Übertragung der Mittel in das Empfängerland in der geforderten Zahlungsweise stellt dann die Lösung des Transferproblems dar. Dieser monetäre Transfer wird, wie oben beschrieben, als Zahlung in der Kapitalbilanz verbucht. Die Mittel werden dann im Empfängerland verwendet.

In einem *zweiten Schritt* (rechte Seite von Abb. II-1) erfolgen Reaktionen auf Aufbringung und den monetären Transfer durch die Verwendung der Mittel durch das Empfängerland, die sich auf zwei prinzipiellen Wegen in der Zahlungsbilanzstatistik wie oben beschrieben in einem monetären oder realen[111] Transfer niederschlagen.

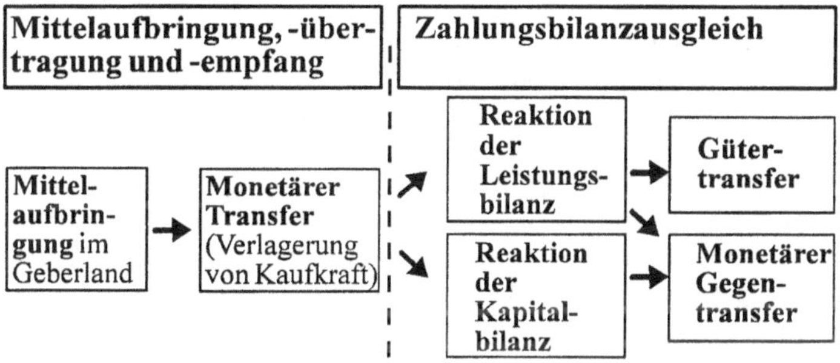

Abb. II-1: Ablauf eines Transfers in monetären Modellen

Hinsichtlich der Analysemethode kann man nun an verschiedenen Stellen dieses Prozesses ansetzen. Die Mechanismen des klassischen und keynesianischen

111 Bei der Interpretation des Leistungsbilanzsaldos als realem Transfer ist Vorsicht geboten, denn die Leistungsbilanz erfaßt *bewertete* Güterbewegungen, so daß eine Veränderung des Saldos sowohl auf eine Veränderung der Mengen- wie auch der Preiskomponente zurückzuführen sein kann (Pfeil von Leistungsbilanz zu monetärem Gegentransfer in Abb. II-1).

Transfers setzen jeweils im Anschluß an den monetären Transfer an und untersuchen dann ausführlich die Stufe 2, also die Zahlungsbilanzreaktionen. Das Budgetproblem wird hier als gelöst betrachtet, d.h., die Effekte auf die Zahlungsbilanz werden allein von der Reaktion auf den monetären Transfer und den damit verbundenen Kaufkrafteffekten abhängig gemacht. Im Prinzip läßt sich diese Frage nach einem Ungleichgewicht auf den beteiligten Märkten – und den dann greifenden Ausgleichsmechanismen – auf jeder Stufe des Transfers stellen, also einmal nach der Aufbringung, nach dem monetären Transfer und nach der Verwendung durch das Empfängerland. Im folgenden wird der Ablauf eines Transfers in zwei Abschnitte geteilt – die Mittelaufbringung und die Mittelverwendung – und die jeweilige Reaktion auf die beteiligten Märkte skizziert, wozu kurz auf die verwendeten Gleichgewichtskonzeptionen sowie auf die Ausgleichsmechanismen, die ein neues Gleichgewicht herbeiführen, einzugehen ist.

In dieser Arbeit wird durchgehend unterschieden zwischen Fällen der Kredit- und der Steuerfinanzierung des Transfers sowie zwischen einem Transfer in Inlandswährung und in Devisen. Die Fälle (1) und (2) umfassen den Fall des Transfers in inländischer Währung. Im Fall (1) wird angenommen, der Transfer werde durch eine Einschränkung der heimischen Güternachfrage aufgebracht, im Fall (2) erfolgt die Finanzierung durch Kreditaufnahme. Die Fälle (3) und (4) beschreiben die entsprechenden Finanzierungsfälle für einen Transfer in Form von Devisen.

Die im folgenden dargestellten Varianten der Fälle (1) – (4) sind als spezielle *Referenzfälle* zu verstehen, bei denen sich aufgrund bestimmter Annahmen die Initialeffekte des Transfers gegenseitig aufheben, so daß nach dem monetären Transfer keine weiteren Anpassungsreaktionen erforderlich werden. Durch Variation der Annahmen wird anschließend gezeigt, wie die Rückwirkungen des monetären Transfers die Marktgleichgewichte beeinflussen. Der monetäre Transfer selbst kann z.B. in Form von zusätzlichen, verbilligten Kreditlinien, als Übereignung von Wertpapieren, als Bankanweisung in der einen oder anderen Währung oder als Übersendung von Bargeld erfolgen. In jedem Fall werden Ansprüche übertragen, die dem Empfängerland den Kauf von zusätzlichen Gütern bzw. Dienstleistungen im Geberland ermöglichen.[112]

---

112 Welcher Natur ein solcher monetärer Transfer ist, ob es sich um eine Übertragung von Geld, von Vermögen, oder von beidem handelt, ist von der jeweiligen Definition dieser Begriffe abhängig und davon, ob die Analyse im Zuge der monetären oder realwirtschaftlichen Theorie erfolgt. Ganz allgemein handelt es sich um die Übertragung von Ansprüchen, die auf der einen Seite geldnah sein können, wenn sie Liquidität darstellen bzw. der Zahlungsmittelfunktion genügen, auf der anderen Seite aber auch Realvermögen darstellen, wenn sie die Nettovermögensposition durch die Möglichkeit zum Erwerb zusätzlicher ausländischer Güter verbessern (zu einer Diskussion von

2. Der Transferablauf

Tab. II-5 beschreibt den Ablauf eines monetären Transfers und die Reaktion der Zahlungsbilanz für den Fall, daß der Transfer in Währungseinheiten des Geberlandes abgewickelt wird, das Geberland somit in "seiner" Währung (kurz: G.-Währung) zahlt. Tab. II-6 unterscheidet sich von Tab. II-5 dadurch, daß der Transfer in Währungseinheiten des Empfängerlandes abläuft, das Geberland zahlt in der "fremden" Währung des Empfängerlandes (kurz: E.-Währung). Die linke Seite der Tabelle umfaßt die Mittelaufbringung im Geberland, gefolgt vom monetären Transfer, die rechte die Mittelverwendung und den sich anschließenden Gegentransfer.

a) Transfer in Währung des Geberlandes

Zunächst sei ein Transfer in Währungseinheiten des Geberlandes entsprechend Tab. II-5 betrachtet. In den Fällen (1) und (2a) stehen dem Staat des Geberlandes durch Ausgabenverzicht bzw. durch die Kreditaufnahme Geldeinheiten des Geberlandes zur Verfügung, die direkt transferiert werden können, indem sie den Wirtschaftssubjekten im Empfängerland überwiesen werden. Im Fall der Güterausgabenreduktion [Fall (1)] geht die Aufbringung mit einer Knappheit am Geldmarkt im Geberland einher, d.h. mit einer Tendenz zum Zinsanstieg. Der Fall der Kreditaufnahme im Inland [Fall (2a)] bewirkt in der Regel keine monetäre Verknappung, da die Kreditmittel durch Giralgeldschöpfung des Bankensektors entstehen. Wird der Transfer durch einen ausländischen Kredit finanziert [Fall (2b)], muß dieser zunächst am Devisenmarkt in die zu transferierende Währung, in diesem Fall die G.-Währung, umgetauscht werden. Durch die vermehrte Nachfrage nach G.-Währung bzw. das erhöhte Angebot an E.-Währung ergibt sich zunächst ein Ungleichgewicht am Devisenmarkt mit der Tendenz zur Kurssenkung, d.h. Abwertung der E.-Währung bzw. Aufwertung der G.-Währung. Im Falle flexibler Wechselkurse sinkt der Wechselkurs des Geberlandes. In einem Festkurssystem verpflichten sich die Zentralbanken dieser Aufwertungstendenz der G.-Währung entgegenzuwirken, indem sie G.-Währung gegen E.-Währung auf dem Devisenmarkt kaufen. Interveniert die Zentralbank des Geberlandes, so erhöhen sich ihre Devisenreserven. Die Zentralbankbilanz verlängert sich, denn der Ankauf von Devisen gegen Inlandswährung stellt einen Akt der Geldschöpfung (von G.-Währung) dar. Interveniert die Zentralbank des Empfängerlandes, so verringern sich ihre Devisenreserven, gleichbedeutend mit einer Geldvernichtung (von E.-Währung).

Vermögenseffekten des Geldes vgl. HOYER, W.: Vermögenseffekte des Geldes, Frankfurt a.M./Bern/Las Vegas 1978). Häufig ist in diesem Zusammenhang von der Übertragung von "Kaufkraft" die Rede, ein an sich treffender Begriff, aber auch er gibt reichlich Anlaß zu Mißverständnissen, wie z.B. die KEYNES/OHLIN-Debatte zeigt.

In allen drei Fällen bedeutet der sich an die Aufbringung anschließende monetäre Transfer für sich genommen eine Verbesserung der Vermögensposition des Empfängerlandes gegenüber dem Geberland, wie sich an der Verbuchung des Transfers in der Zahlungsbilanz darstellen läßt: Im Empfängerland steigen die Forderungen gegen das Geberland (verbrieft in der übertragenen Währung), im Geberland steigen entsprechend die Verbindlichkeiten gegenüber dem Empfängerland. Der Posten "Nettoauslandsforderungen" erhöht sich im Empfängerland (bzw. der Posten "Nettoauslandsverbindlichkeiten" sinkt), die Gegenbuchung erfolgt in der Übertragungsbilanz als "empfangene Übertragung" auf der Debetseite der Übertragungsbilanz. Im Geberland verringern sich die Nettoauslandsforderungen (bzw. die "Nettoauslandsverbindlichkeiten" erhöhen sich), die Gegenbuchung erfolgt als "geleistete Übertragung". Eine "Glattstellung" der Vermögenspositionen zwischen den beiden Ländern kann nur auf dem Wege eines Leistungsbilanzüberschusses des Geberlandes erfolgen. In welcher Weise dieser Ausgleich erfolgt und wie sich die Devisenreserven entwickeln, hängt von der Verwendung der überwiesenen Währungseinheiten, entweder Kreditvergabe oder Erwerb von Gütern, im Empfängerland ab. Zunächst werden die Referenzfälle betrachtet, die unmittelbar zu einem erneuten Ausgleich der vom Transfer betroffenen Märkte führen (durchgezogene Pfeile in der mittleren Spalte "Monetärer Transfer ...").

Geberland Aufbringung durch	Monetärer Transfer in Währung des Geberlandes	Empfängerland Verwendung für
(1) Güterausgabenreduktion	→	(1) Güterausgabenerhöhung
(2a) Kreditaufnahme im Inland	→	(2a) Schuldenrückführung geg. Geberland
(2b) Kreditaufnahme im E.-land → Umtausch in G.-Währung ↓ Aufwertungstendenz	→	(2b) Schuldenrückführung im Inland → Umtausch in E.-Währung ↓ Abwertungstendenz

Tab. II-5: Monetärer Transfer bei fixen Wechselkursen in Währungseinheiten des Geberlandes

Fragt das Empfängerland im Fall (1) mit den Einheiten der G.-Währung genau die Güter nach, auf die im Empfängerland keine Nachfrage entfallen ist, so führt dieser Güterstrom vom Geberland zum Empfängerland – bei im übrigen unveränderten Güterpreisen – zu einem Leistungsbilanzsaldo, der in seiner Höhe genau dem monetären Transfer entspricht. Der Gütermarkt des Geberlandes, auf dem nach der Transferaufbringung ein Angebotsüberschuß herrschte, wird durch die zusätzliche Nachfrage wieder zum Ausgleich gebracht. Der Geldmengenrückfluß wirkt auch der Geldknappheit im Geberland entgegen, die aufgrund des monetären Transfers bestanden hatte – nach erfolgtem Rückfluß ist der Geldmarkt wieder ausgeglichen. Der Transfer erfordert unter diesen Umständen keine Veränderung des Einkommens oder der Preise, und alle Märkte sind nach erfolgtem Realtransfer wieder im Gleichgewicht. Fall (1) ist bei weitem nicht so realitätsfern, wie es die äußerst restriktiven Annahmen hinsichtlich Aufbringung und Verwendung vermuten lassen. Der Fall, daß ein Empfängerland einen Großteil seines Transfers für Importe verausgabt, liegt bei weniger entwickelten Ländern durchaus vor, d.h., ein Realtransfer vom Geberland zum Empfängerland kann ohne bedeutende Preisänderungen stattfinden.[113]

Im Fall (2a) werden die Mittel für eine Schuldenrückführung bzw. Kreditvergabe an das Geberland benutzt. Die Gütermärkte im Empfängerland sind nicht unmittelbar betroffen, so daß sich an den monetären Transfer keine Reaktion der Leistungsbilanz anschließt. Die erhöhte Vermögensposition des Empfängerlandes entfaltet keine realen Wirkungen, der monetäre Transfer hat lediglich einen monetären Gegentransfer zur Folge. Erst wenn die Geld- und Finanzaktiva nachfragewirksam verwendet werden, kommt es in späteren Perioden zu weiteren Reaktionen der Leistungsbilanz, einem realen Transfer. Auch dieser Fall ist in der Realität zu beobachten, etwa wenn Kapitalhilfen als Überbrückungskredite benutzt werden. Gerade die öffentliche Hand wenig entwickelter Länder verschuldet sich häufig aufgrund ihrer schlechten Bonität weniger gegenüber dem anonymen internationalen Kreditmarkt, sondern vielmehr gegenüber Banken oder Bankenkonsortien, die in den Geberländern ansässig sind.

Im Falle (2b) wird davon ausgegangen, daß die im Zuge des monetären Transfers zugeflossenen Einheiten von G.-Währung am Devisenmarkt (wieder) in E.-Währung umgetauscht und für Kreditvergabe im Empfängerland benutzt werden. Im Falle flexibler Wechselkurse wird durch die erhöhte Nachfrage nach E.-Währung der Wechselkurs wieder auf sein ursprüngliches Niveau angehoben. Im Fall fester Wechselkurse verlangt die erhöhte Nachfrage nach E.-Währung erneut eine Reaktion der Zentralbank, diesmal jedoch in gegenläufiger Richtung. Interveniert dieselbe Zentralbank wie zuvor, gleichen sich die Devisenreserveänderungen exakt aus. Wie schon im Fall (2a) kommt es zwar nicht zu einem realen Transfer, allerdings hat sich die Vermögensposition des Geberlandes durch die Kreditaufnahme im Ausland um den Transferbetrag verschlechtert. Eine Rückzahlung des Kredites, bzw. eine Glattstellung der Vermögensposition, ist nur in Form von Leistungsbilanzüberschüssen zu erwirken. Dieser Fall ist zugegeben etwas konstruiert, plausible Beispiele lassen sich gleichwohl für den Einzelfall finden, etwa wenn der Transfer für das Geberland eine hohe Belastung darstellt und ihm deswegen die Zahlung in eigener Währung gestattet wird, sowie wenn Kredite zugesagt werden, um die realen Wirkungen abzufedern.

---

113 Vgl. KINDLEBERGER, C.P.: International Trade, 3rd ed., Homewood 1963, S. 317.

Je nach Annahme über die Finanzierung sind die Märkte in den beteiligten Ländern unterschiedlich betroffen. Im Fall (1) erzeugt der monetäre Transfer ein temporäres Ungleichgewicht auf Güter- und Geldmärkten, im Fall (2b) lediglich auf dem Devisenmarkt, und im Fall (2a) kommt es gar nicht zu einer Störung der Gleichgewichte. Die Ungleichgewichtssituationen wurden in den hier dargestellten Referenzfällen durch eine genau entgegengesetzte Transaktion von Gütern, Geld oder Devisen seitens des Empfängerlandes beseitigt.

Zu einem Problem für den Ausgleich der Zahlungsbilanz kann es im Fall fester Wechselkurse im Fall (2b) kommen: Im Empfängerland bestehen Reserven zur Kreditgewährung in E.-Währung, die für den Transfer in G.-Währung umgetauscht werden. Die Zentralbank des Empfängerlandes kann nun mit der Situation konfrontiert sein, daß sie zur Verhinderung der Aufwertung ihrer Währung am Devisenmarkt intervenieren muß, jedoch nicht über die nötigen Devisenreserven in Form von G.-Währung verfügt, um den Wechselkurs zu stützen.[114] In bezug auf die Währungsknappheit ist jedoch der Fall interessanter, bzw. realistischer, der im folgenden mit einem Transfer in Devisen beschrieben wird.

b) Transfer in Währung des Empfängerlandes

Tab. II-6 stellt den Fall des Transfers in ausländischer Währung dar. Dieser Fall tritt in der Realität häufig auf, etwa wenn die Währung des Geberlandes als internationales Zahlungsmittel nur bedingt akzeptiert wird oder wenn Zahlungen in bestimmten, international gebräuchlichen Währungen wie etwa dem US-Dollar abgewickelt werden.[115] Im Prinzip gelten für die in Tab. II-6 dargestellten Fälle dieselben Fallunterscheidungen wie in Tab. II-5. Unterschiede bestehen in der Kombination der Ungleichgewichtssituationen bezüglich Devisen-, Geld- und Gütermarkt, die aus der Notwendigkeit des Währungsumtauschs in die E.-Währung resultieren. Die Aufbringung kann wie zuvor aus Ausgabenverzicht oder Kreditaufnahme geschehen. In den Fällen (3) und (4a) besteht das Problem, daß die im Inland freigewordenen Mittel noch in die Währung des Empfängerlandes umgewandelt werden müssen – verbunden mit tendenziellen

114 Zu den genannten Reserveproblemen kann es aus verschiedenen Gründen kommen. Zum einen wenn zwar genug Devisenreserven "im Lande" vorhanden sind, jedoch dem Zugriff der Währungsbehörde entzogen sind oder aufgrund ihrer Fristigkeit nicht in liquider Form für Interventionsmaßnahmen zur Verfügung stehen. Auch kann zum anderen eine dauerhafte Fehlbewertung des realen Wechselkurses zu einer Reserveknappheit führen, so z.B. wenn bei starren Preisen und Löhnen der reale Wechselkurs sich nicht verändern kann. Auf Dauer ist es so nicht möglich, den Wechselkurs innerhalb der festgelegten Parität zu anderen Währungen zu halten, eine Aufwertung der Währung wird dann unvermeidlich.

115 Solche Währungen, die weder im Geberland noch im Empfängerland als inländisches Zahlungsmittel fungieren, bezeichnet man auch als "Vehikelwährung".

Wechselkursabwertungen des Geberlandes am Devisenmarkt. Greift die Zentralbank des Empfängerlandes ein, so bedeutet dies für sie eine Erhöhung ihrer Devisenreserven. Greift die Zentralbank des Geberlandes ein, so führt dies zu einem Verlust an Devisenreserven. Wie schon zuvor bedeutet der Transfer der freigewordenen Mittel für das Geberland eine Veränderung der relativen Vermögensverhältnisse zwischen beiden Ländern.

Geberland Aufbringung durch	Monetärer Transfer in Währung des Empfängerlandes	Empfängerland Verwendung für
(3) Güterausgaben-reduktion → Umtausch in E.-Währung ↓ Abwertungstendenz	→	(3) Güterausgaben-erhöhung → Umtausch in G.-Währung ↓ Aufwertungstendenz
(4a) Kreditaufnahme im Inland → Umtausch in E.-Währung ↓ Abwertungstendenz	→	(4a) Schuldenrück-führung gegen-über Geberland → Umtausch in G.-Währung ↓ Aufwertungstendenz
(4b) Kreditaufnahme im Empfängerland	→	(4b) Schuldenrückführung im Inland

Tab. II-6: Monetärer Transfer bei fixen Wechselkursen in Währungseinheiten des Empfängerlandes

Analog zum Fall (2a) in Tab. II-5 kommt es im Fall (4b) nicht zu einer Störung des Marktgleichgewichts durch die Kreditaufnahme im Empfängerland und erneute Vergabe der Transfermittel in Kreditform im gleichen Land. Dies entspricht in etwa dem historischen Fall der Reparationszahlung im Anschluß an den I. Weltkrieg, denn der Großteil der – in Gold – zu leistenden Zahlungen wurde durch teils private, teils staatliche Kreditvergabe seitens der Alliierten finanziert.

Der Fall (2b) in Tab. II-5, der allein eine Reaktion der Devisenbilanz zur Folge hatte, entspricht nunmehr Fall (4a). Hier kommt es zu einer Verknappung der Währung des Empfängerlandes, die allerdings durch die Schuldenrückführung im Anschluß an den monetären Transfer ausgeglichen wird. Die Finanzierung des Transfers durch eine Reduktion der Staatsausgaben [Fall (3)], die bisher keine Veränderung des Devisenmarktgleichgewichts zur Folge hatte, führt nun notwendigerweise zu einem simultanen Gütermarkt- und Devisenmarktungleichgewicht, denn es gilt, die durch den Verzicht auf inländische Güter freigewordenen inländischen Geldeinheiten in Geldeinheiten des Empfängerlandes umzutauschen. Diese Problematik war es, der sich Deutschland Ende des

I. Weltkriegs gegenüber sah und die nur zum Teil auf diesem Weg gelöst werden konnte – statt dessen kam es zu der unter Fall (4b) beschriebenen Kreditfinanzierung. Das Reserveproblem ist in diesem Fall unmittelbar einsichtig: Wenn die Zentralbank nicht über die entsprechenden Devisenreserven für den Transfer verfügt, kann dieser nicht stattfinden.[116] Zwar würde im Falle eines sich anschließenden realen Transfers [Fall (3)] oder des entsprechenden Devisenangebots [Fall (4a)] die Währung zurückfließen, die Zeitspanne muß jedoch überbrückt werden, z.B. durch einen Auslandskredit wie im Fall (4b).

Die Mittelverwendung kann wiederum in Güterkäufen oder in Kreditvergabe/ Schuldenrückführung bestehen. Im Fall (4b), der Kreditvergabe im Inland, gehen keine weiteren Impulse vom Empfängerland auf das Geberland aus, die Märkte verbleiben im Gleichgewicht. In Fall (3) und (4a) müssen die Mittel noch in Währungseinheiten des Geberlandes umgetauscht werden, verbunden mit erneuten Interventionszwängen für die Zentralbank, diesmal in umgekehrter Richtung. Gibt die Zentralbank des Geberlandes ihre Währung heraus, so bedeutet dies eine Erhöhung ihrer Reserven. Interveniert die Zentralbank des Empfängerlandes, so verringern sich ihre Reserven – nach Abschluß des Transfers insgesamt haben so die Devisenreserven keine Veränderung erfahren. Im Falle flexibler Wechselkurse wird die am Devisenmarkt bestehende Abwertungstendenz beseitigt.

Bei asymmetrischen Interventionen der Zentralbanken, d.h., im ersten Fall interveniert die eine, im zweiten Fall die andere, kommt es zu Erhöhung oder Senkung der insgesamt bei den Zentralbanken gehaltenen Reserven. Dies geht nicht mit einer Veränderung der Vermögensrelation zwischen den beiden Ländern einher, denn im Umfang wie z.B. die Zentralbank des Geberlandes einen höheren Reservebestand an Währung des Empfängerlandes hat, hält das Empfängerland einen größeren Bestand an Währung des Geberlandes. Die Art der Interventionstechnik beeinflußt jedoch die insgesamt geschöpfte Geldmenge bzw. den Bestand an Reserven bei den Zentralbanken.

Der Interventionsbedarf ist umso geringer, je geringer die zeitliche Disparität zwischen den einzelnen Schritten des Transfers ist. Werden beispielsweise der monetäre Transfer und der sich anschließende Transfer von Gütern uno acto vollzogen, so gehen vom Transfer insgesamt keine Auswirkungen auf den Kurs aus und die Zentralbank braucht nicht zu intervenieren. Erst mit dem zeitlichen Auseinanderfallen der Transaktionen entsteht eine Interventionsnotwendigkeit der Zentralbank. Desgleichen entfällt eine Reaktion des Devisenmarktes, wenn die Zeitspanne durch einen Kredit überbrückt wird, wie etwa im Falle (2a) und (4b), der Devisenmarkt verbleibt im Gleichgewicht.

---

116 Dies ist der Fall, der zwischen KEYNES und OHLIN diskutiert wurde, vgl. dazu auch BORCHERT, M.: Außenwirtschaftslehre, 3. Aufl., Wiesbaden 1987, S. 149.

Die bisher dargestellten Fälle machen keine Aussage über den Anpassungsmechanismus, der zu einer entsprechenden Mittelverwendung führt. Betrachten wir den Fall (3) noch einmal genauer. Er entspricht genau dem Fall, den KEYNES in dem die Transferdebatte einleitenden Beitrag 1929 als unrealistisch hinstellte.[117] Bei realistischer Betrachtung ist damit zu rechnen, daß das Empfängerland die zusätzlichen Mittel nicht vollständig für Käufe im Geberland verwendet, allerdings verfügt es nunmehr über erhöhte Devisenbestände, so daß die Devisennachfrage für laufende Importe zurückgeht. Bei flexiblen Wechselkursen ist die Reaktion eine Abwertung der Währung des Geberlandes, mit der Tendenz, daß aufgrund der verbesserten Wettbewerbsposition die Handelsbilanz des Geberlandes verbessert und/oder daß bei der Erwartung einer Rückkehr des Wechselkurses zu seinem niedrigeren Ursprungswert (Aufwertungserwartung) Kapitalimporte angeregt werden. Im Falle fester Wechselkurse muß die betroffene Zentralbank das Überschußangebot an G.-Währung aufkaufen, gleichbedeutend mit einer Deflationstendenz (Verbesserung der Handelsbilanz) und Zinssatzsteigerungen (Kapitalimporte) im Geberland.[118] Erst *aufgrund* dieser Reaktionen kommt es anschließend zu einem Realtransfer, d.h. zu Güterkäufen im Geberland, der mit einer entsprechend gegenläufigen Reaktion des Devisenmarktes bzw. der Zentralbanken verbunden ist. Eine Ausnahme bildet der Fall, der durch den *klassischen Transferansatz* aufgezeigt wurde, nämlich, daß sich die marginalen Importquoten zu 1 ergänzen. Dieser liegt implizit dem Fall (3) zugrunde, denn die direkten Effekte alleine bewirken einen realen Transfer in voller Höhe. Bei realistischeren Annahmen ist jedoch nur in Sonderfällen zu erwarten, daß ein Transfer unter den oben beschriebenen engen Voraussetzungen abläuft, d.h., daß die Märkte mehr oder minder zufällig ohne Preis- oder Zinssignale wieder zum Ausgleich tendieren. In der Regel werden aber irgendwelche Signale notwendig sein, um eine Anpassung an ein Gleichgewicht herzustellen. Aufgrund der dargestellten Referenzfälle lassen sich jedoch die Gründe für ein Ungleichgewicht sowie die Richtung der Marktreaktionen ableiten, wenn die Reaktionen nicht zufällig die Märkte wieder ins Gleichgewicht bringen:

- Ein Ungleichgewicht entsteht grundsätzlich, wenn die im Zuge des monetären Transfers entstandenen Effekte nicht durch gegenläufige Reaktionen im Zuge der unmittelbaren Reaktion auf den monetären Transfer ausgeglichen werden,

---

117 "If £ 1 is taken from you and given to me and I choose to increase my consumption of precisely the same goods as those of which you are compelled to diminish yours, there is no Transfer Problem." (KEYNES, J.M.: The German Reparation Problem, in: Economic Journal, Vol. 39 (1929), S. 2). Für eine Betrachtung dieses Falles bei einem Transfer in Inlandswährung, siehe auch FLASSBECK, H.: Preis, Zins und Wechselkurs, Tübingen 1988, S. 34 f.

118 Vgl. BORCHERT, M.: Außenwirtschaftslehre, 3. Aufl., Wiesbaden 1987, S. 149.

wenn also das durch die Mittelaufbringung im Geberland entstandene Ungleichgewicht von Güter-, Geld- oder Devisenmarkt nicht durch eine entgegengesetzte Reaktion aufgrund der Mittelverwendung im Empfängerland kompensiert wird. Wie Tab. II-5 und Tab. II-6 zeigen, ist dies dann der Fall, wenn die Fälle bei der Mittelaufbringung und -verwendung kombiniert werden, z.B. wenn die Aufbringung im Geberland durch eine Reduktion der Güterausgaben erfolgt, im Empfängerland jedoch die Mittelverwendung in der inländischen Kreditvergabe besteht (gestrichelter Pfeil in Tab. II-5). In diesem Fall entfällt die zusätzliche Nachfrage des Empfängerlandes nach Gütern des Geberlandes, die auf der einen Seite den Angebotsüberhang im Geberland ausgleichen könnte und auf der anderen Seite einen realen Transfer bewirkt, in dessen Zuge auch die abgeflossenen Währungseinheiten wieder in das Geberland zurückfließen. Eine mögliche Anpassungsreaktion könnte nun darin bestehen, daß aufgrund des Angebotsüberhangs auf dem Gütermarkt das Preisniveau und die Beschäftigung sinken. Beides zusammen wirkt auf einen Leistungsbilanzsaldo und den damit verbundenen realen Transfer hin. Da das zusätzliche Güterangebot nur zu niedrigeren Preisen absetzbar ist, erfolgt der Transfer zu schlechteren terms of trade für das Geberland, das Budgetproblem verschärft sich somit. Eine ebenfalls ungleichgewichtige Situation ergibt sich, wenn im Geberland der Transfer kreditfinanziert wird, und im Empfängerland für Güterkäufe im Geberland verwendet wird (gepunkteter Pfeil in Tab. II-5). Anpassungsreaktionen gehen allein vom Empfängerland aus; die insgesamt erhöhte Nachfrage bewirkt günstigere terms of trade für das Geberland und verringert somit das Budgetproblem.

- Auch ohne Kreditaufnahme bzw. Schuldentilgung kann es bei unterschiedlichen Präferenzen zu einer *Veränderung der Preisrelation(en)* zwischen den gehandelten Gütern kommen. Nur für den Fall, daß die im Geberland freigesetzten Güter genau den im Empfängerland nachgefragten entsprechen, sind keine weiteren Anpassungen notwendig.[119] Fragt das Empfängerland jedoch Güter nach, auf die die Wirtschaftssubjekte des Geberlandes nur zu einem höheren Preis verzichten, so führt dies per se zu einer tendenziellen Verbesserung der terms of trade für das Geberland. Dies kann kompensiert werden, wenn in gleichem Ausmaß das Geberland auf Güter verzichtet, für die das Empfängerland keine hohen Präferenzen hat – verbunden mit einer Tendenz zur terms of trade-Verschlechterung für das Geberland. Gleichen sich diese Tendenzen aus, so bleiben der Wechselkurs und auch die terms of trade unverändert. Den umgekehrten Effekt einer terms of trade-Verschlechterung kann man konstruieren, wenn das Geberland auf Güter verzichtet, für die das

119 "If the borrower wants what the lender does without, no change in price is necessary", SALVERSEN, H.K.: The Theory of International Trade in the U.S.A., in: Oxford Magazine, Vol. 20 (1927), S. 498.

Empfängerland nur geringe Vorliebe hat, und dieser Effekt dadurch nicht kompensiert wird, daß das Empfängerland seine Nachfrage auf Güter richtet, die im Geberland nicht hoch geschätzt werden und daher vergleichsweise preisgünstig exportiert werden. In diesem Fall steht dem monetären Ausgleichsstrom aufgrund der schlechteren terms of trade eine hohe Gütergröße gegenüber.

- Als weitere Ursache für Ungleichgewichte nach dem monetären Transfer kommen *Änderungen der Beschäftigung* bzw. des *Einkommens* in Betracht. In dem Umfang, wie die Ansprüche auf das Sozialprodukt sinken, zum einen weil die Aufbringung des Transfers zu einem Rückgang der inländischen Nachfrage geführt hat, zum anderen weil dies nicht durch eine ausländische Mehrnachfrage seitens des Empfängerlandes ausgeglichen wird, führt dies tendenziell zu einem Beschäftigungsrückgang, der seinerseits weitere Anpassungen bewirkt. Nur für den Fall, daß die Transferempfänger genau die Produkte nachfragen, die von den Transfergebern nicht mehr nachgefragt werden, lassen sich solche Effekte ausschließen, es sei denn, quantitative Reaktionen des Güterangebots auf Nachfrageveränderungen werden von vorneherein aus der Analyse ausgeklammert.

3. Bestimmungsgründe des monetären Gegentransfers

Um zu beurteilen, in welchem Umfang ein monetärer Transfer einen realen Transfer nach sich zieht, ist zu klären, auf welche Weise der monetäre Transfer im Geberland und im Empfängerland die Güter- und Geld- bzw. Devisennachfrage beeinflußt. In dem Umfang, wie es im Empfängerland zu einer Nachfrage nach Geld- und Finanzaktiva kommt, etwa in Form der Erhöhung der Nachfrage nach Kassenhaltung oder auch zinstragenden Wertpapieren, bleibt die *Wert*größe des realen Transfers hinter der Höhe des monetären Transfers zurück. Daraufhin ist dann zu klären, welche reale Größe dieser Wertgröße nach Ablauf der Anpassungsmechanismen entspricht, die Frage nach der Veränderung der realen terms of trade.

Der Unterschied zwischen einem realen und einem monetären Gegentransfer liegt in der unterschiedlichen Wirkung auf die Vermögenssituation im Vergleich zum Ausland: In dem Umfang, wie das Geberland Güter in das Empfängerland transferiert, begleicht es die aufgrund des monetären Transfers eingegangenen Verpflichtungen. Durch einen gegenläufigen Kapitaltransfer hingegen wird die Vermögensrelation der beiden Länder nicht verändert, es wird lediglich ein Finanzaktivum (z.B. im Zuge des monetären Transfers erhöhte Devisenbestände) gegen ein anderes Finanzaktivum eingetauscht, das in Risikostruktur, Fristigkeit etc. präferiert wird (z.B. zinstragende Wertpapiere). Ein monetärer Gegentransfer kann aus zwei *prinzipiell* unterschiedlichen Gründen erfolgen:

- Zum einen kann ein monetärer Gegentransfer aufgrund der *zeitlichen Disparität* von Anpassungsvorgängen auf den Geld- und Gütermärkten entstehen. Diese Erklärungsvariante ist *monetärer Natur*, da hier Zahlungsvorgänge, insbesondere die Reaktion des internationalen Kapitalmarktes – die im allgemeinen schneller abläuft, als güterwirtschaftliche Reaktionen, die durch Preis- oder Einkommensreaktionen ausgelöst werden –, von Bedeutung sind sowie der Einfluß des Wechselkurssystems. Die Modelle in Kapitel II-B, II-C und II-D greifen jeweils einzelne Aspekte dieser Disparitäten heraus.
- Zum anderen kann ein monetärer Gegentransfer Ausdruck *intertemporaler Optimierungsentscheidungen* der Wirtschaftssubjekte sein, etwa wenn die Transfersumme nur z.T. sofort für Ausgaben genutzt wird und nur in dieser Höhe zu einem Realtransfer führt. In der verbleibenden Höhe führt er zu einem Kapitalexport des Empfängerlandes, etwa um in späteren Perioden den Einkommensstrom zu erhöhen. Diese Erklärung trägt *realwirtschaftlichen Charakter*, da sie die intertemporale Verteilung von Gütergrößen in den Vordergrund stellt. In Kapitel III-C werden die intertemporalen Effekte ausführlich erläutert.

4. Gleichgewichtskonzeptionen

Führen Transferaufbringung, -übertragung und -verwendung nicht, wie in den Referenzfällen beschrieben, unmittelbar zu einem neuen Gleichgewicht, so ist zu fragen, welche Gleichgewichtskonzeption der Beurteilung des Transfers zugrundezulegen ist. Im folgenden werden die in der Arbeit verwendeten unterschiedlichen Gleichgewichtskonzeptionen vergleichend gegenübergestellt.

Nach dem *Konzept der autonomen Zahlungsbilanz* werden die erfaßten Transaktionen in autonome Transaktionen, die im Zuge von Handelsgeschäften entstehen, und induzierte Transaktionen, die Reaktionen auf die autonomen Zahlungen in der Zahlungsbilanz widerspiegeln, gegliedert. Die Zahlungsbilanz ist im Gleichgewicht, wenn sich die autonomen Positionen ex ante ausgleichen, so daß keine induzierten Transaktionen stattfinden. Ein monetärer Transfer stellt aus dieser Sicht eine Störung der autonomen Zahlungsbilanz dar, die weitere Anpassungen induziert. Die Auffassung, daß der monetäre Transfer ein Ungleichgewicht bewirkt und dann weitere Anpassungen induziert, ist in der Transfertheorie recht geläufig, auch wenn damit ein Automatismus unterstellt wird, der diesen Ausgleich bewerkstelligt. Im folgenden wird der Transfervorgang so aufgefaßt, daß der monetäre Transfer als "autonome" Transaktion eine Störung der in das Modell einbezogenen Gleichgewichte bewirkt, woraufhin u.U. weitere Transaktionen induziert werden, die auf einen Ausgleich der Zahlungsbilanz hinwirken. Dieser Ansatz leitet zu der Frage über, unter welchen Umständen die induzierten Transaktionen zu einem realen Transfer führen (also nicht einer der einfachen Fälle der Tab. II-5 und II-6 vorliegt), d.h. zu einem erneuten Ausgleich der autonomen Posten der Zahlungsbilanz führen. Um Verwechslungen zu vermeiden, wird im folgenden ausschließlich der Begriff des unilateralen monetären Transfers verwendet.[120]

Die intensive Auseinandersetzung mit dem Ausgleich der Handelsbilanz in der Tradition der klassischen Doktrin ist geprägt durch die Dominanz der Betrachtung des *externen Gleichgewichts*. Auch die Ansätze der Transfertheorie stellen das externe Gleichgewicht in den Vordergrund,[121] so daß umfassendere Gleichgewichtskonzeptionen nur am Rande behandelt werden. Neben den oben erwähnten Zahlungsbilanzgleichgewichtskonzeptionen werden im folgenden Gleichgewichtskonzeptionen erläutert, die für die Transfertheorie von Bedeutung sind, wenn Auswirkungen auf zentrale makroökonomische Größen untersucht werden.[122] In der einfachsten Interpretation wird mit einem externen Gleichgewicht das außenwirtschaftliche Gleichgewicht, im Sinne von *Ausgleich der Leistungsbilanz* bzw. der *Handelsbilanz* bezeichnet; dieses Ansatzes bedienen sich die Modelle der realen Theorie in Kapitel III-A und III-B. Eine ausgeglichene Handelsbilanz wird häufig mit einem langfristigen Gleichgewicht gleichgesetzt, da es in diesem Fall zu keiner Veränderung der Vermögensposition gegenüber dem Ausland kommt, im Gegensatz zum kurzfristigen Ausgleich, der einen Ausgleich der Devisenbilanz fordert, d.h. ausgleichende Kaptialbewegungen zuläßt. Das Konzept des *Ausgleichs der Grundbilanz* berücksichtigt hingegen auch die Veränderung der Vermögensposition gegenüber dem Ausland im Zeitablauf, da der langfristige Kapitalverkehr miteinbezogen wird. Zwar dient die Unterteilung in kurzfristige und langfristige Kapitalbewegungen hauptsächlich der Ausgrenzung kurzfristiger Kapitalverkehrsfluktuationen, der Grundgedanke eines ausgleichenden langfristigen Kapitalstroms ist jedoch eng verwandt mit der Idee eines intertemporalen Gleichgewichts, das im Mittelpunkt der Analyse in Kapitel III-C steht.

Alternativ kann das externe Gleichgewicht auch durch einen *Ausgleich der Devisenbilanz* definiert werden.[123] Die oben beschriebenen Fälle (1) - (4) sind in diesem Sinne unproblematisch, da es im Zuge der Mittelverwendung zu einem Rückfluß der Devisen kommt. Das in Kapitel II-B verwendete MUNDELL/ FLEMING-Modell fordert in traditioneller, stromgrößenorientierter Betrachtung einen Ausgleich von Devisenangebot und -nachfrage aus den Güter- *und* Kapitalströmen. Der in Kapitel II-C verwendete Monetäre Ansatz der Zahlungsbilanz

120 Vgl. die Begriffseingrenzung in Kapitel I-B.

121 "... the transfer process is basically an exercise in trade adjustment ..." (KINDLEBERGER, C.B.: International Economics, 3rd ed., Homewood 1963, S. 306).

122 Zu ökonomischen Gleichgewichtskonzeptionen vgl. z.B. JAEGER, K.: Gleichgewicht, ökonomisches, in: HdWW, Bd. 3, Göttingen/Stuttgart/Tübingen 1981, S. 671 - 699.

123 Zu alternativen Zahlungsbilanzgleichgewichtskonzeptionen vgl. z.B. KONRAD, A.: Zahlungsbilanztheorie und Zahlungsbilanzpolitik, München 1981, S. 14 ff.

orientiert sich explizit an Bestandsgleichgewichten. In bestandsgrößenorientierter Betrachtung wird ex ante ein Bestandsgleichgewicht auf den Finanzmärkten (Geld, Wertpapiere, Devisen) gefordert, im Sinne eines Portfoliogleichgewichts, bei dem die Wirtschaftssubjekte bereit sind, ihre Bestände zu halten. Beide Ansätze stellen somit auf das Prinzip der marktmäßigen Zahlungsbilanz ab. Es liegt ein Zahlungsbilanzgleichgewicht vor, wenn am Devisenmarkt – auf dem verschiedene Währungen bzw. in unterschiedlichen Währungen denominierte Finanztitel gehandelt werden – Übereinstimmung von Devisenangebot und Devisennachfrage herrscht, d.h. Räumung der Devisenmärkte. Dieses der monetären Wechselkurstheorie entstammende Konzept modelliert Devisenangebot und -nachfrage in Abhängigkeit vom Wechselkurs und verengt die Frage nach einem Marktgleichgewicht auf die Frage des Wechselkursgleichgewichts. Diese Verengung ist sachlich jedoch unschädlich, da sowohl Devisenangebot als auch Devisennachfrage aus sämtlichen außenwirtschaftlichen Vorgängen schlechthin resultieren können: Handelsgeschäfte mit Waren und Dienstleistungen, einseitige Übertragungen, Kapitalverkehr jeglicher Fristigkeit. Ein monetärer Transfer für sich genommen führt nach diesem Konzept zunächst zu einem Ungleichgewicht des Devisenmarktes, im Zuge der Mittelverwendung kommt es jedoch zu gegenläufigen Devisenströmen, wenn nämlich die Transferempfänger ihre Nachfrage nach Gütern oder Finanzanlagen im Ausland entfalten. Der Anteil, der auf Güter entfällt und somit einen realen Transfer darstellt, läßt sich durch die Betrachtung der Devisenbewegungen allein nicht feststellen. Ein unveränderter Wechselkurs, der nicht durch die Operationen einer Währungsbehörde gestützt wird, besagt, daß nach dem Ablauf des Transfers die Planungen der Wirtschaftssubjekte erfüllt sind. Der einmalige Impuls des monetären Transfers hat zu einem oder mehreren Gegenimpulsen geführt, wonach die Devisenbilanz wieder im Gleichgewicht ist, wie dies auch in Tab. II-5 und Tab. II-6 dargestellt ist. In dem Umfang, wie sich Wechselkursänderungen ergeben, besteht eine Disparität zwischen geplanten und realisierten Größen, die auf eine näher zu beschreibende Weise Devisenangebot und -nachfrage in den beteiligten Ländern beeinflußt.

Der Devisenmarkt ist dabei nur einer von mehreren durch den Transfer betroffenen Märkte. Im Vordergrund der Analyse, die mehrere Märkte einbezieht, steht das Konzept des *simultanen Gleichgewichts*, d.h. ein Gleichgewicht auf Güter- und Geldmärkten, wie es im folgenden im MUNDELL/FLEMING-Modell und im Modell von DORNBUSCH Anwendung findet. Ein *totales Gleichgewicht* besteht wenn die Arbeits-, Güter-, Geld-, Wertpapier- und Devisenmärkte im Gleichgewicht sind, d.h. auf jedem Markt Übereinstimmung von geplantem Angebot und Nachfrage herrscht. Bezogen auf den Transfer bedeutet dies, daß einerseits ermittelt werden muß, auf welchen Märkten der Transfer ein Ungleichgewicht verursacht und andererseits, welche Marktreaktionen beim Zustandekommen eines neuen Gleichgewichts beteiligt sind. Märkte im Zuge der Partialanalyse auszuklammern, birgt die Gefahr, daß u.U. wesentliche Anpassungsprozesse nicht in die Analyse einbezogen werden. So vernachlässigt beispielsweise die reale Theorie alle Effekte, die von Anpassungsreaktionen der Geld- und Devisenmärkte ausgehen. Die Modelle in Kapitel II-B und II-D berücksichtigen neben dem externen Gleichgewicht explizit auch das *interne Gleichgewicht*. Die Ansätze, die das externe Gleichgewicht in den Vordergrund stellen, sind in diesem Sinne partialanalytisch, häufig um durch Vereinfachung der Annahmen die Handhabbarkeit der Modelle zu erhöhen. Weitgehend vernachlässigt werden monetär bedingte Friktionen im Transmissionsprozeß, insbesondere die Vernachlässigung des Kapitalverkehrs als einer Quelle von Störungen des externen Gleichgewichts. Der Konflikt zwischen internem und externem Gleichgewicht wird in den traditionellen Transferansätzen somit allein durch die Wahl der Methode umgangen. Mit dem Vordringen keynesschen Gedankengutes wurde dem internen Gleichgewicht eine Priorität über das externe Gleichgewicht eingeräumt, nicht zuletzt aufgrund der Erkenntnis der schädlichen Wirkungen von Anpassungsinflation bzw. -deflation auf Allokation und Verteilung. Insbesondere im Geberland ist bei nicht hinreichend flexiblen Güter- und Faktorpreisen eine Veränderung (Rückgang) von Produktion und Beschäftigung zu erwarten. Umstritten ist nach wie vor, ob dem internen oder externen Gleichgewicht Priorität zukommt (objektive Betrachtung) oder zukommen soll (normative Betrachtung). KEYNES forderte zur Erreichung des externen Gleichgewichts eine *Paritätsänderung*, d.h. eine Abkehr vom Goldstandard. Als Orientierung für den gleichgewichtigen Wechselkurs diente die Theorie der Kaufkraftparität.[124] In der Praxis ist kurzfristig statt dessen der Einsatz von *Geldpolitik* zur Sterilisation außenwirtschaftlicher monetärer Impulse zu beobachten, insbesondere wenn die Geldpolitik dem Primat der binnenwirtschaftlichen Geldstabilität unter Vernachlässigung außenwirtschaftlicher Geldstabilität gehorcht, so daß – solange ausreichende Währungsreserven bzw. Beistandsabkommen bestehen – Leistungsbilanzungleichgewichte durch die Zentralbank finanziert werden. Erst die interne Anpassung kann in diesem Fall zu einem neuen externen Gleichgewicht führen. Mit dem Übergang zu flexiblen Wechselkursen kam es zu der Auffassung, daß sich das externe Gleichgewicht nun automatisch ergeben würde, so daß sich die diskretionäre Wirtschaftspolitik internen Zielen widmen könne, d.h., der Ziel-Konflikt zwischen externem und internem Ziel wäre aufgehoben. In Kapitel II-B wird ein Vergleich von unterschiedlichen Währungsregimes, d.h. unterschiedliches Interventionsverhalten der Zentralbanken am Devisenmarkt als Reaktion auf die Transferaufbringung unter einfachen Annahmen, betrachtet. In Kapitel II-D wird die Auswirkung des Transfers auf das interne und externe Gleichgewicht bei flexiblen Wechselkursen näher beleuchtet.

---

124 Vgl. dazu FLASSBECK, H.: Preise, Zins und Wechselkurs, Tübingen 1988, S. 11 ff.

Bei Betrachtung des zeitlichen Ablaufs des Transfers kann man zwischen *temporären* und *dauerhaften Gleichgewichten* unterscheiden. So argumentieren Vertreter der realen Theorie des Transfers, daß die in der monetären Theorie aufgezeigten Effekte von vorübergehender Natur sind, so daß sie für die typischerweise langfristigen Betrachtungszeiträume der realen Theorie von untergeordneter Bedeutung sind. In den monetären Ansätzen der Kapitel II-C und II-D wird in diesem Sinne zwischen einem *kurz*fristigen und einem *lang*fristigen Gleichgewicht unterschieden. Von Bedeutung sind in diesem Zusammenhang der Entscheidungshorizont der Wirtschaftssubjekte und die Zeiträume, in denen sich Anpassungsvorgänge vollziehen. Zudem stellt der Transfer selbst entweder ein einmaliges oder ein wiederkehrendes Phänomen dar, wie in Kapitel III-C näher betrachtet wird. Überweisungen von Gastarbeitern in ihre Heimatländer oder Beiträge an internationale Organisationen können als langfristige Transfers interpretiert werden, die dauerhaft das Wirtschaftsgeschehen prägen, auch zahlreiche Entwicklungshilfeprojekte tragen diesen langfristigen Charakter. Andere unilaterale Transfers wie z.B. Reparationen und kurzfristige Hilfsprojekte tragen jedoch den Charakter eines temporären Schocks. Die Ökonomien der beteiligten Länder müssen sich zunächst an den Transfer und dann noch einmal an das Ausbleiben des Transfers anpassen.[125]

Im Mittelpunkt des Kapitels III-C steht das *intertemporale Zahlungsbilanzgleichgewicht*. Bei diesem seiner Natur nach realwirtschaftlichen Ansatz steht der Ausgleich der Handelsbilanz in der Zeit im Vordergrund. Im Gegensatz zu statischen realwirtschaftlichen Modellen des Kapitels III-A und III-B, nach denen ein Gleichgewicht nur bei Übereinstimmung der mit einer Preisrelation "bewerteten" Export- und Importmenge zustandekommt, erlaubt dieser dynamische Ansatz die Einbeziehung von Kapitalmärkten, so daß eine Veränderung der Nettovermögensposition berücksichtigt werden kann. In dem Umfang, wie die Wirtschaftssubjekte eines Landes gegenüber denen eines anderen Landes durch den Transfer eine Schuldnerposition einnehmen, können sie über das ihnen im Inland zur Verfügung stehende (Güter-)Einkommen hinaus Güter erwerben, d.h., die Importe überschreiten die Exporte. Die Rückzahlung dieser Schulden (in Form von Gütern) gelingt nur, wenn in der Rückzahlungsperiode ein Überschuß der Exporte über die Importe erzielt wird. Die Handelsbilanz ist zwar nicht in jedem Zeitpunkt ausgeglichen, "in der Zeit" (intertemporal) hingegen kommt es zu einem Ausgleich. Diese Inanspruchnahme des Kapitalmarktes erfolgt aus ökonomischen Optimierungsüberlegungen. In diesem Sinne ist ein Handelsbilanzüberschuß oder -defizit in einer Periode dann gleichgewichtig, wenn er auf solchen ex ante-Optimierungsüberlegungen beruht. Ein Gütertransfer stört in einem ersten Schritt das Gleichgewicht, so daß es zu Anpassungsreaktionen kommt, die u.U. über mehrere Betrachtungsperioden verteilt sind. In diesem

125 Vgl. KINDLEBERGER, C.B.: International Economics, 3rd ed., Homewood 1963, S. 306.

Sinne werden auch Disparitäten in den Teilbilanzen der Zahlungsbilanz in einer Periode dann als gleichgewichtig interpretiert, wenn sie aufgrund von intertemporalen Optimierungsbemühungen "in der Zeit" ein Gleichgewicht darstellen.

5. Konzepte des Zahlungsbilanzausgleichs

Eine Aussage über das Gesamtergebnis des Transfers verlangt nach einer modellhaften Darstellung des Transferprozesses, die zum einen den initialen Effekt des Transfers auf die Ausgabenkomponenten beschreibt und in einem weiteren Schritt die Anpassungs- bzw. Ausgleichsmechanismen, binnenwirtschaftliche wie internationale, darstellt, die zu einem neuen Gleichgewicht führen. Die in Tab. II-7 dargestellten Konzepte des Zahlungsbilanzausgleichs[126] stehen in unmittelbarem Zusammenhang mit den oben erwähnten Gleichgewichtskonzepten.

Mechanismen	**Erklärungsparadigma**
Geldmengenpreismechanismus	Monetäre Zahlungsbilanztheorie
Relativpreisänderungen	Neoklassisches Modell
Einkommensänderungen	Keynesianisches Modell
Kapitalbewegungen	Portfoliomodell, intertemporales Modell

Tab. II-7: Zahlungsbilanzausgleichsmechanismen

Der im monetären Ansatz der Zahlungsbilanz in Kapitel II-C verwendete Ausgleichsmechanismus beruht auf dem *Geldmengenpreismechanismus.*[127] Wie bereits in Kapitel I-E erläutert wurde, bewirkt er einen Ausgleich der Zahlungsbilanz infolge der durch den Transfer induzierten Geldmengenveränderung und sich daraus ergebenden Störungen des Geldmarktgleichgewichts. Im Geberland bewirkt dies tendenziell eine Senkung der Güterpreise (bzw. des Preis*niveaus*), im Empfängerland entsprechend einen Anstieg. Diese Tendenz zur Preisniveauänderung – bzw. der Änderung der Relation des Preisniveaus im Geberland zum Preisniveau des Empfängerlandes – bewirkt nun eine Tendenz zum Ausgleich der Zahlungsbilanz. Bedeutsam für den Ablauf eines Transfers ist, in welcher Art und Weise der Zahlungsbilanzausgleich zustande kommt:

- Zum einen kann sich der Güternachfrageüberhang im Empfängerland in vollem Umfang und *direkt* auf Güter des Geberlandes erstrecken. Für den Fall, daß

126 Vgl. SIEBERT, H.: Außenwirtschaft, 6. Aufl., Stuttgart/Jena 1994, S. 213.

127 Im oft zitierten Fall eines einzigen homogenen Gutes kann man auch von einem Geldmengenpreis*niveau*mechanismus sprechen.

auf den Märkten des Geberlandes gerade diese Güter nicht nachgefragt werden, gelingt der Transfer; der Leistungsbilanzsaldo beruht allein auf Mengenveränderungen – eine Veränderung des Preisniveaus ist nicht notwendig. Dies lag den Referenzfällen in den Tab. II-5 und II-6 zugrunde.

- Zum anderen kann sich die Nachfrageänderung in beiden Ländern ausschließlich auf Güter aus heimischer Produktion erstrecken. In diesem Fall bewirkt die steigende Differenz zwischen den beiden Preisniveaus eine Güterarbitrage, die solange anhält, bis die Übernachfragen abgebaut sind. Im Zuge dieser Güterarbitrage fließen Güter vom Geber- in das Empfängerland, die *indirekt* über einen entsprechenden Leistungsbilanzsaldo einen Ausgleich bewirken. Bei unverändertem Güterangebot dauert die Güterarbitrage solange an, bis die gesamte Überschußnachfrage abgebaut ist und die Preise wieder ihr ursprüngliches Niveau erreicht haben. Sieht man von Arbitragegewinnen ab, so entspricht dieser reale Transfer in seiner Höhe ebenfalls dem monetären Transfer.
- Den beiden oben angenommen Fällen des "gelungenen" realen Transfers ist gemein, daß die Wirtschaftssubjekte keinen Unterschied zwischen im Inland oder im Ausland produzierten Gütern machen – wie es bei der Modellannahme eines homogenen Gutes in Kapitel II-C der Fall ist –, so daß der monetäre Transfer in vollem Umfang zu einem realen Transfer führt. Bei Handelsstrukturen, die in der Verschiedenartigkeit der produzierten Güter oder der Präferenzen begründet sind, ist zu vermuten, daß der Transfer auch Relativpreisänderungen nach sich zieht, so daß der Leistungsbilanzsaldo auch eine *preisliche Komponente* besitzt. Eine Beschreibung dieser Präferenzen in der monetären Theorie erfolgt in Form von Elastizitäten.[128]

Der *Mechanismus der Relativpreisänderungen* von Import- und Exportgütern ist charakteristisch für die realwirtschaftlichen neoklassischen Modelle in Kapitel III-A und III-B. Grundsätzlich tendiert in solchen Modellen die Leistungsbilanz zum Ausgleich, wenn bestimmte Elastizitätsannahmen[129] erfüllt sind – die

128 Es handelt sich bei diesen Elastizitäten um partielle Elastizitäten, d.h., die Reaktionen der Marktteilnehmer eines bestimmten Marktes – z.B. des Devisenmarktes oder des Importgütermarktes – werden ceteris paribus erfaßt. Die analytisch vorzuziehende Formulierung von Totalelastizitäten, die die gesamte Reaktion im Zuge des Transferprozesses abzubilden in der Lage wäre, wird zum einen erschwert durch die Interdependenz zwischen den einzubeziehenden Parameter innerhalb eines Landes, und zum anderen durch die Rückwirkungen zwischen den beiden Ländern, vgl. ALEXANDER, S.S.: Effects of a Devaluation on a Trade Balance, in: IMF Staff Papers, 2 1951/52, S. 264.

129 Der Unterschied zu den Elastizitätsannahmen der monetären Außenwirtschaftstheorie liegt in der Formulierung als Mengenelastizität, während in der monetären Außenwirtschaftstheorie Wertelastizitäten, wie z.B. die MARSHALL/LERNER-Bedingung, benutzt werden.

Analyse in realen Modellen allgemein erfolgt zumeist mit Hilfe der Tauschkurven von MARSHALL/MILL/MEADE,[130] wobei der Relativpreis der Güter durch die Produktions-, Handels- und Konsumgegebenheiten bestimmt wird. In der Transfertheorie wird der Analyse mit Hilfe der EDGEWORTH-Box der Vorzug gegeben, die jedoch Effekte auf der Angebotsseite ausblendet.[131] In Kapitel III-B werden solche Angebotseffekte explizit in die Analyse einbezogen. Liegt der wesentliche Beitrag der monetären Außenwirtschaftstheorie hinsichtlich der Analyse des Transferprozesses darin zu erklären, in welchem Umfang die veränderten monetären Verhältnisse überhaupt Güterbewegungen zur Folge haben, so liegt der wesentliche Beitrag des realwirtschaftlichen Ansatzes darin zu erklären, wie sich diese Güterbewegungen im Zuge des Zahlungsbilanzausgleichs gestalten.

- Im einfachste Fall von Güterbewegungen, sowohl im monetären wie im realwirtschaftlichen Modell, zieht der Transfer *keine* Veränderung des Preis*niveaus* und ebenfalls keine Veränderung der *Relativpreise* nach sich. Das Ergebnis, daß die Mindernachfrage in einem Land in vollem Umfang durch die Mehrnachfrage im anderen Land kompensiert wird, impliziert identische Präferenzen in beiden Ländern.[132] Hier steht gleichsam ein Weltangebot einer Weltnachfrage gegenüber. Wenn nun die Verfügungsgewalt über die Kaufkraft im Zuge eines Transfers umverteilt wird, bedeutet dies noch keine Änderung der *Struktur* von Konsum und Produktion. Der Transfer ist erfolgreich in dem Sinne, daß ein realer Transfer in der intendierten Höhe stattfindet. Die Zahlungsbilanz im ex ante-Sinne ist ausgeglichen, wenn die Pläne der Haushalte und Unternehmen in beiden Ländern auch nach erfolgtem Transfer ohne eine Änderung der Preise im Gleichgewicht sind. Zudem ist die Zahlungsbilanz im statistischen ex post-Sinne ausgeglichen, da dem Saldo der Übertragungsbilanz ein Saldo der Handelsbilanz gegenübersteht, so daß die Leistungsbilanz im weiteren Sinne ausgeglichen ist.
- Sind die Präferenzen der beiden Länder nicht identisch, so führt der Transfer zu einer Änderung der Nachfrage nach den beiden Gütern für beide Länder zusammengenommen, der sogenannten Weltnachfrage im Zwei-Länder-Modell, und in der Folge zu einer Veränderung der terms of trade. In Kapitel III-A werden solche Konstellationen genauer untersucht.

---

130 Vgl. SIEBERT, H.: Außenwirtschaft, 6. Aufl., Stuttgart/Jena 1994, S. 133.

131 Vgl. dazu insbesondere die Modellanalyse von SAMUELSON (SAMUELSON, P.A.: The Transfer Problem and Transport Costs: The Terms of Trade when Impediments are Absent, in: Economic Journal, Vol. 62 (1952), S. 278 - 304, und SAMUELSON, P.A.: The Transfer Problem and Transport Costs II: Analysis of the Effects of Trade Impediments, in: Economic Journal, Vol. 64 (1954), S. 264 - 289).

132 Allein unter dieser Voraussetzung ist die Annahme eines einzigen homogenen Gutes unproblematisch. Allerdings wird dadurch eine restriktive Annahme lediglich durch eine andere ersetzt.

Die Analogie der für einen Ausgleich notwendigen terms of trade-Veränderung der realen Theorie zum monetären Zahlungsbilanzausgleich besteht darin, daß eine Verschlechterung der terms of trade gleichzusetzen ist mit höheren Anforderungen an den Realtransfer: Der Leistungsbilanzsaldo im monetären Modell weist zwar den gleichen *Wert* auf wie der Saldo der Übertragungsbilanz – die Zahlungsbilanz ist mithin ausgeglichen –, er geht jedoch zum Teil auf die Preisveränderungen im Zuge der terms of trade-Verschlechterung zurück. In diesem Umfang wurden zusätzliche physische Güter transferiert, die Last des Transfers ist somit gestiegen. Anders im Falle der terms of trade-Verbesserung: Hier fällt der Realtransfer geringer aus. Durch die relative Verteuerung des Exportgutes des Geberlandes werden physisch weniger Güter transferiert, als dem Kapitaltransfer zu dem alten Preisverhältnis entsprochen hätte.[133] Problematisch in diesem Zusammenhang ist es, einen Gütertransfer, dessen Höhe (gemessen am *ursprünglichen* Preisniveau) im Falle der terms of trade-Verbesserung nicht den Wert des monetären Transfers erreicht, als nicht oder nur zum Teil gelungenen Transfer zu bezeichnen. Diese Beschränkung auf die Betrachtung von physischen Gütermengen ist mit den Grundsätzen einer subjektiven Wertlehre nicht zu vereinbaren, denn der *ökonomische Wert* eines transferierten Güterbündels wird nicht allein durch die physische Menge der Güter bestimmt, sondern durch den *Nutzen*, der dieser Menge von Gütern beigemessen wird, ausgedrückt in der monetären Theorie in absoluten Preisen und in der realen Theorie in relativen Preisen im Vergleich zu anderen Güterbündeln. Eine Veränderung der terms of trade spiegelt nun gerade die Bewertung entsprechend der Präferenzen für diese Güter wider. Unterscheidet man, wie in der mikroökonomischen Werttheorie üblich, einen Substitutions- und einen Einkommenseffekt des Transfers, so wird der positive Einkommenseffekt im Empfängerland im Falle der terms of trade-Verbesserung für das Geberland zwar durch den Substitutionseffekt abgeschwächt, *ohne* diese terms of trade-Änderung wäre der Wohlfahrtseffekt jedoch *geringer* ausgefallen. Die terms of trade-Verbesserung ist insofern auch für das Empfängerland positiv zu beurteilen, denn sie spiegelt den Sachverhalt wider, daß das im Zuge des Transfers erhaltene Güterbündel, das den Präferenzen des Empfängerlandes nicht entsprach, durch Tausch (wenn auch zu schlechteren Konditionen als zuvor) so in seiner Zusammensetzung verändert wurde, daß es den Präferenzen besser entspricht.

133 Auch im Fall der terms of trade-Verschlechterung, der gleichsam eine Übererfüllung des Kapitaltransfers zu implizieren scheint, darf nicht vergessen werden, daß dies voraussetzt, daß die transferierten Mittel des Kapitaltransfers in vollem Umfange nachfragewirksam werden. Werden z.B. nur die Hälfte der transferierten Mittel nachfragewirksam – z.B. durch Hortung – so muß, um den Gütertransfer überhaupt an den Wert des monetären Transfers heranreichen zu lassen, die terms of trade-Verschlechterung sehr groß sein.

Die bisher angesprochenen Mechanismen zeichnen sich dadurch aus, daß die Höhe der *Einkommens*entstehung durch den Transfer nicht verändert wird. Dies entspricht der Annahme der Vollbeschäftigung, so daß transferinduzierte Änderungen der Nachfrage nur zu einer anderen Verteilung der erstellten Güter auf die beiden Länder führen, nicht jedoch die Höhe des Güterangebots insgesamt beeinflussen.[134] Im MUNDELL/FLEMING-Modell des Kapitels II-B werden durch die Adaption des makroökonomischen Multiplikatoransatzes die nachfrageinduzierten Änderungen von Beschäftigung und Einkommen in die Analyse miteinbezogen.

Der *intertemporale Zahlungsbilanzausgleich* beruht auf Optimierungsentscheidungen der Wirtschaftssubjekte, die sich über mehrere Perioden erstrecken, der Zahlungsbilanzausgleich wird somit ebenfalls als ein Phänomen mehrere Perioden betrachtet. Durch das Bemühen die Wirkung der Anpassungseffekte in der Zeit zu optimieren, sind somit Leistungsbilanz wie auch Kapitalbilanz einbezogen. Versuchen die Wirtschaftssubjekte, den Vermögenszuwachs auf die Folgeperioden zu verteilen, so wird nur der Teil, der in der Periode für Güter ausgegeben wird, zu einem Leistungsbilanzdefizit führen. Legen die Wirtschaftssubjekte die übrigen Teile in ausländischen Geld- und Finanzaktiva des Transfergeberlandes an, so führt dies zu einem entsprechenden Kapitalbilanzdefizit, d.h. einem monetären Gegentransfer. Diese Geld- und Finanzaktiva werden in den folgenden Perioden wiederum aufgelöst und bewirken einen Kapitalbilanzüberschuß verbunden mit einem Leistungsbilanzdefizit. Dieser Prozeß setzt sich mit jeder weiteren Periode fort, bis der durch den Transfer mit anschließender Auslandsanlage bewirkte Vermögenszuwachs aufgezehrt ist.

6. Transmissionsmechanismen der Transfereffekte

Die in den Tab. II-5 und II-6 aufgezeigten Referenzfälle verdeutlichen, daß ein Zustandekommen des Realtransfers entscheidend von der Wirkung des monetären Impulses abhängt. Die Analyse der Reaktion der Teilbilanzen der Zahlungsbilanz auf einen monetären Transfer erfordert die Beschreibung des Mechanismus, der dem initialen Geld- bzw. Vermögensimpuls des monetären Transfers realwirtschaftliche Effekte folgen läßt. Man bezeichnet die Transmission monetärer Impulse in den realwirtschaftlichen Bereich auch als *Realkasseneffekte* im weiteren Sinne. Die Umverteilung von Geld- und Vermögensansprüchen bewirkt ein Ungleichgewicht in der geplanten Kassen-

134 "What the classical theory had neglected were changes in money income and their effects on the balance of payment through the marginal propensity to import. More was involved than the fact, that borrowers sometimes spent part of loans directly in the lending country." (KINDLEBERGER, C.B.: International Economics, 3rd ed., Homewood 1963, S. 310).

haltung der Wirtschaftssubjekte, das diese abzubauen suchen, indem sie zwischen ihrer zu hohen bzw. zu niedrigen Geldhaltung und anderen (Finanz- und Sach-) Aktiva substituieren. In dem speziellen Falle, daß das Empfängerland mit den zugeflossenen Finanzmitteln genau die Güter nachfragt, die im Geberland aufgrund der dort abgeflossenen Finanzmittel nicht nachgefragt werden, gelingt der Transfer vollkommen. Eine genaue Analyse des Transfers erfordert die Beantwortung der Fragestellung, wie und auf welchem Wege die Veränderung der Geld- bzw. Vermögens*bestände* im Zuge des monetären Transfers eine Veränderung der Ausgaben*ströme* bewirkt. Im folgenden wird am Beispiel des Empfängerlandes der Frage nachgegangen, wie die Geldmengenerhöhung im Zuge des monetären Transfers auf unterschiedliche Nachfragekomponenten wirkt. Im Laufe der Theoriegeschichte wurden auf diese Frage unterschiedliche Antworten gegeben, die sich jedoch im Hinblick auf die Effekte, die von einem monetären Transfer ausgehen, in mancher Hinsicht ergänzen.

Dem Geldmengenpreismechanismus des in Kapitel I-D-3 vorgestellten klassischen Transfermechanismus liegt die quantitätstheoretische Vorstellung konstanter Realkassenhaltungswünsche zugrunde, also die Determinierung der geplanten Kassenhaltung durch das Transaktionsvolumen bzw. Nominaleinkommen, wie im *Cambridge-Ansatz* dargestellt. Die Anwendung des HUMEschen specie-flow-mechanism auf den Transfer unterstellt, daß die Kausalität auch in die andere Richtung wirkt, daß die Transferempfänger mithin versuchen, eine zu hohe Realkasse allein über eine erhöhte Konsumgüternachfrage abzubauen (der Zinssatz als reale Größe wird nur von der Grenzleistungsfähigkeit des Kapitals bestimmt, so daß sich Ersparnisse und Investitionen nicht verändern; im Empfängerland führt der Transfer somit zu einer zusätzlichen Nachfrage nach ausländischen und inländischen Konsumgütern in Höhe des monetären Transfers). Eine Preissteigerung im Inland würde dann bewirken, daß die Relation aus gehaltener Kasse und nominalem Transaktionsvolumen konstant bliebe. Die Varianten der frühen Quantitätstheorie allerdings können nach Meinung von PATINKIN zu dem Themengebiet des Realkasseneffektes im weiteren Sinne wenig beitragen, denn der entscheidende Zwischenschritt, der zeigt, *wie* Haushalte und Unternehmen ihre Ausgabenströme verändern, weil sie ihre Geldhaltung als ungleichgewichtig empfinden, wird von den Klassikern nicht aufgezeigt.[135] Auch zur Erklärung des monetären Gegentransfers kann der Cambridge-Ansatz der Klassik wenig beitragen, denn die Klassiker waren überwiegend der Auffassung, Geld diene allein

135 Vgl. PATINKIN, D.: Money, Interest and Prices: An Integration of Monetary and Value Theory, New York et. al. 1965, S. 165. PATINKIN vertritt die Auffassung, daß FISHER, MARSHALL und WICKSELL Ansätze und Bruchstücke eines Realkasseneffektes aufzeigten und so unmittelbar vor der Entdeckung dieses Bindegliedes zwischen Geld- und Werttheorie standen, eine Integration jedoch aus unterschiedlichen Gründen nicht gelang; vgl. auch dort S. 531 - 572 sowie S. 581 - 610.

als "wheel of circulation", das die Erfüllung der Zahlungsverpflichtungen im Zuge des Güterhandels ermöglicht, nicht hingegen zu Anlagezwecken bzw. der Vermögensbildung. Auf den Transfer bezogen bedeutet dies, daß eine Verwendung der Mittel zur Erhöhung der geplanten Geldhaltung nicht in Betracht kommt und der monetäre Transfer daher in voller Höhe ausgabewirksam wird.[136]

Gegenüber der direkten Wirkung des Cambridge-Effekts entfaltet der *KEYNES-Effekt* seine Wirkung indirekt, wobei die einzelnen Schritte en detail auf die Verhaltensweisen der Wirtschaftssubjekte zurückgeführt werden. Der KEYNES-Effekt beschreibt die Auswirkung einer Geldmengenveränderung auf die gesamtwirtschaftliche Nachfrage über eine Veränderung des realen Wertes der Kassenhaltung, planmäßiger Portfolioentscheidungen der Wirtschaftssubjekte und daraus resultierender Veränderungen des Zinssatzes, der in einfachen Ansätzen die alleinige Transmissionsvariable zwischen monetärem und realem Sektor darstellt. Die direkten Auswirkungen eines monetären Transfers beschränken sich somit auf die zinsabhängigen Komponenten der Güternachfrage – eine direkte Beeinflussung der Konsumausgaben wird durch den KEYNES-Ansatz in der reinen Form nicht beschrieben. Die Wirkung eines Transfers im Zuge des KEYNES-Effekts läßt sich für das Empfängerland wie folgt darstellen: Die im Zuge des Transfers zugeflossenen monetären Mittel stellen eine Erhöhung der von den Transferempfängern gehaltenen Kasse dar und bewirken ein Ungleichgewicht ihrer Kassenhaltung, verbunden mit einem höheren Geldangebot am Geldmarkt. Ein Ausgleich zwischen dem erhöhten Geldangebot und der teils zins-, teils einkommensabhängigen Geldnachfrage erfordert ein geringeres Zinsniveau. Dieses kommt zustande durch das Bemühen, die als zu hoch empfundenen Geldbestände durch Wertpapiere bis zu einem neuen Portfoliogleichgewicht zu substituieren. Der Nachfrageüberhang auf dem inländischen Wertpapiermarkt bewirkt eine Tendenz zu Kurssteigerungen, gleichbedeutend mit einer Verringerung der Effektivverzinsung dieser Papiere. Der niedrigere Zinssatz bewirkt in einem ersten Schritt einen Anstieg der Investitionsnachfrage der Unternehmen nach Maßgabe der Grenzleistungsfähigkeit des Kapitals im Vergleich mit der nun ungünstigeren Effektivverzinsung für Alternativanlagen am Kapitalmarkt. Entsprechend der dadurch determinierten Zinsreagibilität werden sie ihr Investitionsvolumen erhöhen und in einem zweiten Schritt den Zinsrückgang etwas dämpfen – ein neues simultanes Gleichgewicht von Geldmarkt und

136 In einer reinen Goldwährung ist das Geld als Ware in den Preisbildungsprozess des realen Sektors zwar integriert, es wird jedoch unterschieden zwischen der Nachfrage nach Gold als einer Ware, die güterwirtschaftlicher Verwendung dient, und der Nachfrage nach Gold als einem Medium, das Geldfunktionen erfüllt. Im Falle einer Papiergeldwährung ist diese Dichotomie von monetärem und realem Sektor eindeutig, denn dem Geld wird kein originärer Nutzen, sondern nur ein aus der Tauschmittelfunktion abgeleiteter Nutzen beigemessen.

Güternachfrage stellt sich bei einer höheren gleichgewichtigen Güternachfrage und einem niedrigeren gleichgewichtigen Geldmarktzins ein. Der niedrigere Zins bewirkt, daß die gesamte aufgrund des Transfers zugeflossene Kasse (zunächst) als geplante zinsabhängige Kasse gehalten wird. Effekte auf die Güternachfrage ergeben sich allein aufgrund der indirekten, zinsinduzierten Nachfragesteigerung nach inländischen und ausländischen Investitionsgütern, einschließlich damit verbundener Multiplikatoreffekte auf den Gütermärkten. Die weiteren Auswirkungen hängen vom Ausgleich der gestiegenen Güternachfrage und des unveränderten Güterangebots in Abhängigkeit vom Preisniveau ab. Im Fall eines reallohnabhängigen Arbeitsangebots ist das Güterangebot völlig preisniveauunelastisch. Sieht man zunächst von den internationalen Rückwirkungen ab, führt der Nachfrageüberhang zu einem Preisniveauanstieg, verbunden mit einem Rückgang der Güternachfrage auf das Ausgangsniveau, der aus einer Verringerung der realen Kassenhaltung aufgrund des Preisniveauanstiegs resultiert.[137] Der induzierte Zinsanstieg am Geldmarkt bewirkt auf der Güternachfrageseite einen Rückgang der Investitionsnachfrage.[138] Bei simultaner Betrachtung der Effekte am Geld- und Gütermarkt hat der Transfer im Empfängerland nur einen Anstieg des Preisniveaus zur Folge, ausgelöst durch die zinsinduzierte Erhöhung der Investitionsnachfrage. Je stärker die internationale Verflechtung, desto geringer sind die Preisauftriebseffekte, denn die induzierten Nachfrageeffekte entfalten ihre Wirkung nur zum Teil im Inland. Ein Teil des realen Transfers kommt unmittelbar nach Maßgabe der marginalen Importquote

---

137 Im Falle keynesianischer Unterbeschäftigung mit einem völlig preisniveauelastischen Güterangebot bewirkt der Nachfrageüberhang keinen Anstieg des Preisniveaus, sondern eine Ausweitung der Beschäftigung und des Einkommens. Nur hier gilt, daß nach Maßgabe der marginalen Importquote ein Teil des Realtransfers bewirkt wird. Die transferinduzierte Importnachfrage wird in diesem Fall ergänzt durch die zusätzliche Importnachfrage aufgrund des Einkommensanstiegs.

138 Neben der zinsabhängigen Investitionsnachfrage kann auch die Konsumnachfrage zum Teil als zinsabhängig angenommen werden, so daß die oben beschriebenen Zinseffekte verstärkt werden – in KEYNES' "General Theory" finden sich Hinweise auf solche Konsumhypothesen (vgl. KEYNES, J.M.: The General Theory of Employment, Interest and Money, London 1936, S. 91 ff.). Insbesondere die Rate der Zeitdiskontierung, die näherungsweise mit dem Zins übereinstimmt, kann Einfluß auf die Spar- und Konsumentscheidung haben. Direkte Einflüsse des Zinses hält Keynes zwar für gering, indirekte Einflüsse über die Umbewertung von Vermögensbeständen aufgrund veränderter Abdiskontierung seien dagegen nicht zu negieren ["For if a man is enjoying a windfall increment in the value of his capital, it is natural that his motives towards current spending should be strengthened, even if in short terms of income his capital is worth no more than before; ..." (KEYNES, J.M.: The General Theory of Employment, Interest and Money, London 1936, S. 94)]. Welche Stärke KEYNES diesen Effekten zugemessen hat, ist umstritten (Vgl. dazu etwa HOYER, W.H.: Vermögenseffekte des Geldes. Frankfurt a.M./Bern/Las Vegas 1978, S. 114 f.).

zustande. Die Veränderungen des Preisniveaus wirken ebenfalls auf einen realen Transfer hin. In dem Umfang, wie die Zinsdifferenz zwischen In- und Ausland Kapitalbewegungen anregt, hat der monetäre Transfer einen monetären Gegentransfer zur Folge.

Ein Transmissionsmechanismus, der Vermögenseffekte miteinbezieht, wird durch den sogenannten *PIGOU-Effekt*[139] beschrieben. Er beschreibt eine direkte Abhängigkeit der Spar- und Konsumentscheidung sowohl vom Gegenwartseinkommen wie auch vom Realwert des Vermögens. Der Konsum hängt in diesem Fall direkt vom Preisniveau ab, denn dieses berührt den realen Wert des Vermögens und beeinflußt damit die Konsumentscheidung.[140] Eine transferinduzierte Erhöhung der Kassenbestände bewirkt einen Anstieg des realen Wertes des Vermögens. Der Grenznutzen des Gegenwartskonsums ist in diesem Falle höher als der Grenznutzen der Vermögensbildung, so daß *ein Teil* dieses Vermögenszuwachses von den privaten Haushalten direkt für Konsumausgaben verwendet wird. Für Unternehmen gilt eine analoge Betrachtungsweise: die Erhöhung der Kassenhaltung stört das Gleichgewicht der Sach-, Geld- und Finanzaktiva einerseits und der Geldbestände andererseits, so daß die Nachfrage nach Sach- *und* Geld- und Finanzaktiva zunimmt. Die Investitionsentscheidung ist in diesem Fall unmittelbar von der realen Geldhaltung abhängig. Der reale Transfer fällt durch die Einbeziehung von Vermögenseffekten geringer aus als unter den vorangegangenen Annahmen, denn die Vermögenseffekte werden über einen längeren Zeitraum verteilt und führen nicht nur unmittelbar, sondern auch in späteren Perioden zu realen Impulsen, die für sich genommen jedoch geringer ausfallen.

Der *intertemporale Ansatz der Zahlungsbilanz*[141] kann aufgrund seiner realwirtschaftlichen Orientierung zwar nicht die Anpassungsprozesse im monetären Sektor beschreiben, trifft jedoch konkrete Aussagen über die Anpassungsmechanismen, die mit Vermögensveränderungen einhergehen. Er kann im Hinblick auf die Wirkung des monetären Transfers als Ergänzung des oben beschriebenen vermögenstheoretischen Ansatzes aufgefaßt werden, denn es ist zu vermuten, daß intertemporale Überlegungen eine Rolle spielen, wenn die Wirtschaftssubjekte über die Zusammensetzung ihres Portfolios bzw. über die Verwendung ihres Vermögens entscheiden. Die aus dem monetären Transfer zugeflossenen Vermögensansprüche werden nach Maßgabe der Zeitpräferenz in mehreren aufeinanderfolgenden Perioden in Güter eingelöst, so daß in diesem Umfang Veränderungen der Nachfrage nach in- und ausländischen Gütern in

---

139 Vgl. zum folgenden PATINKIN, D.: Money, Interest and Prices, New York et. al. 1965.

140 Jedem Preisniveau ist hier sozusagen eine andere IS-Kurve zugeordnet.

141 Vgl. FRENKEL, J.A./RAZIN, A.: Fiscal Politics and the World Economy, Cambridge (MA) 1987.

mehreren Perioden zu erwarten sind. Unter dem Aspekt des consumption-smoothings[142] werden sie versuchen, das zusätzliche Vermögen gleichmäßig auf die einzelnen Perioden zu verteilen, indem sie den in- und ausländischen Kapitalmarkt in Anspruch nehmen. In diesem dynamischen Rahmen fällt die Reaktion der Leistungsbilanz auf den monetären Transfer kurzfristig geringer aus als in statischen Modellen: Die Mittel des monetären Transfers werden nur zu einem Teil unmittelbar nachfragewirksam, denn ein Teil wird zur Erhöhung der Nachfrage in zukünftigen Perioden zurückgehalten. Diese Mittel können in Form von Geld gehalten werden oder erhöhen als geplante Ersparnisse die Nachfrage nach Geld- und Finanzaktiva am Kapitalmarkt, sowohl im In- wie auch im Ausland. In der Darstellungsweise der Zahlungsbilanz bedeutet dies, daß dem transferinduzierten Kapitalbilanzsaldo teilweise ein Leistungsbilanzsaldo und teilweise – in dem Umfang wie ausländische Geld- und Finanzaktiva erworben werden – ein Kapitalbilanzsaldo gegenübersteht. In den Folgeperioden werden Teile dieses Auslandsvermögens aufgelöst, so daß es zu einem gegenläufigen Kapitalstrom kommt, der in dem Umfang, wie Güter im Ausland erworben werden durch einen Leistungsbilanzsaldo kompensiert wird. Der monetäre Transfer generiert so über einen längeren Zeitraum hinweg immer wieder kleinere Leistungsbilanzsalden. Ob die Zahlungsbilanz durch diese Transaktionen immer wieder ins Ungleichgewicht gebracht wird, so daß immer wieder Anpassungen anderer Variablen notwendig werden, hängt davon ab, ob bei der Inanspruchnahme des ausländischen Kapital- und Gütermarktes jeweils in beiden Ländern die gleichen Importquoten und Präferenzen, d.h. die gleichen Konsumpfade in der Zeit gelten. Entsprechen sich die Konsumpfade der beiden Volkswirtschaften, so gehen die Transaktionen nicht mit Änderungen von Zins- und Preisniveau in den beiden Ländern einher. Erst in dem Maße, wie es zu abweichenden Präferenzen kommt, sind Veränderungen von Preisniveau und Zins für einen Zahlungsbilanzausgleich erforderlich. Besitzt das Nehmerland eine relativ höhere Gegenwartspräferenz, so werden die Wirtschaftssubjekte dieses Landes einen höheren Anteil ihres Transfers in Gütern anzulegen wünschen, als das Geberland herzugeben wünscht. In diesem Fall verändert sich die Preisniveaurelation, bzw. die terms of trade, um die Tauschwünsche in Übereinstimmung zu bringen. Nur unter diesem Gesichtspunkt wird die Absorption im Geberland zurückgefahren und im Empfängerland entsprechend gesteigert.

142 Unter consumption smoothing versteht man die einzelwirtschaftliche Bemühung, einen unregelmäßigen Einkommensstrom durch Inanspruchnahme des Kreditmarktes in einen gleichförmigen Konsumausgabenstrom zu überführen.

B. Initialeffekte des Transfers

1. Das Budgetproblem

Das Budgetproblem bezieht sich auf die Bereitstellung der Finanzmittel, die für die Durchführung des monetären Transfers seitens des Geberlandes benötigt werden.[143] Dies umfaßt auf der einen Seite

- die Bereitstellung eines konkreten Transferbetrages in Form liquider Mittel (im folgenden als Transferkasse bezeichnet) und auf der anderen Seite
- den Verzicht auf eine alternative Verwendung des Transferbetrages (die Finanzierung des Transfers).

War das Budgetproblem während der KEYNES/OHLIN-Debatte noch Gegenstand heftiger Diskussionen, rückte es mit der Entwicklung spezieller Transfermodelle zugunsten vereinfachender Annahmen bezüglich der Absorptionswirkungen des Transfers in den Hintergrund. Mit der Konzentration auf die terms of trade-Effekte wurde im allgemeinen angenommen, daß sowohl die Mittelaufbringung wie auch die Mittelüberweisung von untergeordneter Bedeutung seien.[144] Gerade bei monetärer Betrachtung des Transferphänomens jedoch kommen der monetären Aufbringung und dem monetären Transfer selbst große Bedeutung für das interne und externe Gleichgewicht zu. Von der Aufbringung des Transfers – und analog dessen Verwendung – gehen Wirkungen auf zentrale ökonomische Variablen wie Preisniveau, Beschäftigung und Zinssatz aus, die sich bereits im *Vorfeld* des eigentlichen monetären Transfers entfalten.

Im Mittelpunkt der folgenden Ausführungen stehen die Initialeffekte eines Transfers *durch den öffentlichen Sektor* – dargestellt im Rahmen eines einfachen makroökonomischen Modells einer kleinen offenen Volkswirtschaft. Bereits METZLER hatte die Bedeutung der Finanzierungsform erkannt und ging in seinem einfachen Modell von den unterschiedlichen Wirkungen von Steuererhöhung und Ausgabensenkung auf die Absorption aus.[145] Die Aufbringung der Transferkasse geschieht in Abhängigkeit von der für den Transfer benötigten Währung. Unterschieden wird zwischen einem Transfer in inländischer Währung und einem in ausländischer Währung, d.h. in Devisen. Bei der Aufbringung des Transfers werden die folgenden Finanzierungsarten berücksichtigt:

---

143 Häufig wird die Aufbringung des Transfers zusammen mit der Übertragung der Ansprüche unter dem Begriff "monetärer Transfer" zusammengefaßt, aus analytischen Überlegungen sind sie jedoch scharf zu trennen. Als monetärer Transfer soll lediglich die Übertragung der Ansprüche bezeichnet werden, wobei der monetäre Transfer für sich genommen als gelungen bezeichnet werden kann, wenn im gleichen Umfang eine Veränderung der Nettovermögensposition erreicht wird.

144 Vgl. z.B. BORCHERT, M.: Außenwirtschaftslehre, 3. Aufl., Tübingen 1987, S. 147.

145 Vgl. METZLER, L.A.: The Transfer Problem Reconsidered, in: Journal of Political Economy, Vol. 50 (1942), S. 297 - 414.

- Kürzung anderer Staatsausgaben,
- Erhöhung des Steueraufkommens,
- Kreditaufnahme,
- Veräußerung von Vermögen,
- monetäre Expansion bei gleichzeitiger Kreditvergabe an den öffentlichen Haushalt durch die zentrale Notenbank.

Zunächst werden die sich aus den verschiedenen Finanzierungsformen ergebenden Kombinationen von Initialeffekten analysiert, die zu einem Ungleichgewicht auf den im Modell betrachteten Märkten – dem Geldmarkt, dem Gütermarkt sowie dem Devisenmarkt – führen. Im Anschluß daran werden die Anpassungsreaktionen beschrieben, die zu einem neuen Gleichgewicht führen, jeweils im System fester und flexibler Wechselkurse. Besonderes Augenmerk gilt der Höhe des erzeugten Realtransfers bzw. des eventuell auftretenden monetären Gegentransfers. Die Betrachtung erfolgt im Rahmen eines ultrakeynesianischen Modells mit starren Nominallöhnen und festen Preisen,[146] so daß hier die Beschäftigungswirkung im Vordergrund steht.

2. Die Initialeffekte am Gütermarkt

a) Das Modell des Gütermarktes

Geht man von einem Transfer aus, der den Staatshaushalt über einen längeren Zeitraum belastet, d.h. die Gesamtsumme des Transfers erstreckt sich über eine Vielzahl von Haushaltsperioden (permanenter Transfer), so ist nach dem Haushaltsgrundsatz der Ausgeglichenheit eine nachhaltige Finanzierungsform zu wählen. Auch vor dem Hintergrund, daß die Transfersumme in das Ausland abfließt, also nicht für inländische Investitionsausgaben verwendet wird, wäre von einer Kreditfinanzierung solcher Transfers abzusehen. Die beiden prinzipiellen Formen der Lösung dieses Budgetproblems – Rückführung anderer Staatsausgaben oder Erhöhung der Steuereinnahmen – werden im folgenden miteinander verglichen und mit dem Fall der Kreditfinanzierung kontrastiert. Auch wenn in der Praxis insbesondere bei umfangreichen Transfers zu erwarten ist, daß eine Kombination aller denkbaren Finanzierungsformen gewählt wird, um das Budgetproblem zu lösen, ist aus methodischer Sicht eine getrennte Analyse sinnvoll, um die Initialeffekte genau darlegen zu können.

---

146 "keynesianisch" wird hier im Sinne von LEIJONHUFVUD verwendet. KEYNES selbst faßte die Rigidität von Preisen und Löhnen – nicht zuletzt angesichts der Weltwirtschaftskrise – weniger deskriptiv, sondern eher normativ auf, in dem Sinne, daß Preisniveauschwankungen unerwünscht seien. Vgl. auch FLASSBECK, H.: Preise, Zins und Wechselkurs, Tübingen 1988, S. 18.

Die Einkommensverwendungsseite/Nachfrageseite des Gütermarktes wird durch das folgende Modell, basierend auf dem MUNDELL/FLEMING-Modell[147] bei fixen Preisen, abgebildet:

(II-1) $C = C(Y^v) = C(Y - St)$ [Konsumfunktion]

(II-2) $I = I(i)$ [Investitionsfunktion]

(II-3) $St = St(Y)$ [Funktion des Steueraufkommens]

(II-4) $Im = Im(Y^v)$ [Importfunktion]

(II-5) $Ex = Ex(Y^{Ausland})$ [Exportfunktion]

(II-6) $Y + Im = C + I + G + Ex$ [Gütermarktgleichgewicht]

mit:

C = Konsumausgaben,
Y = reales Nettosozialprodukt zu Faktorkosten,
Y^v = verfügbares Einkommen (= Y – St),
I = Bruttoinvestitionen,
St = direkte Steuern,
G = autonome Staatsausgaben ohne Transferausgaben,
Ex = Wert der (autonomen) Exporte,
Im = Wert der Importe,
i = Zinsniveau.

Zur Quantifizierung der Initialeffekte werden ausschließlich lineare Zusammenhänge unterstellt:

(II-7) $C = C^a + c \cdot (Y - St) = C^a + c \cdot Y \cdot (1 - \tau)$

(II-8) $I = I^a + \varpi \cdot i$

(II-9) $St = St^a + \tau \cdot Y$

(II-10) $Im = Im^a + m \cdot Y^v$

(II-11) $Ex = \overline{Ex}$

(II-12) $Y^d = C^a + c \cdot (Y - \tau \cdot Y) + I + G + Ex - Im^a + m \cdot Y^v$

147 Eine alternative Darstellung der direkten Transfereffekte im MUNDELL/FLEMING-Modell findet sich bei BAUMGARTNER, M./GÖCKE, M.: Einkommens- und Zinseffekte internationaler monetärer Transfers, in: Wist, 26. Jg. (1997), S. 334 - 340.

mit:

C^a = autonomer Konsum,

c = marginale Konsumquote bezogen auf das Nettosozialprodukt zu Faktorkosten wobei $c = c^v/(1 - \tau)$ mit

c^v = marginale Konsumquote aus verfügbarem Einkommen und

τ = marginale Steuerquote bezogen auf das Nettosozialprodukt zu Faktorkosten (Grenzsteuersatz),

St = Steueraufkommen,

St^a = autonome Steuern (Pauschalsteuer, Kopfsteuer),

Im^a = autonome Importe,

I^a = autonome Investitionen,

ϖ = Zinsreagibilität der Investitionen (dI/di).

m = marginale Importquote bezogen auf das Nettosozialprodukt zu Faktorkosten.

Für das Gütermarktgleichgewicht gilt in der Schreibweise der IS-Kurve:

(II-13) $$Y = \frac{1}{s+m+\tau} \cdot (C^a + I^a + G + Ex - Im^a) + \frac{\varpi}{s+m+\tau} \cdot i \,,$$

d.h., für den Gütermarktmultiplikator gilt:

(II-14) $$Y = \frac{1}{\gamma} \cdot N,$$

mit: N = Summe der autonomen Nachfragekomponenten ($N = C^a + I^a + \varpi \cdot i + G + Ex - Im^a$) und γ = Summe der einkommensbezogenen marginalen Nachfrageausfälle ($s + m + \tau$).

In bezug auf den Gütermarkt sind die folgenden Finanzierungsarten der Aufbringung eines Transfers (T) zu unterscheiden:

1. Reduzierung der Staatsausgaben G,
2. Erhebung von zusätzlichen Steuern in Form einer Kopfsteuer oder Pauschalsteuer St^a oder über eine Erhöhung des Steuersatzes τ,
3. Kreditaufnahme, Vermögensveräußerung oder Finanzierung durch die Notenbank als einer besonderen Form der Kreditaufnahme.

b) Finanzierung durch eine Reduktion der Staatsausgaben

Eine Finanzierung des Transferbudgets, ohne die Gesamthöhe des Budgets zu erhöhen, erfordert eine Reduktion anderer Staatsausgaben G. Da die Staatsausgaben einen Teil der – im Inland wirksamen – autonomen Nachfragekomponente darstellen, bewirkt der Rückgang der Staatsausgaben einen Nachfrageausfall am

Gütermarkt, genauer: einen Rückgang der autonomen Nachfragezuflüsse, vgl. Gleichung II-13. Allerdings entfällt auch *ein Teil* der Staatsausgaben auf *Importe*, so daß die inländische Nachfrage nur um $(1 - m^g) \cdot dG$ sinkt, wobei m^g die marginale *staatliche* Importquote bezeichnet. Diese staatlichen Importe werden in der Güternachfragegleichung (II-12) in den *autonomen* Importen Im^a erfaßt. Die Voraussetzung für ein neues Gütermarktgleichgewicht bei unverändertem Zins ist das Sinken des Einkommens um den Wert der im Inland wirksamen Staatsausgabenreduktion multipliziert mit dem Wert des Gütermarktmultiplikators:

$$\text{(II-15)} \qquad dY = \frac{1 - m^g}{\gamma} \cdot dG$$

Der Ausdruck (II-15) wird im folgenden als *einfacher Staatsausgabenmultiplikator* bezeichnet. Da der Gütermarktmultiplikator in der Regel einen Betrag größer als Eins aufweist ($1/\gamma > 1$), ist für ein neues Gleichgewicht ein Einkommensrückgang erforderlich, der *deutlich größer* als der Transferbetrag ausfällt. Fraglich ist, ob nun in Höhe des Rückgangs der Staatsausgaben ein Budgetüberschuß erzielt wird, der für den Transfer genutzt werden kann. Aufgrund des Einkommensrückgangs verringern sich die Steuereinnahmen im Umfang von $\tau \cdot dY$, so daß bei einer Staatsausgabenänderung von dG nicht Mittel in voller Höhe des Transferbetrages frei werden ($T < dG$). Um den Transfer *budgetneutral* finanzieren zu können, müssen die Staatsausgaben weiter reduziert werden, bis der Überschuß der (verminderten) Steuereinnahmen über die (noch stärker verminderten) Staatsausgaben dem Transferbetrag entspricht:

$$\text{(II-16)} \qquad -(dSt - dG) = -T$$

Die für eine budgetneutrale Aufbringung der Transfersumme erforderliche *Höhe der Staatsausgabenveränderung* beträgt somit:[148]

$$\text{(II-17)} \qquad dG = \frac{1}{-\left[\frac{\tau \cdot (1 - m^g)}{\gamma} - 1\right]} \cdot (-T)$$

Da der Grenzsteuersatz einen Teil der marginalen Nachfrageausfälle darstellt (es gilt $\gamma > \tau$, es sei denn $m + s \leq 0$), fällt der erforderliche Rückgang der Staatsausgaben stets *größer* aus als der Transfer. Der Rückgang hängt somit unmittelbar

148 $dSt = \frac{\tau \cdot \left(1 - m^g\right)}{\gamma} \cdot dG$. Durch Einsetzen in (II-16) folgt:

$(-T) = -\left[\frac{\tau \cdot \left(1 - m^g\right)}{\gamma'} - 1\right] \cdot dG$ und damit (II-17).

vom Anteil des Grenzsteuersatzes an den Nachfrageausfällen ab. Je höher dieser Anteil, desto höher ist der erforderliche Rückgang der Staatsausgaben.[149] Die Veränderung des Einkommens beträgt somit:

(II-18) $$dY = \frac{1-m^g}{\gamma} \cdot \frac{1}{-\left[\frac{\tau \cdot (1-m^g)}{\gamma} - 1\right]} \cdot (-T),$$ d.h.[150]

(II-19) $$\boxed{dY = \frac{1-m^g}{-\left[\tau \cdot (1-m^g) - \gamma\right]} \cdot (-T)}$$

Die Gleichung (II-19) bezeichnet den *einfachen Transfermultiplikator* einer offenen Volkswirtschaft mit Staat ohne internationale Rückwirkung für den Fall der *Ausgabenreduzierung*, im folgenden abgekürzt durch

(II-20) $$dY = \lambda^G \cdot (-T).$$

Da τ einen Anteil von γ darstellt, ist der Wert des Multiplikators stets positiv. In Abb. II-2 auf S. 90 ist die Budgetaufbringung durch Staatsausgabenreduktion in einem i/Y-Diagramm graphisch durch eine Verschiebung der IS-Kurve nach links von IS^0 auf IS^G dargestellt.

Das Ausmaß des Initialeffekts im Falle der Ausgabenreduzierung hängt somit von folgenden Komponenten ab:

- Je höher die marginale Importquote des Staates m^g, desto geringer sind die im Inland wirksamen kontraktiven Effekte.
- Je geringer der Wert des Einkommensmultiplikators $1/\gamma$ – d.h., je größer die marginalen Nachfrageausfälle γ im Nenner des Multiplikators –, desto geringer ist die notwendige Verringerung der Staatsausgaben. *Hohe marginale Nachfrageausfälle* sind somit zur Lösung des Bugetproblems *hilfreich*, da ein neues Gleichgewichtseinkommen durch einen relativ geringen Einkommensrückgang erreicht wird.

---

149 Setzt man beispielsweise für τ = 0,2 und γ = 0,4, ist der erforderliche Rückgang der Staatsausgaben annähernd doppelt so hoch wie der Transferbetrag.

150 Erweitern führt zu $\frac{1-m^g}{\gamma} \cdot \frac{1}{-\left[\frac{\tau \cdot (1-m^g)}{\gamma}\right] - \frac{\gamma}{\gamma}}$ und $\frac{1-m^g}{\gamma} \cdot \frac{1}{-\left[\tau \cdot (1-m^g) - \gamma\right] \cdot \frac{1}{\gamma}}$.

Durch Kürzen von γ in $\frac{1-m^g}{\gamma} \cdot \frac{\gamma}{-\left[\tau \cdot (1-m^g) - \gamma\right]}$ ergibt sich der Ausdruck in (II-19).

- Je höher der Grenzsteuersatz τ, desto höher ist der für die budgetneutrale Aufbringung des Transferbetrags erforderliche *Staatsausgaben*rückgang, da der einkommensinduzierte Rückgang des Steueraufkommens höher ist. Auf der anderen Seite ist bei einem hohen Grenzsteuersatz auch die Rate der Nachfrageausfälle groß (und die Multiplikatoreffekte auf das Einkommen entsprechend gering), so daß der für ein neues Gleichgewicht erforderliche *Einkommens*rückgang geringer ausfällt. Die Höhe des Grenzsteuersatzes entfaltet somit zwei gegensätzliche Wirkungen bei der Lösung des Budgetproblems, eine Beurteilung muß somit *im Zusammenhang* mit der Größe der restlichen Nachfrageausfälle erfolgen:
- Je geringer der *Anteil* des marginalen Steuersatzes τ an den Nachfrageausfällen γ ist, desto geringer fallen die erforderlichen Staatsausgabenänderungen G aus. In diesem Fall kommt den Steuerausfällen nur ein geringes Gewicht bei der Ermittlung der Nachfrageausfälle zu, denn eine Reduktion der autonomen Nachfrage ist mit vergleichsweise geringen Steuerausfällen verbunden. Ist im theoretischen Extremfall die Steuererhebung hingegen der einzige Nachfrageausfall – bei gegebenem Steuersatz determiniert dann allein die Höhe der Staatsausgaben die Höhe des Gleichgewichtseinkommens –, so gelingt es durch eine Reduktion der Staatsausgaben nicht, einen positiven Budgetsaldo zu erreichen, da mit einer Reduktion des Gleichgewichtseinkommens die Steuereinnahmen im gleichen Ausmaß wie die Staatsausgaben sinken.

Insgesamt wirkt sich also ein geringer Wert des Einkommensmultiplikators günstig in bezug auf das Budgetproblem aus, bei dem zudem der Anteil des marginalen Steuersatzes am Nenner gering ist. Je geringer hingegen der Anteil der marginalen Ersparnisse und Importe, desto höher sind ceteris paribus die für ein Gleichgewichtseinkommen erforderlichen Einkommenseinbußen. Hinzu kommt, daß bei geringer marginaler Importneigung auch der Leistungsbilanzüberschuß gering ausfällt. Eine hohe marginale Importneigung hingegen erleichtert sowohl die Aufbringung des Transferbudgets wie auch den realen Transfer im Anschluß an den monetären. In einer hochentwickelten Volkswirtschaft mit *hohen marginalen Ausfällen* insbesondere in Form von Steuern wirkt die Transferaufbringung ceteris paribus *stärker* auf das Einkommen als in einer wenig entwickelten. Hilfreich ist dann eine starke *Einbindung* in *internationale Handelsstrukturen*, da die kontraktiven Effekte weniger stark wirken.

c) Finanzierung durch Pauschalsteuer

Verdrängt der Transfer keine anderen Staatsausgaben, sondern wird als eine zusätzliche Ausgabe begriffen, so erfordert die Aufbringung eine Erhöhung des staatlichen Budgets. Ein solches Verhalten kann sich herausbilden, wenn der Haushaltsplan relativ unflexibel ist und Kürzungen in Politik und Bürokratie nur schwer durchsetzbar sind, auf der anderen Seite aber noch Spielräume bei der

Besteuerung bestehen. Zunächst wird die Wirkung einer Pauschalsteuer (Kopfsteuer) untersucht, da sie keine Substitutionseffekte erzeugt und daher analytisch einfacher zu handhaben ist. Im Zuge der Methode der Differentialinzidenz wird diese Art der Abgabe mit einer Erhöhung des Steuersatzes verglichen.

Die Erhebung in Form einer einkommensunabhängigen Pauschalsteuer (d.h. eine Erhöhung der einkommensunabhängigen Steuern, dSt^a) bewirkt einen Rückgang des verfügbaren Einkommens $Y^v = Y - St$. Der aus diesem Einkommensrückgang resultierende initiale Nachfragerückgang im Inland fällt geringer aus als die Höhe der Pauschalsteuer, denn *ein Teil des Nachfragerückgangs* geht zu Lasten von Ersparnissen, Steuerzahlungen und Importen:

(II-21) $dY^d = -dSt^a \cdot [1 - (s + m + \tau)]$

Dieser Nachfragerückgang multipliziert mit dem Gütermarktmultiplikator ergibt die Veränderung des Gleichgewichtseinkommens:

(II-22) $dY = \frac{1}{\gamma} \cdot (1-\gamma) \cdot (-dSt^a)$

Geht man vereinfachend davon aus, daß sich die marginalen Importneigungen m und m^g entsprechen, fällt der Einkommensrückgang hier um den Faktor $[1 - (\tau + s)]$ geringer aus als im Falle der Ausgabenreduktion, d.h., je höher der Wert des Multiplikators, desto höher ist auch die Differenz zu den Ergebnissen des Falles der Staatsausgabenreduktion. Graphisch bedeutet dies, daß die Verschiebung der IS-Kurve um den Faktor $[1 - (\tau + s)]$ *geringer* ausfällt.

Aufgrund des Ausfalls von Steuereinnahmen im Zuge des Einkommensrückgangs erfordert eine budgetneutrale Aufbringung des Transfers eine weitere Erhöhung der Kopfsteuer. Die Steuer*ausfälle* insgesamt setzen sich zusammen aus den kopfsteuerbedingten (direkten) Steuerausfällen $\tau \cdot dSt^a$ sowie den einkommensbedingten (indirekten) Steuerausfällen $\tau \cdot dY$. Die für ein neutrales Budget erforderliche Veränderung der Steuereinnahmen beträgt:[151]

(II-23) $-dSt^a = \frac{1}{(1-\tau) - \tau \cdot \frac{1-\gamma}{\gamma}} \cdot (-T),$

so daß man unter Verwendung von (II-22) schreiben kann:

151 Die Veränderung des gesamten Steueraufkommens dSt^{ges} setzt sich aus dem indirekten und dem direkten Teil zusammen: $dSt^{ges} = (1 - \tau) \cdot dSt^a + \tau' \cdot dY$. Eingesetzt in die Bedingung für ein Budgetgleichgewicht $dSt^a = T$ ergibt dies:

$T = (1-\tau) \cdot dSt^a - \tau \cdot (1-\gamma) \cdot \frac{1}{\gamma} \cdot dSt^a.$

Die Auflösung und Umformung nach dSt^a ergibt dann (II-23).

(II-24) $$dY = \frac{\frac{1-\gamma}{\gamma}}{(1-\tau)-\tau\cdot\frac{1-\gamma}{\gamma}}\cdot(-T)$$

Die Gleichung (II-24) bezeichnet den *einfachen Transfermultiplikator* einer offenen Volkswirtschaft mit Staat ohne internationale Rückwirkungen für den Fall der *Steuerfinanzierung*, im folgenden abgekürzt durch

(II-25) $dY = \lambda^{St} \cdot (-T)$.

Auch in diesem Fall gilt, daß ein hoher Wert des Multiplikators $1/\gamma$ und ein geringer Anteil der marginalen Steuerquote τ an den marginalen Nachfragezuflüssen das Budgetproblem erleichtert. Die IS-Kurve verschiebt sich weniger stark als im Falle der Staatsausgabenreduzierung, vgl. die Kurve IS^{St} in Abb. II-2 auf S. 90). Es gilt also $\lambda^G > \lambda^{St}$. Dies ist darauf zurückzuführen, daß der initiale Effekt im Falle der Steuererhöhung einen geringeren Rückgang der inländischen Nachfrage bewirkt, da der Transfer neben einem Rückgang der im Inland wirksamen Nachfrage und der Importnachfrage auch aus Ersparnissen und Steuerzahlungen aufgebracht wird. Im Falle der Staatsausgaben wirkt der initiale Effekt neben dem Rückgang der staatlichen Importausgaben hauptsächlich auf die im Inland wirksame Staatsnachfrage. Der *Unterschied* zwischen den beiden Finanzierungsformen fällt demnach umso größer aus, *je höher die marginale Sparneigung und der Grenzsteuersatz sind.* Zudem ist zu vermuten, daß die Importquote des Staates m^g *geringer* ausfällt als die der privaten Wirtschaft m, d.h., daß die autonomen Importe im Fall der Staatsausgabenreduktion in geringerem Umfang sinken als die einkommensabhängigen Importe im Falle der steuerbedingten Reduktion des verfügbaren Einkommens. Auch dieser Umstand wirkt darauf hin, daß die kontraktiven Effekte der Staatsausgabenreduktion höher ausfallen als die der Steuererhöhung.

d) Finanzierung durch Erhöhung der einkommensabhängigen Steuern

Die Pauschalsteuer wird in der Praxis aufgrund ihrer unerwünschten Verteilungswirkung nur selten angewendet. Im folgenden werden deshalb die Auswirkungen einer Transferfinanzierung durch eine Veränderung des Steuersatzes dargestellt. Allerdings ist das Steueraufkommen unter realen Bedingungen schwieriger abschätzbar, da die Substitutionseffekte und Steuervermeidungseffekte vielfältiger Natur sind. Analytisch hat eine Veränderung des Steuersatzes den Nachteil, daß dadurch der Wert des Einkommensmultiplikators verändert wird. Graphisch bewirkt dies nicht eine Verschiebung der IS-Kurve, sondern eine

Drehung um den Ordinatenabschnitt (vgl. die Kurve IS^{τ} in Abb. II-2 auf S. 90). Die Veränderung des Einkommens errechnet sich aus der Differenz des ursprünglichen Einkommens Y zur neuen gleichgewichtigen Einkommenshöhe Y^{neu}:

(II-26) $dY = Y^{neu} - Y$

Unter Verwendung von II-14 kann man schreiben:

(II-27) $dY = \left(\frac{1}{\gamma^{neu}} - \frac{1}{\gamma}\right) \cdot N$ mit $s^{neu} + m^{neu} + \tau^{neu} = \gamma^{neu}$

Um die neuen marginalen Koeffizienten des Einkommensmultiplikators zu ermitteln, muß zunächst der neue marginale Steuersatz ermittelt werden, der eine Erhöhung der Steuereinnahmen in Höhe des Transferbetrages bewirkt und dadurch die Bereitstellung des Transferbetrages budgetneutral ermöglicht:

(II-28) $T + St = St^{neu}$ und (II-29) $\tau^{neu} = \frac{T + St}{Y^{neu}}$

Ersetzt man in II-26 entsprechend II-14 Y^{neu} durch $\frac{1}{\gamma^{neu}} \cdot N$, so ergibt sich für den budgetneutralen Steuersatz:

(II-30) $\tau^{neu} = \frac{T + St}{\frac{1}{\gamma^{neu}} \cdot N}$

Die marginalen Koeffizienten m^{neu} und s^{neu} können ersetzt werden durch:

$m^{neu} = m \cdot (1 - \tau^{neu}/1 - \tau)$ sowie

$s^{neu} = s \cdot (1 - \tau^{neu}/1 - \tau)$

Durch Auflösen von II-30 nach τ^{neu} und durch Substituieren von $\varphi = \frac{T + St}{N}$ erhält man den neuen Steuersatz, so daß sich die Einkommensveränderung in II-27 berechnen läßt:[152]

152 $\tau^{neu} = \frac{T+St}{\frac{1}{\gamma^{neu}} \cdot N}$ ergibt $\frac{\tau^{neu}}{s^{neu} + m^{neu} + \tau^{neu}} = \varphi$, so daß $\tau^{neu} = \frac{\varphi \cdot \left(s^{neu} + m^{neu}\right)}{1 - \varphi}$.

Durch Substitution von s^{neu} und m^{neu} durch $(s + m) \cdot \frac{1 - \tau^{neu}}{1 - \tau}$ erhält man

$$\tau^{neu} = \frac{\frac{\varphi}{1-\varphi} \cdot \frac{s+m}{1-\tau}}{1-\left(\frac{\varphi}{1-\varphi} \cdot \frac{s+m}{1-\tau}\right)} = \frac{\frac{\varphi}{1-\varphi}}{\frac{1-\tau}{s+m} - \frac{\varphi}{1-\varphi}} \quad \text{d.h.}$$

(II-31) $$\tau^{neu} = \frac{1}{1+\frac{1}{\frac{\varphi}{1-\varphi} \cdot \frac{s+m}{1-\tau}}}$$

Bei Einsetzen von konkreten Werten in die Gleichungen (II-24) (II-27) in Verbindung mit (II-31) zeigt sich, daß die Einkommensveränderung durch die notwendige Änderung des Pauschalsteuersatzes genau der Einkommensveränderung bei der Erhebung einer Kopfsteuer entspricht. Dabei gelten zwei Bedingungen: (1) der Grenzsteuersatz ist konstant, und (2) es nicht zu Verteilungswirkungen, die die Güternachfrage beeinflussen. Auch die Importänderungen beider Fälle entsprechen sich, so daß der Schluß naheliegt, die Veränderung des Steuersatzes besitze unter den oben genannten Bedingungen *identische Auswirkungen* wie die Veränderung der Kopfsteuer. Die Aufhebung der beiden Annahmen führt dabei zu gegenläufigen Effekten:

- Ein steigender Grenzsteuersatz bewirkt für sich genommen zwei unterschiedliche Effekte, deren Gesamteffekt jedoch eindeutig ist: Zum einen fällt der Multiplikator bei geringerem Steuersatz höher aus, so daß der Einkommensrückgang höher ist, andererseits sind auch die Steuerausfälle höher und wirken bremsend auf den (höheren) Einkommensrückgang. Die Erhöhung des Steuersatzes im Fall eines *ansteigenden Grenzsteuersatzes* bewirkt – bei unverändertem Tarifverlauf – einen *stärkeren Einkommensrückgang* als etwa im Falle der Pauschalsteuer.
- Da eine *Pauschalsteuer* niedrigere Einkommen in stärkerem Maße belastet, als das bei einer Veränderung des Steuersatzes der Fall wäre, kommt es zu einem stärkeren Rückgang des Gleichgewichtseinkommens, wenn man annimmt, daß in den unteren Einkommensgruppen die marginalen Nachfrageausfälle aufgrund von Steuern, Importen und Ersparnissen geringer sind. In diesem Fall wirkt der Nachfragerückgang verstärkt auf dem inländischen Markt, so daß ein *höherer Rückgang* des Einkommens notwendig ist, um aufgrund der dann geringeren Nachfrageausfälle wieder ein Gleichgewicht zu erzeugen. Durch die Berücksichtigung der Verteilungswirkung der Pauschalsteuer ist zu

---

$\tau^{neu} = \frac{\varphi}{1-\varphi} \cdot \frac{s+m}{1-\tau} \cdot \left(1-\tau^{neu}\right)$ und somit $\frac{\tau^{neu}}{1-\tau^{neu}} = \frac{\varphi}{1-\varphi} \cdot \frac{s+m}{1-\tau}$.
Auflösen nach τ^{neu} ergibt die Gleichung (II-31).

erwarten, daß die Nachfrageausfälle höher sind als im Falle der Steuersatzerhöhung (vgl. die gestrichelte Linie IS^{StV} in Abb. II-2) und mitunter sogar an den Fall der Ausgabenreduktion heranreichen.

e) Kreditfinanzierung/Notenbankfinanzierung

Bei der Erhöhung des Budgets für internationale Transferzwecke auf dem Kreditwege ist nach der Herkunft der Kreditmittel zu differenzieren. Eine Kreditaufnahme im Bankensystem, die mit einer monetären Expansion einhergeht, berührt das Gleichgewicht auf dem Gütermarkt nicht, die IS-Kurve wird durch die Kreditaufnahme nicht verändert. Gleiches gilt für eine Kreditaufnahme bei inländischen Nichtbanken, wenn die Finanzierung aus bereits gebildetem Vermögen erfolgt. Auch bei einer Finanzierung durch die Zentralbank ergeben sich keine unmittelbaren Auswirkungen auf den Gütermarkt (die Auswirkungen am Geld- bzw. Kreditmarkt, die u.U. bei angespannter Liquiditätslage über eine Veränderung des Zinssatzes auf die Investitionen zurückwirken, werden nicht zu den Initialeffekten gerechnet, die die Lageparameter der IS-Kurve und damit das Gütermarktgleichgewicht beeinflussen). Von Wirkungen, die von intertemporalen Optimierungsentscheidungen und Portfolioeffekten ausgehen und die laufende Ersparnisbildung sowie die laufenden kreditfinanzierten Nachfragekomponenten beeinflussen, wird an dieser Stelle abgesehen.

f) Zusammenfassung der Gütermarkteffekte

Anhand von Abb. II-2 werden die Initialeffekte einer Staatsausgabensenkung versus einer Steuererhöhung zusammengefaßt:

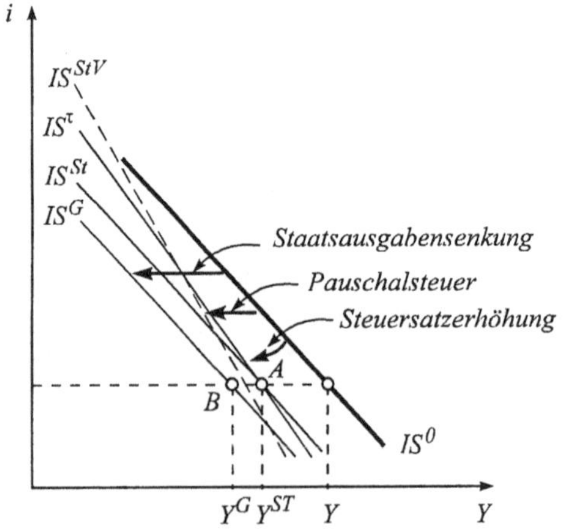

Abb. II-2: Initialeffekte auf dem Gütermarkt

- Bei $1/\gamma > 1$ verschiebt sich die IS-Kurve um mehr als T nach links auf IS^G d.h., der für ein neues Gleichgewicht notwendige Einkommensrückgang ist ceteris paribus höher als der Transferbetrag.
- Im Falle der Besteuerung (λ^{St}) ist die Verschiebung der IS-Kurve geringer als im Falle der Staatsausgabenreduktion (λ^G). IS^G liegt weiter links als IS^{St} und IS^τ.
- Im Fall der Steuersatzerhöhung verläuft die IS-Kurve steiler als im Fall der Pauschalsteuererhebung, da die marginalen Nachfrageausfälle höher sind. Berücksichtigt man die Umverteilungseffekte einer Pauschalsteuer, ergibt sich eine stärkere Verschiebung der IS-Kurve auf z.B. IS^{StV}.

3. Initialeffekte am Geldmarkt

a) Modell des Geldmarktes

Das folgende Modell des Geldmarktes unterstellt zunächst, daß Devisen nicht als Kasse gehalten, sondern im Bedarfsfall aus der inländischen Kasse in Devisen umgetauscht werden, d.h. die Kassenhaltung unterscheidet nicht danach, ob die Mittel für binnenländische oder internationale Transaktionen benutzt werden. Soll der Transfer in Form der inländischen Währung erfolgen, betreffen die Initialeffekte vornehmlich den inländischen Geldmarkt, denn es gilt, in Höhe des Transfers liquide Mittel in inländischer Währung (d.h. in Form von Sichtguthaben oder Bargeld) zu halten, die nicht für andere Kassenhaltungszwecke zur Verfügung stehen. Soll der Transfer hingegen in Form von ausländischer Währung erfolgen, so erstrecken sich die Initialeffekte hauptsächlich auf den Devisenmarkt in Form einer Erhöhung der Devisennachfrage in Höhe des Transfers. Zunächst werden die Effekte eines Transfers in Inlandswährung hergeleitet.

Die Bestimmungsgrößen für den Geldmarkt lauten:

(II-32) $L^{nom}/P = L(Y, i)$ [Geldnachfragefunktion]

(II-33) $\overline{M}^{nom}/P = M$ [reales Geldangebot]

(II-34) $M = L$ [Geldmarktgleichgewicht]

Das nominale Geldangebot $\overline{M}^{nom}$ ergibt sich durch die Multiplikation der von der Zentralbank bestimmten monetären Basis MB mit dem Geldmengenmultiplikator κ. Für das *reale Geldangebot* $M = \overline{M}^{nom}/P$ ergibt sich somit:

(II-35) $M = (\kappa \cdot MB)/P$

Die *reale Geldnachfrage* L sei bestimmt durch die einkommensabhängige Nachfrage aus dem Transaktionsmotiv $L^{Tr}(Y)$ und der zinsabhängigen Nachfrage aus dem Portfoliomotiv $L^P(i)$:

(II-36) $L^d = Y \cdot k + i \cdot |\rho|$

mit k = Kassenhaltungskoeffizient und ρ = Zinsreagibilität der Geldnachfrage.

b) Zusätzlicher Kassenbedarf für monetären Transfer

Die Durchführung des Transfers setzt voraus, daß die Transfermittel zunächst in liquider Form zur Verfügung stehen, im folgenden als Transferkasse bezeichnet. Dies muß in Form des Zahlungsmittels erfolgen, das für den Transfer benötigt wird, d.h. in Abhängigkeit von der *Denomination* des Transfers. Im Falle einer Goldwährung, d.h. unter den Bedingungen der Goldarbitrage, ist diese Unterscheidung bedeutungslos, da internationale Zahlungen mit einem Goldabfluß gleichzusetzen sind und somit immer auch die inländische Geldmenge betreffen.[153] Im Falle nationaler Papierwährungen werden die Knappheitsverhältnisse nicht wie im Falle der Goldwährung durch Arbitrage ausgeglichen, zudem kann die national umlaufende Geldmenge u.U. durch eine diskretionäre Geldpolitik beeinflußt werden. Entscheidend für die Effekte der monetären Verknappung ist hier die Vereinbarung, in welcher Währung der Transfer erfolgt (daß im Fall fester Wechselkurse der Transfer aufgrund der Interventionsverpflichtung zu Geldangebotseffekten führt, betrifft die hier zu erläuternden *Initial*effekte vorerst nicht).

Zunächst wird davon ausgegangen, daß der Transfer in Form von *inländischer* Währung erfolgen soll. Die Liquiditätsnachfrage wird erweitert um die Transferkasse L^T, deren nominale Höhe der Höhe des Transfers T entspricht. Ein Ausgleich von Geldangebot und Geldnachfrage erfordert ceteris paribus einen Rückgang der Transaktionskasse L^{Tr} und/oder der Portfoliokasse L^P, entsprechend einem höheren gleichgewichtigen Zinssatz und/oder geringeren gleichgewichtigen Einkommen:

(II-37) $L = L^{Tr} + L^P + L^T \quad = \quad k \cdot Y + i \cdot |\rho| + L^T$

Bei unveränderter Höhe der gesamten Liquiditätsnachfrage (dL = 0) folgt daraus bei $dL^T = T$ für die notwendige Einkommensveränderung:

(II-38) $0 = k \cdot dY \cdot (-T)$ oder

---

153 In bezug auf die deutschen Reparationszahlungen bemerkte TAUSSIG: "In the orthodox or ricardian theory (...) it is assumed, that the specie (gold) is in use both in Germany and in the countries with which she trades. (...) The order of events would be foreseen as follows. First, a rise of foreign exchange in Germany, due to the goverment´s demand for bills, wherewith to effect remittances to foreign countries. Pound sterling, francs, dollars will be in demand." [zitiert nach VINER, F.W.: Germany´s Reparation Problems, in: The American Economic Review, Vol. 10 (1920), S. 33].

(II-39) $dY = 1/k \cdot (-T)$

Entsprechend gilt für die erforderliche Zinssatzveränderung:

(II-40) $di = 1/|\rho| \cdot (-T)$

In Abb. II-3 ist das Geldmarktgleichgewicht graphisch mittels der LM-Kurve dargestellt. Der zusätzliche Liquiditätsbedarf für den Transfer seitens des Staates ist im linken oberen Quadranten der einkommensabhängigen Liquiditätsnachfrage zugeschlagen, so daß die Kurve L^{Tr} um T nach oben verschoben wird von $L^{Tr}{}_0$ auf $L^{Tr}{}_1$.[154]

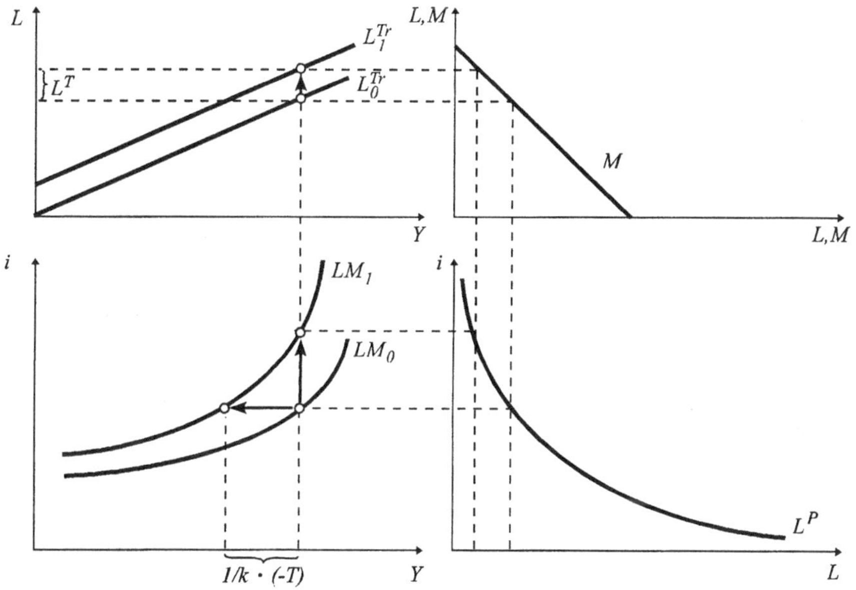

Abb. II-3: Verschiebung der LM-Kurve durch Transferkasse

Die Schaffung einer Transferkasse bewirkt, daß sich die LM-Kurve um $1/k \cdot (-T)$ nach links von LM_0 auf LM_1 verschiebt. Ein Gleichgewicht auf dem Geldmarkt ist somit nur bei höheren Zinsen oder einem geringeren Einkommen möglich. Da $k < 1$ gilt, fällt die Verschiebung der LM-Kurve größer aus als der Betrag des Transfers [lediglich wenn im privaten Sektor Liquiditätsreserven vorhanden sind, deren Aktivierung ohne Anstieg des Zinsniveaus erfolgen kann (horizontaler Ast

154 Schlägt man den zusätzlichen Liquiditätsbedarf der Portfoliokasse zu, ergeben sich in bezug auf die LM-Kurve identische Ergebnisse.

einer L^P-Kurve bzw. LM-Kurve), geht die zusätzliche Liquiditätsnachfrage nicht mit einem tendenziellen Zinsanstieg einher].

Die Aufbringung des monetären Transfers ist ceteris paribus mit einer Geldverknappung verbunden, die tendenziell zu einem Anstieg des Zinsniveaus am Geldmarkt führt und auf diese Weise über eine Rückführung der Portfoliokasse einen entsprechenden Geldbetrag für den Transfer freistellt. Zur anschließenden Durchführung des monetären Transfers in inländischer Währung wird die Transferkasse aufgelöst ($L^{Tr}{}_1$ verlagert sich zurück auf $L^{Tr}{}_0$). Gleichzeitig sinkt in Höhe der Transferzahlung die inländische Geldmenge, so daß sich auch die Kurve M im zweiten Quadranten um diesen Betrag nach unten verschiebt. Die LM-Kurve wird in einem solchen Fall durch die *Durchführung* des monetären Transfers in ihrer Lage nicht verändert.

Erfolgt der Transfer in Form von *ausländischer* Währung, bleibt der Kassenbedarf in inländischer Währung unverändert – allenfalls für die Phase zwischen der Aufbringung in inländischer Währung bis zum Umtausch von inländischer Währung in Devisen werden kurzfristig inländische Kassenmittel benötigt, dies wird an dieser Stelle jedoch vernachlässigt.

c) Geldmarktwirkung der Finanzierungsarten

Im folgenden werden die weiteren Einflüsse des Transfers auf den Geldmarkt in Abhängigkeit von der Finanzierungsform erläutert. Erfolgt die Finanzierung durch Kürzung anderer *Staatsausgaben* oder durch *Besteuerung*, so bleiben die Lageparameter der LM-Kurve durch die Art der Finanzierung per se unberührt, denn der Geldmarkt ist von diesen Initialeffekten nicht unmittelbar betroffen. (Es kommt jedoch im Zuge des Transfers zu der oben beschriebenen Erhöhung der Kassennachfrage, aus der eine *Linksverschiebung* der LM-Kurve resultiert). Die Fälle einer Finanzierung durch Kreditaufnahme, durch Veräußerung von Vermögen oder durch Geldschöpfung seitens der Notenbank hingegen bedürfen einer näheren Erläuterung.

Im Fall der Kreditfinanzierung hängt die Geldmarktwirkung davon ab, ob die Geldmenge konstant bleibt oder ob die Schaffung der Kreditmittel mit einer Expansion der Geldmenge einhergeht. Übernimmt die *Notenbank* die Finanzierung des Transfers in inländischer Währung, so geht die Aufbringung der Transfermittel nicht mit einer Geldverknappung einher, denn im Umfang des Transfers werden Geldmittel geschöpft. Die LM-Kurve bleibt *unverändert*, denn im Umfang wie sich die Kurve der Transferkasse nach oben verschiebt, verschiebt sich auch die Geldangebotskurve M nach oben. Die direkte Finanzierung öffentlicher Körperschaften bei der Notenbank ist durch die negativen Erfahrungen mit Inflationserscheinungen, die auf notenbankfinanzierte Staatsnachfrageerhöhungen zurückgeführt werden, in den meisten Ländern stark eingeschränkt, so daß diesem Fall in den meisten modernen Volkswirtschaften keine quantitative Bedeutung zukommt.

Die Finanzierung durch Inanspruchnahme des *Kreditmarktes* erfolgt über die Emission von Staatsanleihen oder – gerade in kurzer Frist – durch Bankenkredite. In beiden Fällen konkurriert die Kreditvergabe an den Staat mit der privaten Kreditnachfrage.

- In der Regel geht die Kreditfinanzierung mit einer *gleichgroßen monetären* Expansion, d.h. der Einräumung von Sichtguthaben aufgrund des Kreditvertrages zwischen Geschäftsbank und Staat einher. Das gleiche gilt, wenn das Bankinstitut eine Staatsanleihe zeichnet und dafür entsprechende Giralguthaben bereitstellt. Sowohl für das Kreditinstitut wie auch für den Staat stellt dieser Vorgang eine Aktiv/Passiv-Mehrung, d.h. eine Bilanzverlängerung dar. In diesem Fall steigen sowohl L^{Tr} wie auch M, und die Lage der LM-Kurve bleibt *unverändert*. Eine Zeichnung der Staatsanleihe durch inländische Nichtbanken – bei der Kreditinstitute nur als Kreditmittler auftreten – führt ebenfalls zu einer monetären Expansion, *wenn* die Kreditmittel aus einer Monetisierung von Aktiva stammen. Der hier erläuterte Fall einer simultanen Kredit- und Geldmengenexpansion wird in der folgenden Analyse als Regelfall angenommen.
- Bei vollständig ausgenutzten Giralgeldschöpfungsmöglichkeiten der Kreditinstitute ist die Zeichnung einer Anleihe bzw. ein Bankkredit nur durch die *Verdrängung privater Kreditnachfrage* möglich, was nur auf dem Wege einer höheren Verzinsung zu erreichen ist. Nur bei einem höheren Zinsniveau verringern die Privaten ihre Portfoliokasse durch den Erwerb der staatlichen Wertpapiere und führen dem Staat die benötigten liquiden Mittel – bei unveränderter Geldmenge – zu. Das gleiche gilt, wenn inländische Nichtbanken die Anleihe aus Kassenbeständen zeichnen, was ebenfalls nur bei einem höheren Zinssatz der Fall sein wird. Die LM-Kurve verschiebt sich in diesem Fall *nach links* (vgl. die Darstellung in Abb. II-3).

Die zu beobachtenden Initialeffekte bei einer Finanzierung aus *Vermögen* sind analog zum Fall der Kreditfinanzierung. Die Verwendung von *Geld*vermögen des Staates zur Aufstockung der Transferkasse stellt eine Umschichtung von (bereits vorhandenen) Sichtguthaben des Staates dar – von den Reservebeständen in die "Transferkasse". Die Auswirkung auf die Liquiditätssituation am Geldmarkt kann aus zweierlei Sicht – je nach Abgrenzung der Geldmenge – interpretiert werden (das Ergebnis ist identisch): Zum einen kann man argumentieren, daß sich ein wesentlicher Parameter der Geldnachfrage, nämlich die Höhe der gehaltenen Reserve, autonom ändert, d.h. verringert, so daß die Reservekasse lediglich durch die Transferkasse ersetzt wird, ohne die Höhe der gesamten Geldnachfrage zu verändern – das Geldmarktgleichgewicht bliebe *unverändert*. Wählt man eine engere Definition der Geldmenge, die die Reservehaltung nicht einschließt, so führen die Reservebestände, die bis dato außer der Reservehaltung keine Geldfunktion erfüllten, nun in Höhe der Transferkasse zu einer Erhöhung der Geldmenge. Auch in diesem Fall bliebe aufgrund der gleichzeitigen Ausdehnung von Geldmenge und Geldnachfrage das Geldmarktgleichgewicht unverändert. Das Ergebnis entspricht somit dem der Kreditfinanzierung: Ein Initialeffekt bleibt aus, die LM-Kurve bleibt *unverändert*. Erfolgt die Aufstockung der Transaktionskasse durch Veräußerung von inländischem *Wertpapiervermögen* des Staates an das Bankensystem, bewirkt dies eine Giralgeldschöpfung durch die Monetisierung dieser Aktiva. Das Ergebnis entspricht dem der Kreditinanspruchnahme – beide Vorgänge sind eng miteinander verwandt, da in beiden Fällen das Nettovermögen des Staates verändert wird; im einen Fall steigen die Verbindlichkeiten des Staates, im anderen Fall nehmen die Forderungen des Staates ab. Die LM-Kurve bleibt in beiden Fällen unverändert.

Die Inanspruchnahme *ausländischer Kredite* zum Zwecke der Bereitstellung eines Transfers in inländischer Währung führt zunächst zu einem Zustrom von Devisen seitens des ausländischen Kreditgebers. Der Umtausch der Devisen in inländische Währung im Bankensektor geht mit einer Giralgeldschöpfung einher, so daß auch in diesem Fall die LM-Kurve unverändert bleibt. Der Initialeffekt ist unter diesen Annahmen in bezug auf die Geldmarktwirkung[155] äquivalent zum Fall der inländischen Kreditfinanzierung.

Die bisherigen Erläuterungen galten für den Fall, daß der Transfer in *inländischer Währung* erfolgt. Um einen Transfer in *ausländischer Währung* leisten zu können, müssen die liquiden Mittel der Transferkasse in Devisen umgetauscht werden bzw. von vornherein in Devisen aufgebracht werden. Die Initialeffekte sind in diesem Fall dem Devisenmarkt zuzuordnen – statt des inländischen Geldmarktes ist der "internationale Geldmarkt" betroffen.

d) Zusammenfassung der Geldmarkteffekte

Es läßt sich festhalten, daß die Finanzierung des Transfers auf dem Geldmarkt zu einer erhöhten nominalen Liquiditätsnachfrage in Höhe der Transferkasse führt, die im Falle des Transfers in Inlandswährung auf den inländischen Geldmarkt gerichtet ist (Verschiebung der Liquiditätsnachfragekurve von L_0 auf L_1 in Abb. II-4). Im Falle der Notenbankfinanzierung und der Kreditfinanzierung steht dieser höheren Nachfrage eine Ausweitung der nominalen Geldmenge dM gegenüber (Verschiebung von M_0 auf M_1). Da der Gleichgewichtszins i_0 in diesem Fall

155 Nicht vergessen werden darf, daß sich aufgrund der Finanzierung im Ausland die Nettovermögensposition des Staates gegenüber dem Ausland verändert, während die Kreditaufnahme im Inland die Nettovermögensposition gegenüber inländischen Wirtschaftssubjekten ändert.

weiterhin gültig ist, wird keine Änderung der Transaktionskasse L^{Tr} oder der Portfoliokasse L^P notwendig. Verlauf und Lage der LM-Kurve bleiben in diesen Fällen unberührt.

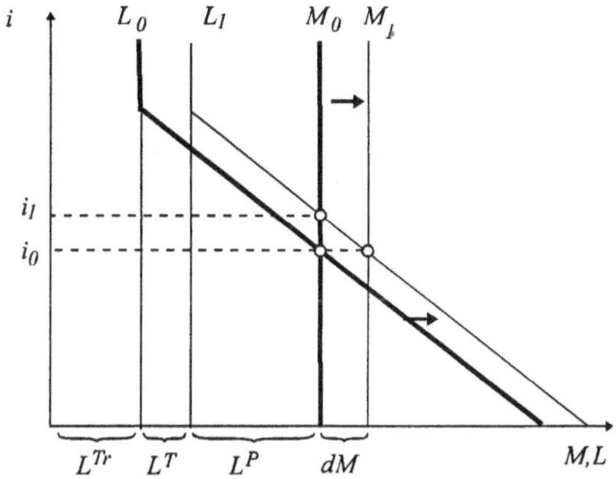

Abb. II-4: Initialeffekte auf dem Geldmarkt

Bleibt die monetäre Expansion aus, wie im Falle der Staatsausgabenreduktion oder der Besteuerung, bewirkt ein Transfer in Inlandswährung eine initiale Störung des Geldmarktgleichgewichts, so daß ein neues Gleichgewicht ceteris paribus nur bei einem höheren Zinsniveau i_1 möglich ist, verbunden mit einer Verringerung der Portfoliokasse L^P. Ein neues Gleichgewicht bei i_1 kann sich auch ergeben, wenn die Transaktionskasse L^{Tr} im Umfang von k/T sinkt. Beides bedeutet, daß der initiale Effekt im Modell des Geldmarktes eine Verschiebung der LM-Kurve hin zu höheren Zinssätzen bzw. niedrigerem Einkommen bewirkt. Im Falle des Transfers in ausländischer Währung bleibt das Geldmarktgleichgewicht unberührt, die Initialeffekte betreffen vornehmlich den Devisenmarkt.

4. Initialeffekte am Devisenmarkt

a) Modell des Devisenmarktes

Die Zahlungsbilanz als ganzes ist ausgeglichen, wenn sich die Salden von Leistungsbilanz und Kapitalbilanz gegenseitig aufheben. Gleichzeitig bedeutet ein Zahlungsbilanzgleichgewicht, daß am Devisenmarkt Devisenangebot und -nachfrage übereinstimmen, der Devisenmarkt ist unter dieser Bedingung im Gleichgewicht:

(II-41) $ZBS = LBS + KBS = DBS = 0$

Der Leistungsbilanzsaldo ergibt sich aus der Differenz von Exportwert und Importwert. Die Exporte $P \cdot X$ sind im Fall des kleinen Landes gegeben. Die

Importmengen Γ bewertet mit dem mit dem Wechselkurs multiplizierten ausländischen Preis $e \cdot P$ hängen vom inländischen Einkommen ab.

(II-42) $LBS = P \cdot X - e \cdot P \cdot \Gamma(Y)$

Der Kapitalverkehrsbilanzsaldo hängt von der Differenz des inländischen und ausländischen Zinssatzes $(i - i^*)$ ab, die die Kapitalimporte oder -exporte (K) induziert, sowie von der Wechselkurserwartung [E(e)]. Im folgenden werden *stationäre Wechselkurserwartungen* angenommen, d.h. die Zinsarbitrage ändert sich nicht aufgrund von Änderungserwartungen, so daß man für die Kapitalverkehrsbilanz schreiben kann:

(II-43) $KBS = K(i - i^*)$

Die Bedingung für eine ausgeglichene Zahlungsbilanz und mithin für einen Ausgleich von Angebot und Nachfrage am Devisenmarkt lautet somit:

(II-44) $ZBS = P \cdot X - e \cdot P \cdot \Gamma(Y) + K(i - i^*) = 0$

Die ZZ-Kurve als Gleichgewichtsbedingung für den Devisenmarkt besitzt damit im Regelfall einen ansteigenden Verlauf: Ein Rückgang des inländischen Einkommens bewirkt eine Verringerung der Importe und damit einen Rückgang der Devisennachfrage. Dieser kann nur durch einen niedrigeren Inlandszins ausgeglichen werden. Der niedrigere Zins bewirkt Nettokapitalexporte, da inländische Anleger verstärkt ausländische Titel nachfragen und ausländische Anleger weniger inländische Titel. Beides bewirkt ceteris paribus einen Nachfrageüberschuß am Devisenmarkt bzw. eine Kompensation des Angebotsüberschusses.

b) Devisenbedarf des Transfers

Bei einer Aufbringung des Transfers in Form von *inländischer Währung* bleibt der Devisenmarkt unberührt. Im Falle eines Transfers in *ausländischer Währung* entsteht hingegen in Höhe des Transferbetrages ein *Nachfrageüberhang* am Devisenmarkt. Ein Gleichgewicht am Devisenmarkt ist nur möglich, wenn entweder der Zins steigt, so daß das Devisenangebot steigt und die Devisennachfrage sinkt, oder wenn die Importe sinken, so daß die Devisennachfrage sinkt. Graphisch bedeutet dies eine Verschiebung der ZZ-Kurve um $-T = m \cdot dY$ *nach links*, d.h. $dY = 1/m \cdot (-T)$. Bei geringen Importquoten ist der für ein neues Devisenmarktgleichgewicht erforderliche Einkommensrückgang somit um ein Vielfaches höher als der Transferbetrag.

Es wird von einer *hohen* internationalen Kapitalmobilität und somit von einem flachen Verlauf der ZZ-Kurve ausgegangen. Zwar verschiebt sich bei vollständiger Kapitalmobilität und vollständiger Substitution von inländischen zu ausländischen Anlagen die ZZ-Kurve nur horizontal (verbunden mit einem veränderten Verhältnis von Kapitalverkehrsbilanz- zu Leistungsbilanzsaldo), der Zinssatz verändert sich jedoch aufgrund der internationalen Zinsparität nicht.

c) Wirkung der Finanzierungsform

Als erstes seien die Wirkungen einer *Staatsausgabenreduktion* betrachtet. Einflüsse auf die Devisenbilanz entstehen aufgrund der veränderten Bedingungen am Gütermarkt, die den Leistungsbilanzsaldo beeinflussen. Im Falle des kleinen Landes und bei festen Preisen besteht der Einfluß auf die Leistungsbilanz in dem veränderten Umfang des Importwertes bei exogen gegebenem Exportwert.

Bei einer Reduktion der Staatsausgaben hängt die Veränderung der Importe von der Veränderung der *autonomen* Importe sowie von der *induzierten* Einkommensänderung ab:

(II-45) $$\mathrm{dIm} = \underbrace{m^g \cdot dG}_{\text{[autonome Importe]}} + \underbrace{m \cdot dY}_{\text{[induzierte Importe]}}$$

Unter Verwendung von (II-17) und (II-19) kann man schreiben:

(II-46) $$\mathrm{d\,Im} = \left\{ \frac{m^g}{-\left[\frac{\tau \cdot (1-m^g)}{\gamma} - 1\right]} + \frac{m \cdot (1-m^g)}{-\left[\tau \cdot (1-m^g) - \gamma\right]} \right\} \cdot (-T)$$

Kürzt man die Veränderung der autonomen Importe im Falle der Staatsausgabenreduktion (linker Summand in der geschweiften Klammer) mit α^G ab, so kann man schreiben:

(II-47) $$\mathrm{dIm} = (\alpha^G + m \cdot \lambda^G) \cdot (-T)$$

In der Regel wird der Importrückgang *geringer* als der Transferbetrag ausfallen. Er kann allerdings bei einer hohen marginalen Importquote sowie geringer marginaler Steuer- und Sparquote an den Wert des Transfers heranreichen. Maßgeblich für die *Verschiebung* der ZZ-Kurve ist allein die Veränderung der autonomen Importe α^G. Aufgrund des Importrückgangs, verbunden mit einem Rückgang der Devisennachfrage, kann ein neues Gleichgewicht nur bei höherem Einkommen oder niedrigerem Zins entstehen, die ZZ-Kurve verschiebt sich somit um $\alpha^G \cdot (-T)$ *nach rechts*. Die induzierten Einkommensveränderungen, die durch den zweiten Summanden in der Klammer beschrieben werden ($m \cdot \lambda^G$), geben an, wie sich der Saldo entwickelt, wenn sich das Einkommen tatsächlich entsprechend der neuen internen Gleichgewichtsbedingung verändert. Dieser multiplikative Einkommensrückgang am Gütermarkt bewirkt keine Lageveränderung der ZZ-Kurve, da es sich beim Volkseinkommen um eine in bezug auf die ZZ-Kurve endogene, also den *Verlauf* bestimmende Variable handelt.

Die Veränderung der Importe im Falle der *Pauschalsteuer* besteht gleichfalls aus einem autonomen und einem induzierten Teil:

(II-48) $$dIm = m \cdot dSt^a + m \cdot dY$$

Unter Verwendung von (II-23) und (II-24) kann man schreiben:

(II-49) $$d\,Im = \left(\frac{m^g}{(1-\tau) - \tau \cdot \frac{1-\gamma}{\gamma}} + m \cdot \frac{\frac{1-\gamma}{\gamma}}{(1-\tau) - \tau \cdot \frac{1-\gamma}{\gamma}} \right) \cdot (-T)$$

Kürzt man die Veränderung der autonomen Importe aufgrund der Pauschalsteuererhebung mit α^{St} ab, so kann man schreiben:

(II-50) $$dIm = (\alpha^{St} - m \cdot \lambda^{St}) \cdot (-T)$$

Auch durch die Pauschalsteuer kommt es unmittelbar zu einem autonomen Importrückgang, dargestellt im ersten Summanden der Klammer α^{St}. Nimmt man an, daß die marginale Importquote von staatlichem und privatem Sektor identisch sind – d.h. $m = m^g$ –, fällt der autonome Importrückgang im Falle der Ausgabenfinanzierung etwas geringer aus:

$$\frac{m^g}{-\left[\frac{\tau \cdot (1-m^g)}{\gamma} - 1\right]} < \frac{m}{(1-\tau) - \tau \cdot \frac{1-\gamma}{\gamma}}$$

d.h. $\alpha^G < \alpha^{St}$.

Im Fall der Pauschalsteuer fällt der induzierte Einkommensrückgang (der wohlgemerkt nicht zu einer *Verschiebung* der ZZ-Kurve führt) geringer aus und damit auch der Rückgang der einkommensbedingten Importe, d.h. $\lambda^G > \lambda^{St}$. Kommt es tatsächlich zu einem Rückgang des Einkommens (Bewegung entlang der ZZ-Kurve), so unterscheiden sich die Wirkungen von Steuerfinanzierung und Staatsausgabenreduktion in bezug auf die Importe nicht, denn maßgeblich dafür ist allein die zusätzlichen Importe $m \cdot dY$ (Die sich unterscheidenden rechten

Summanden der Klammern in II-46 und II-49 dienten allein der Ermittlung der exakten Einkommensveränderung, die für eine budgetneutrale Aufbringung notwendig ist.).

Bei den weiteren Finanzierungsformen sei zunächst die *Notenbankfinanzierung* angesprochen. Stellt die Notenbank des Geberlandes Devisen zur Verfügung, wird der Devisenmarkt nicht berührt, die ZZ-Kurve bleibt unverändert. Voraussetzung ist, daß die Notenbank über entsprechend hohe Devisenreserven verfügt und bereit ist, den Transfer zu finanzieren – gerade letzteres ist wenig wahrscheinlich. Die Finanzierung durch Inanspruchnahme des *Kredit*marktes sei analog zu der Aufbringung des Transfers in Inlandswährung betrachtet. Für den Fall, daß Devisenreserven bei *inländischen* Privaten oder Banken bestehen und an den Staat verliehen werden, bleibt der Devisenmarkt ebenfalls unberührt und die ZZ-Kurve unverändert. Gewährt eine *ausländische* Geschäftsbank den Kredit, so führt dies zu einer Ausweitung der Kredit- und Giralgeldmenge im Ausland. Die neu geschöpften Devisen werden dem Transfergeber als Sichtguthaben zur Verfügung gestellt, der erhöhten Devisennachfrage seitens des Transferlandes (des Kreditnehmers) wird durch ein erhöhtes Devisenangebot des Kreditgebers begegnet, so daß es nicht zu einem Ungleichgewicht am Devisenmarkt kommt und die ZZ-Kurve unverändert bleibt. Für den Fall, daß der Kredit *im Inland* aufgenommen wird, die inländischen Kreditgeber jedoch nicht über (zusätzliche) Devisen verfügen, kommt es zu einem Nachfrageüberhang auf dem Devisenmarkt in Höhe der Transfersumme. Ein Ausgleich kann bei einem erhöhten Zinssatz stattfinden oder aber bei einem geringeren inländischen Einkommen: Die ZZ-Kurve verschiebt sich um $dY = 1/m \cdot T$ nach oben bzw. nach links.

d) Zusammenfassung der Zahlungsbilanzeffekte

Die Aufbringung des Transfers in Devisen verschiebt aufgrund der höheren Devisennachfrage die ZZ-Kurve um $dY = 1/m \cdot (-T)$ nach links von ZZ^0 auf ZZ^T, vgl. Abb. II-5.

Im Falle der Kreditfinanzierung wird dieser Initialeffekt nicht wirksam, da das Devisenangebot in den oben beschriebenen Fällen in gleichem Umfang steigt, die ZZ-Kurve verharrt in ZZ^0. Im Falle der Staatsausgabenfinanzierung und der Steuererhöhung wird dieser Effekt aufgrund der verringerten Devisennachfrage, die mit der Importreduktion aufgrund des geringeren Einkommens einhergeht, etwas abgemildert. Für sich genommen (bzw. bei einer Finanzierung in Inlandswährung) verschiebt dieser Effekt die ZZ-Kurve um $\alpha \cdot T$ *nach rechts auf* ZZ^G *bzw.* ZZ^{St}. *Per Saldo* ist bei einer Finanzierung des Transfers durch Ausgabenreduktion oder Steuererhöhung damit zu rechnen, daß sich die ZZ-Kurve nach links verschiebt, z.B. auf ZZ^{G*}.

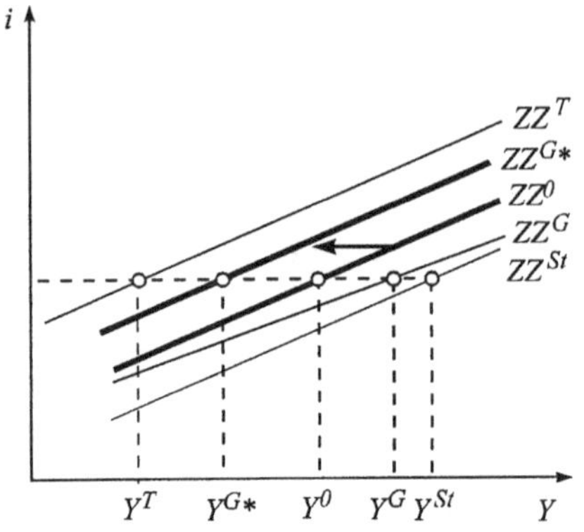

Abb. II-5: Initialeffekte auf dem Devisenmarkt

5. Gesamteffekt der initialen Geld-, Güter- und Devisenmarkteffekte auf die Marktgleichgewichte

a) Das Verhältnis der Initialeffekte zueinander

Wie oben gezeigt, stellt ein Transfer für das Geberland eine Kombination aus initialen realen und monetären Schocks dar. Im Falle der Staatsausgabenerhöhung/Steuerfinanzierung kommt es zu einem kontraktiven realen Schock aufgrund des Nachfrageausfalls am Gütermarkt. Im Modell ist dies dargestellt durch eine Verschiebung der IS-Kurve nach links (aufgrund des Nachfragerückgangs bei inländischen Gütern) und der ZZ-Kurve zunächst nach rechts (aufgrund des Importrückgangs; nicht eingezeichnet). Ein Transfer in Inlandswährung belastet den inländischen Geldmarkt, im Modell verschiebt sich die LM-Kurve nach links. Ein Transfer in ausländischer Währung belastet den Devisenmarkt und führt zu einer Verschiebung der ZZ-Kurve nach links bzw. zu einer Kompensation der importnachfragebedingten Rechtsverschiebung. Im Falle einer Finanzierung auf dem Kreditwege bleibt der reale Schock aus. Ein monetärer Schock entsteht allenfalls durch die Aufbringung der Transferkasse und kann sich je nach Denominierung des Transfers auf den Devisenmarkt oder den Geldmarkt erstrecken, er bleibt gänzlich aus, wenn die Kreditmittelschöpfung von einer monetären Expansion begleitet ist. Diese Auswirkungen sind in Tab. II-8 und Abb. II-6 zusammengefaßt.

Die Einschätzung der Transfereffekte erfordert eine Evaluierung der *Größenordnung* der Initialeffekte, insbesondere deren *Verhältnis zueinander*. Zur Reduzierung der Fallunterscheidungen werden die Fälle der Steuerfinanzierung und Ausgabenfinanzierung zu einem Fall zusammengefaßt, die Transfermultiplikatoren λ^{St} und λ^G werden durch den Multiplikator λ substituiert, $dY = \lambda \cdot (-T)$. Zunächst sei das Verhältnis von IS- und LM-Kurvenverschiebung bei einem steuerfinanzierten Transfer *in Inlandswährung* betrachtet. Die Nachfrage nach Transferkasse bewirkt eine Verschiebung der LM-Kurve um $1/k \cdot (-T)$ nach links. Aufgrund der finanzierungsbedingten Einkommensreduktion bewirkt der Transfer eine Reduktion der Geldnachfrage aus dem Transaktionsmotiv, die IS-Kurve verschiebt sich um $\lambda \cdot (-T)$ nach links. Entspricht dieser Rückgang der zusätzlichen Nachfrage nach Transferkasse, so bewirkt die Transferaufbringung *keine* Störung des Geldmarktgleichgewichts. Gilt also

(II-51) $1/k = \lambda$,

so bleibt das Geldmarktgleichgewicht ungestört. Die Aufbringung des Transfers geht nicht mit einer zusätzlichen Geldnachfrage einher, denn die erhöhte Liquiditätsnachfrage aufgrund des Transfers wird kompensiert durch die Mindernachfrage aufgrund des geringeren Einkommens.

	Geld-nachfrage	Geld-angebot	LM-Kurve	IS-Kurve	ZZ-Kurve
	Initialeffekte der Aufbringung der *Transferkasse*				
Inländische Währung	steigt um T	—	um $1/k \cdot (-T)$ nach links	—	—
Devisen	—	—	—	—	um $1/m \cdot (-T)$ nach links
	Initialeffekte der *Finanzierung* des Transfers				
Ausgabenreduktion	sinkt um $k \cdot dY$	—	—	um $\lambda^{St} \cdot (-T)$ nach links	um $\alpha \cdot T$ nach rechts
Besteuerung	sinkt um $k \cdot dY$	—	—	um $\lambda^{G} \cdot (-T)$ nach links	um $\alpha \cdot T$ nach rechts
Geldreserven/ Notenbank/ Kreditfinanzierung mit Geldschöpfung	—	steigt um T	um $1/k \cdot T$ nach rechts	—	um $1/m \cdot T$ nach rechts
Kreditfinanzierung ohne Geldschöpfung	—	—	—	—	—

Tab. II-8: Zusammenfassung der Initialeffekte

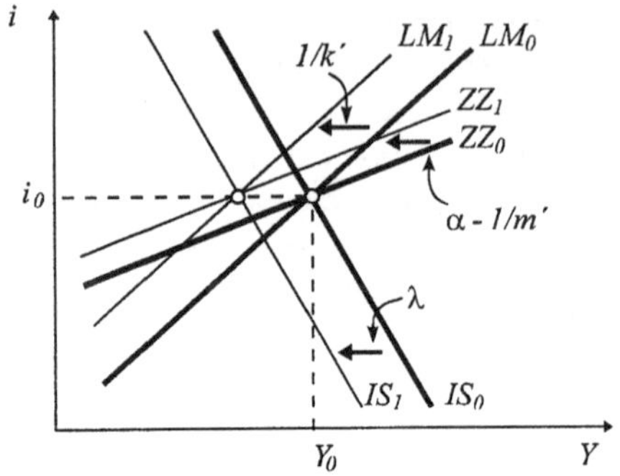

Abb. II-6: Zusammenfassung der Initialeffekte

Abb. II-7 zeigt die Effekte am Geldmarkt: In Höhe der höheren Geldnachfrage kommt es zu einer Verschiebung der LM-Kurve nach links im Umfang von T/k.

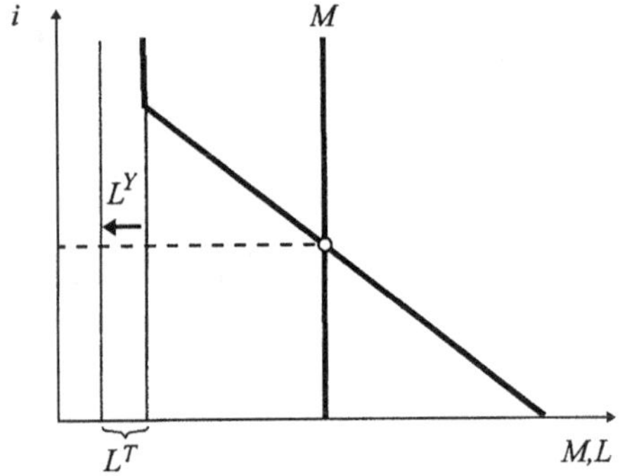

Abb. II-7: Geldmarktwirkung der Initialeffekte bei $1/k' = \lambda$

Wenn $1/k = \lambda$, dann ist die Verschiebung der LM-Kurve genauso groß wie die IS-Kurvenverschiebung – der inländische Geldmarkt bleibt im Gleichgewicht: Die Transferkasse L^T verdrängt einen Teil der Transaktionskasse (die Portfoliokasse wird nicht in ihrer Höhe beeinflußt). Der Zinssatz bleibt in diesem Fall unverändert.[156] Gilt $1/k > \lambda$, bewirkt die Aufbringung einen Nachfrageüberschuß am Geldmarkt, ceteris paribus verbunden mit Zinssteigerungen. Bei $1/k < \lambda$ kommt es trotz der verstärkten Geldnachfrage zu einem Angebotsüberhang verbunden mit Zinssenkungen. Ein solcher Fall kann dann eintreten, wenn auf der einen Seite die Kassenhaltung sehr hoch ist, so daß der Einkommensrückgang

156 Daß sich ein solches Ergebnis unter realistischen Modellannahmen durchaus einstellen kann, zeigt ein kurzes Zahlenbeispiel: setzt man $k = 0{,}2$, $m^g = 0$, $\tau = 0{,}2$ und $\gamma = 0{,}4$, so erhält man für den Fall der Steuerfinanzierung $1/k = \lambda^{St} = 5$.

verstärkt Geldbestände freisetzt, und wenn auf der anderen Seite der zur Finanzierung notwendige Einkommensrückgang relativ hoch ist, d.h. wenn die marginalen Abflüsse gering ausfallen und der Steuersatz zudem recht hoch ist (Der Nachfragerückgang betrifft vornehmlich die Güternachfrage im Inland, und die Aufbringung des Budgets wird durch die hohen Steuerausfälle erschwert. Vgl. die Ausführungen auf S. 84 f.).

Im Falle eines steuerfinanzierten Transfers in *ausländischer* Währung interessiert das Verhältnis von IS- und ZZ-Kurvenverschiebung. Auf die ZZ-Kurve wirken zwei gegensätzliche Effekte: Sie verschiebt sich um $1/m \cdot (-T)$ nach links (aufgrund der monetären Aufbringung der Transferkasse) und um $\alpha \cdot T$ nach rechts (aufgrund des *autonomen* Importrückgangs), d.h. die Verschiebung der ZZ-Kurve insgesamt beträgt:

(II-52) $dY = (\alpha - 1/m) \cdot T$

Wenn der Rückgang der Devisennachfrage aufgrund verringerter Importe der zusätzlichen Devisennachfrage der Transferkasse entspricht, d.h.

(II-53) $(\alpha - 1/m) = \lambda$,

wird durch die Initialeffekte das Gleichgewicht am Devisenmarkt *nicht* gestört – bei unverändertem Zins wird der Transferbetrag vollständig durch den Rückgang der Devisennachfrage aufgrund verringerter Importe aufgebracht, der Zinssatz bleibt bestehen. Gilt $(\alpha - 1/m) > \lambda$ (stärkere Verschiebung der ZZ-Kurve), ergibt sich ein Nachfrageüberhang nach Devisen. Ein Ausgleich des Devisenmarktes ist nur bei höheren Zinsen möglich. Bei $(\alpha - 1/m) < \lambda$ besteht dementsprechend ein Angebotsüberhang, dessen Beseitigung einen niedrigeren Zinssatz erfordert.

Der Gesamteffekt der Transferaufbringung auf die betrachteten Märkte wird für die in Abb. II-8 dargestellten Fallkonstellationen untersucht (vgl. auch Kapitel II-A, Tab. II-5 und II-6).

Alle Fälle, einschließlich der im Modell erfolgenden Anpassungen, werden sowohl für fixe wie auch für flexible Wechselkurse dargestellt. Der Fall der Ausgabenreduktion wird an dieser Stelle nicht gesondert behandelt, da die Richtung der Initialeffekte dem Fall der Besteuerung entspricht, auch wenn er quantitativ unterschiedliche Ergebnisse erbringt. Die Fälle der Kreditaufnahme (2) und (4) werden jeweils untergliedert in den Fall der Kreditaufnahme (I) mit Geldmengenexpansion und (II) ohne Geldmengenexpansion. Im Falle der Notenbankfinanzierung gehen von der Budgetaufbringung keine weiteren Effekte aus, da weder das Gleichgewicht auf dem Gütermarkt noch auf dem Geldmarkt betroffen ist, sie entspricht somit dem Fall der Kreditfinanzierung mit Geldmengenexpansion [Fall 2-I bzw. 4-I].

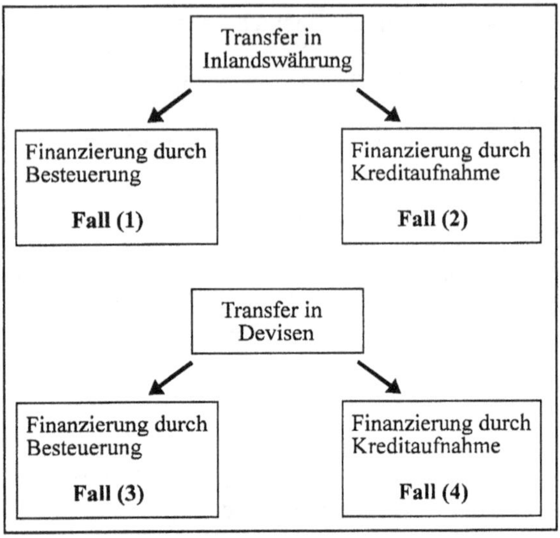

Abb. II-8: Fallkonstellationen

b) Transfer in inländischer Währung

Zunächst wird angenommen, der Transfer sei durch Steuern finanziert und erfolge in inländischer Währung *[Fall (1)]*. Zur Vereinfachung wird davon ausgegangen, daß $1/k = \lambda$, so daß die zusätzliche Kassenhaltung aus dem Transfermotiv vollständig durch die verringerte Kassenhaltung aus dem Einkommensmotiv kompensiert wird, mit der Folge, daß im neuen *binnenwirtschaftlichen Gleichgewicht* keine Geldknappheit herrscht. Die IS-Kurve verschiebt sich von IS_0 auf IS_1 in II-9a bzw. auf IS_{01} in II-9b, die LM-Kurve in gleichem Umfang von LM_0 auf LM_{01} in Abb. II-9a bzw. auf LM_1 in II-9b. Die ZZ-Kurve verschiebt sich aufgrund der Veränderung der autonomen Importe (α) nach rechts von ZZ_0 auf ZZ_1 in Abb. II-9a bzw. ZZ_{01} in Abb. II-9b. Ausgehend von dem Gleichgewicht in Punkt A wird nach den initialen Effekten ein neues binnenländisches Gleichgewicht in Punkt B erreicht. Aufgrund des einkommensbedingten Rückgangs der Importnachfrage (Verschiebung der ZZ-Kurve) und aufgrund des Rückgangs der autonomen Importnachfrage (Bewegung auf der ZZ-Kurve) entsteht auf dem Devisenmarkt ein Rückgang der Devisennachfrage und somit ein Devisenbilanzüberschuß, verbunden mit einer Tendenz zum Anstieg des Wechselkurses. Die Effekte, die zu einem Ausgleich der Zahlungsbilanz bzw. zu einem neuen simultanen Gleichgewicht führen, sind abhängig vom Wechselkurssystem. Da es sich bei den Initialeffekten um eine Kombination aus realwirtschaftlichen und monetären Effekten handelt, führt dies je nach Wechselkurssystem zu einem zusätzlichen expansiven oder kontraktiven Impuls der Zahlungsbilanz.

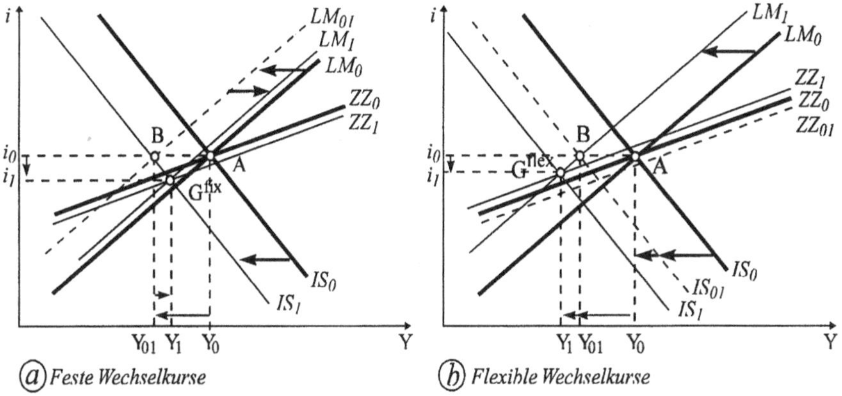

Abb. II-9: Steuerfinanzierter Transfer in Inlandswährung [Fall (1)]

Bei festen Wechselkursen erfordert der Devisenangebotsüberschuß ein Eingreifen der Notenbank, um die Parität aufrecht zu erhalten. Den Exporteuren wird ermöglicht, die überschüssigen Devisen gegen inländische Währung zur festgelegten Parität zu tauschen. Dies ist gleichbedeutend mit einer Erhöhung der monetären Basis und letztlich der Geldmenge – die LM-Kurve verschiebt sich nach rechts zurück. Die Verschiebung der LM-Kurve führt zu einer Störung des binnenwirtschaftlichen Gleichgewichts. Der Geldangebotsüberschuß führt zu einer Zinssenkung, die wiederum auf ein Gleichgewicht am Devisenmarkt hinwirkt, indem es die Wertpapiernachfrage aus dem Ausland und damit das Devisenangebot vermindert sowie zu einer Erhöhung der Devisennachfrage inländischer Kapitalanleger führt. Diese Wirkung entspricht der des Geldmengen-Zins-Kredit-Mechanismus. Des weiteren bewirkt der geringere Zins eine Erhöhung der Investitionsnachfrage, verbunden mit Einkommens- und somit Importnachfragesteigerungen entsprechend dem Geldmengen-Zins-Einkommens-Mechanismus. Dieser Prozeß hält bis zum Schnittpunkt der neuen ZZ-Kurve ZZ_1 mit der neuen IS-Kurve IS_1 im Punkt G^{fix} an. Im neuen Gleichgewicht erhält man somit eine *Verringerung des Zinssatzes* sowie eine *Verringerung des Einkommens*, die etwas durch die expansiven Reaktionen der Zahlungsbilanz kompensiert wird.

Die Transferkasse wird aufgrund der Zahlungsbilanzreaktion nicht allein durch eine Verringerung der Transaktionskasse, sondern auch durch eine Expansion der inländischen Geldmenge aufgrund des Devisenangebotsüberschusses bereitgestellt. Aufgrund der expansiven Effekte des Zahlungsbilanzausgleichs reicht der Devisennachfragerückgang durch den Importrückgang zur Bereitstellung der Transferkasse alleine nicht aus. Die Kassenhaltung aus dem Portfoliomotiv nimmt aufgrund der Zinssenkung sogar noch etwas zu und absorbiert einen Teil der Geldmengenausdehnung.

Bei flexiblen Wechselkursen führt der Devisenangebotsüberhang zu einem Sinken des Wechselkurses. Unterstellt man eine normale Reaktion, führt dies tendenziell zu einer Verschlechterung der Leistungsbilanz, d.h. der Zahlungsbilanzausgleich wirkt auf eine Verringerung des Devisenbilanzsaldos hin: Die mengenmäßige Exportnachfrage verringert sich aufgrund der nunmehr teureren inländischen Güter, so daß das Devisenangebot sinkt, wenn die Wechselkurselastizität der Exportnachfrage größer als Eins ist. Die inländische Nachfrage wird verstärkt auf die nunmehr preiswerteren ausländischen Güter umgelenkt, so daß die Devisennachfrage steigt, wenn die Wechselkurselastizität der Importnachfrage größer als Eins ist.[157] Beide Effekte für sich genommen bewirken, daß sich die ZZ-Kurve wieder nach links verschiebt, denn ein Ausgleich der Devisenbilanz ist nun allein bei einer geringeren Devisennachfrage möglich – entweder aufgrund eines niedrigeren Einkommens oder aufgrund eines höheren Zinsniveaus. Bei stationären Wechselkurserwartungen ist die Kapitalbilanz nicht von der Änderung des Wechselkurses betroffen, denn das Verhältnis von (neu) eingesetztem Kapital und Verzinsung ändert sich durch den veränderten Wechselkurs nicht.

Der Zahlungsbilanzausgleich über den Wechselkursmechanismus wirkt auch auf das binnenwirtschaftliche Gleichgewicht, denn mit dem Rückgang der Exportnachfrage sind die Nachfragezuflüsse geringer, die Erhöhung der Importnachfrage bewirkt eine Erhöhung der Nachfrageausfälle. Ein neues Gleichgewicht am Gütermarkt kommt nur bei verringerten Nachfrageausfällen zustande: die IS-Kurve verschiebt sich weiter nach links. Im Gegensatz zum Regime fester Wechselkurse fällt die Reaktion der Zahlungsbilanz unter flexiblen Wechselkursen *kontraktiv* aus. In Abb. II-9b befinden sich mögliche neue Gleichgewichtspunkte auf der LM_1-Kurve zwischen der IS_1-Kurve und der ZZ_1-Kurve, im konkreten Fall in G^{flex}. Ein neues simultanes Güter- und Geldmarktgleichgewicht erfordert eine *Senkung des Zinsniveaus*, denn der Rückgang des Einkommens bewirkt aufgrund der verringerten Nachfrage nach Transaktionskasse einen Geldangebotsüberschuß. Durch den Rückgang des Zinsniveaus wird der *Einkommensrückgang* etwas gemildert, da die Investitionsnachfrage angeregt wird.

Die Transferkasse wird aufgrund der (durch den Einkommensrückgang bedingten) Verringerung der Transaktionskasse bereitgestellt. Durch die kontraktive Reaktion der Zahlungsbilanz – nur etwas gebremst durch den Zinsrückgang – fällt dieser Einkommensrückgang sogar noch größer aus, das überschüssige Geldangebot wird aufgrund des Zinsrückgangs als Portfoliokasse gehalten.

Im Falle der Kreditfinanzierung *[Fall (2)]* bleibt der Gütermarkt von den Initialeffekten unberührt. Ein einkommensbedingter Rückgang der Liquiditäts- und Devi-

---

157 Für eine normale Reaktion der Zahlungsbilanz ist es ausreichend, wenn die Summe der beschriebenen Nachfrageelastizitäten 1 erreicht, d.h. wenn die MARSHALL/LERNER-Bedingung erfüllt ist.

sennachfrage findet nicht statt. Im Falle der Kreditfinanzierung mit simultaner Geldmengenexpansion *[Fall (2-I)]* bleibt auch der Geldmarkt im Gleichgewicht, so daß von der Kreditfinanzierung *keine Initialeffekte* im Geberland ausgehen.

Erfolgt eine Kreditaufnahme ohne Geldmengenexpansion oder bleibt die Geldmengenexpansion hinter der Kreditvergabe zurück [Fall (2-II)], verschiebt die Transferaufbringung in Inlandswährung die LM-Kurve nach links von LM_0 auf LM_{01} in Abb. II-10a bzw. LM_1 in Abb. II-10b. Die resultierende Geldknappheit führt ceteris paribus zu einem Anstieg des Zinssatzes und damit zu einer Verringerung der Investitionsausgaben. Das neue *binnenwirtschaftliche* Gleichgewicht in B ist verbunden mit einem geringeren Einkommen und aufgrund der geringeren Importe mit einem Rückgang der Devisennachfrage. Der höhere Zins wirkt gleichfalls auf einen Devisenangebotsüberschuß hin. Am Devisenmarkt führt dies tendenziell zu einem Sinken des Wechselkurses.

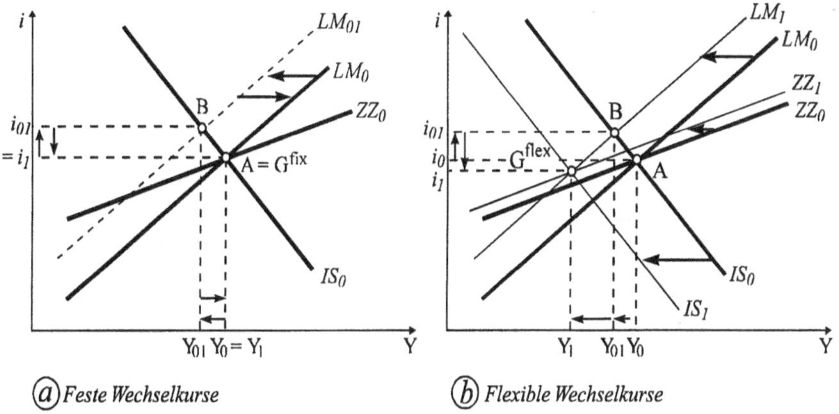

Abb. II-10: Kreditfinanzierung eines Transfers in Inlandswährung [Fall (2-II)]

Bei festen Wechselkursen bewirkt die Intervention der Notenbank (Ankauf der Devisen gegen inländische Währung) eine Räumung des Devisenmarktes bei gleichbleibender Währungsparität verbunden mit einer Geldmengenexpansion im Geberland: In Abb. II-10a verschiebt sich die LM-Kurve zurück auf ihre ursprüngliche Position LM_0 und der Zinssatz sinkt wieder – die Geldknappheit ist in Punkt G^{fix} beseitigt. Negative Effekte auf Einkommen und Beschäftigung *bleiben aus*. Der Transfer wird in diesem Fall durch die Expansion der inländischen Geldmenge ermöglicht, in gleicher Höhe kommt es zu einem Devisen- bzw. Kapitalimport.

Bei flexiblen Wechselkursen führt der Devisenbilanzüberschuß zu einem Rückgang des Wechselkurses und somit zu einer verschlechterten internationalen Wettbewerbsfähigkeit des Geberlandes. Die Nachfrage wird in das Ausland umgelenkt, was eine Verschiebung der IS- und ZZ-Kurve nach links bedeutet. Auf der einen Seite induziert der Rückgang des Wechselkurses bei normalen Elastizitätsannahmen ein Leistungsbilanzdefizit, zum anderen verringern sich die Kapitalimporte. Das neue Gleichgewicht befindet sich auf der LM_1-Kurve zwischen deren Schnittpunkt mit der alten IS_0- bzw. ZZ_0-Kurve. In Abb. II-10b wird das neue Gleichgewicht auf den Geraden IS_1 und ZZ_1 in G^{flex} bei weiter gesunkenem Einkommen erreicht. Der kontraktive Effekt des Transfers wird durch die Reaktion der Devisenbilanz verstärkt. Die für die Transferkasse benötigten inländischen Geldmittel werden zum einen durch die bei gesunkenem Einkommen niedrigere notwendige Transaktionskasse bereitgestellt. In Abb. II-10b ergibt sich im neuen Gleichgewicht eine Zinssenkung, so daß zudem die Portfoliokasse erhöht und die Aufbringung der Transfermittel erschwert wird. Der Beitrag der Portfoliokasse zur Aufbringung hängt vom Verhältnis der ZZ-Kurven zur IS-Kurvenverschiebung in Folge der Aufwertung ab: Verschiebt sich die IS-Kurve stärker, so resultiert daraus eine Senkung des Zinsniveaus, die notwendig ist, um den Devisenbilanzüberschuß bei dem niedrigeren Einkommen auszugleichen.

c) Transfer in ausländischer Währung

Ein steuerfinanzierter Transfer in ausländischer Währung *[Fall (3)]* führt als Initialeffekt zu einer Verschiebung von IS- und ZZ-Kurve (bezeichnet mit IS_1 und ZZ_1 in Abb II-11a bzw. IS_{01} und ZZ_{01} in Abb. II-11b). Im folgenden wird angenommen, daß die Transfermittel vollständig durch den Rückgang der Importnachfrage bereitgestellt werden, d.h. $(\alpha - 1/m) = \lambda$. Ein neues *binnenwirtschaftliches* Gleichgewicht ergibt sich in Abb. II-11 in Punkt B, d.h. bei niedrigerem Zins und Einkommen. Das resultierende Devisenbilanzdefizit bzw. der Devisennachfrageüberhang wirken auf einen Anstieg des Wechselkurses hin.

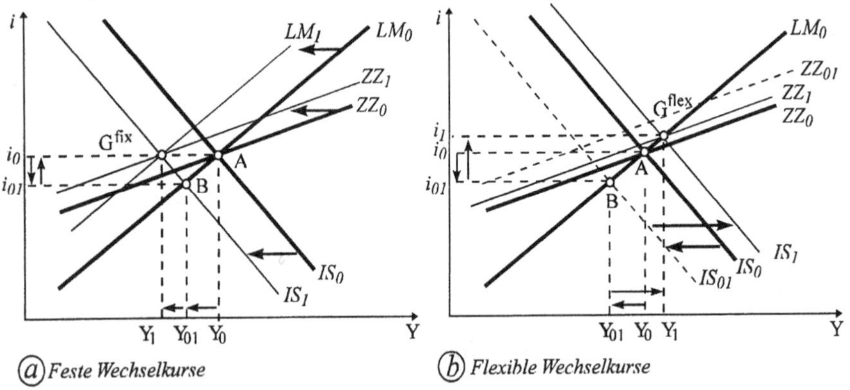

Abb. II-11: Steuerfinanzierter Transfer in Auslandswährung [Fall (3)]

Bei festen Wechselkursen bewirkt die Intervention der Notenbank eine Verringerung der Geldmenge, graphisch dargestellt durch ein Linksverschiebung der

LM-Kurve von LM_0 auf LM_1. Die Verringerung der Geldmenge hält an, bis ein neues Gleichgewicht auf dem Devisenmarkt erreicht ist. Ein neues simultanes inländisches und ausländisches Gleichgewicht ergibt sich in G^{fix} im Schnittpunkt der Kurven LM_1, IS_1 und ZZ_1 bei *unverändertem* Zins (da sich ZZ und IS in gleichem Umfang verschieben) und bei *niedrigerem Einkommen*. Die für den Transfer benötigten Devisen werden im Geberland vollständig durch die verringerten Importausgaben bereitgestellt.

Bei flexiblen Wechselkursen kommt es zu einem Anstieg des Wechselkurses. Die IS- und ZZ-Kurve verschieben sich nach rechts auf IS_1 bzw. ZZ_1, die ZZ-Kurve jedoch in geringerem Umfang, d.h. in Abb. II-11b wird der größere Teil der Anpassung durch die IS-Kurve geleistet. Das Einkommen nimmt aufgrund der bei höheren Wechselkursen höheren ausländischen Exportnachfrage stark zu. Das neue Gleichgewicht liegt auf der LM_0-Kurve zwischen deren Schnittpunkt mit der ZZ_{01}- und der IS_{01}-Kurve im Punkt G^{flex}. Im Falle der Abb. II-11b entsteht ein neues simultanes Gleichgewicht bei *einem höheren Zins*, so daß es zu Kapitalimporten kommt, die zu einem Abbau des Ungleichgewichts am Devisenmarkt beitragen.

Die Kreditfinanzierung eines Transfers in Auslandswährung führt dann nicht zu einem Ungleichgewicht am Devisenmarkt, wenn der zusätzlichen Devisennachfrage ein gleichhohes zusätzliches Devisenangebot aus dem Kreditvertrag gegenübersteht *[Fall (4-I)]*. Es entstehen dann *keine Initialeffekte*.

Ohne dieses zusätzliche Devisenangebot *[Fall (4-II)]* bewirkt die Kreditfinanzierung eine Störung des Devisenmarktgleichgewichts, in Abb. II-12 dargestellt durch eine Verschiebung der ZZ-Kurve von ZZ_0 nach links, im Fall fixer Wechselkurse mit ZZ_1, im Falle flexibler Wechselkurse mit ZZ_{01} bezeichnet. Das *binnenwirtschaftliche* Gleichgewicht in Punkt A wird durch die Initialeffekte nicht berührt. Die Überschußnachfrage auf dem Devisenmarkt wirkt auf einen Anstieg des Wechselkurses hin.

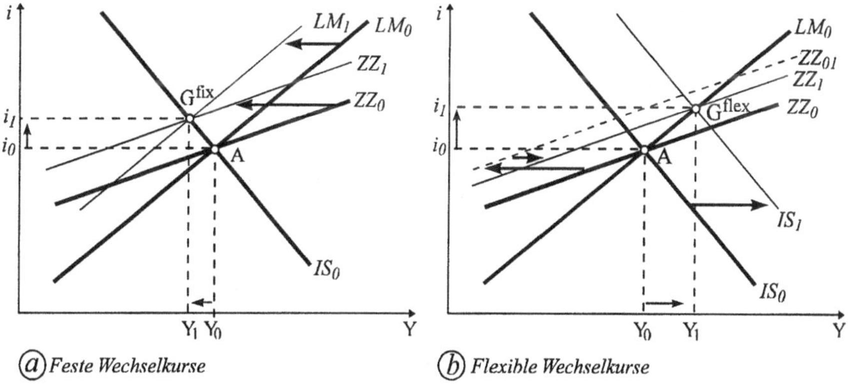

Abb. II-12: Kreditfinanzierung bei Transfer in Auslandswährung [Fall (4-II)]

Im Fall fester Wechselkurse bewirkt die Intervention der Notenbank eine Verringerung der monetären Basis und der Geldmenge. Der resultierende *Zinsanstieg* verbunden mit einem *Einkommensrückgang* wirkt auf einen Ausgleich der Devisenbilanz aufgrund des Geldmengen-Zins-Einkommens-Mechanismus und des Geldmengen-Zins-Kredit-Mechanismus hin – die LM-Kurve verschiebt sich nach links. Ein neues Gleichgewicht wird in Punkt G^{fix} erreicht. Der für den Transfer benötigte Teil der inländischen Währung wird teils durch einen Rückgang der Portfoliokasse, teils durch eine Erweiterung der Geldmenge bereitgestellt.

Bei flexiblen Wechselkursen wirkt das Ansteigen des Wechselkurses *expansiv*, da die Wettbewerbsfähigkeit der Wirtschaft des Geberlandes zunimmt, IS- und ZZ-Kurve verschieben sich nach rechts auf IS_1 und ZZ_1. Das neue Gleichgewicht befindet sich auf der unveränderten LM_0-Kurve zwischen dem Schnittpunkt mit der ZZ_{01}- und der IS_0-Kurve in G^{flex}. Der Zinssatz steigt in diesem Fall immer an, so daß die für den Transfer benötigten Devisen sowohl durch Kapitalzuflüsse wie auch durch einen Exportüberschuß bereitgestellt werden.

Tab. II-9 faßt die Reaktionen von Einkommen und Zins auf die Initialeffekte der Fälle (1) bis (4) zusammen:

	Feste Wechselkurse			**Flexible Wechselkurse**		
	Initial-effekt	ZB-Reaktion	Gesamt	Initial-effekt	ZB-Reaktion	Gesamt
Finanzierung:	**Inländische Währung**					
(1) Steuer	Y↓, i→	Y↑, i↓	Y↓, i↓	Y↓, i→	Y↓, i↓	Y↓, i↓
(2-II) Kredit	Y↓, i↑	Y↑, i↓	Y→, i →	Y↓, i↑	Y↓, i ↓	Y↓, i↓
	Devisen					
(3) Steuer	Y↓, i↓	Y↓, i↑	Y↓, i→	Y↓, i↓	Y↑, i↑	Y↑, i↑
(4-II) Kredit	—	Y↓, i↑	Y↓, i↑	—	Y↑, i↑	Y↑, i↑
Im Fall der Kreditfinanzierung mit simultaner Geldmengenexpansion **(2-I)** und **(4-I)** entstehen keine Initialeffekte						

Tab. II-9: Transfereffekte im Geberland im MUNDELL/FLEMING-Modell

6. Bewertung der Ergebnisse

a) Auswirkung der Denominierung des Transfers

Die Frage, in welcher Währung der Transfer geleistet werden muß, steht am Anfang der Analyse, denn dadurch wird determiniert, welcher Art die Initialeffekte des Transfers sind, d.h. welche Märkte von dem Transfer betroffen sind.

Zunächst sei der Transfer in *inländischer Währung* betrachtet. Kann ein Geberland den Transfer in inländischer Währung leisten, beschränkt sich die Problematik des Transfers für das Geberland auf das Budgetproblem, d.h. auf das Zurückdrängen der binnenwirtschaftlichen Absorption des Einkommens. Ob dieses Budgetproblem monetär oder real gelöst wird, kann in Abhängigkeit von Finanzierungsform und Wechselkurssystem nun beantwortet werden. Gelingt es, die Staatsausgaben zurückzufahren und/oder die Steuereinnahmen zu erhöhen, kann die Nachfrage nach Transferkasse zu einem großen Teil dadurch befriedigt werden, daß die Kassennachfrage aus dem Transaktionsmotiv bei dem gesunkenen Einkommen niedriger ist, vgl. Fall (1).[158] Der Impuls, der in diesem Fall von der Finanzierung ausgeht, ist rein real und nicht monetär. Der Geldmarkt befindet sich weiterhin im Gleichgewicht, allerdings kommt es zu starken Einkommenseffekten und einem Überschuß der Leistungsbilanz (Aufwertungstendenz). Die monetäre Expansion aufgrund der (expansiven) Zahlungsbilanzreaktion bei festen Wechselkursen wirkt aufgrund der Zinssenkung stimulierend auf die inländische Nachfrage. Der Rückgang der realen Absorption bei der Aufbringung des Transfers wird bei festen Wechselkursen teilweise durch eine monetäre Expansion ersetzt, die Budgetaufbringung wird für die Wirtschaftssubjekte insofern *erleichtert*, als sie durch die Folgewirkungen weniger kontraktiv auf das Einkommen wirkt. Bei *flexiblen* Wechselkursen wirkt sich die Verschlechterung der Wettbewerbsfähigkeit *negativ auf das Einkommen* aus, die Lösung des Budgetproblems hingegen wird durch diese Reaktion beschleunigt, allerdings mit scharfen realen Einschnitten für die Wirtschaftssubjekte.

Im Falle der Kreditfinanzierung eines Transfers in Inlandswährung bleiben solche negativen Initialimpulse aus, es sei denn, es käme zu einer Liquiditätsverknappung und zu einem Zinsanstieg, vgl. Fall (2). Setzte sich dieser am Markt durch, käme es in der Tat zu einer Einschränkung der inländischen Absorption, von der in besonderem Maße die Investitionsausgaben betroffen wären. Hinsichtlich des externen Gleichgewichts wirkt die Zinserhöhung auf einen Nettokapitalimport verbunden mit einem Devisenüberschuß hin. Die Richtung der Wechselkursreaktion ist somit identisch wie im Fall der Steuerfinanzierung, sie hat in diesem Fall jedoch keine realen Ursachen, sondern ist monetär bedingt durch den

---

158 Auch im Fall flexibler Preise ist damit zu rechnen, daß der mit dem Nachfragerückgang verbundene Rückgang des Preisniveaus eine Verringerung der nominalen Kassenhaltung bewirkt, so daß die Geldnachfrage des Staates befriedigt werden kann.

höheren Zinssatz, bzw. durch die unzureichende Ausweitung der Kreditvergabe. Bei *festen* Kursen wird aufgrund der monetären Initialeffekte das Budgetproblem vollständig *monetär* gelöst, da die Zinsdifferenz zum Ausland zu Devisenzuflüssen und letztlich zu einer Geldmengenerhöhung führt. Ein Verringerung der realen Absorption findet nicht statt. Im Falle flexibler Wechselkurse hingegen führt die Aufwertung wiederum zu kontraktiven Effekten, die eine Verringerung der Absorption bewirken und das Budgetproblem real lösen.

Die Wirkung des Zahlungsbilanzausgleichs kann sich jedoch auch umkehren, nämlich dann, wenn es aufgrund der Initialeffekte zu einer Abwertungstendenz der Währung des Geberlandes kommt. Dies geschieht, wenn im Falle der Steuererhebung/Staatsausgabenreduktion der Einkommensrückgang so stark ausfällt, daß der Rückgang an Transaktionskassenbedarf den Bedarf an Transferkasse übertrifft. Ursache kann eine hohe Einkommensreagibilität der Kassenhaltung sein (hoher Kassenhaltungskoeffizient bzw. niedrige Umlaufgeschwindigkeit), die ceteris paribus bei einem Einkommensrückgang zu einem starken Rückgang des Kassenbedarfs führt, vgl Gleichung (II-51). Gilt $1/k < \lambda$, so sinkt der Liquiditätsbedarf sogar aufgrund des Transfers. Ein höherer Kassenhaltungskoeffizient (geringere LM-Verschiebung und steile LM-Kurve) führt im Falle der Transferaufbringung somit zu einem Rückgang des Liquiditätsbedarfs insgesamt. Gleiches gilt für einen hohen Wert des Transfermultiplikators λ. In diesem Fall ist der Einkommensrückgang sehr stark (große IS-Kurvenverschiebung), so daß der Anteil an freigesetzter Transaktionskasse sehr groß ist. Da der Transfermultiplikator von Größe und Zusammensetzung der marginalen Nachfrageausfälle abhängt, ist der Einkommensrückgang und damit die Last des *Budgetproblems* umso größer, je geringer die marginalen Nachfrageausfälle und je höher der Steueranteil daran. Wenig entwickelte Volkswirtschaften mit kleinem Staatssektor und geringer Kapitalbildung durch Ersparnis, die zudem wenig international verflochten sind, werden durch den Transfer einen höheren Einkommensverlust erleiden, da der Transfermultiplikator einen hohen Wert annimmt. Die Last des Budgetproblems trifft in diesem Fall zu einem hohen Anteil die binnenländische Nachfrage. Ist zudem der Anteil des marginalen Steuersatzes τ an den marginalen Nachfrageausfällen recht hoch (der absolute Wert des Nenners in Gleichung II-19 bzw. II-24 fällt geringer aus), fällt die erforderliche Budgetänderung noch kräftig aus, da die Einkommensreduktion zu erheblichen Steuerausfällen führt. Regierungen von Entwicklungsländern, die ihre externen Schulden tilgen möchten bzw. den Zinsendienst leisten – per se ein Transfer (zurück) in die Industrieländer –, stehen somit selbst dann vor einem Problem, wenn ihnen die Zahlung in eigener Währung möglich ist. Die Wirkung des Zahlungsbilanzausgleichs auf das Budgetproblem kehrt sich entsprechend um: Ein flexibler Wechselkurs wirkt erleichternd, ein fester erschwerend auf die Aufbringung im Sinne des notwendigen Einkommensrückgangs. In der Praxis ist dieser Fall jedoch von untergeordneter Bedeutung, da häufig der Rückgriff auf die Kreditvergabe an den Staat durch die Notenbank möglich ist und zum anderen (bzw. gerade deswegen) in der Regel eine Zahlung in Devisen verlangt wird. Die daraus entstehenden Probleme werden weiter unten diskutiert.

Ist das Geberland jedoch eine hoch entwickelte Volkswirtschaft mit hohen marginalen Ausgabequoten, ist zu erwarten, daß die Einkommensverringerung nicht ausreicht, um die gestiegene Geldnachfrage des Staates zu befriedigen. Die Frage, ob der Einkommensrückgang, der für ein neues simultanes Gleichgewicht notwendig ist, höher oder niedriger als der Transferbetrag ausfällt, kann nur im konkreten Einzelfall behandelt werden. Sicher ist jedoch, daß die Aufwertungstendenz bei festen Wechselkursen erleichternd und bei flexiblen Wechselkursen erschwerend wirkt. Zudem ist zu vermuten, daß der Fall der Ausgabenreduktion die stärksten Einkommenseffekte erzeugt, gefolgt von der Steuerfinanzierung, während sie im Fall der Kreditfinanzierung am geringsten ausfallen.

Zumeist ist damit zu rechnen, daß das Geberland den Transfer in einer *fremden Währung* leisten muß, die es ex definitione nicht selber schaffen kann, und u.U. keine ausreichenden Reserven für den Transfer besitzt. Zum Budgetproblem tritt in diesem Fall das Devisenproblem (das Transferproblem i.e.S.) hinzu. Die erhöhte Devisennachfrage führt generell zu einem Abwertungsdruck auf die Währung des Geberlandes, vgl. Fall (3) und Fall (4-II). Im Falle der Steuerfinanzierung entschärft der Rückgang der Importausgaben das Devisenproblem, so daß es auch bei festen Wechselkursen gelöst werden kann, wenn gilt $(\alpha - 1/m) = \lambda$. Bei $(\alpha - 1/m) < \lambda$ gilt hingegen, daß weiterhin ein Devisennachfrageüberhang am Devisenmarkt entsteht, der bei festen Wechselkursen durch Eingriff der Zentralbank beseitigt werden muß. Um eine Erschöpfung der Reserven zu vermeiden, kann das Devisenproblem ohne eine weitere Rückführung der Absorption nicht gelöst werden, d.h., die Reaktion der Zahlungsbilanz, wie sie sich in Abb. II-11 und II-12 ergibt, wird unvermeidlich. In der Realität tritt ein solcher Fall auf, wenn die marginale Importquote gering ist, wie es im Falle einer wenig offenen Volkswirtschaft der Fall ist. Daneben entscheidet die Höhe der marginalen Sparneigung und die Steuerquote über die Höhe des Einkommensrückgangs, den marginalen Importquoten m und m^g kommt jedoch die größte Bedeutung zu.

Eine stärker in die internationale Arbeitsteilung eingebundene Volkswirtschaft hat weniger Probleme bei der Budgetaufbringung in fremder Währung, da sie über einen relativ großen Exportsektor und damit über einen leichteren Zugang zu Devisen verfügt. In diesem Fall kann sogar $(\alpha - 1/m) > \lambda$ gelten, so daß die Transferaufbringung nicht zu einem Devisenproblem führt. Neben der hohen marginalen Importquote kann eine solche Konstellation auch auf einen hohen Transfermultiplikator zurückzuführen sein. In diesem Fall gelingt zwar die

Aufbringung, sie ist jedoch mit einer vergleichsweise hohen Einkommenseinbuße verbunden. Verschiebt sich im Extremfall die ZZ-Kurve nach rechts und die IS-Kurve nur wenig nach links, kann sogar ein Devisenüberschuß resultieren, verbunden mit einer Aufwertungstendenz. In der Realität ist jedoch bei isolierter Betrachtung der Budgetaufbringung ohne Rückwirkungen aus dem Ausland als Regelfall sehr wohl mit einer Abwertung aufgrund der Initialeffekte zu rechnen.

Zusammenfassend läßt sich also sagen, daß die Denominierung des Transfers in *Inlandswährung* eher zu einer Aufwertungstendenz, eine Denominierung in *ausländischer Währung* mit hoher Wahrscheinlichkeit zu einer Abwertungstendenz führt, wobei sich die Effekte u.U. umkehren können, wenn der Transfermultiplikator einen hohen Wert aufweist. Ein großer Transfermultiplikator bewirkt – zusammen mit einem hohen Kassenhaltungskoeffizienten bzw. einer hohen marginalen Importquote – einen starken Rückgang des Gleichgewichtseinkommens, der zu einem Nachfragerückgang nach inländischer Transaktionskasse bzw. zu einem Rückgang der Devisennachfrage führt, die den Nachfragezuwachs nach Transferkasse überkompensiert. Bei festen Wechselkursen können Abwertungstendenzen durch die Interventionspflicht der Notenbank ein Reserveproblem begründen, das den Transfer in der gewünschten Höhe unmöglich macht, insbesondere im Falle einer Kreditfinanzierung, d.h., wenn die Rückführung der Absorption nicht gelingt. Bei flexiblen Wechselkursen tritt dieses Problem nicht auf, die Lösung des Devisenproblems gelingt immer, wenn auch möglicherweise nur um den Preis gravierender Einbußen beim Außenwert der Währung.

b) Auswirkung der Finanzierungsart

Bei Kreditfinanzierung entstehen keine initialen kontraktiven realen Wirkungen, und die monetäre Wirkung beschränkt sich auf den (eher geringen) Teil der Transferkasse, deren Finanzierung nicht von einer Ausweitung der Kreditmenge begleitet ist.

Der Gesamteffekt hängt alleine von Zahlungsbilanzreaktionen auf diesen (nicht durch eine Geldmengenerhöhung kompensierten) "Rest der erhöhten Kassennachfrage" ab, im Gegensatz zu den anderen Finanzierungsarten ist die Richtung der Effekte dabei eindeutig von der Denominierung des Transfers abhängig: Ein Transfer in Inlandswährung führt tendenziell zur Verringerung des Wechselkurses (Aufwertung), in Devisen entsprechend zu einem Anstieg (Abwertung). Bei festen Wechselkursen und Transfer in Inlandswährung wird der Transfer vollständig durch eine inländische Geldmengenerhöhung aufgebracht, der in voller Höhe ein monetärer Gegentransfer aufgrund der Zinserhöhung gegenübersteht. Der Transfer hat in diesem Fall nur monetäre Folgen. Bei Denominierung in Devisen kommt es bei festen Wechselkursen zu einer kontraktiven Reaktion der Zahlungsbilanz. Bei flexiblen Wechselkursen kommt es im Fall der Denominierung in ausländischer Währung zu expansiven Effekten, bei

Denominierung in inländischer Währung zu kontraktiven Effekten, die allerdings nur dann ins Gewicht fallen, wenn die monetären Initialimpulse recht hoch ausfallen. Nimmt man jedoch an, daß die Kreditvergabe weitgehend mit einer Geldmengenexpansion – entweder im Inland (bei Kreditaufnahme in Inlandswährung) oder im Ausland (bei Kreditaufnahme in Auslandswährung) – einhergeht, treten die oben geschilderten Effekte nicht auf.

Die Steuerfinanzierung und insbesondere die Finanzierung durch Ausgabenreduzierung wirken stärker kontraktiv, da die inländische Nachfrage reduziert wird. Der Gesamteffekt hängt jedoch von der Relation der Stärke des Gütermarktimpulses zum Transferkassenimpuls ab. Die Reaktion der Zahlungsbilanz erfolgt tendenziell in gleicher Weise wie in dem oben geschilderten Fall der Kreditfinanzierung, allerdings in stärkerem Ausmaß. Es ist daher zu erwarten, daß auch hier die Denominierung des Transfers – im Zusammenhang mit dem Wechselkurssystem – den Ausschlag darüber gibt, ob der Zahlungsbilanzimpuls kontraktiv oder expansiv wirkt. Bei einer sehr starken Reaktion auf dem Gütermarkt und hoher internationaler Kapitalmobilität kann sich jedoch der Initialimpuls in bezug auf den Devisenmarkt umkehren, bei der Kreditfinanzierung ist dieser Effekt nicht zu erwarten.

Die Ergebnisse von Kredit- und Steuerfinanzierung unterscheiden sich in diesem Modell nicht zuletzt deswegen so fundamental, weil davon ausgegangen wird, daß die Kreditfinanzierung keinerlei Wirkung auf das binnenwirtschaftliche Gleichgewicht entfaltet. In intertemporaler Betrachtung zeigt sich jedoch, daß vorausschauende Wirtschaftssubjekte aufgrund der höheren Kreditfinanzierungslast bzw. Anleihezeichnung ebenfalls mit einer Einschränkung ihrer Güternachfrage reagieren können. Im theoretischen Extremfall der Gültigkeit des Ricardianischen Äquivalenztheorems (Äquivalenz von Steuer- und Kreditfinanzierung) würden die Wirkungen der Kreditfinanzierung exakt denen der Steuererhöhung entsprechen – mit der Konsequenz, daß das Verhältnis von Transfermultiplikator zu marginaler Importquote bzw. Kassenhaltungskoeffizient maßgeblich über die Knappheitssituation am Devisenmarkt bzw. Geldmarkt entscheidet. Daß bei historischen Transfers dennoch immer wieder auf die Kreditfinanzierung zurückgegriffen wurde und zudem die Einschränkung der inländischen Absorption oft nur in unzureichendem Maße gelang, ist jedoch ein Indiz dafür, daß die Kreditfinanzierung geräuschloser und unauffälliger vonstatten geht, als dies durch das Ricardianische Äquivalenztheorem unterstellt wird.[159]

---

[159] RICARDO selbst sah Kredit- und Steuerfinanzierung keineswegs als äquivalent an, sondern betrachtete den Fall der Äquivalenz der beiden Finanzierungsarten als theoretischen Referenzfall. Vgl. RICARDO, D.: On the Principles of Political Economy and Taxation, in: SRAFFA, P. (ed.): The Works and Correspondence of David Ricardo, Vol. 1, Cambridge 1951, S. 224 f.

c) Auswirkung des Wechselkurssystems

Das Wechselkurssystem ist ausschlaggebend bei der Frage, ob mit der Zahlungsbilanzreaktion kontraktive oder expansive Folgeeffekte zu erwarten sind. Die Initialeffekte sind, so sie denn auftreten, vorwiegend von der Denominierung des Transfers abhängig:

- Im Fall eines Transfers in inländischer Währung kommt es durch die Budgetaufbringung in der Regel zu einer Aufwertungstendenz. Bei *festen* Kursen wirkt dies expansiv, da es zu einer außenwirtschaftlich induzierten Geldmengenexpansion kommt. Zwar fällt die notwendige Verringerung des Einkommens geringer aus, gleichzeitig bedeutet dies jedoch, daß das Budgetproblem zu einem Teil *monetär gelöst* wird – bei einer Kreditfinanzierung sogar vollständig monetär. Im Falle flexibler Wechselkurse wirkt die Zahlungsbilanzreaktion kontraktiv, da sich die Wettbewerbsfähigkeit verschlechtert. Auch ein rein monetärer Impuls im Falle der Kreditfinanzierung führt dann zu, wenn auch geringen, kontraktiven realen Wirkungen. Bei flexiblen Wechselkursen führt ein Transfer in inländischer Währung generell zu einer Einschränkung der Absorption, während bei festen Wechselkursen aufgrund der expansiven Zahlungsbilanzwirkung eher eine monetäre Alimentation des Transfers stattfindet.
- Ein Transfer in ausländischer Währung führt bei festen Wechselkursen zu einer kontraktiven Reaktion der Zahlungsbilanz, der Gesamteffekt auf das Einkommen ist ebenfalls negativ. Bei flexiblen Wechselkursen kommt es zu einer expansiven Reaktion der Zahlungsbilanz, die die kontraktiven Initialeffekte überkompensieren oder zumindest verringern kann.

Das MUNDELL/FLEMING-Modell wirft in diesem Zusammenhang ein Schlaglicht auf einen zentralen Aspekt des realen Transfers bzw. des monetären Gegentransfers. Die *Durchführung* des monetären Transfers – im Anschluß an die Budgetaufbringung – führt dann unmittelbar zu einem Realtransfer, d.h. zu einem Leistungsbilanzüberschuß, wenn sich die Exportnachfrage seitens des Empfängerlandes verstärkt. Bereits in der Aufbringungsphase des Transfers, wo diese Impulse ausbleiben, kommt es jedoch u.U. schon zu einem Realtransfer, wenn im Zuge der Anpassung an ein neues simultanes Gleichgewicht die Importausgaben sinken oder aber sich die Wettbewerbsfähigkeit des Geberlandes aufgrund einer realen Abwertung verbessert.

In einem System fester Wechselkurse und bei zudem konstantem Preisniveau kann ein Exportüberschuß nicht durch eine Ausweitung der Exporte entstehen, da die Anreize, die das Ausland zu höheren Importen veranlassen – nominaler Wechselkurs und Preise – nicht zur Verfügung stehen. Da unter diesen Bedingungen der reale Wechselkurs kurzfristig nicht variabel ist, gelingt es nicht, sich einen Wettbewerbsvorteil zu verschaffen.[160] Ein Handelsbilanzüberschuß bzw. ein realer Transfer kann allein durch einen Rückgang des Einkommens und die damit einhergehenden geringeren Importausgaben entstehen. Auf der einen Seite bedeutet dies, daß der reale Transfer einen hohen Einkommensrückgang erfordert, insbesondere, wenn die initialen Importeffekte gering sind. Auf der anderen Seite ist zu erwarten, daß unter diesen Bedingungen schneller ein monetärer Gegentransfer zustandekommt, wenn der Transfer in ausländischer Währung zu leisten ist. Generell ist bei festen Wechselkursen der Gesamteffekt des Transfers kontraktiv. Eine Ausnahme ist der Fall der Kreditfinanzierung ohne initiale Geldmengenexpansion bei einem Transfer in inländischer Währung. In diesem Fall wird die inländische Geldknappheit (spätestens) durch eine expansive Geldschöpfung der Notenbank bei gleichzeitiger Erhöhung der Währungsreserven beseitigt. Ein realer Transfer findet nicht statt. Der monetäre Charakter des initialen Impulses sorgt bei festen Wechselkursen vielmehr dafür, daß dem monetären Transfer in voller Höhe ein monetärer Gegentransfer gegenübersteht.

Bei flexiblen Wechselkursen kann die Zahlungsbilanzreaktion den kontraktiven Initialeffekt u.U. überkompensieren, nämlich dann, wenn der Transfer in ausländischer Währung erfolgt. Bei Denominierung in ausländischer Währung kommt es generell zu einem Anstieg des Wechselkurses, der im Falle flexibler Wechselkurse (und normaler Reaktion der Zahlungsbilanz) zu einem Anstieg der Exporte führt. In diesem Fall muß der Realtransfer nicht allein durch einen Rückgang der Importe geleistet werden. Die Importe gehen aufgrund der Abwertung zurück, so daß die Chancen auf einen realen Transfer höher sind, allerdings sinkt das Einkommen nicht so stark, so daß die quantitative Komponente der Importausgaben nicht abnimmt, bzw. sogar zunimmt, wie im Fall (3). In diesem Fall ist der initiale Impuls realer Natur, zudem gelingt es durch die Abwertung, die Wettbewerbsposition zu verbessern. Bei der Denominierung in inländischer Währung kommt es hingegen zu einem Sinken des Wechselkurses. Dies führt über den Anstieg der Importe und des Exportrückgangs zu einem geringeren Realtransfer. Allerdings sinkt das Einkommen, so daß die quantitative Komponente der Importausgaben sinkt.

Zusammenfassend läßt sich sagen, daß in einem Regime fester Wechselkurse die monetären Effekte des Transfers zu geringeren realen Konsequenzen führen, allerdings besteht im Fall des Transfers in ausländischer Währung die Gefahr der Reservenerschöpfung. In einem System flexibler Wechselkurse haben auch die monetären Initialeffekte reale Wirkungen, die die initialen realen Wirkungen im Falle des Transfers in inländischer Währung verstärken oder im Falle des

160 Relativiert werden die Aussagen des MUNDELL/FLEMING-Modells dadurch, daß ein wesentlicher Anpassungsmechanismus bei festen Wechselkursen, nämlich die Veränderung der Preisniveaurelation, durch die Annahme fester Preise an dieser Stelle vollständig ausgeschlossen wird.

Transfers in ausländischer Währung abschwächen. Bei flexiblen Wechselkursen ist zudem zu vermuten, daß die Anpassungen schneller vonstatten gehen, da auch ohne Einkommensänderungen (oder Preisänderungen) ein Teil des Ausgleichs stattfindet. Seine Grenzen findet der Vergleich der Wechselkurssysteme allerdings in der Annahme stationärer Wechselkurserwartungen.

d) Auswirkung hoher Kapitalmobilität

Bei vollkommener Kapitalmobilität und vollkommener Substituierbarkeit in- und ausländischer Wertpapiere verläuft die ZZ-Kurve horizontal. Die Devisenbilanz bleibt bei jeder Einkommenshöhe im Gleichgewicht, denn Veränderungen der Leistungsbilanz werden durch die unendlich hohe Reagibilität der Kapitalbilanz ausgeglichen – das Devisenangebot ist unendlich elastisch. Der Zinssatz ist im Fall eines kleinen Landes exogen gegeben. Durch die Annahme vollständiger Kapitalmobilität ist eine wesentliche Rigidität, die die monetäre und realwirtschaftliche Analyse in bezug auf das Wechselkurssystem unterscheidet, beseitigt. Insbesondere kommt es nicht mehr zu Zinsreaktionen, die auf die binnenwirtschaftliche Nachfrage kontraktiv oder expansiv wirken – der binnenländische Zins-Investitions-Mechanismus ist außer kraft gesetzt. Unterschiede zwischen den beiden Wechselkurssystemen ergeben sich somit allein aus der Intervention der Zentralbank und damit verbundenen Geldmengenwirkungen, die bei festen Preisen immer noch binnenwirtschaftliche Wirkung haben. Der Anpassung des binnenwirtschaftlichen Gleichgewichts kommt in diesem Fall zentrale Bedeutung zu.

Die Finanzierung eines Transfers in inländischer Währung durch Steuern *[Fall (1)]* bewirkt ein simultanes binnen- und außenwirtschaftliches Gleichgewicht bei geringerem Einkommen, vgl. Abb. II-13.

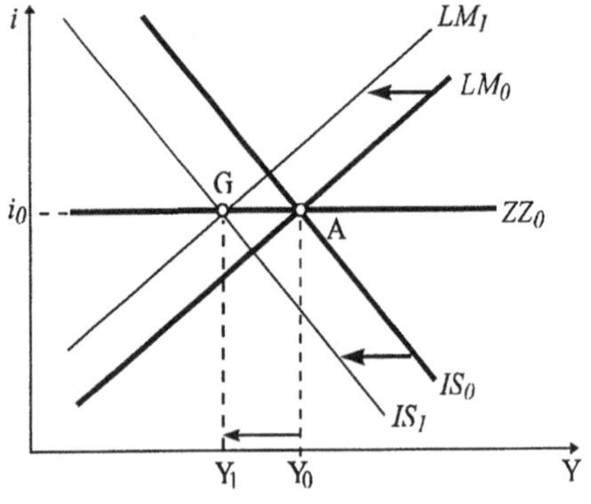

Feste und flexible Wechselkurse

Abb. II-13: Steuerfinanzierter Transfer in inländischer Währung bei vollständiger Kapitalmobilität [Fall (1)]

Die expansiven binnenwirtschaftlichen Effekte der Zinssenkung bleiben aus, das neue Gleichgewicht liegt in Punkt G. Im Umfang des Importrückgangs kommt es zu einem Realtransfer, der übrige Teil des Zahlungsbilanzausgleichs wird durch den Kapitalzufluß aus dem Ausland besorgt. Die Zahlungsbilanz ist ausgeglichen, und der Transfer wird vollständig durch die Reduktion der inländischen Transaktionskasse bereitgestellt, wenn gilt $1/k = \lambda$. Das Wechselkurssystem spielt in diesem Fall keine Rolle, da das außenwirtschaftliche Gleichgewicht auch nach Aufbringung des Transfers nicht gestört ist.

Bewirken die Initialeffekte kein binnenwirtschaftliches Gleichgewicht bei dem bestehenden Zins ($1/k \neq \lambda$), kommt es in der Tendenz zu Zinsveränderungen, die sofort zu Kapitalbewegungen führen. Die Rolle des Wechselkursregimes bei der Determination der Höhe des realen Transfers und des monetären Gegentransfers ist in diesem Fall besonders anschaulich. Bei fixen Wechselkursen muß die Zentralbank den Druck auf den Devisenmarkt in inländische Währung umsetzen, so daß es zu einem neuen binnenwirtschaftlichen Gleichgewicht kommt (Verschiebung der LM-Kurve zum Schnittpunkt der IS- und ZZ-Kurve). Die Verschiebung der IS-Kurve ist bei festen Wechselkursen allein ausschlaggebend für den realen Transfer. Die rein monetären Anpassungen bewirken, daß der *monetäre Gegentransfer* die Höhe erreicht, die für ein binnenwirtschaftliches Gleichgewicht notwendig ist. Bei flexiblem Wechselkurs ist die Verschiebung der LM-Kurve ausschlaggebend für die initiale Höhe des realen Transfers. Ab- bzw. Aufwertungsreaktionen bewirken hier *reale Anpassungen*, die über eine Verschiebung der IS-Kurve die Einkommenshöhe so anpassen, daß der entsprechende Betrag an Transferkasse frei wird.

Die Kreditfinanzierung eines Transfers in inländischer Währung, die nicht durch eine Geldmengenexpansion begleitet ist *[Fall (2-II)]* bewirkt einen rein monetären und binnenländischen Impuls, tendenziell kommt es zu einer Zinssteigerung, vgl. Abb. II-14. Bei fixen Wechselkursen werden die Kapitalimporte in inländische Währung umgesetzt. Es kommt nicht zu einem realen Transfer, die Mittel werden durch die Notenbank bereitgestellt. In Höhe der Kapitalimporte kommt es zu einem monetären Gegentransfer, dem eine Verschuldung im Ausland entspricht. Bei flexiblen Wechselkursen kommt es zu Aufwertungstendenzen, die zu einer Verschiebung von IS- und ZZ-Kurve führen. Der Gegentransfer besteht aus einer *realen* und einer *monetären Komponente*, je nach Höhe der wechselkursinduzierten Importe.

Die Steuerfinanzierung eines Transfers in ausländischer Währung *[Fall (3)]* verschiebt bei $(\alpha - 1/m) = \lambda$ ZZ- und IS-Kurve in gleichem Umfang, vgl. Abb. II-15. Die LM-Kurve verbleibt in ihrer Lage. Das außenwirtschaftliche Gleichgewicht bleibt zunächst gewahrt, denn im Umfang der IS-Kurvenverschiebung kommt es zu einem Rückgang der Devisennachfrage, durch die die Transferkasse in ausländischer Währung aufgestockt werden kann. Ein binnenwirtschaftliches

Gleichgewicht käme nur bei niedrigerem Zinssatz zustande. Gemessen am geringeren Einkommen ist die im Inland vorhandene Geldmenge zu hoch.

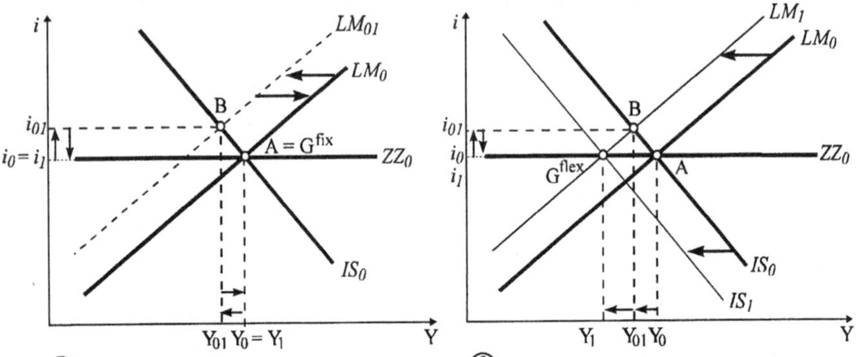

ⓐ *Feste Wechselkurse* ⓑ *Flexible Wechselkurse*

Abb. II-14: Kreditfinanzierter Transfer in inländischer Währung bei vollständiger Kapitalmobilität [Fall (2-II)]

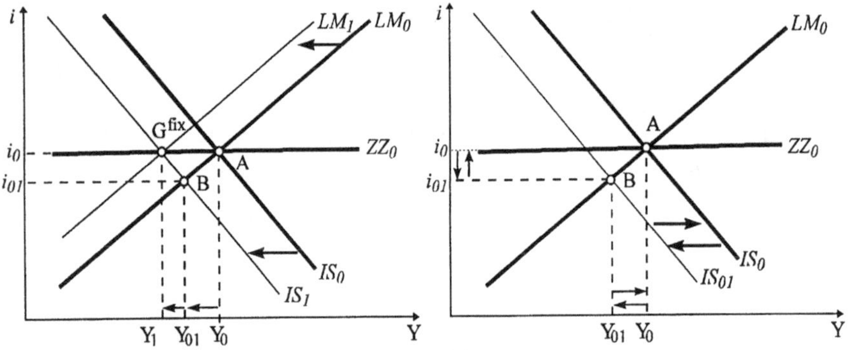

ⓐ *Feste Wechselkurse* ⓑ *Flexible Wechselkurse*

Abb. II-15: Steuerfinanzierter Transfer in Devisen bei vollständiger Kapitalmobilität [Fall (3)]

Bei festen Wechselkursen führt der mit einem niedrigen Zinssatz verbundene Devisennachfrageüberhang zu einem kontraktiven Eingriff der Notenbank, so daß sich die LM-Kurve nach links verschiebt. Der *Realtransfer* erfolgt *in Höhe des monetären Transfers*, da Devisen im Umfang des Importrückgangs frei werden. Bei flexiblen Wechselkursen ist die Lage der unveränderten LM-Kurve ausschlaggebend für ein binnenwirtschaftliches Gleichgewicht. Die Tendenz zur Zinssenkung bewirkt eine Abwertung der heimischen Währung verbunden mit einem expansiven Impuls, der die IS-Kurve wieder zurückverschiebt. Auch in diesem Fall erfolgt ein *Realtransfer in Höhe des monetären Transfers*, denn der Transferbetrag entspricht genau der Höhe des Exportsaldos.

Sowohl bei festen wie auch bei flexiblen Wechselkursen entspricht der monetäre dem realen Transfer bei $1/k = \lambda$. Die Reaktionen unterscheiden sich jedoch bei $1/k \neq \lambda$. Verschiebt sich beispielsweise die ZZ-Kurve stärker, kommt es bei festen Wechselkursen zu einer monetären Reaktion, die ein simultanes Gleichgewicht durch einen monetären Transfer bewirkt. Bei flexiblen Wechselkursen bewirkt der Zahlungsbilanzausgleich auch eine reale Reaktion.

Die Kreditfinanzierung eines Transfers in ausländischer Währung *[Fall (4)]* beeinflußt das binnenwirtschaftliche Gleichgewicht auch dann nicht, wenn ein Nachfrageüberhang am Devisenmarkt entstehen sollte (horizontale Verschiebung der ZZ-Kurve). Kapitalimporte eines kleinen Landes werden bei vollkommener Mobilität ohne Erhöhung des Zinssatzes durchgeführt, so daß ein *Realtransfer nicht stattfindet*, es kommt lediglich zu einem monetären Gegentransfer. Da das binnenländische Gleichgewicht unangetastet bleibt, sind die Wirkungen bei festen und flexiblen Wechselkursen identisch. Der Initialeffekt ist rein monetär. Es kommt zu einer höheren Devisennachfrage, die aufgrund des unendlich elastischen Devisenangebots ohne Veränderungen am Devisenmarkt befriedigt werden kann.

C. Transfer im Monetären Ansatz der Zahlungsbilanz

1. Das Modell des Monetären Ansatzes der Zahlungsbilanz

a) Grundprinzipien

Die ausführliche Betrachtung im MUNDELL/FLEMING-Modell im vorangegangenen Kapitel beruhte ausschließlich auf kurzfristigen Betrachtungsweisen und umfaßte – bis auf die Geldmengenänderungen – keine Bestandsanpassungen bzw. Vermögenseffekte. In der Transferliteratur beschränkten sich solche Vermögenseffekte lange Zeit auf einige wenige Analysen des Transfers von Produktionsfaktoren,[161] durch die jedoch realwirtschaftliche Phänomene beschrieben werden. Bestandsanpassungen von Geld und Vermögen in Form verbrieften Vermögens unter Einbeziehung von Vermögenseffekten, wie sie im folgenden modelliert werden, sind methodisch der monetaristischen Analyse zuzurechnen.[162]

Im folgenden wird der Transfer mit Hilfe des monetären Zahlungsbilanzansatzes untersucht.[163] Im Grunde stellt er eine Renaissance der traditionellen monetären

---

161 Vgl. CAVES, R.E./JONES, R.W.: World Trade and Payments, Boston 1973, S. 460 ff.

162 Vgl. BORCHERT, M.: Außenwirtschaftslehre, 3. Aufl., Wiesbaden 1987, S. 153.

163 Bis Ende der 70er Jahre wurde der Monetäre Ansatz der Zahlungsbilanztheorie an der University of Chicago in wesentlichen Teilen systematisch entwickelt und weiterentwickelt. Vgl. dazu vor allem FRENKEL, J.A/JOHNSON, H.G.: The Monetary Approach to

Außenwirtschaftstheorie dar und weist starke Anklänge an den "specie flow mechanism" von HUME auf. Methodologisch steht er damit im engen Zusammenhang mit den Aussagen der klassischen Transfertheorie und kann zu deren Erweiterung herangezogen werden. Hauptcharakteristikum des Monetären Ansatzes ist die zentrale Bedeutung der Devisenbilanz als Spiegel der Geldmärkte[164], im Gegensatz z.B. zu den Elastizitäts- oder Absorptionsansätzen, die sich mit der güterwirtschaftlichen Seite, vorwiegend der Handels- bzw. Leistungsbilanz, beschäftigen. Im Monetären Ansatz stellt die Zahlungsbilanz gleichsam ein "window to the outside world" dar, über das Überschußnachfrage oder -angebot an Geld ausgeglichen werden können. Anders ausgedrückt werden Zahlungsbilanzungleichgewichte mit Geldmarktungleichgewichten gleichgesetzt. Im Vordergrund steht somit der Zu- oder Abfluß internationaler Währungsreserven im Zuge eines nationalen Geldangebots- oder Geldnachfrageüberschusses. Von Interesse sind demnach auch weniger Zusammenhänge, die die Salden in den Teilbilanzen der Zahlungsbilanz, etwa der Leistungs- oder der Kapitalbilanz beeinflussen, und damit auch indirekt den Devisenbilanzsaldo, sondern es gilt Verhaltensweisen zu erhellen, die *direkten* Einfluß auf die Devisenbilanz haben. Im Prinzip führen alle drei Analysemethoden zu identischen Ergebnissen, da sie denselben Anpassungsprozeß beschreiben,[165] im allgemeinen werden jedoch bei Betrachtung der Teilbilanzen wesentliche, insbesondere monetäre Vorgänge nicht mit in die Betrachtung einbezogen, die der Monetäre Ansatz hingegen in den Vordergrund rückt.

Die Ursprünge des Monetären Ansatzes der Zahlungsbilanztheorie reichen zurück bis zu den Anfängen der klassischen Theorie, mit dem Vordringen der keynesianischen Theorie wurde jedoch die Bedeutung von quantitativen realen Anpassungsreaktionen, insbesondere der Beschäftigung, höher bewertet als die von monetären Variablen, da sie eine bessere Erklärung der konkreten Verhältnisse im Anschluß an den Zusammenbruch des monetären Systems zu Anfang der 30er Jahre – insbesondere der dramatischen Arbeitslosenzahlen – zu liefern vermochte als die klassisch/neoklassische Theorie. Auch in der Transfertheorie dominieren in dieser Periode quantitative Ansätze, wie etwa der von METZLER. Eine Umkehr des keynesianischen Trends läßt sich nach Aussage von FRENKEL/JOHNSON mit dem Erscheinen der "Balance of Payments" von JAMES EDWARD MEADE erken-

---

the Balance of Payments: Essential Concepts and Historical Origins, London 1976, S. 9 ff. und 21 ff.

164 Vgl. zum folgenden FRENKEL, J.A./JOHNSON, H.G.: The Monetary Approach to the Balance of Payments: Essential Concepts and Historical Origins, in: FRENKEL, J.A./ JOHNSON, H.G. (Hrsg.): The monetary Approach to the Balance of Payments, London 1976, S. 21 ff.

165 Vgl. NIEHANS, J.: International Monetary Economics, Baltimore/London 1984, S. 54 und insbesondere S. 77 ff. und 100 f.

nen.[166] Die Transfertheorie wurde von dieser Entwicklung wenig befruchtet, denn hier standen zu diesem Zeitpunkt die Analysemethoden der realen Außenwirtschaftstheorie im Vordergrund (SAMUELSON), während die einkommenstheoretische Analyse des Transfers mit den Werken von JOHNSON ihren abschließenden Höhepunkt erreichte.

Der Zusammenhang von realem und monetärem Sektor wird durch den Zusammenhang von Bestandsgleichgewichten auf den betrachteten Märkten beschrieben. Um ein Bestandsgleichgewicht zu gewährleisten, müssen sich Überschußnachfragen auf den Märkten abbauen. So sind z.B. über die Überschußnachfrage des Geldmarktes auch der Gütermarkt und/oder der Wertpapiermarkt im Ungleichgewicht:

Geldmarkt		Gütermarkt		Wertpapiermarkt
$(M - L)$	$=$	$(Y^d - Y)$	$+$	$(B^d - B)$
[Geldangebotsüberschuß = Devisenbilanzdefizit]		[Güternachfrageüberschuß = Leistungsbilanzdefizit]		[Wertpapiernachfrageüberschuß = Kapitalbilanzdefizit]

Aufgrund der durch das inländische Einkommen gegebenen Budgetbeschränkung (Vollbeschäftigungsannahme), stellen Abweichungen in der Absorption dieses Einkommens, verbunden mit Güter- oder Kapitalexporten bzw. -importen, temporäre Ungleichgewichte dar, die den intertemporalen, langfristigen Charakter des Monetären Ansatzes hervorheben: Ein Devisenbilanzüberschuß, z.B. verbunden mit Güterexporten, stellt eine Akkumulation von Auslandsvermögen dar, das in späteren Perioden für zusätzliche Güterimporte, dann verbunden mit Devisenbilanzdefiziten, genutzt werden kann. Hier ergeben sich Parallelen zum Absorp-

166 Zwar enthielt dieses Werk noch nicht alle Teile des Monetären Ansatzes, die formalen Darstellungen ermöglichten es jedoch JOHNSON und MUNDELL, die Argumentation zu präzisieren und zum Monetären Ansatz zu entwickeln. Methodische Ungenauigkeiten bei MEADE, die mit diesen Arbeiten korrigiert wurden, bezogen sich auf die Unterscheidung von marginaler Sparneigung und marginaler (Devisen-)Hortungsneigung (letztere allein läßt Rückschlüsse auf die Devisenbilanz zu) sowie die Abhängigkeit des Hortens vom Einkommen statt von Portfolioüberlegungen. Bei der Weiterentwicklung zum monetären Ansatz sind vor allen anderen die Werke von JOHNSON zu einer generellen Zahlungsbilanztheorie zu nennen, die den monetären Charakter von Zahlungsbilanzungleichgewichten hervorhoben, sowie MUNDELLs Arbeiten zur Koordination von Geld- und Fiskalpolitik, die zur Erkenntnis führten, daß in einer Welt mit hoher Kapitalmobilität die Zentralbanken weniger Einfluß auf (nationale) Geldmenge und Beschäftigung haben als auf die nationale Kreditschöpfung und den Devisenbilanzsaldo. Eine genaue Rekonstruktion der Entstehung des Ansatzes findet sich bei FRENKEL, J.A./JOHNSON, H.G.: The Monetary Approach to the Balance of Payments: Essential Concepts and Historical Origins, in: FRENKEL, J.A./JOHNSON, H.G. (Hrsg.): The Monetary Approach to the Balance of Payments, London 1976, S. 21 - 45.

tionsansatz, es besteht jedoch ein fundamentaler Unterschied: Während der Absorptionsansatz allgemein auf die Akkumulation oder De-Akkumulation von Auslandsvermögen (als Gütergröße) abstellt, um Abweichungen zwischen (realem) Einkommen und (realer) Absorption zu erfassen, betrachtet der Monetäre Ansatz gezielt solche Transaktionen, die eine Akkumulation oder De-Akkumulation von Geldvermögen, einschießlich Devisen, darstellen. Beispielsweise hat eine autonome Umschichtung von Geldvermögen zu Wertpapiervermögen im Absorptionsansatz keine Folgen für das Zahlungsbilanzgleichgewicht, da die Nettoposition gegenüber dem Ausland unverändert bleibt. Im Monetären Ansatz gehen von dem dadurch entstandenen Geldmarktungleichgewicht jedoch Effekte aus, die u.U. auch im realen Sektor wirken.

Die zahlreichen Grundmodelle des Monetären Ansatzes unterscheiden sich zwar formal und in der Vorgehensweise, am deutlichsten treten die Grundprinzipien des Monetären Ansatzes jedoch in einem Zwei-Länder-Modell bei festen Wechselkursen zutage,[167] wie es im folgenden dargestellt wird. Über die langfristigen Aspekte des Zahlungsbilanzausgleichs herrscht im Lager der Monetären Zahlungsbilanztheorie kaum Uneinigkeit, Unterschiede in Ansätzen und Darstellung ergeben sich größtenteils bei den kurzfristigen Anpassungsmechanismen.

b) Das Geldmarktgleichgewicht

Ausgangspunkt des Zwei-Länder-Modells ist ein homogenes Gut, dessen nominale Weltproduktion der nominalen Weltabsorption (dargestellt in der Währung des Landes A) entspricht:

$$\text{(II-54)} \qquad P^A \cdot Y^A + e \cdot P^B \cdot Y^B = A^A + e \cdot A^B ,$$

wobei P das Preisniveau, Y das gegebene reale Vollbeschäftigungseinkommen, A die nominale Absorption und e den fixen Wechselkurs angibt. Der Index A kennzeichnet Einheiten des Landes A und der Index B entsprechend Einheiten des Landes B. Bei kostenloser Güterarbitrage gilt der internationale Preiszusammenhang, so daß die Preisniveaus fest miteinander verknüpft sind:

$$\text{(II-55)} \qquad P^A = \mu \cdot e \cdot P^B$$

μ ist ein gegebener Proportionalitätsfaktor, der aus der komparativen Kaufkraftparität entstammt, zur Vereinfachung der Analyse im folgenden jedoch vernach-

---

167 Eine erste formale Darstellung des Zwei-Länder-Modells findet sich bei DORNBUSCH, R.: Devaluation, Money and Nontraded Goods, in: American Economic Review, Vol. 63 (1973), S. 871 ff.

lässigt wird ($\mu = 1$), so daß die absolute Kaufkraftparitätentheorie gilt.[168] Eine Differenz zwischen der nominalen Absorption A^A und dem nominalen Einkommen $P^A \cdot Y^A$ entspricht auf güterwirtschaftlicher Seite einem Leistungsbilanzsaldo LBS^A (entsprechendes gilt für Land B), und auf der geldwirtschaftlichen Seite einer Veränderung der Währungsreserven bzw. eine Verringerung der inländischen Geldmenge ΔM^A:

$$LBS^A = P^A \cdot Y^A - A^A = \Delta M^A \qquad \text{(II-56)}$$

Ursachen und Auswirkung von Leistungsbilanzüberschüssen werden im monetären Ansatz aus geldwirtschaftlicher Sicht erklärt.[169] Sie ergeben sich aus Ungleichgewichten an den Geldmärkten in Land A und Land B, auf denen im langfristigen Gleichgewicht das reale Geldangebot M^A/P^A bzw. M^B/P^B einerseits sowie reale Geldnachfrage L^A und L^B andererseits im Gleichgewicht sein müssen:

$$M^A/P^A = L^A \qquad \text{(II-57)}$$

$$M^B/P^B = L^B \qquad \text{(II-58)}$$

Für die nominalen Werte (in Währung des Landes A) kann man schreiben:

$$M^A = P^A \cdot L^A \qquad \text{(II-59)}$$

$$e \cdot M^B = e \cdot P^B \cdot L^B \qquad \text{(II-60)}$$

Dem Geldmarkt fällt im Modell der Monetären Zahlungsbilanzanalyse somit eine zentrale Rolle zu, die es im Gegensatz zu anderen Modellen des Zahlungsbilanzausgleichs erlaubt, die Geldpolitik und die Determinanten von Geldangebot und Geldnachfrage nicht nur in die Analyse miteinzubeziehen, sondern sie zu den wesentlichen Faktoren im Mechanismus des Zahlungsbilanzausgleichs zu machen.[170]

---

168 Zumeist wird in der Analyse des Monetären Ansatzes aus Gründen formaler Einfachheit die absolute Form der Kaufkraftparität verwendet, die Analyse kann jedoch mit der relativen Form erfolgen, um etwa handelbare und nichthandelbare Güter zu berücksichtigen. Die Gültigkeit der absoluten Kaufkraftparität kommt der Fiktion des "Weltmarktes" gleich, bei dem für jedes Gut der Preis über Weltangebot und Weltnachfrage determiniert wird, unabhängig, ob es sich nun um den Markt für ein bestimmtes Gut, den Geldmarkt oder den Kapitalmarkt handelt.

169 In dem hier vorgestellten Modell nach DORNBUSCH stellt Geld den einzigen Vermögensgegenstand dar.

170 Vgl. MUSSA, M.: Tariffs and the Balance of Payments: A Monetary Approach, in: FRENKEL, J.A./JOHNSON, H.G. (Hrsg.): The Monetary Approach to the Balance of Payments, London 1976, S. 190 ff.

Die Höhe des (nominalen) Geldangebots beider Länder zusammen (Welt-Geldangebot M^W), sei exogen durch die Geldschöpfungen der Währungsbehörden M^{*A} und M^{*B} in A und B gegeben, im folgenden mit *"flow supply"* bezeichnet. Die *Verteilung* dieser Geldmenge auf die beiden Länder, also die dort jeweils gehaltenen Geldbestände (*"stock supply"*) M^A bzw. $e \cdot M^B$, hängt von der Nachfrage nach Geld in diesen Ländern ab. Insgesamt müssen sich "stock supply" und "flow supply" entsprechen:

(II-61) $M^W = M^A + e \cdot M^B = M^{*A} + e \cdot M^{*B}$

Für jede Währungsbehörde wird angenommen, daß sie keine Veränderung der nationalen Geldmenge vornimmt, mit Ausnahme solcher, die zur Erhaltung des fixen Wechselkurses notwendig sind. In dem Umfang, wie sie dies tun muß, weicht die national geschöpfte von der national gehaltenen Geldmenge ab.[171]

Zentrales Element des Monetären Ansatzes ist die Geldnachfrage bzw. die reale Kassenhaltung, die bestimmt, in welchem Land sich welche Anteile der internationalen Geldmenge sammeln. In einfachen Modellen, die sich auf Festkurssysteme beziehen, besitzen die nationalen Währungsbehörden zwar die Kontrolle über nationale Kreditschöpfungsmöglichkeiten und damit über den "flow supply of money". Durch die internationale Konvertibilität jedoch ist der "stock supply of money", die tatsächlich in einem Land im Umlauf befindliche Geldmenge, ihrer Kontrolle entzogen. Anders gesprochen ist die Geldnachfrage und deren Änderungsrate zumindest in Teilen unabhängig von der inländischen Geldkomponente (der Anteil der inländischen Geldschöpfung an der gesamten Geldschöpfung). Die Geldnachfrage (bzw. die Kassenhaltung oder Liquiditätspräferenz) kann, je nach Modellansatz, exogen gegeben sein oder von Einkommen und/oder Zinssatz abhängen:

(II-62) $L = L(Y; i)$[172]

Der Einfachheit halber wird die reale Geldnachfrage in Abhängigkeit vom Einkommen definiert, wobei k den Kassenhaltungskoeffizienten angibt:

(II-63) $L = Y \cdot k$

In der nominalen Schreibweise entspricht dies der Cambridge-Geldnachfrage, die Geldhaltung erfolgt ausschließlich zu Transaktionszwecken und verändert sich proportional zum Preisniveau:

(II-64) $L^{nom} = L \cdot P = k \cdot P \cdot Y$

---

171 Vgl. DORNBUSCH, R.: Devaluation, Money and Nontraded Goods, in: American Economic Review, Vol. 63 (1973), S. 872.

172 Gebräuchlich für die Bezeichnung der realen Kassenhaltung ist auch die Variable L_r, auf den Index sei hier jedoch verzichtet.

c) Internationale Geldverteilung

Mit den vorliegenden Gleichungen lassen sich die Geldmengenbestandsgleichgewichte bzw. die internationale Verteilung der Geldmenge beschreiben:[173]

(II-65) $$\frac{M^A}{e \cdot M^B} = \frac{P^A \cdot L^A}{e \cdot P^B \cdot L^B}$$

(II-66) $$M^A = \frac{L^A}{L^A + L^B} \cdot (M*^A + e \cdot M*^B)$$

(II-67) $$M^B = \frac{L^B}{L^A + L^B} \cdot \left[(1/e) \cdot M*^A + M*^B\right]$$

Gleichung (II-65) besagt, daß der Anteil an der Geldmenge, den ein Land akkumuliert ("stock supply"), dem Anteil an der Weltnachfrage entspricht und zwar unabhängig von der im Land geschöpften Geldmenge ("flow supply").[174] (II-66) und (II-67) geben die absolute Höhe der Geldbestände in den Ländern an. Die Höhe der gleichgewichtigen Preisniveaus in den beiden Ländern, die sich aufgrund des Wechselkurses um den Faktor e unterscheiden, ergibt sich aus der Relation von gesamtem Geldangebot zu gesamter Geldnachfrage, wobei der Wechselkurs über den inländischen Wert der jeweils ausländischen Geldmengenkomponente entscheidet:

(II-68) $$P^A = \frac{M*^A + e \cdot M*^B}{L^A + L^B}$$ und

(II-69) $$P^B = \frac{(1/e) \cdot M*^A + M*^B}{L^A + L^B}$$

Dieses Modell erlaubt es nun, die Beziehung zwischen internationalem Preiszusammenhang und Zahlungsbilanzanpassung im monetären Ansatz darzu-

---

173 Zur Herleitung vgl. NIEHANS, J.: International Monetary Economics, Baltimore/London 1984, S. 55 ff.

174 Bereits 1720 wurde von GERVAIS die "natürliche Verteilung des Gelds zwischen Ländern" beschrieben und von HUME mit der Metapher der kommunizierenden Röhren aufgegriffen: "All water, wherever it communicates, remains always at level". Bezogen auf die Weltgeldmenge bedeutet dies, daß der Anteil der Geldmenge in einem Land gemäß seinem Anteil am gesamten "Geldbedarf" verteilt ist (RICARDO nannte dies auch "natural traffic"). Dieser Zusammenhang bildet den Kern des HUMEschen "price specie flow mechanism".

stellen. Ausgehend von einem totalen Gleichgewicht trete z.B. eine Geldmengenerhöhung im Ausland ein, die dort zu einem Angebotsüberhang am Geldmarkt führt. Der Überschuß der realen Kasse über die geplante im Ausland führt zu einem Abbau der Kassenbestände verbunden mit einer entsprechenden Überschußnachfrage auf dem Gütermarkt. Die Preise der ausländischen Güter steigen und über den Preiszusammenhang auch die der inländischen Güter. Aufgrund des inländischen Preisanstiegs steigt nun die inländische Geldnachfrage verbunden mit einer Verringerung der Güternachfrage und einem entsprechenden Angebotsüberhang, der sich in Exportüberschüssen niederschlägt. Die Zahlungs- und Güterströme führen wieder zu einem neuen Gleichgewicht, allerdings bei einem höheren Weltpreisniveau und einem transitorischen Güterstrom zugunsten des inflationären Landes.

MILL leitete aus ähnlichen Überlegungen die Neutralität des Geldes ab, denn eine Erhöhung der Geldmenge in einem Land würde sich prinzipiell in einer Verteilung auf alle übrigen Länder auswirken und alle Preise in gleichem Maße erhöhen. Im Festkurssystem des Goldstandards würde dies durch einen Zinssturz im betreffenden Land ausgelöst, der unweigerlich Goldabflüsse zur Folge haben muß (MILL 1893), so daß langfristig wieder ein Gleichgewicht erreicht wird, auch wenn es temporär zu Devisenbilanzungleichgewichten kommt. Übertragen auf den Kapitaltransfer bedeutet dies, daß das durch den monetären Transfer hervorgerufene Ungleichgewicht in der "natürlichen Verteilung des Geldes" zu Anpassungsreaktionen führt, die auf ein neues Gleichgewicht hinwirken.

2. Transfereffekte im Monetären Ansatz der Zahlungsbilanz

Bei der Untersuchung der für die Transfertheorie wichtige Frage, wie ein Zahlungsbilanzausgleich im Detail ablaufen könnte, finden sich zahlreiche Hinweise darauf, daß die Relation von Einkommen zu Ausgaben schon für die Klassiker eine zentrale Rolle spielte, wenn auch der Veränderung der relativen Preise eine größere Bedeutung beigemessen wurde, vgl. die Diskussionen zwischen TAUSSIG und WICKSELL bzw. zwischen KEYNES und OHLIN in Kapitel I-D. Zwar halten die Vertreter des Monetären Ansatzes den "price specie flow mechanism" für wesentlich, auch wenn anerkannt ist, daß Preisniveauveränderungen allein nicht den kompletten Anpassungsmechanismus beschreiben. Im folgenden wird zudem berücksichtigt, daß von den (Nominal-)Einkommensveränderungen aufgrund der direkten Kaufkraft-Effekte Änderungen im Nachfrageverhalten und damit auch Änderungen der Geldnachfrage oder der Geldumlaufgeschwindigkeit ausgehen können, die ihrerseits auf einen Ausgleich der Devisenbilanz unabhängig von Preisniveauveränderungen hinwirken.

Die Annahme, daß sich monetäre Effekte durch Preis*niveau*veränderungen (bzw. Wechselkursveränderungen) im Wirtschaftsgeschehen fortpflanzen, erlaubt den Rückgriff auf die theoretische Konstruktion des homogenen Gutes, denn

Relativpreisänderungen sind nicht wesentlich für den Zahlungsbilanzausgleich aus monetärer Sicht – relative Preise beeinflussen zwar die *Zusammensetzung* der Ausgaben (z.B. in tradables oder non tradables bzw. Investition oder Konsum), nicht jedoch die gesamte *Höhe* der Ausgaben (von Einkommenseffekten der Substitution wird somit abgesehen). Für die Analyse des monetären Transfers ergeben sich dadurch weitreichende Konsequenzen. So ist die Zahlungsbilanz im Gleichgewicht, wenn dem monetären Transfer ganz allgemein ein gegenläufiger Wertstrom gegenübersteht. Dieser Wertstrom kann aus Wertpapieren wie auch aus (bewerteten) Gütern bestehen, in jedem Falle bewirkt er in Höhe des monetären Transfers eine Umschichtung von Vermögen, die sich auf dem Geldmarkt entsprechend niederschlägt. So sind die Zahlungsströme, die aus dem Erwerb von Gütern und Wertpapieren resultieren, mit Änderungen der Geldmarktgleichgewichte verbunden. Erst wenn der Geldmarkt im Zuge dieser Umschichtungen ein neues Gleichgewicht gefunden hat, sind diese Umschichtungen beendet. Indem er auf die Bestands- und Stromgleichgewichte auf dem Geldmarkt abstellt, die auch eine intertemporale Komponente besitzen, betont der Monetäre Ansatz den langfristigen Charakter von monetären Gleichgewichten und damit auch von Zahlungsbilanzgleichgewichten.[175]

In der Literatur wird davon ausgegangen, daß der Transfer als erstes mit einem Abfluß von Währungsreserven einhergeht. Diese Erkenntnis ist unabhängig davon, ob man nichthandelbare Güter in die Analyse miteinbezieht, von Kapitalbewegungen abstrahiert oder transitorische Preis- und Einkommensveränderungen auftreten.[176] Im folgenden wird jedoch die Transfer*aufbringung* explizit in die Analyse miteinbezogen, d.h., daß vor der Lösung des Transferproblems zunächst das Budgetproblem gelöst sein muß in dem Sinne, daß die zum Transfer benötigten monetären Mittel vom Staat zunächst bereitgestellt werden müssen:

- Im Zuge des Budgetproblems müssen die Wirtschaftssubjekte des Landes, das den Transfer leistet, auf Ausgaben verzichten. Der Staat erhöht seine Transferkasse, indem er Steuern erhöht, die Ausgaben senkt, den Kreditmarkt in Anspruch nimmt oder sich Kredite bei der zentralen Notenbank verschafft. In den ersten drei Fällen kommt es zu einer Nachfrageerhöhung auf dem Geld- oder Devisenmarkt, die im Fall der Kreditschöpfung von einer monetären Expansion begleitet ist. In den beiden letzteren Fällen führt die Aufbringung

175 Vgl. MUSSA, M.: Tariffs and the Balance of Payments: A Monetary Approach, in: FRENKEL, J.A./JOHNSON, H.G. (Hrsg.): The Monetary Approach to the Balance of Payments, London 1976, S. 193 f.

176 Vgl. SWOBODA, A.K.: Monetary Policy under Fixed Exchange Rates, in: FRENKEL, J.A./JOHNSON, H.G.: The Monetary Approach to the Balance of Payments, London 1976, S. 240.

nicht zu unmittelbaren Effekten, da die zusätzliche Kassennachfrage durch Geldschöpfung der Notenbank bzw. Geschäftsbanken finanziert wird.

- Die monetären Mittel müssen in das andere Land transferiert werden, so daß im Empfängerland die Kassenhaltung erhöht wird. In dem Umfang, wie die transferierten Mittel nicht zur Erhöhung der Kassenhaltung verwendet werden, resultiert eine Ausweitung der Güternachfrage, die – soweit sie Importgüter betrifft – einen realen Transfer bewirkt. Dies geschieht durch einen monetären Transfer, der im transfergebenden Land die Geldmenge verringert und im empfangenden Land erhöht (Transfer in inländischer Währung) bzw. auf dem Devisenmarkt ein Ungleichgewicht bewirkt. Der monetäre Transfer führt zu einer "Verschiebung" der Weltgeldmenge.

Zum Verständnis des Monetären Ansatzes sind zwei Gleichgewichtskonzepte zu unterscheiden, ein kurzfristiges und ein langfristiges Gleichgewicht.[177] Beiden gemeinsam ist, daß sich auf dem Geldmarkt geplantes Angebot und geplante Nachfrage entsprechen und daß gleiches auch für den Gütermarkt gilt. Das *kurzfristige* Gleichgewicht wird unter der Annahme abgeleitet, daß die Geldmenge konstant ist, es ist jedoch nicht notwendig, daß sich Einkommen und Absorption entsprechen, denn in diesem Umfang kann es zu Devisenbilanzsalden, d.h. Leistungsbilanzsalden kommen. Kennzeichen des *langfristigen* Gleichgewichts ist es, daß keine weiteren Geldmengenveränderungen stattfinden und das Einkommen der Absorption entspricht. Sind die Bedingungen für ein langfristiges Gleichgewicht nicht erfüllt, so kommt es zu Bestandsanpassungen am Geldmarkt, verbunden mit temporären Geldmengenbewegungen ΔM^A, die aus der Differenz zwischen der inländischen Geldnachfrage und dem inländischen Geldangebot herrühren:

$$\text{(II-70)} \qquad \Delta M^A = \alpha \cdot (L^A - M^A)$$

wobei α ein Anpassungskoeffizient ist, der angibt, welcher Teil des Geldmengenungleichgewichts in einer Periode beseitigt wird. Zwangsläufig entspricht die Veränderung der Geldmenge in einem Land einer gleichläufigen Veränderung der Geldmenge im anderen Land:

$$\text{(II-71)} \qquad \Delta M^A = e \cdot \Delta M^B$$

Ein positiver Wert von ΔM^A wird als Versuch zur Aufstockung der Kassenbestände interpretiert, ein negativer Wert entsprechend als Verringerung. Das oben beschriebene langfristige Gleichgewicht ist erreicht, wenn keine Geldmengenveränderungen mehr stattfinden:

---

177 Vgl. MUSSA, M.: Tariffs and the Balance of Payments: A Monetary Approach, in: FRENKEL, J.A./JOHNSON, H.G. (Hrsg.): The Monetary Approach to the Balance of Payments, London 1976, S. 201 f.

(II–72) $\Delta M^A = e \cdot \Delta M^B = 0$

Die Anpassung an den Transfer läßt sich graphisch anhand von Abb. II-16 beschreiben, in der der Devisenbilanzsaldo in Währungseinheiten des Landes A in Abhängigkeit vom Preisniveau mit Hilfe der Kassenhaltungsfunktionen H^0 für Land A und E^0 für Land B dargestellt ist.[178] Der Verlauf der Kassenhaltungsfunktion des Landes A ergibt sich aus der Gleichung $\Delta M^A = \alpha \cdot (L^A - M^A)$ bzw. $\Delta M^A = \alpha \cdot (k^A \cdot P^A \cdot Y^A - M^A)$: Mit steigendem Preisniveau (d.h. steigender Differenz des inländischen zum ausländischen Preisniveau $P^A - e \cdot P^B$) erhöht sich die nominale Nachfrage nach Geldbeständen (bei unveränderten Einkommen und Kassenhaltungskoeffizienten), die durch einen Zufluß an Devisen ΔM^A befriedigt wird (Um eine unveränderte reale Kasse zu halten, wird versucht, die nominale Kasse zu erhöhen.). Ein monetäres Ausgangsgleichgewicht besteht für Land A in Abb. II-16 in Punkt A, denn hier entsprechen sich nominale Geldnachfrage und nominales Geldangebot, so daß keine Devisentransaktionen ΔM^A notwendig werden.

Ein Zufluß von Devisen für Land A muß in einem Zwei-Länder-Modell identisch mit einem Abfluß von Devisen in Land B sein. Die Kassenhaltungsfunktion des Landes B besitzt eine negative Steigung, da mit steigendem Preisniveau in Land A (aufgrund der strengen Kaufkraftparität) auch das Preisniveau in Land B steigt und somit auch in Land B eine höhere Nachfrage nach Geld entsteht, was einen Abfluß an Mitteln für Land A bedeutet.

Ausgehend vom Gleichgewicht in A führt die *Aufbringung* des Transfers zu einer Verschiebung der inländischen Kassenhaltungsfunktion nach unten auf H_{01}, da die Nachfrage nach Transferkasse steigt. Ein neues Gleichgewicht im Inland wäre nur bei einem niedrigeren Preisniveau zu erreichen, so daß die gehaltene nominale Kasse einer höheren realen Kassenhaltung entspricht. Im Falle des homogenen Gutes und des internationalen Preiszusammenhangs kann es nur einen Preis dieses Gutes in beiden Ländern geben. Verbunden mit der Bedingung, daß die Erhöhung der Kassenhaltung im einen Land der Verringerung der Kassenhaltung im anderen Land entsprechen muß, kommt als Gleichgewicht nur der Punkt B in Frage. Hier ist die Bedingung für ein *kurzfristiges* [Stromgrößen-(!)]Gleichgewicht erfüllt, denn bei diesem Preisniveau entsprechen sich die geplanten Kassenhaltungserhöhungs- und -verringerungswünsche, verbunden mit einem entsprechenden Fluß an Devisen von Land B in Land A.

Daß Punkt B nur ein kurzfristiges Gleichgewicht sein kann, ergibt sich aus seinem Charakter als Stromgrößengleichgewicht, denn die nationalen Geldmärkte (und die Leistungsbilanzen) befinden sich weiter im Ungleichgewicht. Mit der

---

178 Vgl. DORNBUSCH, R.: Devaluation, Money and Nontraded Goods, in: American Economic Review, Vol. 63 (1973), S. 872.

Verlagerung von Geldmenge aus Land B nach Land A ändert sich das *Geldangebot* und damit ein *Lageparameter* der Kassenhaltungsfunktionen in Land A und Land B: Nimmt in Land A die Geldmenge zu, so verringert sich der Überschuß der Geldnachfrage über das Geldangebot entsprechend, die Kassenhaltungsfunktion des Inlandes, die ja gerade diesen Geldüberschuß in Abhängigkeit vom Preisniveau ausdrückt, verschiebt sich entsprechend dieser Verringerung nach links bzw. oben auf H_{02}, d.h., mit der Annäherung an ein Gleichgewicht auf dem Geldmarkt verlangsamt sich die Aufstockung der Kassenhaltung. Gleiches gilt für die Kassenhaltungsfunktion des Auslands: Mit Verringerung des Überschusses des Geldangebots über die Geldnachfrage verschiebt sich die Kassenhaltungskurve *nach links* bzw. *unten* auf E_{02}. Dieser Prozeß setzt sich so weit fort, bis es keine Differenz und somit auch keinen Devisenfluß mehr gibt, der Schnittpunkt beider Kassenhaltungsfunktionen liegt in Punkt C genau auf der Ordinate. Wie schnell dieser Ausgleich erfolgt, gibt der Anpassungsparameter α gibt an.

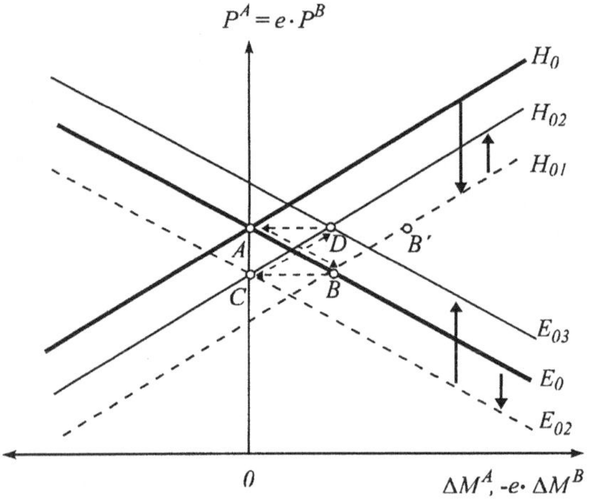

Abb. II-16: Transfer im monetären Ansatz

Mit der *Durchführung* des monetären Transfers kommt es im Geberland zu einer Auflösung der Transferkasse und im Empfängerland zu einer Erhöhung der im Land befindlichen Geldmenge. Die Kassenhaltungskurve des Auslands verschiebt sich nach oben auf E_{03}, da ein neues Gleichgewicht nur bei Preiserhöhungen möglich ist. Ein neues kurzfristiges Gleichgewicht ergibt sich in D im Schnittpunkt von E_{03} und H_{02}. Dieser stellt jedoch nur ein Stromgrößengleichgewicht dar, so daß sich beide Kurven nach links verschieben. Ein neues langfristiges Gleichgewicht, in dem sich die Bestände nicht mehr ändern, ergibt sich im neuen und alten Gleichgewichtspunkt A. Das ursprüngliche Preisniveau stellt sich wieder ein.

Es kommt somit im Zuge des Transfers zweimal zu Impulsen, die jeweils zu einem Geldmengen(rück-)strom in das Land A führen, vgl. Abb. II-17. Die zwischenzeitliche Preisniveausenkung resultiert aus der allgemeinen Geldknappheit, hervorgerufen durch die Bindung monetärer Mittel in der Transferkasse.

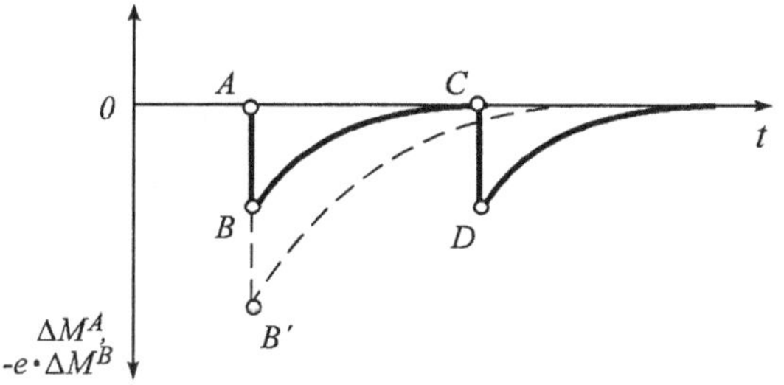

Abb. II-17: Dynamik des Transferablaufs

Zur genauen Analyse des Transfers sei noch einmal der Zusammenhang zwischen monetärem und realem Sektor betrachtet. Die Erklärungskomponente des Monetären Ansatzes liegt zwar ausschließlich beim Devisenbilanzsaldo als "monetäres Phänomen",[179] doch mit Hilfe des Gesetzes von WALRAS lassen sich auch Implikationen der monetären Auswirkungen auf den güterwirtschaftlichen Teil des Modells betrachten. Ein Geldmarktungleichgewicht korrespondiert mit einem Ungleichgewicht in der Bilanz der laufenden Transaktionen, d.h., im gleichen Umfang, wie es z.B. in Land A zu einem Devisenzufluß kommt, müssen die Leistungsbilanz und/oder die Kapitalbilanz Salden aufweisen. Abstrahiert man von Kapitalbewegungen, so entspricht dem Devisenbilanzsaldo immer auch ein Leistungsbilanzsaldo. Das Bindeglied zwischen monetärem und realwirtschaftlichem Sektor im monetären Modell stellt die Budgetrestriktion des Nominaleinkommens verbunden mit den Kassenhaltungswünschen dar: Das Nominaleinkommen $Y \cdot P$ wird für die geplante nominale Absorption und für Veränderungen der Geldbestandshaltung ausgegeben. Im Umfang, wie die Kassenhaltung als zu hoch (bzw. zu niedrig) angesehen wird, kommt es zu einer Verringerung (bzw. Aufstockung) der Kassenhaltung, verbunden mit einer höheren (bzw. geringeren) nominalen Absorption. Ist die Überschußnachfrage auf dem Geldmarkt abgebaut (Geldmarktgleichgewicht), so entspricht nach dem Gesetz von WALRAS auch die Absorption dem Einkommen (Gütermarktgleichgewicht). Im Monetären Ansatz ist also ein (temporärer) Geldstrom, der die Bestandsgleichgewichte wiederherstellt, *gleichzeitig* mit einem (temporären) Güterstrom in Gegenrichtung verbunden. In diesem Zusammenhang ist nun der Faktor α relevant, denn er

---

179 Vgl. MUSSA, M.: Tariffs and the Balance of Payments: A Monetary Approach, in: FRENKEL, J.A./JOHNSON, H.G. (Hrsg.): The Monetary Approach to the Balance of Payments, London 1976, S. 189 f.

impliziert, daß die Neigung, das Einkommen zu absorbieren, kurzfristig kleiner als 1 ist, verbunden mit entsprechenden Geldmarktungleichgewichten, langfristig jedoch gleich 1 ist, wenn das Gleichgewicht erreicht ist.[180] Bezogen auf die graphische Darstellung bedeutet dies, daß α bestimmt, wie sich die Funktionen im Zeitablauf verschieben, um z.B. vom Gleichgewicht B zu einem langfristigen Gleichgewicht C zu kommen. Im langfristigen Gleichgewicht entsprechen sich dann Absorption und Einkommen, so daß die Absorptionsquote 1 ist. Im Endgleichgewicht ist die überschüssige Geldmenge vollständig wieder nach Land A zurückgeflossen. Bei Abwesenheit von Kapitalbewegungen entspricht dies in vollem Umfang einem (bewerteten) Güterfluß in entgegengesetzter Richtung, es kommt im Umfang des monetären Transfers auch zu einem realen Transfer. Im Endgleichgewicht kommt es bei einem permanenten Transfer nicht mehr zu Bestandsänderungen, dem Kapitalbilanzsaldo entspricht ein Leistungsbilanzsaldo in voller Höhe.[181]

Der Leistungsbilanzsaldo ist vollständig auf die Arbitrage bzw. auf Handelsumlenkungen aufgrund von Preisdifferenzen zurückzuführen, d.h., es kommt im Zuge der *Budgetaufbringung* zu einer *Verschlechterung der terms of trade.* Der Leistungsbilanzsaldo setzt sich aus einer Mengen- und einer Preisänderung zusammen: Die Preisänderung ist umso geringer, je schneller Preisdifferenzen zu Handelsumlenkungen führen. Die Effekte nach *Durchführung* des Transfers bewirken ebenfalls eine terms of trade-Veränderung, diesmal in die Gegenrichtung. Durch diese gegenläufige Änderung ist gewährleistet, daß der Gegentransfer in Form von Gütern dem monetären Transfer dem *Wert* nach entspricht. Das Einkommen in beiden Ländern bleibt im Falle des Ein-Gut-Modells unverändert, denn die Überschußnachfrage in einem Land entspricht genau dem Überschußangebot im anderen. Außer dem temporären Hin- und Rückfluß von Geldmengen, verbunden mit einem gewünschten temporären Güterabfluß aus Land A in Land B, hat dieser Transfer keine weiteren Auswirkungen, denn nach Abschluß der Bewegungen befinden sich die Bestände wieder im Gleichgewicht. In dem gewählten Beispiel der Abb. II-16 kommt es bereits durch die Transferaufbringung zu einem Realtransfer, der der Hälfte des Transferbetrags entspricht. Die andere Hälfte des Realtransfers erfolgt im Anschluß an den monetären Transfer.

---

180 Vgl. DORNBUSCH, R.: Devaluation, Money and Nontraded Goods, in: American Economic Review, Vol. 63 (1973), S. 872.

181 Dieser Sachverhalt wurde schon in den klassischen Ansätzen zur Transfertheorie postuliert. TAUSSIG führte 1920 aus: "If there be a continuing and undeceasing remittance, for example a perpetual tribute, specie will flow out of the tributary country and into the receiving country until the readjustment of imports and exports supplies a merchandise balance equal to the tribute. Then the flow of specie will definitely cease." [TAUSSIG, F.W.: Germany's Reparation Payments, in: The American Economic Review, Vol. 10 (1920), S. 35].

Folgt der monetäre Transfer unmittelbar auf die Mittelaufbringung, so entfällt diese temporäre Geldknappheit, die Kurven E_0 und H_0 verschieben sich simultan um den gleichen Betrag nach rechts. Ein neues kurzfristiges Gleichgewicht ergibt sich dann in Punkt B′. Durch die Veränderung der Bestandsgrößen kommt es auch in diesem Fall zu einem langfristigen Gleichgewicht in Punkt A.

Auch wenn Aufbringung und monetärer Transfer unmittelbar aufeinanderfolgen, kann es dennoch zu kurzfristigen Effekten auf das Preisniveau kommen. So können die Kassenhaltungserhöhungs- und Kassenhaltungsverringerungswünsche auseinanderfallen, wenn unterschiedliche Anpassungsgeschwindigkeiten α der Zahlungsbilanz in beiden Ländern existieren.[182] Besitzt das Transfergeberland die höhere Anpassungsgeschwindigkeit, so werden sich die Kassenhaltungserhöhungswünsche stärker am Weltmarkt bemerkbar machen als die Kassenhaltungsverringerungswünsche des Nehmerlandes – die Weltgeldnachfrage steigt, die Weltgüternachfrage sinkt. In diesem Fall kommt es temporär zu einem Absinken des Weltpreisniveaus, das wieder ansteigt, wenn die sich später äußernden Kassenhaltungsverringerungswünsche des Nehmerlandes überwiegen.[183] Die Überschußnachfragen auf dem Geldmarkt aufgrund der unterschiedlichen Anpassungsgeschwindigkeiten schlagen sich auch im güterwirtschaftlichen Bereich nieder und beeinflussen die terms of trade. Die Ergebnisse des Grundmodells der klassischen Transfertheorie finden sich hier bestätigt: Es gibt keinen zwingenden Hinweis auf eine Verschlechterung der terms of trade für das transferierende Land, sowohl eine Verbesserung wie eine Verschlechterung kann eintreten, je nachdem ob die Realkassenwünsche des Nehmer- oder des Geberlandes sich schneller am Markt artikulieren. Der Rückgang der terms of trade wird in diesem Fall jedoch durch das zeitliche Auseinanderfallen von Budgetaufbringung und monetärem Transfer erklärt.

Eine wesentliche Annahme bei dieser Analyse, die gleichzeitig die Rolle der Geldpolitik beleuchtet, besteht darin, daß die Währungsbehörden nur zur Aufrechterhaltung des Wechselkurses die Geldmenge variieren.[184] Sind die Währungsbehörden in beiden Ländern hingegen an einer Konstanthaltung der inländischen Geldmenge interessiert, so treten keine Effekte auf die Absorption auf und der Transfer führt nur zu einer Veränderung der Währungsreserven der Währungsbehörden. Gleiches gilt für eine Kreditfinanzierung, die mit einer Geldmengenexpansion einhergeht. Tritt die Veränderung nur in einem Land auf,

---

182 Wie in Kapitel III-C zu zeigen sein wird, können die unterschiedlichen Anpassungsgeschwindigkeiten z.B. aus unterschiedlichen intertemporalen Konsumpfaden herrühren.

183 Vgl. dazu die Ausführungen von NIEHANS, J.: International Monetary Economics, Baltimore/London 1984, S. 45 f.

184 Vgl. DORNBUSCH, R.: Devaluation, Money and Nontraded Goods, in: American Economic Review, Vol. 63 (1973), S. 871 - 880.

so kommt es nur in einem Land zu einer Überschußnachfrage und eine entsprechende Veränderung des Preisniveaus ist unvermeidbar. Kompensiert das transfergebende Land den Geldmengenabfluß, so kommt dies einer Ausweitung der Weltgeldmenge mit entsprechendem Anstieg des Weltpreisniveaus gleich; eine Sterilisation des monetären Transfers in Land B alleine entspricht dagegen einer Verringerung der Weltgeldmenge, verbunden mit einer internationalen Deflationstendenz. Der Güterfluß ist im Umfang der Sterilisation geringer, denn die Bestandsanpassungen werden durch monetäre Anpassung *innerhalb* eines Landes und nicht *zwischen* den Ländern bewirkt.

3. Modifizierung der Annahmen

a) Internationale Kapitalbewegungen

Eine der Prämissen der bisherigen Darstellung war die Abwesenheit internationaler Kapitalbewegungen. Läßt man internationale Kapitalbewegungen zu, so ist der Ausgleich der Devisenbilanz nicht mehr allein durch die Leistungsbilanz möglich, vielmehr ist eine Kombination von Kapitalbilanzdefizit und Leistungsbilanzdefizit als Reflex eines Devisenbilanzüberschusses zu erwarten.[185]

Mit der Aufbringung eines Transfers in Inlandswährung ist eine Erhöhung der Kassennachfrage verbunden, die entweder mit einer staatlichen Nachfragesenkung auf dem Gütermarkt oder Nachfragesteigerung auf dem Wertpapiermarkt verbunden ist. Im ersten Fall wird der Transfer durch eine Ausgabenreduktion finanziert, im zweiten Fall durch erhöhte Kreditnachfrage. Die alleinige Betrachtung des monetären Sektors liefert keine Aussagen darüber, wie sich dieser Effekt auf Wertpapier- und Gütermärkte verteilt. In dem Umfang, wie sich der Effekt am Gütermarkt manifestiert, kommt es zu einem Rückgang der binnenländischen Nachfrage sowie der Importnachfrage. Erstere bewirkt unter Vollbeschäftigungsannahmen einen Rückgang des Preisniveaus, die reale Beanspruchung des Sozialproduktes durch den Staat wird zurückgedrängt, die der privaten inländischen und auch der ausländischen Wirtschaftssubjekte wird etwas erhöht. Die Importe des Staates wie auch der Privaten sinken aufgrund der Preisdifferenz zum Ausland. Ob durch die Preisniveausenkung bereits der erforderliche Anteil an Realkasse aufgebracht wird, ist fraglich, zusätzlich kann es zu einem Zinsanstieg im Geberland kommen, der einen Teil der Portfoliokasse freisetzt. Im Umfang der Leistungsbilanzverbesserung kommt es zu einem realen Transfer, im Umfang der Kapitalzuflüsse (aufgrund des Wertpapierangebots des Staates und aufgrund des höheren Zinsniveaus) zu einem monetären Gegentransfer.

---

185 Vgl. FRENKEL, J.A./RODRIGUEZ, C.A.: Portfolio Equilibrium and the Balance of Payments: A Monetary Approach, in: American Economic Review, Vol. 65 (1975), S. 674 ff. und auch schon früher JOHNSON, H.G.: Towards a General Theory of the Balance of Payments, in: International Trade and Economic Growth, London 1958, S. 52.

Der Fall der Reparationszahlungen unter dem DAWES-Plan verdeutlicht die *Bedeutung von Kapitalbewegungen*, die letzlich die notwendigen Anpassungsbewegungen verzögern. Der Wegfall Möglichkeit der verzögerten realen Anpassung offenbarte aber auch schlagartig die Anpassungslast, die mit einem Transfer einhergeht. Deutschland mußte im Zeitraum nach der Hyperinflation von 1923 keine Deflation erdulden, die Empfängerländer wiederum weiteten ihre Ausgaben nicht aus, sondern nutzten die empfangenen Reparationszahlungen zur Tilgung der Kriegsschulden, so daß es nicht zu signifikanten Leistungsbilanzdefiziten kam. Deutschland versuchte zwar, die Reparationszahlungen durch Steuererhöhungen zu finanzieren, die für sich genommen deflationär gewirkt hätten. Allerdings kam es in Deutschland aufgrund der Kapitalknappheit zu Zinserhöhungen und zu erhöhten Kreditvergaben seitens der USA, speziell seitens der neu geschaffenen New Yorker Investmentbanken. Nicht zuletzt aufgrund der Währungs- und Wirtschaftsreform (vor allem Einführung der Rentenmark, dann der Reichsmark; Kreditplafondierung an öffentliche Körperschaften; Verbot für die Reichsbank, Staatspapiere zu zeichnen) galt Deutschland als Schuldnerland guter Bonität. Die Industrie sowie die lokalen Finanzbehörden konnten sogar zusätzliche Ausgaben durch Kredite finanzieren, so daß es nicht zur Deflation kommen konnte. England und Frankreich auf der anderen Seite erhöhten ihre Ausgaben nicht, sondern nutzten die Reparationszahlungen zur Schuldentilgung, hauptsächlich gegenüber den USA. Statt eines Realtransfers hatten die Reparationszahlungen in dieser Phase nur Umschuldungen, d.h. einen internationalen Kredittransfer zur Folge. Die These von KEYNES, daß es nicht gelingen würde, die deutschen Exporte zu steigern, konnte empirisch nie geklärt werden, da Deutschland die Exportpreise nie senkte. OHLINs These der Kaufkraftverteilung konnte gleichfalls nie geklärt werden, da die Reparationszahlungen nie kaufkraftwirksam wurden. Zwar wuchs in dieser Zeit die Auslandsverschuldung Deutschlands ungefähr im Rahmen der Reparationsverpflichtungen an, aufgrund der hohen Kapitalmobilität und des hohen Kapitalangebots blieben Signale, die auf eine reale Anpassung in Form eines Handelsbilanzüberschusses hingewirkt hätten, jedoch aus.

1928 kam es zu einem Abbruch der langfristigen Kreditvergabe Amerikas an Deutschland, die Lücke wurde bis 1929 durch kurzfristige Kreditvergabe geschlossen. Deutschlands Leistungsbilanz blieb defizitär. Nach dem Zusammenbruch der positiven Erwartungen 1928 und ersten Krisenerscheinungen an den Börsen kam es zu einem ersten Kapitalabzug aus Europa. Die Reaktion der Kapitalbilanz auf den Transfer fiel nun geringer aus. Die erste Reaktion bestand darin, den Umfang der Reparationen neu zu verhandeln.[186]

---

186 Unter dem Vorsitz von YOUNG wurde von einer Sachverständigenkommission der YOUNG-Plan entwickelt, der am 21.8.1929 in Form des Zweiten Haager Abkommens angenommen wurde und ab Mai 1930 in Kraft trat. Die Tilgung der Reparationsschulden sollte über 59 Jahre (bis 1988) mit jährlich 2 Mrd. Goldmark erfolgen. Die eigens errich-

Mit dem Ende auch der kurzfristigen Kreditvergabe nach dem amerikanischen Börsenkrach vom 24.11.1929 änderte sich die Situation dramatisch. Der Geldmengenabfluß des Transfers wurde nicht mehr durch einen Kapitalbilanzsaldo kompensiert, so daß Preisniveauwirkungen unvermeidlich wurden. Die *Deflation* reduzierte die Importe drastisch von 3,23 Mrd. US $ 1929 auf 2,53 Mrd. 1930 und 1,66 Mrd. 1931. Die Deflation (unterstützt durch die restriktive Haushaltspolitik der Regierung unter Reichskanzler BRÜNING) bewirkte zwar einen Realtransfer, Deutschland gelang es jedoch immer weniger, seinen Zahlungsverpflichtungen nachzukommen. Die Bewertung war unterschiedlich: auf der einen Seite zeigte sich, wie effektiv Einkommenswirkungen die Leistungsbilanz verbesserten, auf der anderen Seite stieg die Arbeitslosigkeit auf 5,5 Mio. bzw. auf 30% der Arbeitsbevölkerung an – ein Grundstein für den nationalsozialistischen Wahlerfolg. Ironischerweise konnte das demokratische System von der 1932 eingeleiteten antizyklischen Politik unter SCHLEICHER und v. PAPEN nicht mehr profitieren.

In der Weltwirtschaftskrise wurde die Belastung des Transfers plötzlich deutlich. Mit der österreichischen Bankenkrise im Mai 1931 aufgrund des Abzugs französischen Kapitals wurden auch in Deutschland einige Kreditinstitute geschlossen, so daß neben internationalen Kreditquellen nun auch die nationalen versiegten: Mit der Annahme des HOOVER-Moratoriums am 20. Juni 1931 wurden die Reparationszahlungen ausgesetzt.[187]

b) Mehr-Länder-Fall

Bei realistischer Abstinenz vom theoretischen Konstrukt einer Zwei-Länder-Betrachtung wird deutlich, daß sich der reale Transfer nicht konkret auf das Empfängerland bezieht, sondern generell auf alle anderen Ländern, mit denen

tete Bank für Internationalen Zahlungsausgleich (BIZ) in Basel sollte die Zahlungen abwickeln. Eine internationale Anleihe in Höhe von 300 Mio US-Dollar war ebenfalls vorgesehen. Vgl. JOHNSON, E. (ed.): The Collected Writings of John Maynard Keynes, Vol. XVIII: The End of the Reparations, London/Basingstoke 1978, S. 304 ff.

187 Die Verpflichtungen aus dem YOUNG-Plan wurden durch das Lausanner Abkommen (9. Juli 1932) nach einer letzten Abschlagszahlung (3 Mrd. Reichsmark in Form einer Schuldverschreibung, die jedoch von der nationalsozialistischen Regierung nicht bedient wurde) für hinfällig erklärt. Der Schuldendienst für die DAWES-Anleihe wurde 1952 nach dem Londoner Schuldenabkommen wieder aufgenommen. Letztlich wurde ein Großteil der Reparationen in Form direkter Sachleistungen erbracht, insbesondere des nichtmilitärischen Rücklasses an den Fronten, der Handelsschiffe und Kohlelieferungen. Die Reparationszahlungen wurden von der deutschen Regierung auf insgesamt 68 Mrd. Reichsmark beziffert, aufgrund unterschiedlicher Bewertung der Sachleistungen von der Reparationskommission auf 21 Mrd. Reichsmark. Vgl. auch KINDLEBERGER, C.P.: International Economics, 3rd ed., Homewood 1963, S. 320 ff, sowie JOHNSON, E. (ed.): The Collected Writings of John Maynard Keynes, Vol. XVIII: The End of the Reparations, London/Basingstoke 1978, insbesondere S. 351 ff.

Handelsbeziehungen bestehen. Es ist zu erwarten, daß in erster Linie solche Länder vom Leistungsbilanzüberschuß des Geberlandes profitieren, die traditionell Handelsbeziehungen zum Geberland pflegen. Dazu ein Blick auf die güterwirtschaftlichen Ursachen des Leistungsbilanzüberschusses:

- Indem der Staat weniger Staatsausgaben tätigt, kommt es zunächst zu einem Rückgang der Importnachfrage. Der Importrückgang betrifft die Länder, die diese Importgüter produzieren, also nur zu einem geringen Teil das Empfängerland, insbesondere wenn es sich um ein Entwicklungsland handelt, das nur in geringem Umfang in die internationale Arbeitsteilung einbezogen ist. Ein Realtransfer direkt in das Empfängerland aufgrund des Importrückgangseffektes muß somit sehr gering ausfallen. Insbesondere wenn die staatlichen Ausgabenrückgänge die inländischen Transfereinkommen betreffen – wie Renten und Sozialhilfezahlungen –, werden sie nur in geringerem Umfang zu einem Rückgang der Importe führen. Höher dürfte der Effekt ausfallen, wenn über eine Steuererhöhung alle Einkommen betroffen sind, also auch höhere Einkommen, bei denen eine höhere Importquote zu vermuten ist.
- Durch den Nachfragerückgang kommt es zu einem Preisniveaurückgang, der zu Güterarbitragevorgängen bzw. zu einer Umlenkung der Handelsströme führt. Davon werden insbesondere Güter mit hoher Substitutivität betroffen sein, die international eine hohe Homogenität aufweisen, d.h. insbesondere Rohstoffe und bestimmte standardisierte industrielle Erzeugnisse. Auch dieser Effekt dürfte das Empfängerland nur zu dem Teil betreffen, zu dem es am diesbezüglichen Güteraustausch mit dem Geberland teilnimmt.

Es bleibt festzuhalten, daß die (gelungene) Budgetaufbringung zwar im Geberland zu einem beträchtlichen Leistungsbilanzüberschuß führt, dieser jedoch nur zu einem Bruchteil gegenüber dem Empfängerland besteht, so daß von einem Realtransfer in das Empfängerland noch nicht gesprochen werden kann. Die terms of trade des Geberlandes erfahren in dieser Phase eine Verschlechterung, denn nur auf diese Weise kann es zu einem Leistungsbilanzüberschuß kommen. Geht man also von der geschilderten Reihenfolge – zuerst Lösung des Budgetproblems und dann erst monetärer Transfer – aus, so erfolgt zunächst eine Verschlechterung der terms of trade, die sich dann u.U. in eine terms of trade-Verbesserung umkehrt, wenn das Empfängerland verstärkt Güter im Geberland nachfragt. Die zeitliche Disparität ist in diesem Fall mit ausschlaggebend für die Entwicklung der terms of trade.[188] Auch die Durchführbarkeit eines Transfers wird durch die zeitliche Disparität beeinflußt. So bemerkte TAUSSIG zu den deutschen Reparationszahlungen: "... Germany's circulating medium would be

188 Vgl. auch KINDLEBERGER, C.B.: International Economics, 3rd ed., Homewood 1963, S. 314: "If the price mechanism takes the lead in transferring the capital, the terms of trade will evidently turn against the lender and in favour of the borrower."

drained in a few months, at most in a year. ... It could be doubtless argued, that eventually there must come a readjustment... But such drastic adjustment could be reached only after a period of monetary revolution and credit collapse which would affect not Germany alone, but the entire world."[189] Nicht zuletzt aus diesem Grunde wurde ein Teil der Reparationsschulden in Kreditverpflichtungen umgewandelt, so daß sich die Anpassungszwänge auf einen größeren Zeitraum verteilten. Daß die Anpassungen letztlich erfolgen würden, wurde zu Beginn der Reparationen nicht generell bezweifelt. Hinsichtlich des Währungsregimes nahm TAUSSIG an, daß die Anpassungswirkungen in einer Papierwährung sogar noch schneller ablaufen würden als unter dem Goldstandard, da eine reale Abwertung leichter zu erreichen sei. Die Wechselkursänderung ersetzt die notwendigen Preisanpassungen.

Die Transferkasse des Staates, die im Zuge des Ausgabenrückgangs frei wird, entstammt monetär zum einen einer Verringerung der nominalen Kassenhaltung bei gesunkenem Preisniveau (dies führt am Geldmarkt zu einer Verringerung der Kassennachfrage privater Haushalte und Unternehmen, die die gestiegene Geldnachfrage seitens des Staates ausgleicht), zum anderen kommt es zu Zinssteigerungen, die einen Teil der Portfoliokasse freisetzen. Bei festen Wechselkursen führt dieser Zinsanstieg zudem zu Kapitalzuflüssen aus dem Ausland, die ceteris paribus von der Währungsbehörde in inländische Währung umgewandelt werden. Auf güterwirtschaftlicher Seite führt der Zinsanstieg zu einer weiteren Reduktion der Güternachfrage, verbunden mit weiter sinkenden Preisen. Diese zinsbedingte Nachfragereduktion erstreckt sich in diesem Fall auch auf Exportgüter hoher Qualität (Investitionsgüter), insbesondere bei einer intensiven Einbindung des Geberlandes in die internationale Arbeitsteilung. Je offener auf der anderen Seite die Kapitalmärkte, desto weniger wirkt sich der Zinsrückgang im Inland aus, da die Kapitalzuflüsse aus dem Ausland als Ventil der Geldknappheit dienen. Dies bedeutet aber auch, daß es in diesem Fall schneller zu einem monetären Gegentransfer kommt, d.h., daß die monetäre Knappheit zu einer monetären und nicht zu einer güterwirtschaftlichen Reaktion führt.

c) Probleme in der Phase des monetären Transfers

Probleme, die sich bei Aufbringung des Transfers ergeben, strahlen unmittelbar auf den Transferprozeß aus. Bisher wurde angenommen, daß die zusätzliche Geldnachfrage z.T. durch das Inland und z.T. durch das Ausland befriedigt wird. Es kommt zu einem Zustrom von Devisen, der im Falle fester Wechselkurse durch die Zentralbank zur festen Parität in inländische Währung umgewandelt

---

189 TAUSSIG, F.W.: Germany's Reparation Payments, in: The American Economic Review, Vol. 10 (1920), S. 37.

wird. Ob diesem Devisenzustrom Güter- oder Kreditwerte gegenüberstehen, hängt von der Finanzierungsart ab sowie von Portfolioüberlegungen. Probleme bei der Aufbringung entstehen unter anderem, wenn es nicht gelingt, die Wettbewerbsfähigkeit zu verbessern. In diesem Fall gelingt es nicht, einen Leistungsbilanzüberschuß zu erzeugen, der zu Devisenzuflüssen führt. Die Gründe können vielfältig sein:

- Dies kann der Fall sein, wenn es nicht gelingt, die inländische Absorption zurückzufahren, so daß keine Produktivkräfte für die verstärkten Exporte frei werden.
- Des weiteren wird die Aufbringung erschwert, wenn es nicht zu Importverzichten kommt, die einen Rückgang der Devisennachfrage bewirken.
- Bei geringer Kapitalmobilität bzw. bei geringem Vertrauen in die Kreditmärkte kommt es nicht zu Kapitalimporten. Die Transfersumme kann in diesem Fall nicht durch ausländischen Zufluß aufgebracht werden. Ein Transfer in inländischer Währung kann dann zwar noch gelingen, ein Transfer in ausländischer Währung ist ohne anhaltenden Devisenzufluß jedoch nicht möglich.

Nach der Aufbringungsphase soll nun die *Phase des monetären Transfers* genauer betrachtet werden. Mit der Durchführung des monetären Transfers werden die Mittel in das Empfängerland übertragen. Für das Geberland entstehen auch in diesem Fall nur geringe unmittelbare Effekte, da die Finanzierung bereits im Zuge des Bugetproblems gelöst wurde: Für das Geberland werden die Effekte im wesentlichen durch die Aufbringung begründet, im Empfängerland hingegen durch die Verwendung des monetären Transfers. Die expansiven Effekte betreffen zu einem gewissen Teil auch das Geberland, jedoch ist aus Sicht des Geberlandes damit zu rechnen, daß die Exportnachfrage nur um einen Bruchteil des Transfers steigt. In der Praxis wird deshalb häufig auf eine Bindung des Transfers zurückgegriffen, um den Rückfluß der Transfermittel zu erhöhen. Gerade bei Entwicklungshilfeprojekten in Form von Infrastruktur-Großprojekten ist der Anteil von technologischer Hilfe des Geberlandes besonders hoch.

Sehr langfristig lassen die Aussagen des Monetären Ansatzes erwarten, daß sich die Weltgeldmenge wieder wie zuvor verteilt. Die dem Empfängerland zugeflossene Geldmenge fließt wieder ab, d.h., daß das Empfängerland im Umfang des Transfers zusätzliche Güter erhält, wenn auch nicht direkt aus dem Geberland. Für das Geberland bedeutet es, daß es zu einem Zufluß an Geldmenge kommt, die den Verlust an Geldmenge durch den Transfer ausgleicht. Dies muß letztlich durch einen Leistungsbilanzeffekt erfolgen. Im Endeffekt zahlt das Geberland für seinen Transfer in Gütern, wenn auch nicht direkt an das Empfängerland.

In der Praxis stehen diesem Mechanismus jedoch zahlreiche Hindernisse gegenüber. Die direkten Leistungen zwischen dem Geberland und dem Empfängerland sind wohl am wenigsten problematisch, da sie vorwiegend in Form von Güterleistungen erfolgen, allerdings machen sie voraussichtlich nur einen geringen Teil der Transfers aus. Die Beziehungen zu Drittländern, die sowohl in Kredit- wie in Güterbeziehungen bestehen können, sind ungleich unbestimmter. Insbesondere wenn der Transfer die Geldnachfragegewohnheiten ändert, oder die aufgrund des Transfers erlangten Vermögensansprüche nicht eingelöst werden, kann der Wert des Transfers vom Wert des Realtransfers abweichen. Zudem kann nur schwer vorhergesagt werden, welche reale Gütergröße dem Wert des realen Transfers entspricht. Dies hängt davon ab, ob sich die terms of trade während oder aufgrund des Transfers verändern. Wie bereits festgestellt, führt im Geberland in der Phase des Budgetproblems das Bemühen um eine internationale Aufbringung zu einer terms of trade-Verschlechterung. Die erhöhte Nachfrage des Empfängerlandes führt zu einer Verbesserung der terms of trade, die per se jedoch die Verschlechterung nicht ausgleicht, erst der Nachfragezufluß aus Drittländern führt zu einer Erholung der terms of trade.

Daß die Ergebnisse des Transfers aufgrund des klassischen Mechanismus als erfolgreich beurteilt wurden, hängt nicht zuletzt mit dem erfolgreichen Transfer im Zuge der französischen Wiedergutmachung 1871 zusammen: Frankreich mußte 1871 und 1872 insgesamt 5 Mrd. Francs an Preußen zahlen. 500 Mio. konnten in Gold und Silber bezahlt werden. Der französischen Regierung gelang es, Kredite in Höhe von ca. 5,8 Mrd. Francs aufzunehmen, zu großen Teilen im Ausland (z.T. von ausländischen Investoren, z.T. von französischen Patrioten, die ihre ausländischen Investitionen verkauften), so daß in diesem Umfang internationale Währung zufloß (ungefähr 4,250 Mrd.). Auf diese Weise wurden 4,750 Mrd. Francs direkt und ohne Anpassung zur Verfügung gestellt und transferiert. In Frankreich stiegen im gleichen Zeitraum die Exporte um ca. 1 Mrd. Francs an, die Importe hingegen auch um ca. 700 Mio. Francs, so daß es zu einem Handelsbilanzüberschuß von 300 Mio. jährlich (ca. 30% der Exporte und mehr als 5% des Volkseinkommens) kam, der etwa in dieser Höhe bis 1875 anhielt. Der Realtransfer belief sich somit insgesamt auf ca. 1,5 Mrd. Francs. In Frankreich kam es zu einer Deflation, in Deutschland zu einer Inflation, wie durch die Theorie vorausgesagt. In Deutschland resultierte die Inflation aus dem Zufluß von Goldreserven im Zuge der Zahlung, Deutschland wechselte von der Bimetallwährung zur Goldwährung. Ein Teil des Handelsbilanzüberschusses bestand direkt zwischen Deutschland und Frankreich, allerdings erhöhten sich auch die Exporte nach England, während sich die deutschen Exporte nach England verringerten (Handelsumlenkung). Aufgrund dieser – was den Mechanismus der Zahlung betrifft – positiven Erfahrung mit dem Transferablauf galten Transfers forthin als durchführbar.[190]

---

190 Vgl. KINDLEBERGER, C.P.: International Economics, 3rd ed., Homewood 1963, S. 319 f. sowie STERN, R. M.: The Balance of Payments. Theory and Economic Policy, London/ Basingstoke 1973, S. 257 f.

Hinsichtlich der Beschreibung der mikroökonomischen Anpassungsprozesse muß die gleiche Kritik gelten, wie sie schon für die Cambridge-Gleichung der Klassik galt (vgl. Kapitel II-A). Zwar entspricht die im Monetären Ansatz unterstellte Mechanik dem HUMEschen specie-flow-mechanism, mikroökonomische Anpassungsprozesse werden dabei aber nicht beschrieben. Zunächst ist fraglich, ob Geldmengenänderungen die entsprechende Änderung von Einzelpreisen zur Folge haben. Die Verarbeitung der Preissignale wiederum muß nicht unmittelbar zu einem realen Transfer und zu einem Rückfluß führen. Die im Geberland aufgrund von Nachfrageausfällen unter Wettbewerbsdruck geratenen Industrien werden zunächst versuchen, mit verstärkten Produktivitätsanstrengungen und niedrigen Geldlohnsteigerungen zu reagieren, um trotz Preissenkung die Mengenreaktion zu begrenzen. Wenn dies nicht gelingt, strebt das frei werdende Kapital anderen Verwendungen zu, allerdings führt dies zu einem niedrigeren Produktivitätsniveau. Erst in einer späten Phase, wenn es nicht gelingt, die Wettbewerbsfähigkeit zu verbessern, wird eine Substitution hin zu Importen stattfinden, so daß Geld abfließt und das Angebot am heimischen Geld- und Kapitalmarkt verknappt wird. Der resultierende Zinsanstieg wird zu einer Einkommensreduktion führen und damit zu sinkenden Preisen. Erst dann ist ein neues externes Gleichgewicht erreicht.[191]

4. Erweiterung der Aussagen auf flexible Wechselkurse

Eine Zahlungsbilanztheorie in monetaristischer Hinsicht gilt nur für feste Wechselkurse. Bei flexiblen Wechselkursen ist die Zahlungsbilanz stets ausgeglichen, die *Theorie der Zahlungsbilanz* wird ersetzt durch die *Theorie des Wechselkurses*. Das langfristige Gleichgewicht ist hier definiert durch die Übereinstimmung von Wechselkursänderung und Preisniveauveränderung, so daß die Kaufkraftparität unverändert bleibt. Die Anpassungsprozesse hin zu diesem Gleichgewicht werden jedoch weniger detailliert beschrieben als im Falle fester Wechselkurse.[192] In der langen Frist ist die Wirkung von festen und flexiblen Wechselkursen auf den Transfer bei Gültigkeit der Kaufkraftparitätsannahme identisch: Es kommt zu einem Realtransfer, der in seinem Wert letztlich dem monetären Transfer entspricht. Die anfängliche Abwertung der Währung des Geberlandes bei Aufbringung und Transfer der Mittel bewirkt einen Wettbewerbsvorteil des Empfängerlandes, vgl. die Bewegung von e_0 nach e_{01} in Abb. II-18. Nach dieser Phase kehrt der Wechselkurs wieder auf seinen ursprünglichen, durch die Handelsströme aufgrund der Kaufkraftparität bestimmten Wert (e_0) zurück. Die Mittelverwendung führt dann zu einem weiteren Realtransfer, diesmal verbunden mit einer Aufwertung der Währung des Geberlandes (auf e_{02}). Da der Wechsel-

---

191 Vgl. FLASSBECK, H.: Preise, Zins und Wechselkurs, Tübingen 1988, S. 118 f.

192 Vgl. FLASSBECK, H.: Preise, Zins und Wechselkurs, Tübingen 1988, S. 42.

kurs als Einzelpreis am Devisenmarkt eine schnellere Variable ist als das Preisniveau für die Gesamtheit der Gütermärkte, ist zu erwarten, daß der reale Transfer schneller bewirkt wird als bei festen Wechselkursen, wie auch TAUSSIG schon hinsichtlich der Reparationszahlungen vermutete. Die Wechselkursänderung ersetzt die notwendigen Preisanpassungen.[193]

Es gelten im Prinzip dieselben Vorbehalte wie für den Fall der festen Wechselkurse, ein gewichtiger Unterschied betrifft jedoch die Funktion der Wechselkurse als Signalgeber, sobald man Kapitalbewegungen in die Analyse einbezieht. Im System fester Wechselkurse[194] kommt es aufgrund der Abwesenheit von Währungsspekulation im Anschluß an einen Transfer grundsätzlich zu einer eindeutigen Richtung des Kapitalflusses – d.h. des monetären Gegentransfers –, und zwar vom Empfängerland in das Geberland, so daß der Realtransfer in diesem Umfang *zunächst* geringer ausfällt (Findet in einer zweiten Phase der Rest des Realtransfers statt, kommt es zu einem Kapitalstrom zurück vom Geberland in das Empfängerland – per Saldo gleichen sich die Kapitalströme aus und dem monetären Transfer steht dann ein Realtransfer in voller Höhe gegenüber.). Der Kapitalstrom hilft in diesem Fall, den Realtransfer hinauszuzögern bzw. auf einen längeren Zeitraum zu verteilen. Internationale Kapitalströme kommen nur aus "reinen Kapitalverkehrsmotiven" zustande, d.h. aufgrund der Ausnutzung von Gewinnchancen aufgrund von Zinsdifferenzen bzw. Renditeerwartungen.

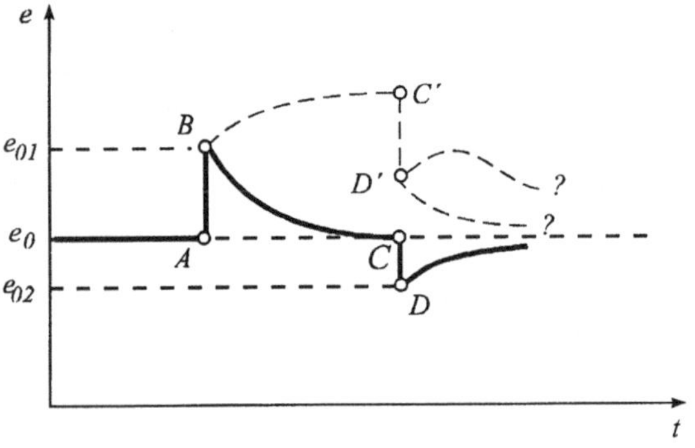

Abb. II-18: Wechselkursdynamik

Bei flexiblen Wechselkursen existiert die Eindeutigkeit der Wechselkursbewegung nur solange, wie spekulative Kapitalbewegungen bezüglich des Wechselkurses den Prozeß nicht überlagern. Gewinnchancen, die sich allein aufgrund von

---

193 Vgl. TAUSSIG, F.W.: Germany's Reparation Payments, in: The American Economic Review, Vol. 10 (1920), S. 37.

194 Von Bandbreiten, innerhalb derer Spekulation stattfinden kann, und von Spekulation gegen die Währungsparität wird an dieser Stelle abgesehen.

Wechselkursänderungen ergeben, kommen als eigenständiges Motiv der Kapitalbewegung hinzu.[195] Die Abwertung zu Beginn des Transfer-Prozesses (von A nach B in Abb. II-18) kann von den Spekulanten in zweierlei Hinsicht gedeutet werden:

- Wird angenommen, daß der Wechselkurs früher oder später (z.B. aufgrund der Nachfrage des Empfängerlandes oder Abschluß des Transfers) zum Gleichgewichtswechselkurs e_0 zurückkehrt (Aufwertungserwartungen), kommt es zu einem Kapitalzufluß – einem monetären Gegentransfer, der den Wechselkurs auf sein altes Niveau zurücktreibt, (stabilisierende Spekulation), z.B. zum Punkt C, allerdings mit der Folge, daß Impulse zur Ingangsetzung des Realtransfers ausbleiben oder zumindest geringer ausfallen.
- Wird angenommen, daß sich die Abwertung fortsetzt (Abwertungserwartung), kommt es zu Kapitalabflüssen, deren Umfang zu einer Abwertung der Währung führt und auf diese Weise den Realtransfer in Gang setzt. Die Spekulation wirkt allerdings destabilisierend, da sie sich fortsetzen könnte, z.B. Richtung Punkt C′. Wenn nun die Effekte der Transfer*verwendung* den Wechselkurs von C′ nach D′ sinken lassen, sind wiederum mehrere Erwartungsbildungshypothesen möglich. Eine Orientierung am Gleichgewichtswechselkurs e_0 in A wird zu einem Absinken des Wechselkurses führen. Eine kurzfristigere Orientierung, die sich an einem höheren vermuteten Gleichgewichtswechselkurs orientiert, kann auch zu einem u.U. vorübergehenden erneuten Anstieg führen.

Als Beispiel für den zweiten Fall eines die Wechselkursbewegung beeinflussenden spekulativen Kapitalstroms kann die Situation in den ersten Jahren nach dem Ersten Weltkrieg herangezogen werden. Unmittelbar nach Kriegsende kam es in den meisten Ländern zur Inflation, als Haushalte, Firmen und Regierungen eine erhöhte Nachfrage entwickelten (Eine Ausnahme bildete aufgrund der Reparationsverpflichtungen die deutsche Regierung.). Nachdem die Reserven erschöpft waren, wurde die Abwertung der Währungen zugelassen. Der Preisanstieg wurde intern durch Kaufzurückhaltung beantwortet, da ein Wiederabsinken des Preisniveaus erwartet wurde, Haushaltsdefizite wurden durch erhöhte Ersparnis ausgeglichen. In der jungen Demokratie der Weimarer Republik war es für die Regierung riskant, dem Wähler die Last der Reparationszahlung aufzubürden, die Steuererhöhungen trafen überwiegend die Industrie und die Hauptlast wurde überdies durch Anleihen aufgebracht. Aufgrund der Kreditfinanzierung ist zu vermuten, daß der Beitrag der Aufbringung der Reparationszahlungen zur Abwertung gering war. Extern führte die Abwertung von Zloty, Mark und Schilling zu einem Kauf dieser Devisen, da mittelfristig mit einem erneuten Absinken des Wechselkurses zur alten Parität gerechnet wurde (Diese Währungen waren somit real überbewertet, bzw. die nominale Abwertung war zu gering, um als gleich-

---

195 Vgl. FLASSBECK, H.: Preise, Zins und Wechselkurs, Tübingen 1988, S. 52.

gewichtig bezeichnet zu werden.). Auf diese Weise kam es zu einem "stabilisierenden"[196] Kapitalzustrom, der eine weitere Abwertung verhinderte. Dieser hatte auch eine bremsende Wirkung auf die Inflation. Zwar kam es aufgrund der Abwertung zunächst zu einem geringen Realtransfer, dieser wurde jedoch durch die Währungsspekulation nicht ausgeweitet bzw. kehrte sich sogar um: Deutschland wies in dieser Phase Leistungsbilanzdefizite auf. Eine Verwendung der Mittel durch die Empfängerländer für Güterkäufe fand nicht in nennenswertem Umfang statt, so daß der Effekt eines plötzlichen Absinkens des Wechselkurses – wie etwa C auf D in Abb. II-18 – ausblieb. Die Erwartung eines nicht steigenden (d.h. u.U. sogar wieder absinkenden) Wechselkurses herrschten dennoch lange Zeit vor. Der Wechselkurseffekt des Transfers wurde somit von zwei Einflüssen überlagert: Zum einen durch den nachfrageinflationsbedingten Abwertungseffekt und zum anderen durch den Aufwertungseffekt des spekulativen Kapitalzuflusses, der auf Aufwertungserwartungen beruhte und sich somit – zumindest eine geraume Zeit – selbst nährte. Notwendige Anpassungen wurden in diesem System faktisch flexibler Wechselkurse somit aufgestaut, statt allmählich eingeleitet. Nur eine reale Abwertung(-serwartung) statt einer realen Aufwertung(-serwartung) hätte in dieser Phase auf einen Wechselkurs hingewirkt, der den Realtransfer verstärkt und die notwendigen Anpassungen eingeleitet hätte. Die Kurse waren jedoch weniger durch die dem Transfer zugrunde liegenden Wechselkursreaktionen bestimmt (bis zur Erschöpfung der Währungsreserven hatte der Trend ja noch in die richtige Richtung gezeigt), sondern durch optimistische Währungserwartungen, geprägt von dem jahrzehntelangen Umgang mit festen Wechselkursen, d.h. festen Paritäten.

Der zuerst angesprochene Fall einer Rückkehr zum realen Gleichgewichtswechselkurs trat ein, als sich die Erwartungen hinsichtlich der Rückkehr der Preise und Wechselkurse nicht erfüllten und es zu einem erneuten Anstieg der Konsumausgaben, sowie einer Einstellung bzw. Umkehr des Kapitalstromes kam. Die Investoren mußten ihre Verluste mitnehmen, aufgrund der Kapitalflucht werteten die Währungen stärker ab, als der innere Wert der Währung fiel, so daß der Realtransfer sich umkehrte und Exportüberschüsse erzielt wurden. Allerdings reagierte die deutsche Regierung mit einer Ausweitung der Geldmenge, die Auswirkung auf die Inflation war verheerend, als sich der angestaute Anpassungsdruck entlud; zwischen 1919 und 1922 stieg die Inflationsrate von 70% auf 2420% an. Letztlich mußte das Geldsystem unter diesem Druck kollabieren.[197]

---

196 "stabilisierend" in dem Sinne, daß er den Status quo der Währungsparität im Grunde aufrechterhielt. In bezug auf das Erreichen eines höheren, *gleichgewichtigen* Wechselkurses muß der Kapitalzustrom als *destabilisierend* im Sinne von "vom Gleichgewicht wegführend" bezeichnet werden.

197 Vgl. auch KINDLEBERGER, C.P.: International Economics, 3rd ed., Homewood 1963, S. 321 f.

Aus beiden Fällen wird deutlich, daß eine Orientierung an Fundamentalvariablen wie einem an der Kaufkraftparität gemessenen realen Wechselkurs nicht notwendigerweise stattfindet. Die für einen realen Transfer notwendigen Signale des Wechselkurses kommen dann nicht zustande, wenn spekulative Kapitalbewegungen, die in die "falsche" Richtung weisen, überwiegen. Selbst Bewegungen in die richtige Richtung stellen keineswegs sicher, daß der Realtransfer im Umfang dem monetären Transfer entspricht. Vielmehr stellen die Wechselkurssignale, die vom Transfer ausgehen, in der Realität nur ein Wechselkurssignal unter vielen dar, das der Interpretation durch die Devisenmarktteilnehmer bedarf. Nach Übereinstimmung in der Literatur sind Kapitalströme, die Vermögensanlagemotiven folgen, im internationalen Zahlungsverkehr dominant. Dies muß nicht heißen, daß es bei flexiblen Wechselkursen nicht zu Anpassungen kommen kann. Allerdings ist zu erwarten, daß das System flexibler Wechselkurse nicht auf kontinuierliche Art und Weise arbeitet, insbesondere ist zu bezweifeln, daß sich flexible Wechselkurse so anpassen, daß es gelingt, durch eine nationale Kontrolle der Geldmenge preispolitische Autonomie zu erlangen.[198] So ist zu beobachten, daß ein Handelsbilanzdefizit noch längere Zeit durch einen Kapitalimport begleitet wird, d.h. solange kein Mißtrauen in eine Währung besteht. Wann sich die Marktteilnehmer am Devisenmarkt veranlaßt sehen, ihre Dispositionen zu ändern, ist völlig offen. So schreibt FLASSBECK: "Eine Anpassung mit großer Instabilität der Wechselkurse ist aber auch die einzige Art und Weise, durch die das System Anpassungen ermöglicht."[199] und "Entscheidender Punkt der Überlegung ist, daß man nicht annehmen kann, der Devisenmarkt sei mit Informationen darüber ausgestattet, ob überhaupt eine und welche Wechselkursbewegung der Ausgangsstörung angemessen ist. Solche Informationen wären aber insbesondere dann notwendig, wenn es nicht nur um marginale Veränderungen der Güterströme und des Wechselkurses unter ceteris paribus-Bedingungen geht. Bei einer komplexen, von Vermögensmärkten dominierten Determination der Kurse am Devisenmarkt können einzelne Störungen immer eine besondere Dynamik entwickeln, denn ein bedeutender Teil des Angebots und der Nachfrage wird hier nicht von Informationen geleitet, die die Lösung des Zahlungsbilanzproblems implizieren, sondern in erster Linie von Annahmen über normale (durchschnittliche) Erwartungen, d.h. von dem Versuch vorherzusehen, welches die Einschätzungen des anderen Marktteilnehmers bezüglich der weiteren Entwicklung des Wechselkurses sein werden."[200] Während sich bei *festen* Wechselkursen die exogenen Schocks des Transfers als Nachfrageänderung auswirken (eine Anpassung kann mikroökonomisch in Form von Preisänderungen, Produktänderungen oder Erschließung

198 Vgl. FLASSBECK, H.: Preise, Zins und Wechselkurs, Tübingen 1988, S. 62.

199 FLASSBECK, H.: Freihandel, GATT und das internationale Währungssystem. in: Walter Eucken Institut (Hrsg.): Vorträge und Aufsätze 105, Tübingen 1985, S. 50 f.

200 FLASSBECK, H.: Preise, Zins und Wechselkurs, Tübingen 1988, S. 59.

neuer Märkte erfolgen), bewirkt bei *flexiblen* Wechselkursen der exogene Schock unmittelbar eine Aufwertung und damit eine Preiserhöhung. Die Preissignale werden also nicht an dem jeweiligen Gütermarkt verarbeitet, sondern wirken über die Zwischenschaltung des Devisenmarktes – der zudem noch ein hochspekulativer Markt ist. Der internationale Handel wird einem Risiko ausgesetzt, daß interregional nicht besteht.[201]

D. Transfer bei trägen Preisen und kapitalmarktbestimmten Wechselkursen

5. Der Transfer im Modell von DORNBUSCH

a) Modelldarstellung

Das im folgenden verwendete sticky price-Modell basiert auf dem Modell von DORNBUSCH,[202] das auf der einen Seite noch deutliche Züge des MUNDELL/FLEMING-Modells aufweist, auf der anderen einige der analytischen Mängel dieses Ansatzes behebt. Zum einen werden Wechselkurserwartungen explizit modelliert, zum anderen erlaubt es das DORNBUSCH-Modell, die zeitliche Entwicklung der Variablen zu beschreiben, so daß die Einflüsse des Transfers auf die betrachteten Märkte bzw. Variablen im Zeitablauf erfaßt werden können. Im Vordergrund des Ansatzes stehen die Wechselkursbewegungen, insbesondere das Überschießen des Wechselkurses über seinen Gleichgewichtswert.[203]

Die Analyse geht wiederum von einer kleinen offenen Volkswirtschaft mit Staat und einem Regime flexibler Wechselkurse aus. Drei Märkte werden in die Betrachtung einbezogen: der Gütermarkt, der Geldmarkt und der internationale Kapitalmarkt.[204] Mit Ausnahme des Zinssatzes erfolgt die formale Darstellung durch den natürlichen Logarithmus der betreffenden Variablen, im folgenden durch Kleinbuchstaben dargestellt.

Das Güterangebot y ist bei Vollbeschäftigung gegeben. Die Güterpreise reagieren auf Veränderungen der Güternachfrage y^d träge mit dem Faktor π, d.h., Ungleichgewichte werden nicht sofort, sondern mit einer Verzögerung beseitigt (π = unendlich entspricht vollkommen flexiblen Preisen, d.h. dem neoklassischen

---

201 Vgl. FLASSBECK, H.: Preise, Zins und Wechselkurs, Tübingen 1988, S. 119.

202 Vgl. DORNBUSCH, R.: Expectations and Exchange Rate Dynamics, in: Journal of Political Economy, Vol. 84 (1976), S. 1167 ff.

203 Vgl. auch MACDONALD, R.: Floating Exchange Rates. Theory and Evidence, London 1988, S. 59 ff.

204 Die formale Darstellung ist GÄRTNER, M.: Makroökonomik flexibler und fester Wechselkurse, Berlin u.a. 1997, S. 37 ff. entnommen.

Fall; bei $\pi = 0$ wäre das Preisniveau vollkommen rigide, eine Anahme, die mit dem Postulat der Vollbeschäftigung nicht vereinbar ist). Für die Preisreaktion am Gütermarkt ($\dot{p}$) wird die folgende funktionale Beziehung unterstellt:

(II-73) $\dot{p} = \pi \cdot (y^d - y)$

Die Preisreaktionsfunktion (II-73) ist eine Phillipskurvengleichung ohne Inflationserwartung auf der rechten Seite der Gleichung, d.h., es wird eine stationäre Wirtschaft ohne Inflationserwartung abgebildet. Die Determinanten der gewünschten Güternachfrage in Gleichung (II-74) sind zum einen die Nettoexporte in Abhängigkeit vom realen Wechselkurs [w – p (= lnW – lnP)].[205] $\eta \cdot y$ stellt die einkommensabhängige Nachfrage nach Konsumgütern dar, im Falle eines gegebenen Vollbeschäftigungseinkommens ist diese konstant. g bezeichnet die Veränderung der gesamten Nachfrage, die durch Änderung der Staatsausgaben oder der Steuererhebung entsteht, und δ die terms of trade-Elastizität des Wechselkurses, so daß:

(II-74) $y^d = \delta \cdot (w - p) + \eta \cdot y + g$

Im Gegensatz zum Originalmodell von DORNBUSCH wird auf eine Modellierung der zinsabhängigen Nachfrage verzichtet.[206] Der reale Wechselkurs determiniert somit, in welchem Verhältnis sich die Nachfrage aus einer binnenländischen und aus einer ausländischen Komponente zusammensetzt. Die inländische Absorption wird in diesem Fall nicht durch das Preisniveau beeinflußt.

Der Geldmarkt wird durch die folgenden Gleichungen abgebildet:

(II-75) $m^d = p + \phi \cdot y - \lambda \cdot i$ [Geldnachfrage]

(II-76) $m^s = m^d = m^*$ [Geldmarktgleichgewicht]

m^d bezeichnet die reale Geldnachfrage in Abhängigkeit von Einkommen y und Zins i. Gleichung (II-75) erhält man durch Logarithmieren aus der Geldnachfragefunktion $L/P = Y^{\phi \exp} \cdot (-\varepsilon \cdot i)$. ϕ bezeichnet die Einkommenselastizität der Geldnachfrage, ε die Semi-Elastizität der Zinsnachfrage.[207] Nach Gleichung (II-76) ist

---

205 Der reale Wechselkurs beträgt $(W \cdot P^*)/P$. Logarithmieren ergibt: $\ln W + \ln P^* - \ln P = w + p^* - p$. Normieren des ausländischen Preisniveaus auf 1 ergibt $P^* = 1$, da $\ln P^* = \ln 1 = 0$ folgt für den Logarithmus des realen Wechselkurses w – p.

206 Vgl. dazu DORNBUSCH, R.: Exchange Rate Economics: 1986, in: Economic Journal, Vol. 97 (1987), S. 1 ff.

207 "Semi-...", da $-\lambda$ die Beziehung zwischen einer logarithmierten Größe (m) und einer Niveaugröße (i) angibt; Eine Elastizität gibt an, um wieviel % sich eine Variable verändert, wenn sich eine andere um 1% erhöht. Die Beziehung zwischen zwei logarithmierten Größen gibt eine solche Elastizität an, wie z.B. ϕ als Einkommenselastizität der Geldnachfrage.

der Geldmarkt permanent im Gleichgewicht, d.h., Angebots- und Nachfrageschocks werden sofort durch Veränderung des Zinssatzes aufgefangen.

Für den internationalen Kapitalmarkt gelten folgende Annahmen:

(II-77) $i = i^* + E(\dot{w})$ [Kapitalmarktgleichgewicht]

(II-78) $E(\dot{w}) = \theta \cdot (\overline{w} - w)$ [Erwartungsbildungshypothese]

Zunächst wird angenommen, daß in- und ausländische Kapitalanlagen vollständige Substitute sind und vollkommene Kapitalmobilität herrscht. Nach Gleichung (II-77) erfordert ein Zahlungsbilanzgleichgewicht, daß die Vermögensanlagen im Inland die gleiche Rendite erwarten lassen wie im Ausland, allein unter dieser Bedingung kommt es bei vollständiger Kapitalmobilität zu einem Zahlungsbilanzgleichgewicht. Der inländische Zins i entspricht dem ausländischen Zins i^* zuzüglich der erwarteten Abwertung $E(\dot{w})$ der inländischen Währung – gleichbedeutend mit einer Aufwertung der ausländischen Währung(en). Die Rendite der ausländischen Wertpapiere im Portfolio wird durch eine Wechselkursänderung wie folgt beeinflußt: Eine Abwertung der inländischen Währung führt ceteris paribus zu einer erhöhten Zinszahlung in inländischer Währung, bewirkt durch den Rücktausch des – in ausländischer Währung unveränderten – Zinsbetrages zu einem nunmehr höheren Wechselkurs. Desgleichen erhöht sich der Wert jedes in ausländischer Währung gehaltenen Papiers in inländischer Währung, so daß der Rücktauschbetrag bei Fälligkeit ebenfalls höher ist – der Gläubiger ausländischer Schuldner profitiert somit von der Abwertung. Dieser Sachverhalt gilt nur für den Renditenvergleich vor und nach einer Abwertung in einem bereits bestehenden Portfolio – der Neuerwerb ausländischer Wertpapiere nach einer bereits erfolgten Abwertung erzielt wieder den gleichen Zins i^*, da sowohl der Kaufbetrag wie der Zinszahlungsbetrag zum selben Umtauschkurs erfolgen. Besteht gegenüber der heimischen Währung eine Abwertungserwartung, werden die Renditen nur gleich eingeschätzt, wenn der inländische Zins entsprechend höher ausfällt, bzw. wenn der ausländische Zins im Umfang der Abwertungserwartung sinkt. Da der Wert von $E(\dot{w})$ negativ ist, wird er zum ausländischen Zins addiert, d.h., die erwartete Erhöhung der Zinszahlung wird vom ausländischen Zins abgezogen. Gleichung (II-78) ist ein plausible Erwartungshypothese, die besagt, daß die Marktteilnehmer glauben, der Wechselkurs bewege sich (asymptotisch) auf seinen Gleichgewichtswert $\overline{w}$ zu, wobei die Anpassungsgeschwindigkeit durch θ wiedergegeben wird. Abwertungserwartungen resultieren somit aus der Abweichung des tatsächlichen vom erwarteten Wechselkurs. Bei vollständiger Information wird unterstellt, daß der gleichgewichtige Wechselkurs $\overline{w}$ allen Marktteilnehmern bekannt ist, so daß die Abwertungserwartungen auch eintreffen und somit auch mit dem Rationalitätspostulat vereinbar sind.

Mit Hilfe eines graphischen Modells lassen sich nun die Reaktionen von Wechselkurs, Zinssatz und Preisniveau auf exogene Schocks zeigen, vgl. Abb. II-19a (S. 169) und Abb. II-19b (S. 171).[208] Die IS-Kurve stellt das Gleichgewicht von Güterangebot und -nachfrage bei unterschiedlichen Kombinationen von *Preisniveau* und *Wechselkurs* dar (bzw. des Logarithmus derselben). Die IS-Kurve weist eine Steigung von 1 auf, wie sich aus Gleichung (II-73) und (II-74) ergibt: Setzt man (II-74) in (II-73) ein, unter der Bedingung, daß im Gleichgewicht keine Inflation herrscht ($\dot{p} = 0$), impliziert dies $y^d = y$.

(II-79) $$\dot{p} = \pi \cdot [\delta \cdot (w - p) + \eta \cdot y + g - y] = 0$$

Auflösen des Klammerausdrucks nach p ergibt:

(II-80) $$p = w + \frac{g}{\delta} - \frac{(1-\eta) \cdot y}{\delta},$$

d.h., daß sich p und w proportional verändern müssen, um ein Gütermarktgleichgewicht aufrecht zu erhalten. Bei gegebener staatlicher Nachfrage gibt es somit nur einen realen Wechselkurs (w – p), zu dem der exogene Vollbeschäftigungsoutput nachgefragt wird. Oberhalb der IS-Kurve verteuern sich inländische Güter im Vergleich zu ausländischen, so daß es im Inland zu einem Nachfragedefizit kommt, das Preisniveau beginnt wieder zu sinken: Das Preisniveau sorgt für einen binnenländischen Ausgleich der Nachfrage bei gegebenem nominalen Wechselkurs, allerdings nur um den Faktor π, denn bei trägen Preisen wird nur ein Teil des Ungleichgewichts sofort beseitigt. Unterhalb der IS-Kurve ergibt sich dementsprechend eine Überschußnachfrage nach inländischen Gütern, die zu Preisniveausteigerungen führt.

Die Auswirkung eines Transfers auf die Absorption wird durch eine Verringerung des Parameters g dargestellt. Wie aus Gleichung (II-80) ersichtlich ist, erfordert ein neues binnenwirtschaftliches Gleichgewicht bei unverändertem Preisniveau und einer unveränderten binnenländischen Absorption eine Erhöhung der ausländischen Absorption über eine Erhöhung des Wechselkurses.

Für die LM-Kurve ergibt sich nach Einsetzen von (II-76) in (II-75) und Auflösen nach i:

(II-81) $$m^* = p + \phi \cdot y - \varepsilon \cdot i$$

(II-82) $$i = (1/\varepsilon) \cdot (p - m^* + \phi \cdot y)$$

---

208 Es sei darauf hingewiesen, daß im DORNBUSCH-Modell IS-Kurve und LM-Kurve nicht Gleichgewichtsbedingungen in einem Y/i-Diagramm darstellen, wie im MUNDELL/FLEMING-Modell, sondern in einem p/w-Diagramm (IS-Kurve) bzw. p/i-Diagramm (LM-Kurve).

Die LM-Kurve gibt an, bei welchen p/i-Kombinationen ein exogen vorgegebenes nominales Geldangebot nachgefragt wird. Ein höheres Preisniveau mit einer entsprechend geringeren Realkasse muß so durch einen höheren Zins ausgeglichen werden, so daß sich Opportunitätskosten der Kassenhaltung erhöhen. Eine Erhöhung der Geldmenge verschiebt die LM-Kurve nach oben bzw. links, eine Erhöhung der Geldnachfrage verschiebt sie nach unten zu höheren Zinsen bzw. nach rechts zu einem niedrigeren Preisniveau. Der Zinssatz ist völlig flexibel und gleicht Ungleichgewichte am Geldmarkt sofort aus. Der Geldmarkt ist permanent im Gleichgewicht, d.h., es werden immer Gleichgewichtspunkte auf der LM-Kurve realisiert. Horizontale Bewegungen sind aufgrund des gegebenen Preisniveaus kurzfristig ausgeschlossen.

Die KB-Kurve gibt die i/w-Kombinationen eines ausgeglichenen Devisenmarktes an. Einsetzen von (II-78) in (II-77) am Kapitalmarkt ergibt:

(II-83) $i = i^* + \theta \cdot (\overline{w} - w)$,

d.h., ein Gleichgewicht kann sich bei gegebenen Werten der exogenen Variablen $\overline{w}$ und i^* für unterschiedliche Kombinationen für Zinssatz i und nominalen Wechselkurs w ergeben. Ein steigender Zinssatz muß von einem Rückgang des Wechselkurses (Aufwertung) begleitet werden, um den internationalen Kapitalmarkt im Gleichgewicht zu halten: ein Anstieg des inländischen Zinssatzes führt bei vollständiger Kapitalmobilität tendenziell zu Kapitalzuflüssen und damit zu einer Aufwertung; ein Gleichgewicht kann nur bestehen, wenn erwartet wird, daß die Währung abgewertet wird, so daß zum ausländischen Zinsertrag der Vorteil der Abwertung hinzukommt. Eine solche Abwertungserwartung entsteht nach einer Aufwertung dann, wenn angenommen wird, daß der Wechselkurs auf seinen Gleichgewichtswert $\overline{w}$ zurücksinkt. Die Aufwertung der inländischen Währung reduziert auf diese Weise die Zuflüsse wieder, da der tatsächliche vom erwarteten Wechselkurs abweicht und die Wirtschaftssubjekte eine Rückkehr zum Wechselkurs $\overline{w}$ erwarten (Abwertung). Sie weiten ihre Nachfrage nach ausländischen Wertpapieren aus und wirken so dem Kapitalzufluß entgegen. Auf diese Weise bleibt das Verhältnis des Zinsniveaus im Inland und Ausland gleich. Der Wechselkurs ist wie der Zinssatz eine schnell reagierende Variable, so daß der internationale Kapitalmarkt stets im Gleichgewicht ist, d.h., es werden immer Gleichgewichtspunkte auf der KB-Kurve realisiert. Die Lage der KB-Kurve wird durch den Gleichgewichtswechselkurs bestimmt, weil im langfristigen Gleichgewicht die Zahlungsbilanz ausgeglichen sein muß.

Das Konzept des kurzfristigen und langfristigen Gleichgewichts wird in Abb. II-19a anhand der Wirkung einer erhöhten Geldnachfrage aufgrund der Transferaufbringung für den Transfer in inländischer Währung dargestellt. Als *Initialeffekt* verschiebt sich die LM-Kurve nach rechts, da bei der erhöhten Kassennachfrage ein Gleichgewicht am Geldmarkt nur durch ein geringeres Preisniveau und/oder höheren Zins zu realisieren ist. Als kurzfristiges *Geldmarktgleichgewicht* ergibt sich bei einem höheren Zins der Punkt A_{01}.

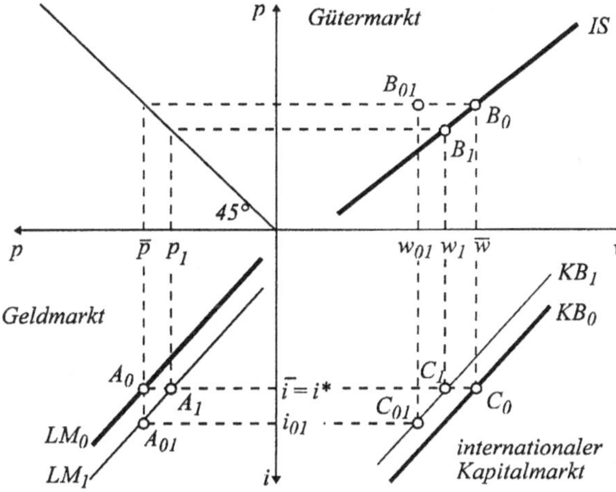

Abb. II-19a: Kurz- und langfristiges Gleichgewicht bei flexiblen Wechselkursen

Für das *langfristige simultane Gleichgewicht* gilt, daß der inländische dem ausländischen Zins entsprechen muß ($\bar{i} = i^*$), denn nur in gleichgewichtigen Situationen bestehen keine Änderungserwartungen mehr, die eine Abweichung von der Zinsparität rechtfertigen, d.h., das langfristige Geldmarktgleichgewicht liegt in Punkt A_1. Eine Anpassung des kurzfristigen an das langfristige Gleichgewicht erfolgt über eine Anpassung des Preisniveaus und des Wechselkurses. Das Preisniveau muß sinken, damit das reale Geldangebot auf seinen ursprünglichen Wert zurückgeführt wird, d.h., nominales Geldangebot und Preisniveau sinken in gleichem Umfang. Der Ansatz impliziert die Gültigkeit der Quantitätstheorie des Geldes, da nominales Geldangebot und Preisniveau um denselben Prozentsatz sinken. Ein Gleichgewicht am Gütermarkt erfordert einen unveränderten realen Wechselkurs $w - p$, d.h., der nominale Wechselkurs sinkt von $\bar{w}$ auf w_1, die inländische Währung wertet auf. Nur bei gleichhohem realem Wechselkurs ist gewährleistet, daß die reale Absorption des Einkommens durch die ausländischen Wirtschaftssubjekte gleichbleibt. Aufgrund des niedrigeren nominalen Wechselkurses käme es in geringerem Umfang zu Exporten, bzw. zu verstärkten Importen, die durch ein Absinken des Preisniveaus im gleichen Umfang ausgeglichen werden. Die inländische Nachfrage bleibt auch bei niedrigerem Preisniveau unverändert, da implizit angenommen wird, daß auch der Nominallohn und das nominale Einkommen um denselben Prozentsatz sinken. Das Preisniveau ist aufgrund der quantitätstheoretischen Annahmen indirekt allein von der Situation am Geldmarkt abhängig. Der nominale Wechselkurs paßt sich an, um den realen Wechselkurs konstant zu halten: Der neue Gleichgewichtswechselkurs ist w_1, bei dem wieder stationäre Wechselkurserwartungen herrschen. Auf den monetären Effekt der Transferkassenaufbringung erfolgen *langfristig* monetäre Gegeneffekte in Form von Änderungen des Preisniveaus und des nominalen Wechselkurses, der reale Wechselkurs und die Kaufkraft bleiben unverändert.

Kurzfristig ergeben sich jedoch sogenannte *impact-Effekte*, die auf die träge Anpassung des Preisniveaus zurückzuführen sind. Bei unverändertem Preisniveau bewirkt die Liquiditätsverknappung einen Anstieg der Zinsen auf i_{01}. Nur in diesem Fall kommt es zu Umschichtungen aus der zinsabhängigen Kasse in die Transferkasse. Da der Zinssatz ein schneller Parameter ist und sich sofort anpaßt, ist die Aufbringung der Transferkasse am Geldmarkt unproblematisch. Der Zinsvorteil gegenüber dem Ausland muß auf dem Kapitalmarkt durch Abwertungserwartungen ausgeglichen werden, d.h., die Wirtschaftssubjekte erwarten, daß der Wechselkurs steigen wird, so daß die Rendite der ausländischen Wertpapiere um den Rücktauschgewinn erhöht wird. Das kurzfristige Gleichgewicht bewirkt dabei ein Überschießen des Wechselkurses, d.h., die Wechselkursreaktion ist größer als zum Erreichen des langfristigen Gleichgewichtswechselkurses notwendig.

Die *Anpassung* zum langfristigen Gleichgewicht erfolgt aufgrund der ungleichgewichtigen Situation am Gütermarkt. Bei dem bestehenden Preisniveau übersteigt das Güterangebot die Güternachfrage (Punkt B_{01} liegt oberhalb der IS-Kurve) aufgrund der verringerten Absorption des Einkommens durch das Ausland, die ihrerseits durch die Aufwertung verursacht wurde. Im Zuge der kurzfristigen Anpassung kommt es zu einer Veränderung des realen Wechselkurses: Der nominale Wechselkurs sinkt von $\overline{w}$ auf w_{01}. Da das Preisniveau zunächst nicht sinkt, sinkt der reale Wechselkurs. Die Aufwertung bedeutet auf der einen Seite eine *Verbesserung der terms of trade*, auf der anderen eine Verschlechterung der Wettbewerbssituation. Die Anpassung an den alten, gleichgewichtigen realen Wechselkurs erfolgt zum einen durch das Absinken des Preisniveaus von $\overline{p}$ auf p_1 und durch das Ansteigen des nominalen Wechselkurses von w_{01} auf w_1. Indem Maße wie sich die Abwertungserwartungen abbauen, sinkt auch der Zins wieder auf sein gleichgewichtiges Niveau ab. Im Zuge des temporären Absinkens des realen Wechselkurses kommt es zu Nettogüterimporten, die bis zur Normalisierung des realen Wechselkurses andauern. Die Zahlungsbilanzreaktion kommt durch die Kapitalmarktbestimmtheit der Wechselkurse zustande, die den realen Anpassungswirkungen nicht Rechnung tragen, sondern aufgrund von Wechselkurserwartungen gebildet werden.

Das simultane reale und monetäre Gleichgewicht kann alternativ auch alleine in einem p/e-Diagramm dargestellt werden, vgl. Abb. II-19b. Die Gerade MS stellt in dieser Abbildung den monetären Sektor mit Geldmarkt *und* internationalem Kapitalmarkt dar, die Gerade IS wie bisher den Gütermarkt.

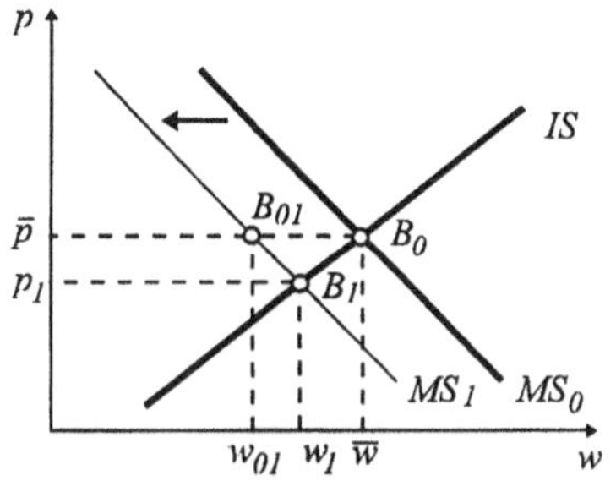

Abb. II-19b: Kurz- und langfristiges Gleichgewicht im p/w-Diagramm

Auf der Geraden MS befinden sich alle Kombinationen von Wechselkurs und Preis, die ein simultanes Gleichgewicht auf dem Geld- und internationalen Kapitalmarkt bewirken. Ein höheres Preisniveau korrespondiert mit einem Gleichgewicht auf dem Geldmarkt bei höherem Zins. Der höhere Zins wiederum ist mit einem Kapitalmarktgleichgewicht nur vereinbar bei niedrigerem Wechselkurs, d.h., daß zum Erreichen eines höheren Wechselkurses Abwertungserwartungen bestehen. Nachteilig an dieser kompakten Darstellung ist lediglich, daß der inländische Zins nicht abgelesen werden kann.

Die Darstellung der IS-Kurve bleibt unverändert, der monetäre Sektor wird durch Einsetzen von (II-78) und (II-77) in (II-75) unter Verwendung von (II-76) zusammengefaßt:

(II-84) $m^* - p = \phi \cdot y - \varepsilon \cdot [i^* - \theta \cdot (\overline{w} - w)]$

Der reale Wechselkurs entspricht der realen einkommensabhängigen Geldnachfrage ($\phi \cdot y$) abzüglich der zinsabhängigen Geldnachfrage und zuzüglich einer Komponente, die die Erwartungsbildung am internationalen Kapitalmarkt widerspiegelt:

(II-85) $p = m^* - \phi \cdot y - \varepsilon \cdot i^* + \varepsilon \cdot \theta \cdot (\overline{w} - w)$ [Gleichung der MS-Kurve]

Aus (II-85) ergibt sich eine inverse Beziehung zwischen Preisniveau und Wechselkurs. Eine Abweichung von dieser Kurve ist nicht möglich, da die Preise des monetären Sektors, Zinssatz und Wechselkurs schnelle Variablen sind, die sich nach einer Störung sofort anpassen. Die Steigung der MS-Kurve beträgt $(-\varepsilon) \cdot \theta$, d.h., sie wird von zwei Größen bestimmt: der Geschwindigkeit, mit der die Akteure die Anpassung des Wechselkurses an sein Gleichgewicht erwarten (θ), und der Semi-Elastizität der Zinsnachfrage ($-\varepsilon$). Je kleiner diese Parameter sind, desto flacher ist die MS-Kurve. Beide Parameter bestimmen aber auch die Lage der MS-Kurve mit, neben den exogenen Variablen m^*, y, i^* und $\overline{w}$. Im Gleichgewicht entspricht der Wechselkurs dem Gleichgewichtswechselkurs ($w = \overline{w}$ in II-85), so daß:

(II-86) $\overline{p} = m^* - \phi \cdot y - \varepsilon \cdot i^*$

Dies zeigt, daß das Preisniveau langfristig durch monetäre Variablen bestimmt wird. Den realen Gleichgewichtswechselkurs erhält man durch Einsetzen von (II-86) in (II-79):

(II-87) $$\overline{w} = m^* - \theta \cdot y + \varepsilon \cdot i^* - \frac{g}{\delta} + \frac{(1-\eta) \cdot y}{\delta} = \overline{p} - \frac{g}{\delta} + \frac{(1-\eta) \cdot y}{\delta}$$

Für Veränderungen im *monetären* Bereich gilt somit langfristig die Kaufkraftparitätenhypothese und die Quantitätstheorie:

(II-88) $d\overline{w}/d\overline{p} = d\overline{p}/dm^* = d\overline{w}/dm^* = 1$

Der langfristige Wechselkurs $\overline{w} - \overline{p}$ reagiert dabei sehr wohl auf angebotsseitige Störungen und fiskalpolitische Eingriffe. Die IS-Kurve bindet nur langfristig und kann bei kurzfristigen Störungen ignoriert werden. Die kurzfristige Wechselkursreaktion erhält man aus der Reaktion des monetären Sektors, d.h., löst man (II-85) nach w auf, ergibt sich:

(II-89) $$w = \overline{w} + \frac{m^* - p - \phi \cdot y}{\varepsilon \cdot \theta} + \frac{i^*}{\theta}$$

Die Ableitung von (II-89) nach w ergibt:

(II-90) $dw/dm^* = (d\overline{w}/dm^*) + 1/(e \cdot \theta) = 1 + 1/(e \cdot \theta) > 1.$

Das Phänomen des überschießenden Wechselkurses wird somit darauf zurückgeführt, daß das Preisniveau träge reagiert und der Wechselkurs stärker steigt, als zur Erreichung des langfristigen Gleichgewichts notwendig wäre. Langfristig gelten im monetären Modell die Aussagen der Quantitätstheorie, d.h., das Preisniveau wird durch die Geldmenge bestimmt. Langfristig gilt die Kaufkraftparitätenhypothese, d.h., der Wechselkurs spiegelt nach Ablauf aller Anpassungsprozesse das Verhältnis der in- und ausländischen Preisniveaus wider. Kurzfristig reagieren die Wechselkurse stärker als zur Aufrechterhaltung des langfristigen Gleichgewichts notwendig. Die Ursache liegt in der Preisträgheit, da die Preise ihren Beitrag zur Anpassung kurzfristig nicht leisten.

b) Transfereffekte im DORNBUSCH-Modell

Im folgenden soll untersucht werden, wie der Transfer sich je nach Denomination und Finanzierung im DORNBUSCH-Modell auswirkt. Zunächst seien die Liquiditätseffekte der Bereitstellung der *Transferkasse* betrachtet. Wie bereits gezeigt, führen die Liquiditätseffekte eines Transfers in inländischer Währung zu monetärer Knappheit im Inland, verbunden mit einer tendenziellen Zinserhöhung, die LM-Kurve verschiebt sich nach unten bzw. rechts. Ein Transfer in ausländischer Währung führt zu einer verstärkten Nachfrage am Devisenmarkt, und somit zu einer Abwertung der inländischen Währung, der Wechselkurs steigt. Da der Devisenmarkt stets im Gleichgewicht bleibt, verschiebt sich die KB-Kurve in gleichem Umfang nach rechts bzw. unten.

Die *Finanzierung* der Transferkasse über eine Ausgabenreduktion führt zu einer Verringerung der staatlichen Absorption g, die durch andere Nachfragekomponenten ausgeglichen werden muß. Diese zusätzliche Nachfrage kann bei konstantem Preisniveau kurzfristig allein aus dem Ausland kommen, d.h., es erfolgt eine Verschiebung der IS-Kurve nach rechts zu einem höheren Wechselkurs. In diesem Fall wird die ausländische Absorption durch die reale Abwertung erhöht. Erfolgt die Finanzierung durch Inanspruchnahme des internationalen Kapitalmarktes, so kann dies bei vollkommener Kapitalmobilität und dem Fall eines kleinen Landes ohne Erhöhung des Zinsniveaus erfolgen. In Höhe der Auslandsverschuldung kommt es zu einem Zufluß ausländischer Zahlungsmittel, d.h., die inländische Währung wertet auf, der Wechselkurs sinkt – die KB-Kurve verschiebt sich nach links. Im folgenden werden bei der Kombination der Aufbringungseffekte wieder die Fälle (1) bis (4) unterschieden (vgl. auch vorne Abb. II-8).

Erfolgt der Transfer in *inländischer* Währung, finanziert durch Ausgabenreduktion *[Fall (1)]*, bewirkt die Reduktion der Absorption in Abb. II-20a eine Rechtsverschiebung der IS-Kurve von IS_0 auf IS_1 und die erhöhte Liquiditätsnachfrage eine Rechtsverschiebung der LM-Kurve von LM_0 auf LM_1. Bei unveränderter KB-Kurve verschiebt sich die MS-Kurve ebenfalls nach rechts von MS_0 auf MS_1 in Abb. II-20b. Langfristig kommt es zu einem Absinken des Preisniveaus von $\overline{p}_0$ auf $\overline{p}_1$, der Wechselkurs $\overline{w}$ ist im langfristigen Gleichgewicht unverändert. Da sich im langfristigen Gleichgewicht Zins und Wechselkurs nicht ändern, bleibt auch die KB-Kurve in Abb. II-20a unverändert. Der Transfer führt in diesem Fall zu einer Deflation, die es auf der einen Seite ermöglicht, die Transferkasse aufzubringen und auf der anderen Seite den Rückgang der inländischen Absorption durch ausländische Nachfrage zu ersetzen.

Kurzfristig kommt es auf dem Gütermarkt zu einem Angebotsüberschuß, da sowohl die inländische wie die ausländische Nachfrage sinkt. Letztere wird hervorgerufen durch das Absinken des Wechselkurses auf w_{01}. Mit einem erneuten Anstieg des Wechselkurses auf $\overline{w}_0$ wird gerechnet (Abwertungserwartung). Aufgrund des Angebotsüberschusses geht der Anstieg des Wechselkurses mit einem Preisrückgang einher. Im Endgleichgewicht in B_1 haben sich die terms of trade aufgrund des Preisrückgangs bei einem unveränderten nominalen Wechselkurs verschlechtert. Die ausländische Absorption ist in diesem Umfang gestiegen und ersetzt voll den Nachfrageausfall seitens des Staates. Der Geldmarkt ist aufgrund des geringeren Preisniveaus im Gleichgewicht. Die kurzfristige Reaktion (Aufwertung) führt zu einem Gleichgewicht in B_{01}. Bei dieser Relation von Wechselkurs und Preisniveau sinken die Exporte kurzfristig, d.h., der reale Transfer führt zunächst in die "falsche" Richtung, in Abb. II-20b dargestellt durch den Punkt B_{01}, der links oberhalb der IS-Kurve liegt. Im Zuge der Preisniveausenkung und der Abwertung kommt es zu einem realen Transfer in die "richtige" Richtung. Die kapitalmarktbedingte Reaktion des Wechselkurses läuft in diesem Fall kurzfristig in die "falsche" Richtung, langfristig wird die Anpassung allein durch die Senkung des Preisniveaus erreicht, und der Wechselkurs kehrt auf sein gleichgewichtiges Niveau zurück. Die Anpassungsdynamik ist in Abb. II-20c beschrieben. Nach dem kurzfristigen Abweichen des Wechselkurses vom Gleichgewichtswechselkurs (Bewegung von B_0 auf B_{01}), stellt dieser sich nach einiger Zeit wieder ein (in B_1).

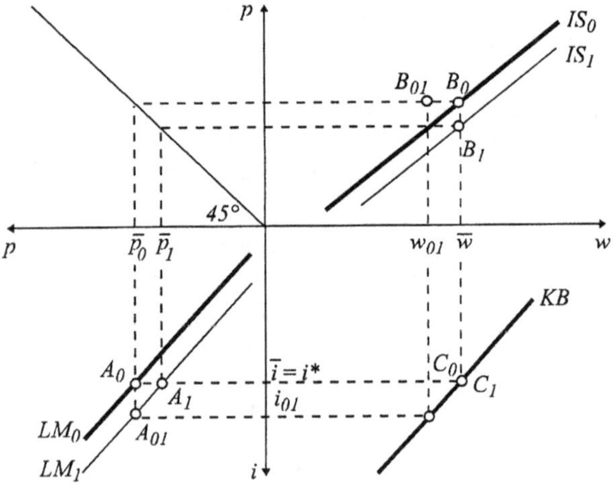

Abb. II-20a: Ausgabenreduktion und Transfer in Inlandswährung [Fall (1)]

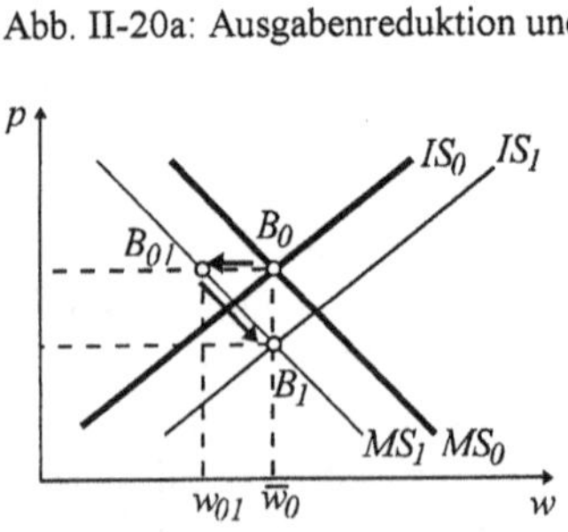

Abb. II-20b: Fall (1) im p/w-Diagramm

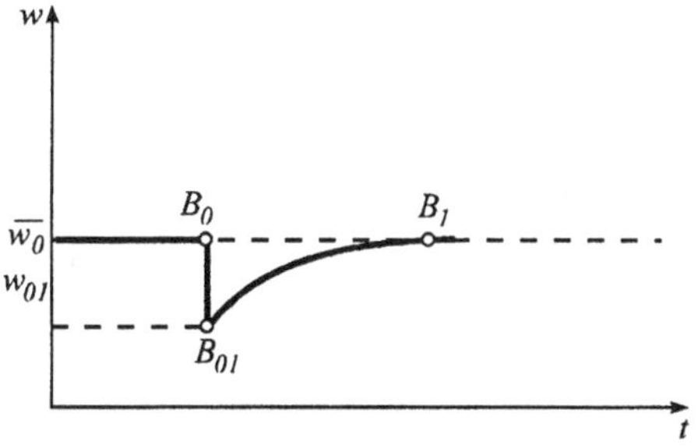

Abb. II-20c: Wechselkursreaktion im Fall (1)

Ein kreditfinanzierter Transfer bewirkt keine Initialeffekte am Geldmarkt, solange die Kreditvergabe mit einer monetären Expansion einhergeht *[Fall (2-I)]*. Sollte dies nicht (oder nicht in vollem Umfang) der Fall sein, verschiebt sich die LM-Kurve nach unten *[Fall (2-II)]*, vgl. Abb. II-21.

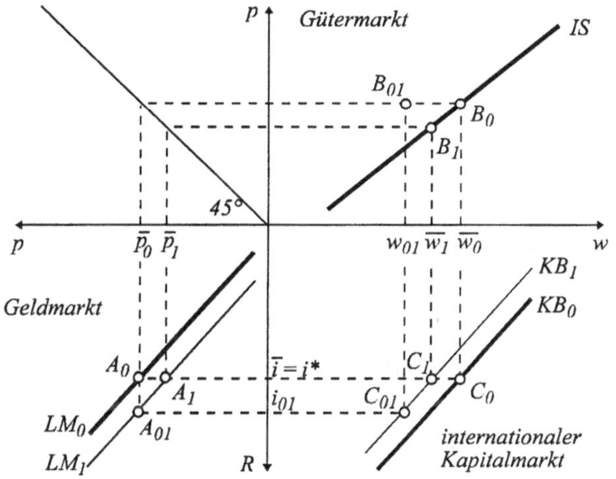

Abb. II-21a: Kreditfinanzierter Transfer in Inlandswährung [Fall (2-II)]

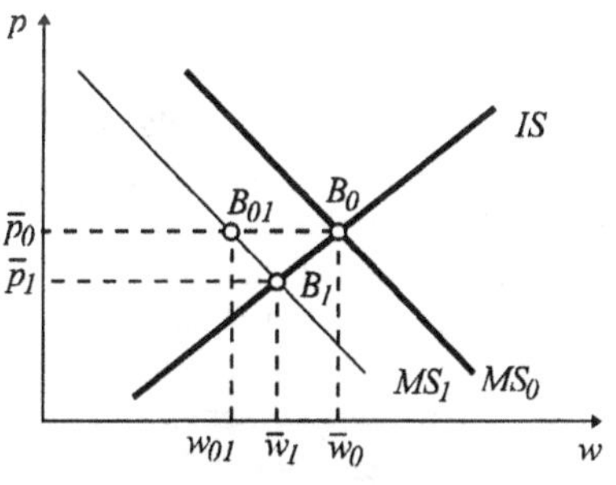

Abb. II-21b: Fall (2-II) im p/w-Diagramm

Der Anstieg des Zinses bewirkt Kapitalimporte und eine Wechselkurssenkung, die MS-Kurve bewegt sich nach links. Bei dem niedrigen Wechselkurs w_{01} besteht die Erwartung einer Wechselkurssteigerung (Abwertung), da der Gleichgewichtswechselkurs $\overline{w}_1$ höher liegt. Diese Abwertungserwartung gleicht kurzfristig den höheren Zins am Geldmarkt des Geberlandes aus und bewirkt ein Gleichgewicht am internationalen Kapitalmarkt. Der niedrige Wechselkurs bewirkt trotz der Kreditfinanzierung einen Rückgang der Exportnachfrage, so daß ein neues Gütermarktgleichgewicht ein niedrigeres Preisniveau erfordert. Mit der verringerten inländischen Absorption ist ein Leistungsbilanz*defizit* verbunden, d.h., es kommt nicht zu einem Realtransfer vom Geberland zum Empfängerland, sondern im Gegenteil kurzfristig zu einem Transfer in das Geberland. Das Überschießen des Wechselkurses führt temporär zu einem Leistungsbilanzdefizit. Langfristig wirkt die Senkung des Preisniveaus auf ein neues Gleichgewicht bei einer ausgeglichenen Leistungsbilanz hin, d.h., der reale Wechselkurs ändert sich nicht mehr, und der internationale Kapitalmarkt ist im Gleichgewicht.

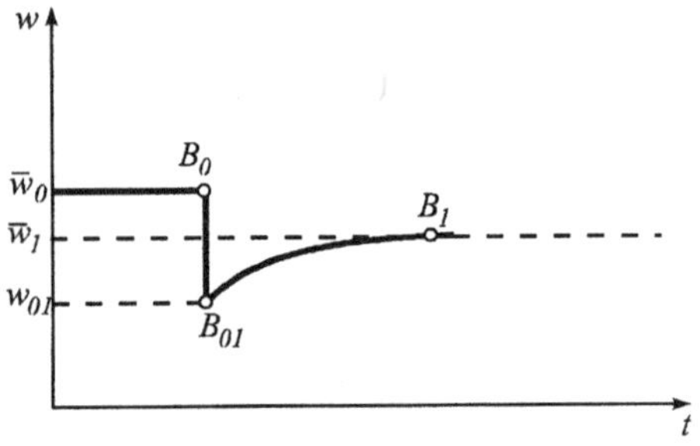

Abb. II-21c: Wechselkursreaktion im Fall (2-II)

Aufgebracht wird der Transfer in diesem Fall wieder durch den Rückgang des inländischen Preisniveaus. Reale Entzugseffekte bleiben aus, es kommt im Gegenteil sogar kurzfristig zu einem Leistungsbilanzdefizit, da die Anpassung über den Wechselkurs ein falsches Signal am Gütermarkt setzt. Der reale Wechselkurs ist im endgültigen Gleichgewicht unverändert, so daß es nicht zu einem realen Transfer kommt.

Ein Transfer in *ausländischer Währung*, finanziert durch Ausgabenreduktion, bzw. Steuererhöhung [Fall (3)], verringert die vom Staat beeinflußte inländische Absorption. Die Gütermarktgleichgewichtskurve verschiebt sich nach rechts, vgl. Abb. II-22. Aufgrund der Nachfragesteigerung nach Transferkasse am Devisenmarkt kommt es zu einem Nachfrageüberhang am Devisenmarkt, d.h., der Wechselkurs steigt tendenziell und die KB-Kurve verschiebt sich ebenfalls nach rechts. Die MS-Kurve verschiebt sich daher – bei unveränderter LM-Kurve – ebenfalls. Die Aufbringung des Transfers führt zu einem Leistungsbilanzüberschuß in Höhe des realen Transfers. Da das Preisniveau in diesen Anpassungsprozeß nicht involviert ist, gibt es keine Disparität der kurz- und langfristigen Wirkungen, der

Wechselkurs springt sofort auf sein gleichgewichtiges Niveau. Der Ausfall an inländischer Absorption wird vollständig durch eine Zunahme der ausländischen Absorption ersetzt, die durch die Wechselkurssteigerung herbeigeführt wurde. Der inländische Geldmarkt bleibt ebenfalls im Gleichgewicht, da sich das Zinsniveau nicht ändert. Da der Wechselkurs sofort auf sein langfristiges Gleichgewicht springt, bestehen auch keine Wechselkursänderungserwartungen.

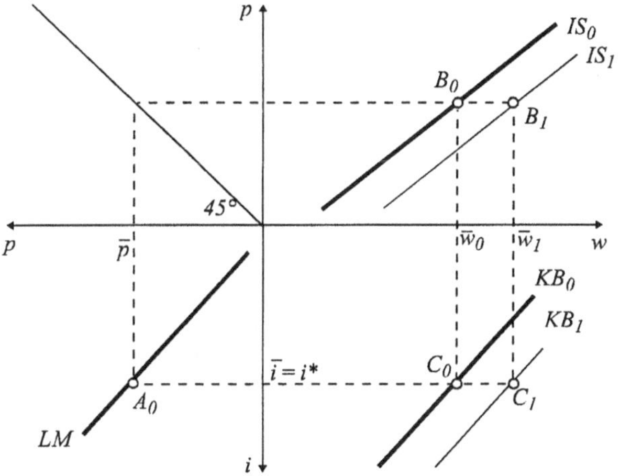

Abb. II-22a: Ausgabenreduktion und Transfer in Inlandswährung [Fall (3)]

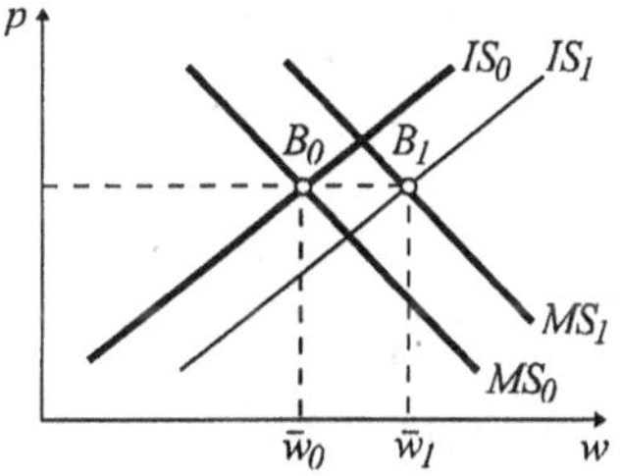

Abb. II-22b: Fall (3) im p/w-Diagramm

Das Reaktionsmuster (Bewegung von B_0 nach B_1) entspricht im Prinzip dem des in Kapitel II-C betrachteten Transfers, vgl. Abb. II-18 (Bewegung von A nach B). Der wesentliche Unterschied besteht darin, daß in Abb. II-22 angenommen wird, daß der Transfer im Betrachtungszeitraum noch andauert (permanenter Transfer), der Gleichgewichtswechselkurs $\overline{w}_1$ also von Bestand ist, während in Abb. II-18 die Reaktion auf eine einmalige Transferzahlung abgebildet ist, in dem Sinne, daß der Geldabfluß nicht von Dauer ist, sondern es nach der Transferaufbringung zu einer Rückverteilung der monetären Mittel im Sinne des Geldmengenpreismechanismus und damit auch zu einem realen Transfer kommt. Im hier betrachteten Fall des kleinen Landes bleiben solche Effekte außen vor, zudem wird die

Phase der Mittelverwendung im Empfängerland nicht einbezogen. Die hier abgeleiteten langfristigen Gleichgewichte gelten somit nur ceteris paribus.

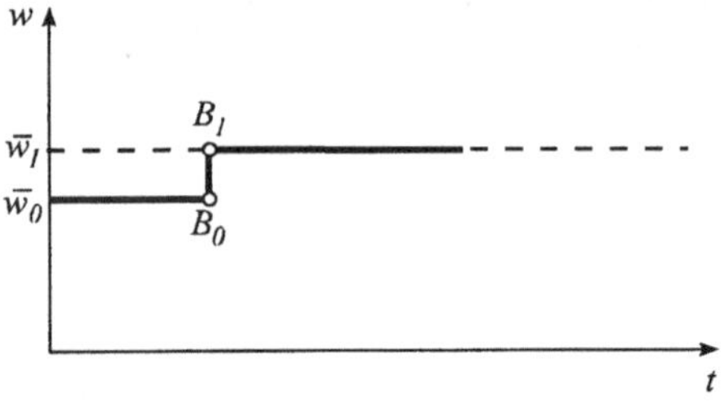

Abb. II-22c: Wechselkursreaktion bei Fall (3)

Ein kreditfinanzierter Transfer in ausländischer Währung [Fall (4)] erzeugt weder monetäre Entzugseffekte noch reale Entzugseffekte im Inland. Zwar kommt es im Umfang des Transfers zu einer erhöhten Devisennachfrage seitens des Staates, die für sich genommen einen Anstieg des Wechselkurses bewirken würde. Aufgrund des (unendlich elastischen) ausländischen Kreditangebotes kommt es jedoch zu Devisenzuflüssen, d.h., der Devisenmarkt bleibt im Gleichgewicht. Auf inländische Parameter wie Zinsniveau und Preis gehen keine weiteren Wirkungen aus.

Ein Vergleich der Fälle (1) bis (4) zeigt, daß es bei einer Denominierung in inländischer Währung zu einer Aufwertungstendenz, bei einem Transfer in Devisen hingegen zu einer Abwertungstendenz kommt, die Wirkung der Initialeffekte ist somit identisch mit den in Kapitel II-B geschilderten. Im Falle der Ausgabenfinanzierung bewirkt die Aufbringung unabhängig von der Denominierung langfristig einen realen Transfer, in Fall (1) aufgrund der Reduktion des Preisniveaus, in Fall (3) durch den Anstieg des Wechselkurses. Im Fall der Kreditfinanzierung kommt es nicht zu einem realen Transfer, da sich Wechselkurs und Preisniveau im selben Verhältnis [Fall (2-II)] oder gar nicht ändern [Fall (2-I)] und [Fall (4)]. Im Falle des Transfers in Devisen springt der Wechselkurs sofort zu seinem neuen Gleichgewicht, so daß es nicht zu den Transferablauf störenden Reaktionen des Wechselkurses kommt. Da der Wechselkurs durch den Kapitalmarkt determiniert ist (und der reale Sektor durch die Bewegung des Wechselkurses beeinflußt wird), kommt es im Fall der Denominierung in inländischer Währung kurzfristig zu einem *realen Gegentransfer*.

6. Erwartungsbildung am Devisenmarkt

Die in Kapitel II-C aufgeworfenen Fragen nach der Effizienz des Devisenmarktes bei der Herbeiführung des Realtransfers sollen an dieser Stelle noch näher erläutert werden. Bei Abkehr von der Gültigkeit der Kaufkraftparität, bei der der Wechselkurs lediglich das Komplement von Preisdifferenzen darstellt, stellt sich die Frage, wodurch Wechselkurse determiniert werden und welche Wirkungen auf Preisniveau und Beschäftigung davon ausgehen bzw. wie sich entstehende Ungleichgewichte in der Zeit abbauen. Im Vordergrund stehen dabei die Informationsbedingungen der jeweiligen Märkte, insbesondere des Devisenmarktes.

Hält die Anpassungsgeschwindigkeit der monetären Variablen Schritt mit der Geschwindigkeit der Wechselkurssignale – eine theoretische Fiktion –, so ist zu erwarten, daß der Wechselkurseffekt eine Übertragung von Absorptionseffekten vollständig verhindert. Bei starren Nominallöhnen und/oder einer konstanten Geldmenge kann es dann zu Preisniveaureaktionen kommen, die für ein internes Gleichgewicht sorgen. Bei Vorhandensein spekulativer Kapitalbewegungen kann es jedoch zu einer gegenseitigen Kompensation von Wechselkurs- und Preisbewegung kommen, so daß die Richtung des Gesamteffekts nicht eindeutig ist. In der obigen Analyse wurde angenommen, der Wechselkurs gleiche die Zahlungsbilanz in der kurzen Frist aus, langfristig bewirkt er jedoch über die Lenkung der Handelsströme eine Veränderung der Preisniveaus, d.h. eine Wiederherstellung der Kaufkraftparität, da nur dann der Gütermarkt im Gleichgewicht sei. D.h., der Wechselkurs hat zwar kurzfristig *reale* Wirkungen, ist langfristig jedoch ein *rein monetäres* Phänomen. Grundlage für diese Annahme ist aber, daß es kurzfristig zu Impulsen kommt, die in Richtung einer Angleichung des Preisniveaus entsprechend der Kaufkraftparität wirken. Umstritten ist jedoch, ob die mit der Wechselkursänderung einhergehenden Signale eine Lenkung spekulativer Kapitalströme derart bewirken, daß es zu einem ausgleichenden Trend kommt. Zentral ist dabei die Informationsverarbeitung auf dem Devisenmarkt.[209] Welche Wirkungen des Transfers werden vermutet? Wird dieser als permanent oder temporär angesehen?

Die Dominanz der Kapitalmärkte bei der Determination des Wechselkurses ist in der Literatur allgemein akzeptiert, die Erklärung des Wechselkurses erfolgt dabei über Erwartungskonzepte. Dabei ist nicht gewährleistet, daß Informationen über (realwirtschaftliche) Gleichgewichtslösungen eine Information über die zukünftige Entwicklung des Wechselkurses enthalten. Die neuere Wechselkurstheorie unterstellt jedoch diesen Zusammenhang: Die Devisenmarktteilnehmer handeln nach dieser Theorie so, als ob sie die Werte der Gleichgewichtslösung kennen (rationale Erwartungen).[210] Dem wird entgegengehalten, daß die empirischen Erfahrungen gezeigt hätten, daß Spekulation regelmäßig destabilisierend wirke und nicht etwa einen Hang zu den Fundamentalvariablen aufweise.[211] Der Anteil

---

209 Vgl. FLASSBECK, H.: Preise, Zins und Wechselkurs, Tübingen 1988, S. 88 und 98 f.

210 Vgl. dazu FLASSBECK, H.: Preise, Zins und Wechselkurs, Tübingen 1988, S. 120 ff.

211 Vgl. etwa NURSKE, R.: International Currency Experience, Genf 1944, und LAURENSEN, S./METZLER, L.A.: Flexible Exchange Rates, in: METZLER, L.A.: Collected Papers, Cambridge 1973, S. 277 f., des weiteren HAYEK, F.A.: Monetary Mechanisms and International Stability. London/New York 1937, S. 63 f.

der stabilisierenden Spekulation mache nur einen geringen Anteil am Markt aus.[212]

Die Annahme rationaler Erwartungen muß nicht unbedingt mit vollkommener Information bezüglich des Gleichgewichts übereinstimmen, als Annäherung können auch Informationen über die gesamtwirtschaftlichen Daten eines Landes dienen, von denen unterstellt werden kann, daß sie allen Devisenmarktteilnehmern in gleicher Weise zur Verfügung stehen. Benötigt werden jedoch ökonomische Modelle, die die Gewinnung oder Verarbeitung dieser Informationen ermöglichen. In diesem Fall hängt die Entwicklung des Wechselkurses von theoretischen Normen und Lehrmeinungen ab, allerdings ist nicht zu erwarten, daß diese immer ein befriedigendes Bild der Realität entwerfen.[213] Es folgt daraus, daß die Wechselkursänderungen weder den Reaktionsgeschwindigkeiten eines Einzelmarktes angepaßt sind, noch der Dauer und Art der Veränderung der relativen Preise. Durch ihre Preisniveauwirkung stören sie die Anpassung im Raum.[214]

Daß langfristig unter ceteris paribus-Bedingungen ein Gleichgewicht existiert, ist für die kurzfristige Untersuchung wenig relevant, denn die kurzfristigen Impulse müssen nicht unbedingt immer auf ein Gleichgewicht hinführen.[215] Kombinationen von Kurz- und Langzeiterklärung wie das DORNBUSCH-Modell können somit in der Erklärung des Wechselkurses letztlich nicht überzeugen, wie schon die monetären Ansätze, die in der Kaufkraftparitätentheorie verankert sind. Als Ersatz können zwar ad hoc-Hypothesen dienen, es bleiben jedoch die Zweifel, ob in

---

212 Vgl. KALDOR: Speculations and economic stability, in KALDOR, N.: Essay on Economic Stability and Growth, London 1960, S. 31.

213 Vgl. MACDONALD, R.: Floating Exchange Rates. Theory and Evidence, London 1988, S. 292 ff.

214 FLASSBECK bemerkt hierzu: "Der entscheidende methodische Fehler der herrschenden "neoklassischen" Währungstheorie, selbst wenn sie sich nicht der eingeschränkten Aussagekraft der Kaufkraftparitätentheorie unterwirft, ... , liegt in der ausschließlichen Konzentration auf das Erkenntnisziel 'Gleichgewicht' und damit der Vernachlässigung der Untersuchung von Anpassungsprozessen", FLASSBECK, H.: Preise, Zins und Wechselkurs, Tübingen 1988, S. 128.

215 "This is the real drift of that much quoted, and much misunderstood doctrine of Adam Smith and other economists that the normal, or "natural", value of a commodity is that which economic forces tend to bring about in the long run. It is the average value which economic forces would bring about if the general conditions of life were stationary for a run of time long enough to enable them all to work out their full effects. But we cannot foresee the future perfectly. The unexpected may happen; and the existing tendencies may be modified before they have had time to accomplish what appears now to be their full and complete work. The fact that the general conditions of life are not stationary is the source of many difficulties that are met with in applying economic doctrines to practical problems." MARSHALL, A.: Principles of Economics, 8th ed., London/ Basingstoke 1920, S. 289.

einem System flexibler Wechselkurse die relevanten Informationen über das Verhalten der anderen Marktteilnehmer jemals zur Verfügung stehen werden, so daß das Phänomen der kurzfristigen Wechselkursschwankung prinzipiell nicht erklärbar ist.[216] Für den Transfer bedeutet dies, daß nicht genau vorhergesagt werden kann, wie Wechselkurse das Transferergebnis beeinflussen werden. Die (sicheren) direkten Nachfragewirkungen können so durch wechselkursinduzierte Wirkung auf die Nachfrage kompensiert oder verstärkt werden. Der Versuch, historische Fälle mit den Aussagen des DORNBUSCH-Modells zu verknüpfen, verspricht vor diesem Hintergrund wenig Aussicht auf Erfolg. Zwar ist der Trend, der durch sogenannte Fundamentalfaktoren – etwa die Kaufkraftparität – vorgezeichnet ist, weniger problematisch zu bestimmen, praktische Aussagen darüber, wie, wann und wie lange dieser Trend durch die oben beschriebenen Reaktionen überlagert oder auch verstärkt wird, lassen sich meines Erachtens nur sehr bedingt, bzw. allenfalls für den Einzelfall ableiten.

---

216 Vgl. FLASSBECK, H.: Preise, Zins und Wechselkurs, Tübingen 1988, S. 135.

III. Der Transfer in realwirtschaftlicher Betrachtung

A. Nachfrageeffekte des Transfers – der Gütertransfer

1. Darstellung des Transfers in realwirtschaftlichen Modellen

Die reale Theorie trägt in dreierlei Hinsicht zur Beurteilung eines Transfers bei: Erstens zeigt sie die Veränderung der relativen Preise der gehandelten Güter auf und erklärt die Auswirkungen auf die Handelsmuster der beteiligten Länder. Zweitens zeigt sie die Wohlfahrtsveränderungen, die der Transfer im Geber- und im Empfängerland bewirkt. Drittens zeigt sie die Implikationen eines Transfers auf die Allokation von Produktionsfaktoren.

In der realen Außenwirtschaftstheorie, die von Geld als Zahlungs- und Wertaufbewahrungsmedium abstrahiert, stellt sich ein Transfer zwischen zwei Ländern als ein Transfer von Gütern dar: Die Wirtschaftssubjekte im Geberland verzichten im Umfang des Transfers auf Güter, die im Zuge des Transfers den Wirtschaftssubjekten im Empfängerland übereignet werden. Die *Wohlfahrtserhöhung* im Empfängerland kann sowohl darin bestehen, daß der Transfer aus *Konsumgütern* besteht als auch aus *Produktionsfaktoren* in Form von Arbeitsleistung oder Sachkapital, die zu einer erhöhten Konsumgüterproduktion genutzt werden können.[217]

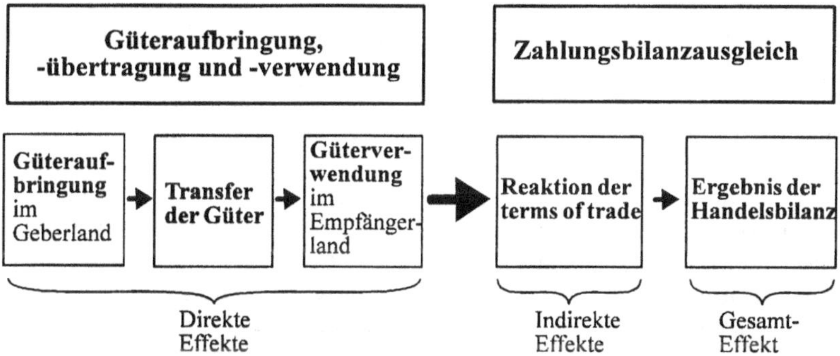

Abb. III-1: Ablauf des Transfers in realwirtschaftlichen Modellen

Abgesehen von den weiter unten zu erläuternden Sonderfällen führt der initiale Gütertransfer zu einer Störung bestehender Gleichgewichte. Man bezeichnet diese Effekte auch als die *direkten Effekte* des Transfers. Die bei der Wiederherstellung des Gleichgewichts auftretenden indirekten Effekte sind mit weiteren

---

217 Lange Zeit wurde als Gegenstand der Transfertheorie ausschließlich der Transfer von Einkommen aufgefaßt und nicht etwa der Transfer von Geld- oder Realkapital (vgl. z.B. KINDLEBERGER, C.P.: International Economics, 3rd ed., Homewood 1963, S. 306), vgl. dazu auch die Ausführungen in Kapitel I-2.

Gütertransaktionen verbunden. Erst beide Effekte zusammen, der initiale Gütertransfer verbunden mit den Gütertransaktionen im Zuge des Anpassungsprozesses, ergeben das Gesamtbild des Transfers (vgl. Abb. III-1). Nur bei Abwesenheit von nominalen Größen wie beispielsweise Preisniveau, nominalem Wechselkurs und Geldmengenverteilung sowie unter der zusätzlichen Annahme eines konstanten Güterangebotes ist es erlaubt, die Frage nach dem Gesamteffekt des Transfers auf die Frage zu verkürzen, ob der initiale Transfer zu einer Änderung der relativen Preise und damit der Güteraustauschrelation, der terms of trade, führt.

In der Handelsbilanz wird der initiale Transfer mit einem entsprechenden positiven Handelsbilanzsaldo gleichgesetzt, der im Geberland mit dem Rückgang der im Inland verfügbaren Gütermenge korrespondiert. Im Empfängerland kommt es zu einem negativen Handelsbilanzsaldo, verbunden mit einer höheren Gütermenge. Ändert sich im Zuge dieses initialen Transfers das Güteraustauschverhältnis, so führt dies zu weiteren Güterbewegungen, die den Handelsbilanzsaldo verringern oder erhöhen.

Während im monetären Modell der initiale Impuls monetärer Natur ist und sich erst *daraufhin* u.U. reale Effekte ergeben, wird dieser reale Impuls in der realen Theorie von Anfang an unterstellt, denn in der realen Theorie bleiben alle Mechanismen ausgeklammert, die erklären, auf welche Art und Weise der reale Impuls zustandekommt (Führt ein monetärer Transfer beispielsweise zu keinerlei realen Impulsen, so läßt sich dieser Fall in den statischen Modellen der realen Theorie ex definitione nicht darstellen, bzw. die realen Größen werden durch den Transfer nicht beeinflußt.). Die sich im monetären Modell ergebenden Anpassungsreaktionen beinhalten somit sowohl die Transmission des monetären Impulses in reale Impulse wie auch die sich anschließenden Reaktionen, die in der "realen" Theorie in Form von direkten und indirekten Effekten beschrieben werden. In der monetären Theorie manifestieren sich solche Änderungen des realen Wechselkurses in Änderungen des nominalen Wechselkurses und/oder des Preisniveaus. Prinzipiell spiegeln beide Reaktionen denselben Sachverhalt wider, beispielsweise unterschiedliche Güterpräferenzen in den beiden Ländern, die sich im realen Modell in einer Veränderung der terms of trade und in der monetären Theorie bei festen Wechselkursen in Veränderungen der Preisniveaurelation niederschlagen. Die Mechanismen, die in der monetären Theorie diesen Präferenzen Ausdruck verleihen bzw. die verhindern oder verzögern, daß sich das Marktergebnis entsprechend anpaßt, bleiben in der realen Theorie ausgeklammert.

Zum Vergleich der Ergebnisse von monetären und realen Modellen kann das monetäre Modell in dem Sinne untergliedert werden, daß man zunächst untersucht, in welchem Umfang der monetäre Transfer ceteris paribus zu einem Realtransfer führt, so daß ein Gütertransfer die Ausgangsbasis des Vergleichs bildet. Die Anpassungsreaktionen an diesen Gütertransfers können dann sowohl im monetären wie im realen Modell untersucht werden. In der Regel findet man in den Ansätzen der Transfertheorie die Annahme, daß der monetäre Transfer "gelingt", das heißt, daß der monetäre Transfer zu einer Übertragung von Kaufkraft führt, die sich in voller Höhe des Transfers in Form von Nachfrage am Markt äußert.[218] Diese Annahme, zudem oft verbunden mit der Annahme konstanter Preise, Wechselkurse, Beschäftigung etc. führt zwar zu einer weitgehenden Konvergenz der Aussagen von realen und monetären Ansätzen – sofern man Ansätze dieser Art noch als "monetär" bezeichnen möchte –, grundlegende Wirkungsmechanismen eines monetären Transfers bleiben jedoch unberücksichtigt.

2. Das Transfermodell von SAMUELSON

a) Das Modell von SAMUELSON als Prototyp eines realwirtschaftlichen Transfermodells

Erste realwirtschaftliche Arbeiten mit ausdrücklichem Bezug auf die Transfertheorie finden sich 1928 bei PIGOU[219] und 1936 bei LEONTIEF[220]. Letzterer entwickelte, basierend auf dem Modell PIGOUs, Bedingungen für ein Transferparadoxon, d.h. für den Fall, daß die terms of trade sich für den Transfergeber so verbessern, daß dieser vom Transfer profitieren könnte, der Transferempfänger jedoch schlechter gestellt würde. Dieser Argumentationsstrang wurde lange Zeit nicht weiter verfolgt, bis SAMUELSON[221] im Rahmen einer neoklassischen, realwirtschaftlichen Analyse das Transferproblem und das Transferparadoxon untersuchte und ein realwirtschaftliches Modell entwickelte, das die Analyse PIGOUs als Spezialfall enthält. Er zeigte implizite Annahmen auf, die dem PIGOU-Modell zugrundeliegen und zu dessen "nicht-orthodoxem" Ergebnis[222] führen.

218 Das Zahlungsbilanzgleichgewicht wird in diesem Fall durch den monetären Transfer nicht gestört – eine Annahme, die empirischer Untersuchung nicht unbedingt standhält [vgl. z.B. BROCK, P.L.: International transfers, the relative price of non-traded goods, and the current account, in: Canadian Journal of Economics, Vol. 29 (1996), S. 164].

219 Vgl. PIGOU, C.A.: The Effect of Reparations on the Ratio of International Interchange, in: Economic Journal, Vol. 42 (1932), S. 532 - 543.

220 Vgl. LEONTIEF, W.: Note on the pure Theory of Capital Transfer, in: Explorations in Economics, Notes and Essays Contributed in Honor of F.W. Taussig, New York 1936, S. 84 - 91.

221 Vgl. SAMUELSON, P.A.: The Transfer Problem and Transport Costs: The Terms of Trade When Impediments are Absent, in: Economic Journal, Vol. 62 (1952), S. 278 - 304 und SAMUELSON, P.A.: The Transfer Problem and Transport Costs II: Analysis of the Effects of Trade Impediments, in: Economic Journal, Vol. 64 (1954), S. 264 - 289.

222 Der Begriff "orthodox result" geht auf J.S. MILL zurück und bezeichnet die Verschlechterung der terms of trade, vgl. Kapitel I-D-1.

SAMUELSON beschäftigte sich ausschließlich mit der Wirkung eines Einkommenstransfers im Zusammenhang mit den daraus entstehenden Nachfrageeffekten: Weicht die Zusammensetzung der zusätzlichen Nachfrage im Empfängerland von der Zusammensetzung des Nachfragerückgangs im Geberland ab, so ändern sich die Preisrelationen der von der Nachfrageveränderung betroffenen Güter und führen damit zu einer Erleichterung oder Erschwerung des Transfers.[223] Die Analyse SAMUELSONs wird im folgenden ergänzt um eine ausführliche Betrachtung der Angebotsverhältnisse. Die Rückschlüsse auf die resultierenden Handelsmuster lassen damit auch Erkenntnisse über notwendige terms of trade-Veränderungen zu.

SAMUELSON reduziert die Darstellung auf ein Zwei-Länder/Zwei-Güter-Modell.[224] Beide Volkswirtschaften produzieren beide Güter, Gut 1 (x_1) und Gut 2 (x_2), wobei von vollständigem Wettbewerb und Vollbeschäftigung bei effizientem Faktoreinsatz ausgegangen wird. Die Präferenzen der Wirtschaftssubjekte werden durch gesamtgesellschaftliche Indifferenzkurven dargestellt, die entweder identische Präferenzen aller Konsumenten in einem Land oder die Auswahl eines repräsentativen Konsumenten in jeder Volkswirtschaft unterstellen.[225] Des wei-

---

223 Im Zuge der Diskussion um das Phänomen des "Transferparadoxons" Ende der 70er bis Mitte der 80er Jahre, ausgelöst durch den Artikel von BALASKO 1974 [vgl. BALASKO, Y.: The Transfer Problem and the Theory of Regular Economics, in: Journal of Mathematical Economics, Vol. 1 (1974), S. 209 - 211.], der sich auf die Arbeiten von SAMUELSON bezog, wurde die reale Theorie des Transfers um zahlreiche Aspekte erweitert, so um die Berücksichtigung von mehreren Ländern [vgl. dazu CHICHILINSKY, G.: Basic Goods, the Effect of Commodity Transfers and the International Economic Order, in: Journal of Development Economics, Vol. 7 (1980), S. 505 - 519, und CHICHILNISKY, G.: The Transfer Problem with Three Agents Once Again, in: Journal of Development Economics, Vol. 13 (1983), S. 237 - 248], von Unsicherheit [vgl. dazu FRIES, T.: The Possibility of an Immiserizing Transfer under Uncertainty, in: Journal of International Economics, Vol. 15 (1983), S. 297 - 311, und DUNG, T.H./KUMAR, R.: The Transfer Problem under Uncertainty, in: The Indian Economic Review, Vol. 24 (1989), S. 197 - 205], von Preisverzerrungen [vgl. dazu BHAGWATI, J.N./BRECHER, R./HATTA, T.: The Generalized Theory of Transfer and Welfare: Exogenous (Policy-Imposed) and Endogenous (Transfer-Induced) Distortions, in: Quarterly Journal of Economics, Vol. 100 (1985), S. 697 - 714] sowie intertemporaler Optimierung [vgl. dazu GALOR, O./POLEMARCHAKIS, H.M.: Intertemporal Equilibrium and the Transfer Paradox, in: The Review of Economic Studies, Vol. 54 (1987), S. 147 - 156].

224 Eine Erweiterung des Modells mit drei Gütern findet sich bei CHIPMANN, J.S.: The Transfer Problem and the Theory of Foreign Exchanges, in: FEIWEL, G.R. (ed.): Joan Robinson and Modern Economic Theory, New York 1989, S. 739 ff.

225 MEADE weist darauf hin, daß diese strenge Annahme nur zur Wohlfahrtsmessung notwendig ist. Um Gleichgewichte herzuleiten reicht es aus, Marktverhaltenskurven anzunehmen, die die Marktergebnisse bei verschiedenen Einkommen und relativen Preisen widerspiegeln. Aufgrund möglicher Einkommensredistributionen kann jedoch keine Aus-

teren wird die Unabhängigkeit der Präferenzen von den Produktionsverhältnissen angenommen[226] – ausgeschlossen werden dadurch sowohl eine Bevorzugung heimischer Produkte ("buy local") wie auch ein "Snob-Effekt", der Importgüter erstrebenswerter erscheinen läßt.

Der Relativpreis der exportierten und importierten Güter ist in dem von SAMUELSON behandelten Zwei-Güter/Zwei-Länder-Modell gleichbedeutend mit den terms of trade. Maßgeblich für die Veränderung der terms of trade sind die Struktur von Nachfrage und Angebot sowie deren Reaktionen auf den Transfer. Das gleichgewichtige Preisverhältnis PV* kann als das reale Austauschverhältnis x_2/x_1 oder auch die terms of trade zwischen Land A und Land B interpretiert werden. Grundsätzlich werden die terms of trade als Verhältnis der Importmenge zur Exportmenge definiert, so daß ein höherer Wert mit günstigeren terms of trade verbunden ist. In diesem Modell sollen die terms of trade für Land A als x_2/x_1 definiert werden. Die terms of trade verbessern sich für das Land A, wenn für das Exportgut 1 eine größere Menge des Importgutes 2 erhältlich ist, gleichbedeutend mit einer steileren Preisverhältnisgeraden. Für das Land B hingegen bedeutet eine steilere Preisverhältnisgerade eine terms of trade-Verschlechterung, denn x_2 ist das Exportgut, und die terms of trade sind als Tauschrelation x_1/x_2 dargestellt (vgl. z.B. Abb. III-2).

Grundsätzlicher Bestimmungsgrund für den Außenhandel sind unterschiedliche Preisrelationen von Gut 1 zu Gut 2 in den beiden Ländern. Als Hauptursache für Differenzen in den Preisrelationen wird die Unterschiedlichkeit der Produktionsverhältnisse in verschiedenen Ländern angesehen, die zu komparativen Kostenvorteilen führen. Sie werden entweder auf eine unterschiedliche Produktivität bei der Produktion des Gutes 1 und des Gutes 2 (sogenannte RICARDO-Güter) oder auf Unterschiede in der Ausstattung mit Produktionsfaktoren zurückgeführt, die zur Produktion des Gutes 1 und des Gutes 2 bei eindeutig unterschiedlichen Faktorintensitäten der Produktionsverfahren in besonderem Maße geeignet sind (sogenannte HECKSCHER/OHLIN-Güter). Ein weiterer Grund für Differenzen in der Preisrelation können Unterschiedlichkeiten der Nachfrageverhältnisse sein, etwa wenn ein Land in Relation zum anderen Land ein bestimmtes Gut vorzieht.

Die Annahme eines fixen Outputs in beiden Ländern erlaubt die Darstellung in einem EDGEWORTH-Schachteldiagramm (EDGEWORTH-*Güter*-Box), vgl. Abb. III-2. Horizontal sind die Gütermengen des Gutes 1 im Land A (x_1^A) bzw. im Land B (x_1^B) und vertikal entsprechend die Mengen des Gutes 2, x_2^A bzw. x_2^B, abgetragen – tiefgestellte Indizes unterscheiden die Güter 1 und 2, hochgestellte

sage über die Gesamtwohlfahrt mehr gemacht werden. Vgl. MEADE, J.E.: A Geometry of International Trade, London 1952, S. 9.

226 Vgl. auch JONES, R.W.: The Transfer Problem Revisited, in: Economica, Vol. 37 (1970), S. 179.

die Länder A und B. Die produzierten Gütermengen des Landes A werden vom Koordinatenursprung 0^A, die des Landes B von 0^B ausgehend abgetragen. Im Land A wird das (starre) Angebot durch den Produktionsblock 0^ABPC dargestellt, das Land B produziert 0^BDPE, so daß sich als Punkt der gesamten Güterausstattung P ergibt.

Bei fixer Mengenrelation der produzierten Güter wird die Preisrelation der beiden Güter ausschließlich durch die Nachfrage bestimmt, dargestellt durch die gesamtgesellschaftlichen Indifferenzkurven I_1^A bis I_3^A für Land A und I_1^B bis I_3^B für Land B. Das Preisverhältnis der beiden Güter ist definiert als das reale Austauschverhältnis x_2/x_1. Im Wohlfahrtsoptimum entspricht das Preisverhältnis der Grenzrate der Gütersubstitution, graphisch ausgedrückt durch die Steigung der Preisverhältnisgeraden PV im Tangentialpunkt mit der jeweiligen Indifferenzkurve I:[227]

$$\frac{dx_2^A}{dx_1^A} = PV^A = \left(\frac{x_2}{x_1}\right)^A \quad \text{und} \quad \frac{dx_2^B}{dx_1^B} = PV^B = \left(\frac{x_2}{x_1}\right)^B$$

In Autarkie unterscheiden sich die Preisverhältnisse der beiden Länder, PV^A im Land A und PV^B im Land B. PV^A verläuft im Güterausstattungspunkt P flacher als PV^B ($\text{tg}\,\alpha > \text{tg}\,\beta$). Dieser Umstand spiegelt die Tatsache wider, daß – bei Organisation der Produktion nach dem Gewinnmaximierungsprinzip – Gut 1 in Land B relativ knapp und Gut 2 hingegen reichlicher vorhanden ist, in Land A hingegen Gut 1 reichlicher vorhanden ist und eine Knappheit bei Gut 2 herrscht.

Bei Außenhandel kommt es zu einem Ausgleich der Knappheiten bei einem neuen Weltmarktpreisverhältnis PV*, das zwischen PV^A und PV^B liegt. Die möglichen Tauschoptima liegen auf der Kontraktkurve 0^A0^B, wobei das Steigungsmaß der Indifferenzkurven im Schnittpunkt mit der Kontraktkurve das Preisverhältnis entlang der Kontraktkurve bestimmt.[228]

Bei der Aufnahme von Außenhandel exportiert das Land A das Gut 1 im Umfang von FB, und importiert das Gut 2 im Umfang von CH. Das Land B exportiert entsprechend das Gut 2 im Umfang JE, was mengenmäßig CH entspricht, und importiert Gut 1 im Umfang von GD, was der Menge FB entspricht. Als Weltmarktgleichgewicht ergibt sich G*.[229]

---

227 Die Bedingung "Preisverhältnis = Grenzrate der Transformation" wird zunächst vernachlässigt, da die Produktion als gegeben unterstellt wird.

228 Vgl. SAMUELSON, P.A.: The Transfer Problem and Transport Costs: The Terms of Trade When Impediments are Absent, in: Economic Journal, Vol. 62 (1952), S. 282 ff.

229 Die Darstellungsform mit Hilfe der EDGEWORTH-box bedingt, daß die produzierten Mengen als gegeben angenommen werden. Relativpreisänderungen führen unvermeidlich

Die Handelskonditionen werden durch die Preisverhältnisgerade PV* bestimmt, da dort zwei Bedingungen erfüllt sind: (1) Die Preisverhältnisgerade PV* führt durch den Punkt der ursprünglichen Güterausstattung P, und (2) PV* weist dasselbe Steigungsmaß wie die Indifferenzkurven im Tangentialpunkt G* auf, so daß dort die Bedingungen für ein Optimum "Grenzrate der Substitution des Landes A = PV* = Grenzrate der Substitution des Landes B" erfüllt sind.

Das Beispiel wurde mit linearhomogenen Nutzenfunktionen in beiden Ländern so gewählt, daß die Indifferenzkurven symmetrisch und isoelastisch verlaufen. Die Präferenzen hinsichtlich der beiden Güter sind bei einem Preisverhältnis von 1 in beiden Ländern identisch – in keinem Land wird ein Gut dem anderen vorgezogen. Mit steigendem Einkommen werden bei diesem Preisverhältnis von beiden Gütern in gleichem Umfang zusätzliche Einheiten nachgefragt werden: die marginalen Ausgabeneigungen

$$\frac{dx_1^A}{dy^A} = c'^A_1 , \quad \frac{dx_2^A}{dy^A} = c'^A_2 , \quad \frac{dx_1^B}{dy^B} = c'^B_1 \quad \text{und} \quad \frac{dx_2^B}{dy^B} = c'^B_2$$

sind mit einem Wert von 0,5 identisch (dy stellt eine marginale Veränderung des realen Einkommens dar, dx den physischen oder realen Mehrkonsum eines Gutes). Die Konsumoptima entlang der Kontraktkurve kennzeichnen somit Situationen, in denen beide Länder nach dem Tausch identische Mengenrelationen von Gut 1 und Gut 2 besitzen.

Bei solchen identischen Präferenzen entsteht Außenhandel, wenn zumindest in einem der Länder die beiden Güter in unterschiedlichen Mengen erzeugt werden. Liegt im anderen Land zudem ein komplementäres Ungleichgewicht vor, wie in Abb. III-2 dargestellt, so bedeutet dies, daß von beiden Güter weltweit gleichhohe Mengen produziert werden – die EDGEWORTH-box ist in diesem Fall quadratisch. Alle möglichen Punkte P, die nicht auf der Kontraktkurve liegen, repräsentieren solche ungleichgewichtigen Verteilungen der Güterausstattung zwischen den beiden Ländern.

---

zu einer Reallokation der Produktionsfaktoren in der Weise, daß von dem Gut, dessen Relativpreis sich erhöht hat, höhere Mengen produziert werden, entsprechend von dem nun relativ billigeren Gut geringere Mengen. Die Dimensionen der Box würden sich bei Berücksichtigung der Reallokationseffekte mit jeder Relativpreisänderung verändern. In Kapitel III-B wird diesem Umstand durch die Darstellung in Form des MEADE-Modells Rechnung getragen. In der Analyse SAMUELSONs interessierte jedoch vornehmlich die Richtung der terms of trade-Änderung aufgrund der veränderten *Nachfrage*verhältnisse – ob diese durch Reallokationseffekte auf der Angebotsseite abgeschwächt würden, war zunächst nicht vorrangig. Aufgrund der hier gewählten Darstellungsweise können denn auch nur die Handelsgewinne, nicht jedoch die Spezialisierungsgewinne des Außenhandels betrachtet werden.

In Autarkie erfolgt der Ausgleich von Angebot und Nachfrage durch ein binnenwirtschaftliches Preisverhältnis, das die Knappheitsrelation im jeweiligen Land zum Ausdruck bringt (etwa PV^A in Land A). Bei Aufnahme von Außenhandel impliziert die quadratische EDGEWORTH-box der Abb. III-2, daß beim Preisverhältnis PV* = 1 der Nachfrageüberschuß in Land A bei Gut 2 einem Angebotsüberhang in Land B entspricht. Entsprechendes gilt für Gut 1, so daß es beim Preisverhältnis von PV* = 1 zu einer Markträumung kommt. Die Symmetrie der Präferenzen bewirkt, daß das Preisverhältnis, zu dem der Tausch durchgeführt wird, im gewählten Beispiel immer 1 beträgt – unabhängig von der Position des Produktionspunktes P.

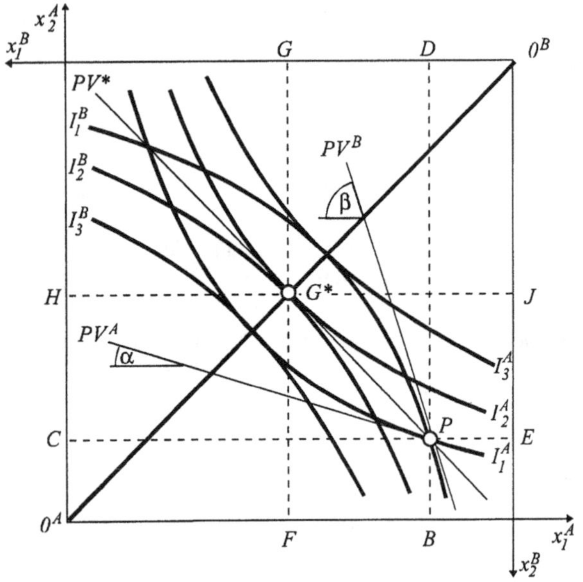

Abb. III-2: Zwei-Güter/Zwei-Länder-Modell mit identischen Präferenzen

b) Transfereffekte

Abb. III-3 stellt die Auswirkungen eines Transfers auf das bestehende außenwirtschaftliche Gleichgewicht dar. Angenommen Land A verzichtet auf eine bestimmte Menge von Gut 1 (in Höhe von BB') und stellt sie Land B ohne Gegenleistung zur Verfügung. Die Präferenzen seien von dem Transfer unberührt,[230] auch wird der Einfluß auf die Produktionsverhältnisse zunächst vernachlässigt. Im

230 Vgl. PIGOU, C.A.: The Effect of Reparations on the Ratio of International Interchange, in: Economic Journal, Vol. 42 (1932), S. 532.

Umfang, in dem das Land A auf das Gut 1 ohne (ökonomische) Gegenleistung verzichtet, erhöht sich die verfügbare Menge dieses Gutes im Land B (von D auf D'), so daß sich der Punkt der für beide Länder verfügbaren Güterausstattung von P nach P' verschiebt. Der neue optimale Konsumpunkt liegt wiederum auf der Kontraktkurve, die aufgrund der Unabhängigkeit der Präferenzen vom Transfer unverändert bleibt. Die Bedingung für das neue Konsumoptimum "Grenzrate der Substitution des Landes A = PV* = Grenzrate der Substitution des Landes B" ist in G^T erfüllt, denn die Umverteilung des Konsums von G* nach G^T entspricht den marginalen Konsumneigungen: In Land A wird von beiden Gütern in gleichem Maße weniger konsumiert, das Land B konsumiert die entsprechenden Mengen zusätzlich. Aufgrund des geringeren Konsums sowohl von Gut 1 als auch von Gut 2 ist das Niveau der Wohlfahrt im Land A von $I^A{}_2$ auf $I^A{}_1$ gesunken. Im Land B ist es von $I^B{}_2$ auf $I^B{}_3$ gestiegen, so daß mit dem Transfer ein positiver Wohlfahrtseffekt für das Land B entstanden ist.

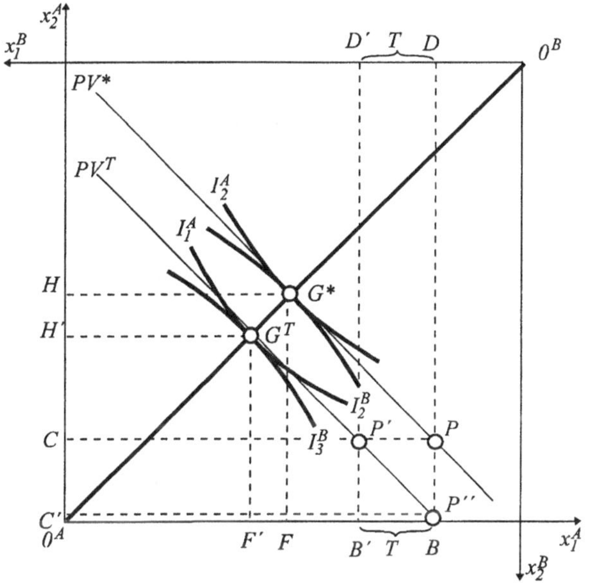

Abb. III-3: Transfers im Zwei-Güter/Zwei-Länder-Modell

Ein Transfer in Form von *Gut 1* unterscheidet sich hinsichtlich des Konsumoptimums, der terms of trade und der Wohlfahrtseffekte nicht von einem Transfer in Form von *Gut 2*: Wird das Gut 2 transferiert, so ergibt sich als neuer Punkt der Güterausstattung P". Das Preisverhältnis PV^T in G^T verläuft sowohl durch den Punkt P' als auch durch den Punkt P", so daß eine Optimierung des Konsums zum gleichen Ergebnis führt. Unterschiede ergeben sich lediglich hinsichtlich des *Handelsvolumens*: Durch den Transfer des Gutes 2 verstärkt sich das Ungleichgewicht der ursprünglichen Güterausstattung in beiden Ländern, verbunden mit einer Vergrößerung des Handelsvolumens, während ein Transfer von Gut 1 das Ungleichgewicht der ursprünglichen Ausstattung mit Gütern verringert.

TAUSSIG weist auf zwei mögliche Interpretationen der realen Austauschverhältnisse zwischen zwei Volkswirtschaften nach einem Transfer hin:[231]

- Bezieht man *alle Güterbewegungen* zwischen den beiden Volkswirtschaften in die terms of trade ein, also auch den unilateralen Güterstrom des Transfers, so entspricht dies in Abb. III-3 einer Geraden durch die Punkte P und G^T. Aufgrund der flacheren Steigung hat sich das Verhältnis der gesamten getauschten Güter verschlechtert, denn im Umfang des Transfers erfolgte der Austausch ohne Gegenleistung. TAUSSIG bezeichnete dies als die "net barter terms of trade".
- Werden nur die *gehandelten* Mengen nach erfolgter Durchführung des Transfers in die terms of trade einbezogen, ergeben sich die "gross barter terms of trade" entsprechend der Geraden durch $P'G^T$. Diese Definition ist dann sinnvoll, wenn untersucht werden soll, wie sich die Bedingungen des bilateralen Handels aufgrund des Transfers verändern und inwieweit durch eine Veränderung der terms of trade der Transfer erleichtert oder erschwert wird. Dieser Definition soll im weiteren gefolgt werden.

Die Bedingung identischer Nachfragestrukturen läßt sich formal durch ein gleiches Verhältnis der "physischen" oder "realen" Konsumneigungen bezüglich beider Güter in beiden Ländern darstellen, ausgedrückt als marginale Veränderung dx des realen Konsums eines Gutes bei einer marginalen Veränderung dy des Gütereinkommens[232]. Im Falle gleicher Verhältnisse dieser Konsumneigungen bleibt die Relation der Gesamtnachfrage nach den beiden Gütern auch im Falle einer Umverteilung des Gütereinkommens zwischen den Volkswirtschaften unverändert:[233]

$$\frac{\frac{dx_1^A}{dy^A}}{\frac{dx_2^A}{dy^A}} = \frac{\frac{dx_1^B}{dy^B}}{\frac{dx_2^B}{dy^B}} \quad \text{bzw.} \quad c'_1{}^A/c'_2{}^A = c'_1{}^B/c'_2{}^B.$$

[231] Vgl. TAUSSIG, F.W.: International Trade, New York 1928, S. 113; vgl. auch PIGOU, C.A.: The Effect of Reparations on the Ratio of International Interchange, in: Economic Journal, Vol. 42 (1932), S. 532.

[232] Im Gütereinkommen y sind Gütereinheiten sowohl von x_1 wie auch von x_2 enthalten. Die Umrechnung in die jeweils andere Gütereinheit erfolgt durch Multiplikation mit dem Relativpreis (x_1/x_2 bzw. x_2/x_1).

[233] Vgl. SAMUELSON, P.A.: The Transfer Problem and Transport Costs: The Terms of Trade When Impediments are Absent, in: Economic Journal, Vol. 62 (1952), S. 286.

Gilt diese Bedingung[234] entlang der gesamten Kontraktkurve, so bewirkt ein Transfer keine Veränderung der terms of trade.

c) Länderspezifische Präferenzen als Ursache von terms of trade-Effekten

Auf der einen Seite mag man die völlige Vernachlässigung der Produktionsverhältnisse im Transfermodell analytisch als einen Mangel ansehen, der nur durch die bessere Handhabbarkeit der EDGEWORTH-box gegenüber dem MEADE-Modell (vgl. Kapitel III-B) zu rechtfertigen ist. Auf der anderen Seite wirft die isolierte Betrachtung der Nachfrageseite ein Schlaglicht auf eine wesentliche Determinante der komparativen Vorteile in modernen außenwirtschaftlichen Beziehungen, nämlich die Präferenzen der Wirtschaftssubjekte. Zwar impliziert das wachsende Welthandelsvolumen, insbesondere der Handel zwischen den Industrieländern, einen wachsenden Austausch von Vorleistungen, der Handel mit Fertigprodukten steht jedoch nach wie vor im Vordergrund der Handelsbeziehungen. Dieser Teil des Handels wird als intraindustriell charakterisiert. Er ist nur zu einem geringen Teil auf Spezialisierungsvorteile entsprechend der komparativen Kosten zurückzuführen. Vielmehr sind hier die Präferenzen der Konsumenten entscheidend, die Wahlmöglichkeiten ausschöpfen, die die Produktdifferenzierung bei im Prinzip ähnlichen, jedoch nicht völlig identischen Gütern bietet.[235]

Im folgenden werden Auswirkungen auf das Transferergebnis analysiert, die auf unterschiedliche Präferenzen in den beiden Ländern zurückgehen. Eine Veränderung der terms of trade durch den Transfer ergibt sich generell, wenn *entlang der Kontraktkurve* unterschiedliche Preisverhältnisse herrschen. Die Darstellung der Präferenzen durch Indifferenzkurven wird in Abb. III-4 durch das Instrumentarium der Einkommenskonsumkurven (EK_1, EK_2 und EK_3) ergänzt.[236] Bei EK_1 und

---

234 Eine andere Ausdrucksform ist die Darstellung $c'^{A}_1 \cdot c'^{B}_2 - c'^{A}_2 \cdot c'^{B}_1 = 0$, vgl. SAMUELSON, P.A.: The Transfer Problem and Transport Costs: The Terms of Trade When Impediments are Absent, in: Economic Journal, Vol. 62 (1952), S. 286.

235 Aus dem gleichen Grund ist die Bedeutung von Präferenzunterschieden etwas zu relativieren, denn der intra-industrielle Handel impliziert nicht allein, daß sich die Präferenzen *zwischen* den Ländern unterscheiden, sondern vielmehr die Präferenzen *innerhalb* eines jeden Landes.

236 Einkommenskonsumkurven (auch ENGELsche Kurven) werden ermittelt, indem man bei unverändertem Preisverhältnis für unterschiedliche Einkommenshöhen Konsumoptima ermittelt und diese Punkte verbindet – eine Veränderung des Preisverhältnisses bewirkt eine entsprechende Drehung der Einkommenskonsumkurve. Die durchschnittliche Konsumneigung c_1/c_2 in einem bestimmten Konsumpunkt (z.B. A) wird dargestellt durch einen Fahrstrahl aus dem Ursprung 0 durch A, die marginale Konsumneigung c'_1/c'_2 durch die Tangente an die Einkommenskonsumkurve in A.

EK_2 entsprechen sich aufgrund des geradlinigen Verlaufs marginale und durchschnittliche Konsumneigung. EK_1 drückt dabei höhere Präferenzen für Gut 1 aus, EK_2 höhere Präferenzen für Gut 2. EK_3 beschreibt den Fall, in dem die Präferenzen hinsichtlich der Güter mit der Einkommenshöhe variieren: Bei niedrigem Einkommen wird Gut 1 vor Gut 2 bevorzugt, mit steigendem Einkommen kommt es zu einer Bevorzugung von Gut 2 vor Gut 1. In Form der marginalen Neigungen ausgedrückt bedeutet dies, daß die Kurve EK_3 immer eine höhere marginale als durchschnittliche Steigung besitzt, d.h., bei niedrigem Einkommen überwiegt zwar die Bevorzugung von Gut 1, jede zusätzliche Einkommenseinheit wird jedoch in stärkerem Umfang als bisher für Gut 2 ausgegeben. Ab Punkt A wird das Einkommen schließlich überwiegend für Gut 2 verwendet. Zur Vereinfachung geht die folgende Analyse von linearen Einkommenskonsumkurven aus.[237]

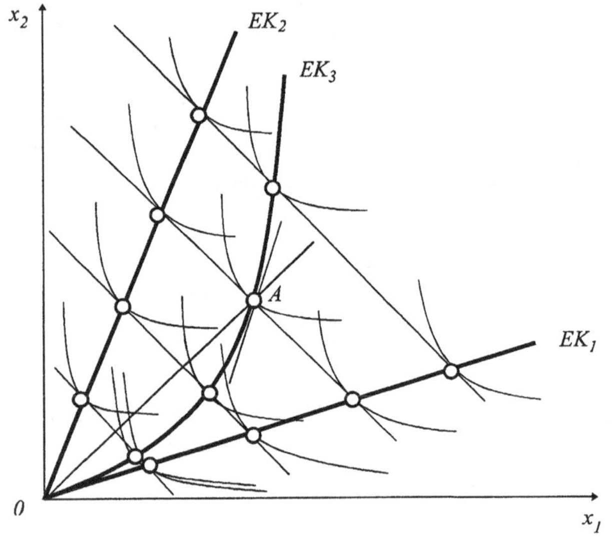

Abb. III-4: Einkommenskonsumkurven bei unterschiedlichen Präferenzen

In Abb. III-5 besitzt das Land A bei dem konstanten Preisverhältnis PV^W eine stärkere Präferenz für Gut 1, im Land B sei Gut 2 bevorzugt, dargestellt anhand

237 Ein geradliniger Verlauf der Einkommenskonsumkurve ist eine vereinfachende Annahme nach VINER: Wenn keine näheren Annahmen für die Analyse notwendig erscheinen, so ist von der Identität von marginaler und durchschnittlicher Konsumneigung auszugehen. Das Verhältnis, in dem Gut 1 und Gut 2 nachgefragt werden, bleibt in beiden Volkswirtschaften unabhängig vom Einkommen gleich, wobei das Land A eine höhere Präferenz für Gut 1 und das Land B eine höhere Präferenz für Gut 2 besitzt. Vgl. dazu auch die Ausführungen zur Analyse PIGOUs in Kapitel III-A-3.

der Einkommenskonsumkurven EK^A und EK^B. Es gilt also $c'^A_1/c'^A_2 > c'^B_1/c'^B_2$. Da im Schnittpunkt der Einkommenskonsumkurven die Bedingung "Grenzrate der Substitution des Landes A = PV = Grenzrate der Substitution des Landes B" erfüllt ist, liegt dort der Gleichgewichtspunkt G*. G* stellt eines von vielen möglichen Optima (bei unterschiedlichen Preisverhältnissen) auf der Kontraktkurve K dar, die entsprechend der Präferenzen gekrümmt verläuft. Eine Veränderung des Preisverhältnisses bewirkt eine Veränderung der Steigung beider Einkommenskonsumkurven, so daß sich in ihrem Schnittpunkt ein neuer Optimalpunkt auf der Kontraktkurve ergibt.[238]

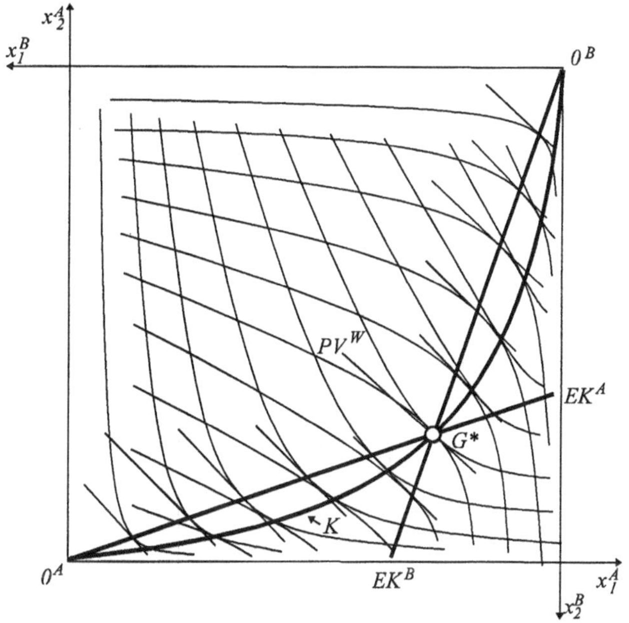

Abb. III-5: Einkommenskonsumkurven im Zwei-Güter/Zwei-Länder-Modell

Maßgeblich für die Steigung des Preisverhältnisses entlang der Kontraktkurve ist die Grenzrate der Substitution *im Tangentialpunkt der Indifferenzkurven*. Abb. III-6 entspricht inhaltlich Abb. III-5 mit dem Unterschied, daß die Steigung in unterschiedlichen Optima entlang der Kontraktkurve K hervorgehoben ist. Die Preisverhältnisgerade verläuft nahe dem Ursprung 0^A relativ flach und steigt mit der Wanderung auf der Kontraktkurve nach rechts oben an. Die ökonomische Begründung liegt in den Präferenzstrukturen der beiden Länder: Je stärker die

238 Die Lage der Kontraktkurve ist unabhängig vom Preisverhältnis, da sie mögliche Optimalpunkte bei alternativen Preisverhältnissen beschreibt.

Relation der Güterausstattung von der gewünschten Konsumrelation abweicht, umso höher ist der Preis, den die Wirtschaftssubjekte für das subjektiv knappere Gut zu zahlen bereit sind. Punkt A z.B. stellt für Land B eine annähernde Gleichverteilung der Ausstattung mit Gut 1 und Gut 2 dar. Aufgrund seiner Präferenzen für Gut 2 wird es einen annähernd gleich hohen Konsum beider Güter nur bei einem relativ günstigen Preis von Gut 1 realisieren, gleichbedeutend mit einem flachen Verlauf der Preisgeraden PV. Land A besitzt zwar ausgeprägte Präferenzen zugunsten von Gut 1, die Ausstattung in Punkt A enthält jedoch fast ausschließlich Gut 1 und nur geringe Einheiten von Gut 2, so daß auch hier ein in Relation geringer Preis von Gut 1 nötig ist, um diesen Konsumpunkt zu realisieren.

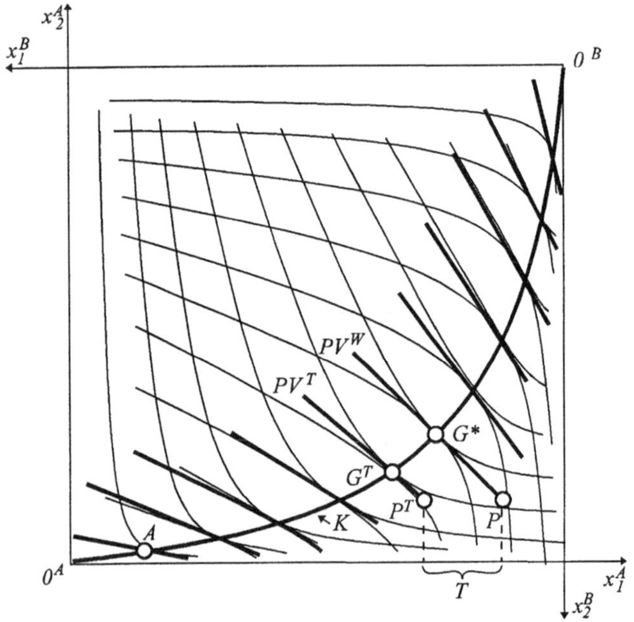

Abb. III-6: Länderspezifische Präferenzen und terms of trade-Verlauf

Ein Transfer von Land A nach Land B geht mit einer Verschiebung des Konsumpunktes auf der Kontraktkurve nach links unten einher, so daß er im Fall länderspezifischer Präferenzen zu einer Veränderung des Preisverhältnisses führen muß. Die Preisverhältnisgerade PV^T führt als einzige durch den neuen Güterausstattungspunkt P^T, so daß sich als neues Optimum auf der Kontraktkurve der Punkt G^T ergibt. Eine Verschiebung des Konsumpunktes nach links unten auf der Kontraktkurve bedeutet im Fall einer nach unten gekrümmten Kontraktkurve – es gilt $c'^A_1/c'^A_2 < c'^B_1/c'^B_2$ – eine Verringerung des Verhältnisses x_2/x_1, da gleiche

Mengen des Gutes 1 gegen geringere Mengen von Gut 2 getauscht werden. Liegt der Güterausstattungspunkt unterhalb einer nach unten gebogenen Kontraktkurve und ist Land A dementsprechend Exporteur von Gut 1, so führt ein Transfer von Land A nach Land B zu einer terms of trade-Verschlechterung. Liegt der Güterausstattungspunkt unterhalb einer nach oben gekrümmten Kontraktkurve – es gilt $c'^{A}_1/c'^{A}_2 > c'^{B}_1/c'^{B}_2$ – und Land A exportiert dementsprechend x_1, so führt ein Transfer von Land A nach Land B zu einer Verbesserung der terms of trade aufgrund der steiler verlaufenden Preisverhältnisgeraden im neuen Optimum. Das Kriterium für die terms of trade-Veränderung lautet also

$$c'^{A}_1/c'^{A}_2 - c'^{B}_1/c'^{B}_2 \gtreqless 0.$$

Ist das Ergebnis des Kriteriums positiv, so steigen die terms of trade, ist es negativ, so sinken sie. Eine Auflistung der verschiedenen Ausdrucksformen des Kriteriums in realer und monetärer Betrachtung findet sich im Anhang.

Die Frage ist nun, ob dieses Kriterium auch dann gültig ist, wenn man die Güterausstattung in Relation zu den Präferenzen setzt, d.h. unterschiedliche *Kombinationen von Güterausstattung und Präferenzen* vergleicht. JONES weist darauf hin, daß zwar die Richtung der Veränderung der terms of trade von dem oben abgeleiteten Kriterium abhängt, die Richtung des Handels, ob also z.B. Land A Gut x_1 exportiert oder importiert, vom Lagepunkt der Güterausstattung relativ zur Kontraktkurve beeinflußt wird.[239]

Abb. III-7 ist eine vereinfachte Darstellung von Abb. III-6, in der zwei Bereiche hervorgehoben sind. Liegt der Punkt der Ressourcenausstattung in Feld II unterhalb der Kontraktkurve, so ist Land A Exporteur des Gutes x_1 und Importeur des Gutes x_2, und ein Transfer führt zu einem neuen Optimum bei einem flacheren Preisverhältnis und entsprechend schlechteren terms of trade. Liegt der Punkt dagegen in Feld I oberhalb der Kontraktkurve, so kehren sich die Handelsverhältnisse um: Land A exportiert das Gut x_2 und importiert Gut x_1. Da die terms of trade als Relation von Import- zu Exportmengen definiert sind, lauten sie nunmehr x_1/x_2. In diesem Fall bewirkt die Verringerung der Preisrelation x_2/x_1 – identisch mit einer Verbesserung der Relation x_1/x_2 – bei einer Linkswanderung auf der Kontraktkurve eine Verbesserung der terms of trade, denn im Tausch erhält Land A ein höhere Menge an x_1 für eine Einheit seines Exportgutes x_2. Das von SAMUELSON entwickelte Kriterium für eine terms of trade-Verschlechterung des Geberlandes, $c'^{A}_1/c'^{A}_2 < c'^{B}_1/c'^{B}_2$, muß also unbedingt so gedeutet werden, daß im *Nenner* die marginale Ausgabenneigung des *Export*gutes und im *Zähler* die marginale Ausgabenneigung des *Import*gutes ausgewiesen ist. Zwar be-

239 Vgl. JONES, R.W.: The Transfer Problem Revisited, in: Economica, Vol. 37 (1970), S. 179 ff.

schreibt das Kriterium per se die Veränderung des *Preisverhältnisses* im Zuge eines Transfers, die Frage nach der *terms of trade*-Veränderung ist jedoch nur im Zusammenhang mit der Handelsrichtung, d.h. mit den Produktionsstrukturen zu klären. Präferiert ein Land, das einen Transfer leistet, in Relation zum anderen Land das Gut stärker, das es exportiert, so erfährt es eine Verschlechterung der terms of trade, denn aufgrund der Einkommensverschiebung sinkt die Gesamtnachfrage nach diesem Gut. Das andere Land, das eine Einkommenserhöhung erfährt, besitzt ex definitione eine relativ höhere Neigung zum Konsum seines Exportgutes, so daß die Gesamtnachfrage nach diesem Gut steigt. Die Veränderung der Nachfrage wirkt in beiden Ländern auf eine Veränderung der Relativpreise hin, die für das Geberland eine Verschlechterung der terms of trade bedeutet. Besitzt das Geberland jedoch stärkere Präferenzen für sein Importgut, so bewirkt die Erhöhung des Einkommens im Empfängerland eine Verlagerung der Weltnachfrage zugunsten des Exportgutes des Geberlandes, gleichbedeutend mit einer Tendenz zur Verbesserung der terms of trade.

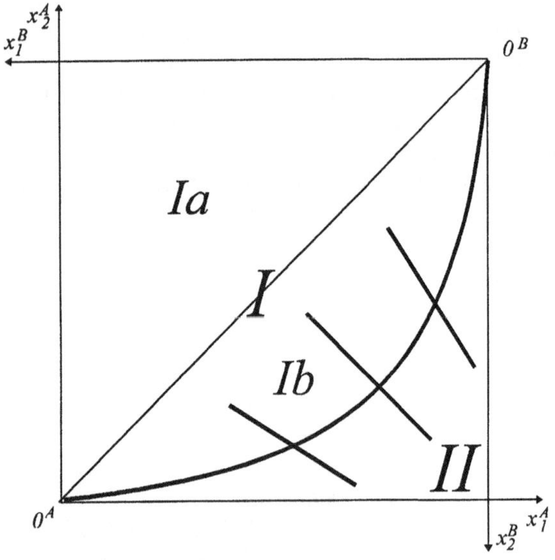

Abb. III-7: Richtung der terms of trade-Veränderung

Die orthodoxe Aussage einer terms of trade-Verschlechterung ist soweit nur dann haltbar, wenn bestimmte Überlegungen hinsichtlich der Güterausstattung und deren relativer Lage zu der von den Präferenzen bestimmten Kontraktkurve angestellt werden:[240]

240 Vgl. JONES, R.W.: The Transfer Problem Revisited, in: Economica, Vol. 37 (1970), S. 179 ff.

- Bei einer angenommenen *Gleichverteilung* möglicher *ursprünglicher* Güterausstattungen innerhalb der EDGEWORTH-box, erhält man mit höherer Wahrscheinlichkeit eine (anti-orthodoxe) *Verbesserung* der terms of trade für das Geberland, denn Feld I ist größer als Feld II.
- Folgt man der Methode VINERS[241] und nimmt eine Gleichverteilung der Güterausstattung auf beide Länder an – sie liegen auf der *Diagonalen* $0^A 0^B$ –, erhält man gleichfalls eine *Verbesserung* der terms of trade.
- Sieht man die Hauptdeterminante für Außenhandel nicht auf der Nachfrage-, sondern auf der *Angebotsseite*, so ist das Ergebnis entsprechend des Kriteriums zwiespältig. Feld Ia stellt einen möglichen Fall dar: Alle Punkte oberhalb der Diagonalen $0^A 0^B$ bedeuten einen komparativen Kostenvorteil für Land A bei Gut 2, denn in Relation zu Land B stellt es eine größere Menge x_2 als x_1 her. Es wird daher zum Exporteur von x_2, die Präferenzen für Gut x_1 unterstützen diesen Effekt. Wie gezeigt, geht ein Transfer ausgehend von einer Ressourcenausstattung in Feld I mit einer *Verbesserung* der terms of trade einher.[242] In Feld II entspricht die Handelsstruktur ebenfalls den komparativen Vorteilen: Liegt der Güterausstattungspunkt in Feld II, besitzt Land A komparative Kostenvorteile bei der Produktion von Gut 1. Es wird auch zum Exporteur von Gut 1, denn trotz relativ starker Präferenzen für dieses Gut *übertrifft die Ungleichverteilung der Güterausstattung die Ungleichverteilung der Präferenzen. Allein dieser Fall führt zu einer terms of trade-Verschlechterung.*

3. Handelsmuster und terms of trade-Effekte

Die Bedeutung der Außenhandelsstruktur für die terms of trade-Veränderung soll im folgenden noch vertieft werden. Zur Vereinfachung der Analyse wurde bisher von marginalen Ausgabeneigungen ausgegangen, die den durchschnittlichen Ausgabequoten entsprechen – die Einkommenskonsumkurven verlaufen vom Ur-

241 VINER schlug vor, zunächst die Aussagen eines generellen Modells, das von "presumptions" absieht, zu analysieren. Wenn z.B. hinsichtlich der Präferenzen und Produktionsverhältnisse zweier Volkswirtschaften keine zwingenden Annahmen bestehen, sollten sie zunächst als identisch angenommen werden. Vgl. dazu SAMUELSON, P.A.: The Transfer Problem and Transport Costs: The Terms of Trade When Impediments are Absent, in: Economic Journal, Vol. 62 (1952), S. 195 ff., und JONES, R.W.: The Transfer Problem Revisited, in: Economica, Vol. 37 (1970), S. 180.

242 Feld Ib zwischen Diagonale und Kontraktkurve ist nicht mit der Prämisse einer kostenorientierten Außenhandelsstruktur vereinbar, denn Land A besitzt zwar einen komparativen Vorteil bei der Produktion des Gutes x_1, die starken Präferenzen führen jedoch zu einem Import dieses Gutes über die eigene Produktion hinaus, der sogenannte Fall des *inversen Handels*. In dieser Situation ergeben sich in jedem Fall terms of trade-Verbesserungen.

sprung aus linear (vgl. die Kurven EK_1 und EK_2 in Abb. III-4). In der Analyse PIGOUs ist die Annahme enthalten, daß die marginalen Ausgabeneigungen von den durchschnittlichen Ausgabequoten abweichen.[243] Zwar geht er von konstanten marginalen Ausgabeneigungen aus, aufgrund eines Absolutgliedes stimmen diese jedoch nicht mit den durchschnittlichen Ausgabeneigungen überein. PIGOUs Ergebnisse werden später von SAMUELSON generalisiert und das Kriterium durch das oben beschriebene Kriterium der marginalen physischen Ausgabeneigungen modifiziert.

Im Falle steigender durchschnittlicher Ausgabeneigung zugunsten eines Gutes – und entsprechender sinkender durchschnittlicher Ausgabeneigung beim anderen Gut – lassen sich die Präferenzen nicht mehr in einem festen Verhältnis x_1/x_2 ausdrücken, die Einkommenskonsumkurve verläuft entweder aus dem Ursprung heraus gekrümmt (vgl. die Kurve EK_3 in Abb. III-4) oder besitzt ein Absolutglied wie in der Analyse PIGOUs. Die *Richtung des Außenhandels* spiegelt sich bei gegebenen Produktionsverhältnissen in den *durchschnittlichen* Ausgabequoten wider: Importiert ein Land ein Gut, so besitzt es – bei identischer Güterausstattung – eine höhere durchschnittliche Ausgabeneigung für dieses Gut als das exportierende Land. Die *marginalen* Ausgabeneigungen hingegen beschreiben die Veränderung der Nachfragerelationen bei einer Veränderung des Einkommens im Zuge des *Transfers*. Entsprechend dem entwickelten Kriterium kommt es zu einer Veränderung der Nachfrageverhältnisse und damit der terms of trade.[244]

Abb. III-8 stellt die Bedeutung der Beziehung von marginaler Ausgabeneigung und durchschnittlicher Ausgabequoten für den terms of trade-Verlauf entlang der Kontraktkurve graphisch dar. Land A besitzt bei niedrigem Einkommen eine hohe durchschnittliche Neigung zum Konsum von Gut 2, bei steigendem Einkommen wird jedoch in steigender Relation x_1 nachgefragt, die marginale Neigung zum Konsum von Gut 1 ist größer als die durchschnittliche (vgl. die Steigungen von Tangente und Fahrstrahl in Punkt C). Für das Land B wird angenommen, daß dort die durchschnittliche Neigung zum Konsum von Gut 1 sehr hoch ist, aufgrund der höheren marginalen Neigung zum Konsum von Gut 2 jedoch mit steigendem Einkommen abnimmt. Auch in diesem Fall ergibt sich eine Kontraktkurve, die zwischen den beiden Einkommenskonsumkurven verläuft. Die Einkommenskonsumkurve von Land A verläuft jedoch ausgehend von 0^A bis zum Optimalpunkt G* oberhalb der Kontraktkurve. Die Steigung der Preisverhältnisgeraden im Verlauf der Kontraktkurve läßt sich mit folgender Argumentation bestimmen: In G* und A weisen die Indifferenzkurven die gleiche Steigung auf, da sie auf derselben Einkommenskonsumkurve liegen. In Punkt B, der auf derselben Indifferenzkurve wie A liegt, muß die Steigung des Preisverhältnisses folglich geringer

243 Vgl. PIGOU, C.A.: The Effect of Reparations on the Ratio of International Interchange, in: Economic Journal, Vol. 42 (1932), S. 532 ff.

244 Vgl. JONES, R.W.: The Transfer Problem Revisited, in: Economica, Vol. 37 (1970), S. 182.

sein. Eine Wanderung nach links auf der Kontraktkurve bedeutet trotz der nach oben gekrümmten Kontraktkurve einen flacheren Verlauf der Preisverhältnisgeraden. Für Land A als Exporteur von Gut x_1 bedeutet ein Transfer in Abb. III-8 eine Verschlechterung der terms of trade durch den Transfer.

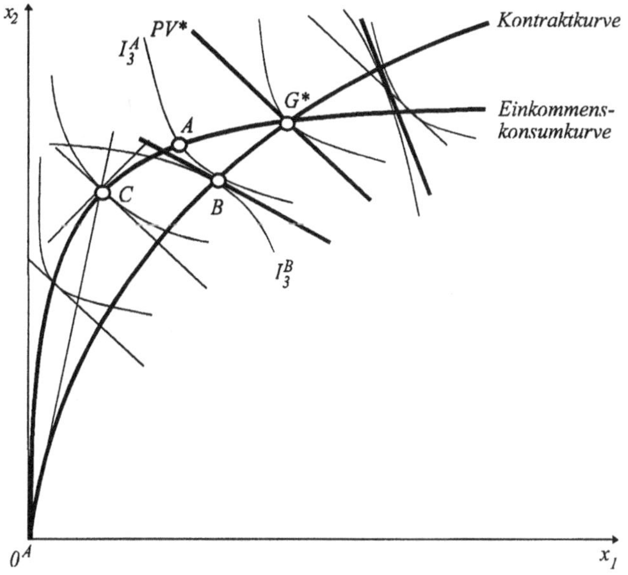

Abb. III-8: Länderspezifische Präferenzen im PIGOU-Fall

Die Einwirkung eines Transfers auf die terms of trade unter Berücksichtigung der Außenhandels- und Präferenzstruktur wird in Abb. III-9 und III-10 dargestellt. Der Fall gleichgroßer marginaler und durchschnittlicher Ausgabeneigung für jedes Land wird dabei als "Normal"-Fall bezeichnet. Weichen marginale und durchschnittliche Ausgabeneigung voneinander ab, so ist – SAMUELSON folgend – vom "PIGOU-Fall" die Rede. Aus Gründen der Übersichtlichkeit wurde eine Kurvenbeschriftung nur exemplarisch für Abb. III-9a vorgenommen. EK^A bzw. EK^B stellt die Einkommenskonsumkurve von Land A bzw. Land B dar (bei PV*), PV* das Preisverhältnis x_2/x_1 vor dem Transfer, PV^T das Preisverhältnis nach dem Transfer und K die Kontraktkurve. Der Ausgangspunkt der Güterausstattung befindet sich in allen Abbildungen in Punkt A, anschließend erfolgt ein Transfer in Form von Gut 1 entsprechend dem Pfeil von Land A nach Land B. In allen Fällen der Abb. III-9 wird angenommen, daß die Güterausstattung in beiden Ländern identisch ist, so daß die *Präferenzen die Handelsstruktur bestimmen*. In Abb. III-10 hingegen *determiniert die Angebotsstruktur die Handelsstruktur*: Land A ist relativ gut mit x_1 ausgestattet, besitzt jedoch nur geringe Mengen von x_2, Land B hingegen verfügt zwar über eine gute Ausstattung mit x_2, x_1 ist jedoch nur in geringen Mengen vorhanden. Die Präferenzen besitzen unter diesen Umständen zwar Einfluß auf die gehandelten Mengen, die Handelsrichtung, d.h. die Handelsstruktur, ist jedoch eindeutig vorgegeben, denn die Verteilung der Güterausstattung ist so ungleichgewichtig, daß *Land A immer Gut 1 exportiert.*

Beginnen wir mit der Annahme, daß die *Präferenzen* die Handelsstrukur bestimmen. Die Abb. III-9a und III-9b stellen den Fall dar, daß Land A höhere Präferenzen für Gut 1 besitzt und Land B höhere für Gut 2, so daß Land A zum Importeur des Gutes 1 wird. Das Verhältnis der durchschnittlichen Ausgabequoten lautet somit $c^A{}_1/c^A{}_2 > c^B{}_1/c^B{}_2$, und die Kontraktkurve verläuft nach unten gekrümmt.

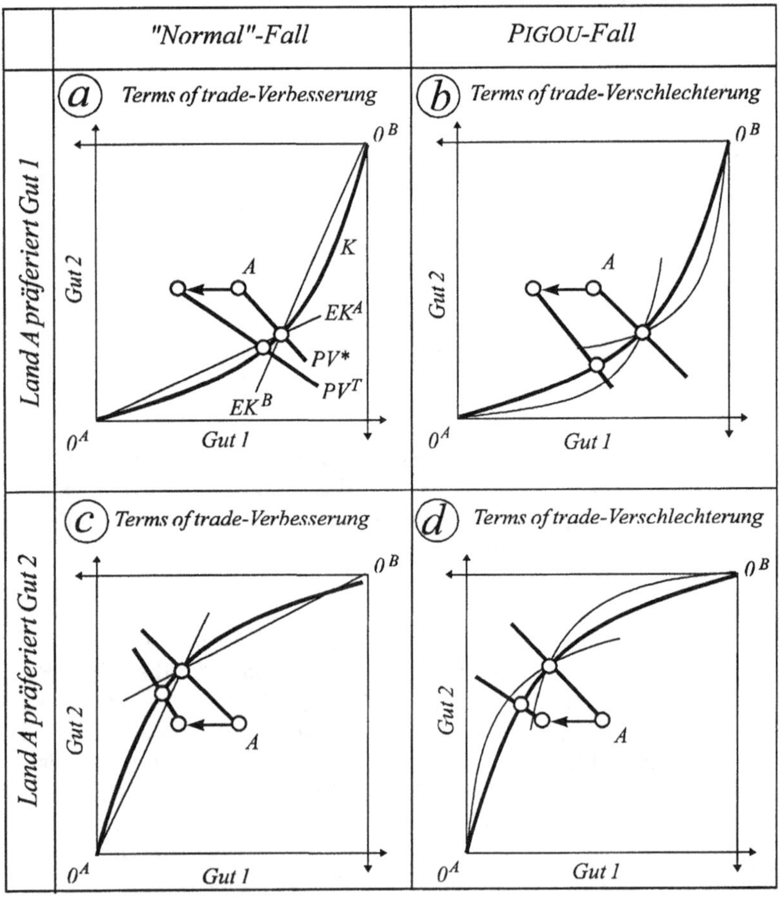

Abb. III-9a - d: Vergleich von "Normal"-Fall und PIGOU-Fall bei präferenzdeterminierter Handelsstruktur

In Abb. III-9a, dem "Normal"-Fall, entsprechen die marginalen Ausgabeneigungen den durchschnittlichen Ausgabequoten, so daß der Transfer aufgrund des Kriteriums $c'^{A}_{1}/c'^{A}_{2} > c'^{B}_{1}/c'^{B}_{2}$ eine Verringerung des Tauschverhältnisses x_2/x_1 bewirkt. Durch die Verlagerung der Nachfrage hin zu dem Land, das Gut 2 bevorzugt, wird dieses Gut relativ teurer. Da Land A aufgrund der unveränderten Präferenzstruktur Exporteur des Gutes 2 ist, bewirkt dies eine Verbesserung der terms of trade für das Geberland. Ökonomisch erklärt wird dies durch den Umstand, daß die Nachfrage nach Gut 1 in Land A und Land B zusammengenommen durch den Transfer nach Land B verringert wurde (das nun reichere Land B schätzt Gut 2 weniger als das nun ärmere Land A), die gesamte Nachfrage nach Gut 2 sich hingegen erhöhte (Land B schätzt Gut 2 im Vergleich mehr). Ein Ausgleich der veränderten Nachfrageverhältnisse an die unveränderte gesamte Ausstattung mit Gut 1 und Gut 2 kann nur durch eine Anpassung des Relativpreises erfolgen, so daß insgesamt das Gut 2 knapper bzw. in Relation zu Gut 1 teurer wurde. Daß der Transfer in Form von Gut 1 erfolgte, ist für die terms of trade-Änderung nicht relevant, allerdings führt er zu einer Verstärkung des Ungleichgewichts in der gewünschten Verteilung – in beiden Ländern –, so daß das Handelsvolumen größer auffällt als im Fall, in dem das im Empfängerland präferierte Gut 2 transferiert wird.

Im PIGOU-Fall (Abb. III-9b) ergibt sich die gegenteilige Wirkung auf die terms of trade. Zwar ist auch hier die Handelsstruktur durch die Präferenzen determiniert, und es gilt $c^{A}_{1}/c^{A}_{2} > c^{B}_{1}/c^{B}_{2}$, für die marginalen Ausgabeneigungen hingegen gilt $c'^{A}_{1}/c'^{A}_{2} < c'^{B}_{1}/c'^{B}_{2}$. Entsprechend dem Marginalkriterium führt der Transfer unter diesen Bedingungen zu einer terms of trade-Verschlechterung. Die gesamte Nachfrage nach Gut 1 ist in diesem Fall gestiegen, denn obwohl Land B bisher relativ wenig von Gut 1 konsumierte, weitet es mit der Einkommenserhöhung sein Nachfrage nach Gut 1 stark aus. Der Einkommensrückgang in Land A trifft, obwohl hier mehr von Gut 1 konsumiert wurde, beide Güter in etwa gleich stark. Die gesamte Nachfrage nach Gut 1 steigt somit, die nach Gut 2 sinkt, so daß sich der Preis von x_1 relativ zu x_2 verteuert, oder man anders gesprochen im Austausch für eine gegebene Menge x_2 weniger x_1 erhält – das Austauschverhältnis x_2/x_1 steigt. Da aufgrund der durch die durchschnittlichen Nachfrageverhältnisse geprägten Handelsstruktur Land A Exporteur von Gut 2 und Importeur von Gut 1 ist, verbessern sich die terms of trade.

Die Fälle c und d seien hier zum direkten Vergleich für den Fall angeführt, daß die Präferenzen zu einer nach oben gewölbten Kontraktkurve führen, d.h., Land A besitzt nun stärkere durchschnittliche Präferenzen für Gut 2 als Land B, $c^{A}_{1}/c^{A}_{2} < c^{B}_{1}/c^{B}_{2}$. Im Gegensatz zu Abb. III-9a führt in III-9c der Transfer zu einer Erhöhung der Tauschrelation x_2/x_1, das heißt, für eine bestimmte Menge x_1 erhält Land A eine höhere Menge x_2, da sich die Präferenzverhältnisse umgekehrt wie in Abb. III-9a verhalten. Wie erwartet, führt der Transfer in Abb. III-9c zu einer terms of trade-Verbesserung. Im PIGOU-Fall der Abb. III-9d gilt jedoch $c'^{A}_1/c'^{A}_2 > c'^{B}_1/c'^{B}_2$, so daß sich die terms of trade verschlechtern.

Geht man davon aus, daß die durchschnittlichen Neigungen eine gute Approximation für die marginalen Neigungen darstellen – d.h., der PIGOU-Fall wird ausgeschlossen –, so führt ein Transfer dann zu dem recht unorthodoxen Ergebnis einer Verbesserung der terms of trade, *wenn* die Handelsstruktur durch die Präferenzen vorgegeben ist. Der Transfer verstärkt in diesem Fall die Disparität von Güterausstattung und Präferenzen. Der Ausgleich wirkt in die gleiche Richtung wie die bereits bestehende Handelsbeziehung. Relativiert wird diese Aussage durch das Vorliegen von Ausgabeneigungen, die auf das PIGOU-Ergebnis hinwirken, so daß der "Normal"-Fall abgemildert oder sogar überkompensiert wird und der PIGOU-Fall schließlich eintritt. Ist er auch als Sonderfall zu betrachten, zeigt er doch, daß die Veränderung der terms of trade wenig determiniert ist, d.h., die Verbesserung der terms of trade bei nachfragedeterminierten Handelsstrukturen nicht zwingend ist. Solche Handelsmuster liegen zum einen zwischen Industrieländern, deren Handel stark durch Präferenzen geprägt ist, vor. Einkommensumverteilungen im Zuge eines Transfers bewirken, daß sich die bestehenden Präferenzunterschiede stärker am Markt artikulieren. Das Geberland profitiert in diesem Fall von dieser Entwicklung, da die Güter des Exportsektors knapper werden. Solche Handelsmuster sind zum anderen typisch für den Importsektor von Entwicklungsländern, wenn Importgüter aus Prestigegründen gegenüber den Importsubstitutionsgütern vorgezogen werden. Tendenziell bewirkt die verstärkte Nachfrage nach Importgütern zwar eine Verschlechterung der terms of trade für den Transferempfänger, allerdings ist aufgrund des relativ geringen ökonomischen Gewichts des Empfängerlandes zu vermuten, daß Preisreaktionen gering ausfallen werden und die Mengenreaktionen überwiegen.

In den Abb III-10a - d ist die Handelsstruktur durch die Angebotsseite determiniert. Wie in Abb. III-9a führt der Transfer auch in Abb. III-10a zu einer Verschiebung der Güterausstattung. Die Effekte hinsichtlich der Nachfrageumlenkung und der Veränderung des Preisverhältnisses sind identisch mit dem in Abb. III-9a dargestellten Fall: Die gesamte Nachfrage nach Gut 1 sinkt durch den Transfer, die Nachfrage nach Gut 2 steigt, so daß sich das Weltmarktpreisverhältnis x_2/x_1 verringert. Wie in Abb. III-9a verläuft auch in Abb. III-10a die Preisgerade flacher, x_1 ist billiger, x_2 teurer geworden. Allerdings ist Land A nunmehr Exporteur von Gut 1, so daß sich die terms of trade für Land A verschlechtern. Die Annahme, daß der Handel der Angebotsstruktur folgt, bewirkt, daß der Punkt der Güterausstattung jenseits der Kontraktkurve in der rechten unteren Ecke der EDGEWORTH-box liegt: Obwohl in Land A die Präferenzen für Gut 1 überwiegen, ist die Ausstattung mit diesem Gut so reichlich, daß es exportiert wird. Oder anders ausgedrückt: Die Güterausstattung mit Gut 1 ist so reichlich, daß neben der inländischen Nachfrage auch noch die Nachfrage des Auslands bedient werden kann.

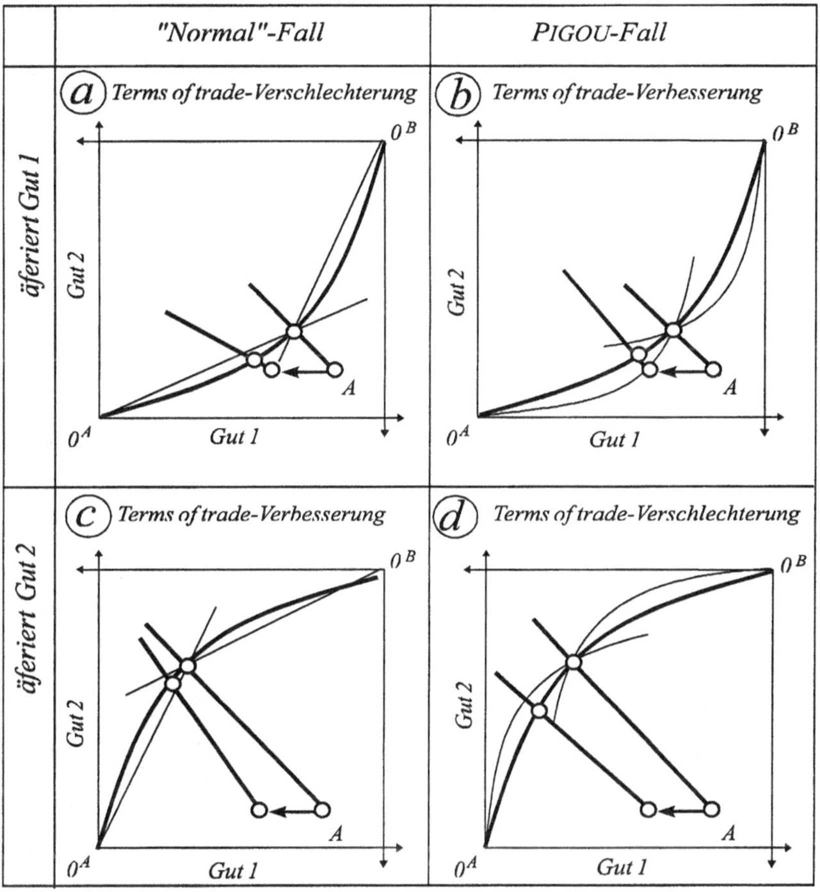

Abb. III-10a - d: Vergleich von "Normal"-Fall und PIGOU-Fall bei angebotsdeterminierter Handelsstruktur

Solche Handelsstrukturen bilden in der Außenhandelstheorie nach wie vor den Standardfall. In der Regel ist zu erwarten, daß ein Land sich entsprechend seiner Präferenzen in der Güterproduktion spezialisiert. Das heißt, es wird angenommen, daß Produktionsstrukturen entsprechend den Präferenzen der Wirtschaftssubjekte ausgebildet werden und im Zuge von Außenhandel zu entsprechenden Spezialisierungsmustern in der Produktion führen. Die *Produktions- und Nachfragestruktur* werden somit nicht als unabhängig, sondern als *interdependent* angesehen.

Tendenziell führt ein Transfer unter solchen Bedingungen zu einer terms of trade-Verschlechterung für das Geberland. Die Einschränkung "tendenziell" ist angebracht, denn im PIGOU-Fall der Abb. III-10b führt der Transfer zu einer Verbesserung der terms of trade, da die durchschnittlichen Ausgabequoten von den marginalen Ausgabeneigungen abweichen. Auch dieser Fall zeigt wieder, daß eine gezielte Voraussage der terms of trade-Veränderung nur bei Kenntnis der marginalen Ausgabeneigungen möglich ist, unabhängig von den durchschnittlichen Ausgabequoten. Er zeigt aber auch, daß selbst wenn man von interdependenten Produktions- und Nachfragestrukturen ausgeht, eine Verschlechterung der terms of trade nicht zwingend ist. So entsprechen in Abb. III-10b zum einen die die durchschnittlichen Neigungen widerspiegelnden tatsächlichen Nachfrageverhältnisse den Produktionsstrukturen, wie dies auch für Abb. III-10a gilt. Zum anderen zeigt sich, daß eine Einkommensverbesserung zu einem verstärkten Konsum des Importgutes führt, d.h. des Gutes 1, das dadurch relativ teuer wird. Auch hier gilt wieder, daß eine Höherschätzung der Importgüter aufgrund ihres Prestigewertes mit steigendem Einkommen zu einem höheren Importanteil führt. Genau dieser Sachverhalt wird durch den Pigou-Fall abgebildet: Die marginalen Nachfrageverhältnisse entsprechen in diesem Fall gerade nicht den Produktionsverhältnissen und bewirken so die terms of trade-Verbesserung für das Geberland.

Die Fälle in Abb. III-10c und III-10d sind so gestaltet, daß Präferenzen und Produktionsstruktur diametral entgegengesetzt sind. Eine solche Entkopplung von Produktions- und Konsumtionsverhältnissen ist zwar unter bestimmten Konstellationen denkbar (in gewisser Weise entspricht dies sogar dem ökonomischen Idealbild, daß jedes Land oder sogar jedes Wirtschaftssubjekt sich entsprechend seinen Fähigkeiten spezialisiert, entsprechend seinen Präferenzen konsumiert und seine diesbezüglichen Entscheidungen allein am Preisverhältnis ausrichtet), für die Praxis hingegen dürfte ein solcher Fall von extremer Arbeitsteilung, verbunden mit intensiven Handelsbeziehungen, von eher geringer Relevanz sein. Die Ergebnisse der Fälle in Abb. III-10c - d stimmen mit denen der Fälle der Abb. III-9c - d überein, d.h., unter "normalen" Bedingungen erfährt das Geberland eine terms of trade-Verbesserung. Dieser Fall veranschaulicht jedoch deutlich die Umstände, die zu einer terms of trade-Verbesserung führen: In Abb. III-10c kommt es zu einer Verbesserung der terms of trade für das Geberland, erstens weil durch den Transfer die Kaufkraft bzw. die Vermögensposition des Landes B gestärkt wird (ob dies in Form von einem höheren Bestand von x_1 oder x_2 geschieht, ist, wie bereits angeführt, nicht von Bedeutung). Diese erhöhte Kaufkraft entfaltet sich zweitens zu einem größeren Teil für das Exportgut des Geberlandes als für das andere Gut. Die Transferbedingungen sind für das Geberland vergleichsweise günstig. Ob dies eine zutreffende Abbildung der Realität ist, darf jedoch bezweifelt werden.

Geht man von der Annahme eines Zwei-Länder-Modells ab, so fällt der Effekt einer möglichen terms of trade-Verbesserung schon dadurch geringer aus, daß sich die zusätzliche Nachfrage des Empfängerlandes nur zu einem geringeren Teil auf Exportgüter des Geberlandes verteilt, als dies notwendigerweise im Zwei-Länder-Modell der Fall ist. Geht man zudem von mehreren Gütern aus, sinkt die Wahrscheinlichkeit, daß gerade Exportgüter des Geberlandes von der Nachfragesteigerung betroffen sind. $c'_2{}^A$ nimmt in diesem Fall einen geringeren Wert an, ebenso $c'_1{}^B$, so daß man $c'_1{}^A/c'_2{}^B > c'_1{}^B/c'_2{}^B$ erhält, d.h., daß das Kriterium der terms of trade-Verschlechterung erfüllt ist. Die terms of trade-Wirkung eines Transfers erscheint vor diesem Hintergrund unbestimmter. Zwar können Konstellationen aufgezeigt werden, unter denen eine terms of trade-Verbesserung für das Geberland stattfindet, realistische Annahmen bezüglich des Zusammenhangs von Produktions- und Nachfragestruktur sowie die mögliche Versickerung der Nachfrageeffekte des Empfängerlandes lassen jedoch die orthodoxe Auffassung einer *terms of trade-Verschlechterung* wahrscheinlich erscheinen.

B. Angebotseffekte des Transfers

Die bisherige Analyse vernachlässigte Annahmen über die Entstehung des Güterangebots ganz bewußt in der Absicht, die nachfrageseitigen Reaktionen auf eine im Zuge eines Gütertransfers veränderte Güterausstattung möglichst einfach darzustellen. Die neben den Nachfragebedingungen wesentliche, wenn nicht gar bedeutendere Rolle für den Außenhandel stellen jedoch die Produktionsbedingungen und die durch sie begründeten komparativen Kostenvorteile dar. Traditionelles Dogma der Außenhandelstheorie ist es, daß die Handelsrichtung sowie Handelsverhältnisse – die terms of trade im weitesten Sinne – auf den *durch die Produktionsbedingungen* bestimmten komparativen Kostenvorteilen beruhen. Im folgenden wird die Annahme, daß der Güteroutput gegeben ist und im Zuge des Transfers auch keine Veränderung erfährt, zugunsten eines flexiblen, auf die Relation der Güterpreise reagierenden Güterangebots aufgegeben. Für die Analyse des Transfers ist die Güterangebotsseite in zweifacher Hinsicht von Bedeutung:

- Zum einen haben die mit dem *Gütertransfer* u.U. einhergehenden Veränderungen der relativen Knappheiten der Güter Auswirkungen auf die Zusammensetzung des Outputs, d.h., es kommt zur Reallokation von Produktionsfaktoren.
- Zum anderen kann ein Transfer statt in einer Verlagerung produzierter Güter auch in einer Verlagerung von Produktionsfaktoren von einem Land in das andere bestehen, auch als *Faktortransfer* bezeichnet. In Abhängigkeit von den Produktionsstrukturen können sich durch diese Art des Transfers Auswirkungen auf die terms of trade ergeben, die allein von der Güterangebotsseite ausgehen.

1. Reallokationseffekte des Gütertransfers

Im Modell von SAMUELSON bewirkt die mit dem Transfer verbundene Übertragung von Kaufkraft eine Veränderung der "Ausstattung" mit Gütern in den beiden Volkswirtschaften, es wurden jedoch mit Ausnahme eines fixen Güterangebots keine weiteren Annahmen über die Produktionsstrukturen, insbesondere die güter- und länderspezifischen Faktorausstattungen und Produktionsfunktionen getroffen, die zu diesem Produktionsergebnis geführt haben. Die Übertragung der erzeugten Güter verursacht allein Nachfrageeffekte, jedoch keine Angebotseffekte, die eine Reaktion der Produktionsstrukturen auf die veränderten relativen Preise der Güter widerspiegeln würden. Läßt man Reaktionen des Güterangebots auf Relativpreisänderungen zu, so ist das Instrumentarium der EDGEWORTH-Güter-box nur noch sehr eingeschränkt anwendbar, denn mit jeder Veränderung der produzierten Mengen verändert sich die Größe der Güter-box. Dennoch kam SAMUELSON mit sehr einfachen Überlegungen zu der Überzeugung, daß Reallokationen von Produktionsfaktoren und damit verbundene Outputänderungen nur die *Stärke* der terms of trade-Änderung beeinflussen würden, die *Richtung* jedoch unverändert durch die Nachfragebedingungen vorgegeben sei.[245]

Abb. III-11 ist dem 1952 von MEADE entwickelten Zwei-Länder/Zwei-Güter-Modell zur graphischen Analyse von Außenhandelswirkungen nachgebildet.[246] Quadrant I stellt die Gütertransformationsmöglichkeiten und Konsumpräferenzen des Landes A dar, Quadrant III entsprechend die des Landes B. In Quadrant II erfolgt die Analyse des Außenhandels, im Unterschied zum MEADE-Modell jedoch nicht mit Hilfe von Tauschkurven, sondern entsprechend der Zielsetzung der Arbeit mit Hilfe einer *Transferkurve*, die Außenhandelsoptima bei unterschiedlicher Transferhöhe und -richtung darstellt.[247] Nach der Bestimmung eines allgemeinen Gleichgewichts – diesmal bei substitutionalen Produktionsbedingungen – wird wieder ein Gütertransfer von Land A nach Land B angenommen, so daß sich die Güterausstattung in Land A verringert und in Land B erhöht.

Die Präferenzen der Wirtschaftssubjekte werden im Geberland durch die Indifferenzkurven $I^A{}_1$ und $I^A{}_2$ dargestellt, im Empfängerland durch $I^B{}_1$ bis $I^B{}_3$. In beiden Ländern werden linear-homogene Indifferenzkurven in der Weise unterstellt, daß die Güter x_1 und x_2 gleich geschätzt werden. Die Produktionsstruk-

245 Vgl. dazu SAMUELSON, P.A.: The Transfer Problem and Transport Costs: The Terms of Trade When Impediments are Absent, in: Economic Journal, Vol. 62 (1952), S. 299 ff.

246 Vgl. MEADE, J.E.: A Geometry of International Trade, London 1952.

247 Eine Darstellung des Transfers mit Tauschkurven findet sich bei MUNDELL, R.A.: The Pure Theory of International Trade, in: The American Economic Review, Vol. 19 (1960), S. 75 ff., und auch MUNDELL, R.A.: International Economics, New York/ London 1968, insbesondere S. 17 - 26.

turen werden durch die Produktionsblöcke AB0 für das Geberland und DE0 für das Empfängerland dargestellt. Der Punkt $P^A = C^A$ stellt das Niveau der Güterversorgung und den Optimalpunkt *in Autarkie* dar, da hier das Preisverhältnis PV^A mit der Grenzrate der Substitution (GRS) und der Grenzrate der Transformation (GRT) übereinstimmt. Produzierte und konsumierte Mengen stimmen mit $P^A{}_1 = C^A{}_1$ und $P^A{}_2 = C^A{}_2$ überein. Im Empfängerland ergibt sich das Optimum in Autarkie entsprechend bei dem Preisverhältnis PV^B. Der Vergleich der Preisverhältnisse in Autarkie zeigt, daß das Geberland komparative Kostenvorteile bei der Produktion von Gut 1 besitzt, das Empfängerland entsprechend bei Gut 2. Im angenommenen Fall identischer Präferenzen ist Außenhandel allein auf die Unterschiedlichkeit der Produktionsbedingungen zurückzuführen.

Die Herleitung des konkreten Außenhandelsoptimums erfolgt mit Hilfe von Handelsindifferenzkurven in Quadrant II.[248] In x_1-Richtung sind Exporte des Landes A abgetragen (gleichbedeutend mit Importen von Land B) und in x_2-Richtung die importierten Mengen dieses Gutes im Land A (entsprechend Exporten des Landes B). Die Handelsindifferenzkurven $H^A{}_1$ - $H^A{}_3$ des Landes A sind dabei geometrische Orte jeweils konstanter Nutzenniveaus des Landes A, die durch unterschiedliche Kombinationen von Export- und Importgütern entstehen.[249] Die Handelsindifferenzkurven $H^A{}_1$ - $H^A{}_3$ des Landes A verlaufen zur x_2-Achse gekrümmt, die des Landes B $H^B{}_1$ - $H^B{}_3$ zur x_1-Achse gekrümmt. Der Übergang zum Welthandel ist geprägt durch einen Übergang vom Autarkiepreisverhältnis PV^A zum Preisverhältnis PV^{AW}, das dem Weltmarktpreisverhältnis PV^W entspricht. Als Welthandelsoptimum ergibt sich der Punkt G^W, da die inländischen

248 Ein Weltmarkt mit inversem Handel bleibt realistischerweise außer Betracht, so daß auf einen Weltmarktquadranten IV verzichtet werden kann.

249 Die Herleitung von Handelsindifferenzkurven erfolgt anhand der Indifferenzkurven und des Produktionsblocks in Quadrant I, indem man den Produktionsblock AB0 entlang der Indifferenzkurve $I^A{}_1$ nach oben gleiten läßt, z.B. zu A'B'G^T. Die Spur, die der rechte untere Punkt des Produktionsblocks beschreibt, ergibt die Handelsindifferenzkurve $H^A{}_1$, die für unterschiedliche gehandelte Mengen x_1 gegen x_2 das gleiche Nutzenniveau aufweist wie $I^A{}_1$. Die Verschiebung des Produktionsblocks ist wie folgt zu interpretieren: Aufgrund des sich ändernden Preisverhältnisses entlang der Indifferenzkurve $I^A{}_1$ werden im Land A nun mehr Einheiten von x_1 und weniger Einheiten von x_2 produziert. Die Produktion von x_2 wird vollständig im Land A konsumiert. Die x_1-Produktion wird zum Teil im Land A konsumiert und zum Teil exportiert (dieser Teil des Produktionsblocks ragt in den Außenhandelsquadranten II hinein). Um das Nutzenniveau von $I^A{}_1$ zu erhalten, sind nun Importe notwendig. In Quadrant II entspricht diese Mengenkombination dem Punkt G^T des verschobenen Produktionsblockes. Im Punkt G^T besitzt die Handelsindifferenzkurve dieselbe Steigung wie die binnenländische Indifferenzkurve in C^{AT}, d.h., auf jedem Punkt der Handelsindifferenzkurve gilt, daß das Preisniveau im Inland dem Weltmarktpreisniveau entspricht. Wiederholt man diesen Prozeß für alle Indifferenzkurven, so ergibt sich die Schar der Handelsindifferenzkurven des Landes A in Quadrant II. Nach MEADE, J.E.: A Geometry of International Trade, London 1952, S. 12 ff.

Preisverhältnisse PV^A bzw. PV^B dem Weltmarktpreisverhältnis PV^W entsprechen. Die Anpassungen sollen anhand des Geberlandes beschrieben werden. Auf der Produktionsseite bewirkt das Preisverhältnis PV^A eine Verringerung der Produktion von x_2 von $P^A{}_2$ auf $P^{AW}{}_2$ und eine Steigerung der Produktion von x_1 von $P^A{}_1$ auf $P^{AW}{}_1$. Im Umfang des Handels fallen Konsum- und Produktionspunkt auseinander. Der Konsum von Gut 1 wird reduziert von $C^A{}_1$ auf $C^{AW}{}_1$, die Differenz zwischen produzierter und konsumierter Menge dient dem Export. Der Konsum von Gut 2 wird von $C^A{}_2$ auf $C^{AW}{}_2$ ausgeweitet, aufgrund weiterer importierter Mengeneinheiten von x_2 ergibt sich als neuer Konsumpunkt im Optimum C^{AW}. Durch die günstigere Verteilung der Güter entsprechend den Präferenzen (*Handelsvorteil*) sowie aufgrund der Reallokation in der Produktion (*Spezialisierungsvorteil*) ergibt sich ein insgesamt höheres Nutzenniveau im Geberland von $I^A{}_2$ und im Empfängerland von $I^B{}_2$.

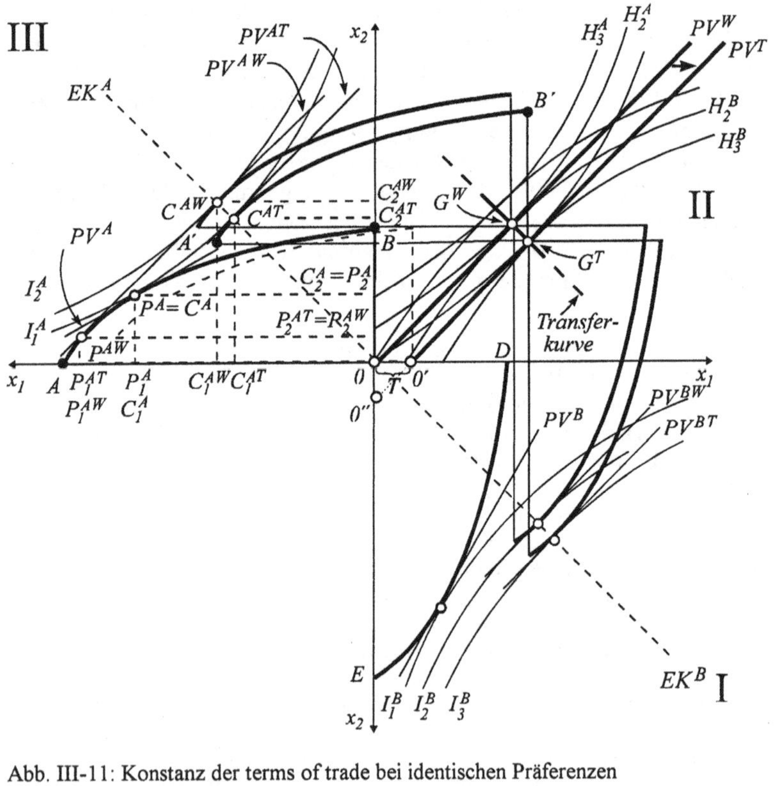

Abb. III-11: Konstanz der terms of trade bei identischen Präferenzen

Ein Gütertransfer von Land A nach Land B, geleistet in Form von x_1, bewirkt, daß sich im Quadranten II der Punkt der Anfangsausstattung vom Ursprung 0 unterscheidet. Auch ohne Handel erhält nun das Empfängerland Güter im Umfang von 0'0, d.h., der Produktionsblock AB0 verschiebt sich in diesem Umfang nach rechts mit einem neuen Ursprungspunkt des Produktionsblocks in 0′ (Der neue Produktionsblock ist gestrichelt angedeutet.). Damit verschiebt sich auch der Ansatzpunkt der Preisgeraden nach rechts, in diesem Fall zum Punkt 0′.[250] Für das Empfängerland, das nun auch ohne Handel die Menge T des Gutes x_1 erhält, bedeutet dies ebenfalls eine Verschiebung des Produktionsblocks nach rechts. Die Produktionsmöglichkeiten (d.h. die Form des Produktionsblocks) sowie die Präferenzen bleiben vom Transfer unberührt, so daß die Schar der Handelsindifferenzkurven in Quadrant II weiterhin gültig ist. Zur Beantwortung der Frage, welcher neue Optimalpunkt sich ergibt, wird im folgenden eine *Transferkurve* im Weltmarktquadranten II hergeleitet, die aufzeigt, wie sich die Umverteilung des Einkommens aufgrund des Transfers auswirkt.

Da zur Herleitung des Optimums auf das Instrumentarium der offer curves verzichtet wurde, ist zu fragen, warum im Falle des Außenhandels gerade das Optimum G^W realisiert wurde. Im Weltmarktquadranten II sei dazu die Transferkurve genauer betrachtet. Sie ergibt sich durch Verbinden der Tangentialpunkte der Handelsindifferenzkurven von Land A und Land B. Diese Punkte, und *nur* diese Punkte, stellen Optimalpunkte in dem Sinne dar, daß in allen die Bedingung für ein *top level optimum* erfüllt ist, d.h. $GRT^A = GRS^A = PV^A = GRT^B = GRS^B = PV^B = PV^W$. Lediglich einer dieser Optimalpunkte wird jedoch realisiert, nämlich der, dessen Preisverhältnisgerade den Ursprungspunkt 0 durchquert, d.h. den Punkt, der bei Autarkie und ohne Transfer den Ausgangspunkt für den Handel bildet. Die Transferkurve gibt somit alle optimalen Gleichgewichtspunkte für verschiedene *Verteilungen des Einkommens* zwischen Land A und Land B, d.h. für *verschiedene Transferhöhen* zwischen den beiden Ländern an. Ohne Transfer wird also immer nur der Punkt auf der Transferkurve realisiert, der den Zustand repräsentiert, in dem keine Verteilung zwischen den Einkommen stattfindet, die Handelsbilanz mithin ausgeglichen ist. Wie gerade gezeigt wurde, wird der Ursprungspunkt der Preisgeraden PV^W jedoch durch den Transfer von 0 auf 0′ verschoben. Das Preisverhältnis, dessen Gerade durch den neuen Ursprungspunkt 0′ verläuft, ist PV^T. Als neuer Optimalpunkt ergibt sich G^T.

Die neue Gleichgewichtssituation ist gekennzeichnet durch eine Verringerung des Wohlfahrtsniveaus in Land A, da statt der Indifferenzkurve $I^A{}_2$ nunmehr nur noch $I^A{}_1$ erreicht wird (die aufgrund der gewählten Höhe des Transfers – zufällig, bzw. um im I. Quadranten mit zwei Indifferenzkurven auszukommen – dem Nutzenniveau in Autarkie entspricht). In Land B ist es gelungen, die Wohlfahrt zu erhöhen, nämlich von $I^B{}_2$ auf $I^B{}_3$. Das Außenhandelsvolumen hat sich verringert, da mit Gut 1 ein Gut transferiert wurde, das von Land B importiert wird. Erstaunlich und

250 Ähnlich MEADE, J.E.: A Geometry of International Trade, London 1952, S. 80 ff.

auf den ersten Blick nicht unmittelbar einsichtig ist, daß sich das Weltmarktpreisverhältnis durch den Transfer nicht verändert hat. Zu erklären ist dies durch die *Eigenschaften der Preisverhältnisgeraden entlang der Transferkurve*. Die Transferkurve spiegelt unterschiedliche Höhen und Richtungen des Transfers wider. Links oberhalb des Gleichgewichtspunktes G^W stellen Punkte auf der Transferkurve mögliche Weltmarktgleichgewichte für einen Transfer von Land B nach Land A dar, rechts unterhalb von G^W mögliche Weltmarktgleichgewichte für einen Transfer von Land A nach Land B. Da der Einkommenstransfer weder die Präferenzen noch die Produktionsmöglichkeiten verändert, gelten die Handelsindifferenzkurven und damit auch die Tangentialpunkte für alle möglichen Gütertransfers zwischen den beiden Ländern. Die Bezeichnung Transferkurve ist deswegen zutreffend, weil alle Optima, die sich nach einem Transfer ergeben, auf dieser Kurve liegen.

Im konkreten Fall ist zu beobachten, daß die Transferkurve eine Gerade ist und sich die Preisverhältnisse entlang der Transferkurve nicht ändern. Dieses Ergebnis steht im Einklang mit den Ergebnissen der EDGEWORTH-box-Analyse des vorangegangenen Kapitels: Bei identischen Präferenzen bewirkt ein Transfer in Form von Gut 1 keine Veränderung der terms of trade und führt zu einer Reduktion des Handelsvolumens.

Daß der Transfer keine Veränderung der terms of trade bewirkt, ist damit zu erklären, daß die Nachfrageausfälle in Land A die Güter x_1 und x_2 (bei der Bewegung von $C^{AW}{}_1$ zu $C^{AT}{}_1$) im selben Maße betreffen wie die Nachfragezuwächse bei x_1 und x_2 im Empfängerland (bei der Bewegung von $C^{AW}{}_2$ zu $C^{AT}{}_2$). Dies bedeutet aber nichts anderes als die Erfüllung des oben entwickelten Kriteriums $c'^{A}{}_1/c'^{A}{}_2 = c'^{B}{}_1/c'^{B}{}_2$ für unveränderte terms of trade im Falle identischer Präferenzen.[251] Da die Relation der Nachfrage nach x_1 und x_2 für beide Länder zusammen genommen konstant geblieben ist – man kann dies auch anhand der gestrichelt eingezeichneten Einkommenskonsumkurven EK^A und EK^B nachvollziehen, die bei dem Weltmarktpreisverhältnis mit identischer Steigung verlaufen –, bleibt auch das Weltmarktpreisverhältnis konstant. Daraus wiederum resultiert, daß es in diesem Spezialfall nicht zu Reallokationseffekten kommt.[252]

251 "... existing production gets reallocated between the countries without any relative price change, and without relative price change, no change in production can take place." [SAMUELSON, P.A.: The Transfer Problem and Transport Costs: The Terms of Trade When Impediments are Absent, in: Economic Journal, Vol. 62 (1952), S. 301].

252 Man könnte annehmen, daß dieses neutrale Ergebnis auf symmetrische Produktionsbedingungen zurückzuführen sei, dem ist jedoch nicht so, wie ein Gedankenexperiment zeigt: Unterschiedliche Produktionsverhältnisse, die sich in unterschiedlicher Größe und Verlauf des Transformationsblocks äußern, bewirken, daß sich mit Veränderung des Handels*volumens* die Relation der Güterausstattung – und damit auch die terms of trade – verändert. Ist jedoch einmal ein gleichgewichtiges Handelsvolumen

Dasselbe Ergebnis bezüglich der terms of trade ergibt sich, wenn der Transfer in Form von Gut 2 erfolgt (Verschiebung des Ausgangspunktes 0 nach unten auf 0''). Bei gleichem Wert des Transfers $[x_2 = (x_2/x_1) \cdot x_1]$, ergibt sich derselbe Optimalpunkt G^T, diesmal jedoch bei einer deutlichen Ausweitung des Handelsvolumens.

Im folgenden werden nun die Bedingungen aufgezeigt, unter denen ein Gütertransfer eine Veränderung der terms of trade und damit entsprechende Reallokationseffekte bewirkt. Abb. III-12 zeigt dabei zunächst den Fall der terms of trade-Verbesserung für Land A. Land A besitzt wieder komparative Kostenvorteile bei der Produktion von x_1, die Präferenzen sind jedoch genau entgegengesetzt: In Land A besteht eine stärkere Präferenz für das Gut 2 gegenüber Gut 1, Land B hingegen besitzt vergleichsweise starke Präferenzen für Gut 1. Es gilt also $c'^A_1/c'^A_2 > c'^B_1/c'^B_2$. Die Situation entspricht somit den in Abb. III-9 dargestellten Fällen, daß Präferenzen und Produktionsbedingungen divergieren.

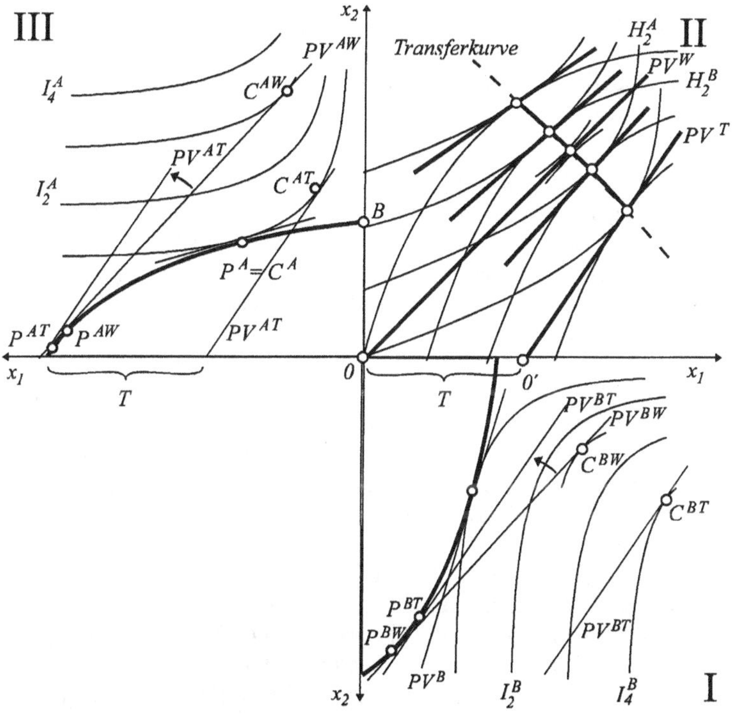

Abb. III-12: Terms of trade-Verbesserung entsprechend den Präferenzen

bestimmt, so bewirkt ein Gütertransfer bei identischen Präferenzen keine Verschiebung der Relation der Güternachfrage und damit des Preisverhältnisses.

Wie sich ein Transfer unter diesen Bedingungen auswirkt, kann durch die Betrachtung der Preisverhältnisse entlang der Transferkurve betrachtet werden: Die Preisverhältnisgeraden im Tangentialpunkt der Handelsindifferenzkurven weisen unterschiedliche Steigungen auf. Ein Transfer von Land A nach Land B bewirkt eine Verlagerung des Ursprungspunktes der Preisverhältnisgeraden nach rechts, am Beispiel des hier gewählten Transfers von 0 nach 0′ (Es wurde ein sehr großer Transfer gewählt, um die terms of trade-Effekte anschaulicher darstellen zu können.). Der Gütertransfer bewirkt in diesem Fall einen stärkeren Anstieg der Nachfrage nach Gut 1 als nach Gut 2 in Land A und einen stärkeren Rückgang der Nachfrage nach Gut 2 als nach Gut 1. Gut 2 wird so relativ teurer, Gut 1 entsprechend billiger, das Preisverhältnis x_1/x_2 erhöht sich gleichbedeutend mit einer Verbesserung der terms of trade für das Geberland von PV^W auf PV^T. Entsprechend ändern sich auch die nationalen Preisverhältnisse auf PV^{AT} und PV^{BT}, so daß sie mit dem Weltmarktpreisverhältnis PV^T übereinstimmen. Das Ergebnis der terms of trade-Verbesserung im MEADE-Modell stimmt mit den Ergebnissen der EDGEWORTH-box-Analyse unter den gleichen Annahmen (vgl. Abb. III-9) überein: Ein Land kann eine Verbesserung der terms of trade erfahren, wenn das Empfängerland (relativ zum Geberland) hohe Präferenzen für das Exportgut des Geberlandes hat.

Im MEADE-Modell können nun auch die genauen Veränderungen der Produktionsseite bestimmt werden. Das steiler werdende Preisverhältnis bewirkt in beiden Ländern eine *Erhöhung* der Produktion von *Gut 1* und eine *Verringerung* der Produktion von *Gut 2*. Im dargestellten Fall kommt es im Geberland aufgrund des sehr großen Transfers zu einer nahezu vollständigen Spezialisierung auf das Exportgut x_1 durch die Bewegung auf der Transformationskurve von P^{AW} nach P^{AT}. Die Mengeneffekte der Reallokation fallen im Empfängerland größer aus als im Geberland. Im Geberland ist die Transformationselastizität relativ gering, da eine zusätzliche Produktion von x_1 nur durch Verzicht auf relativ viel x_2 zur erreichen ist. Dies kann dahingehend interpretiert werden, daß bei der extremen Spezialisierung *weitere* Spezialisierungsvorteile nur schwer zu realisieren sind. Im Empfängerland bewirkt die Reallokation der Faktoren in die x_1-Produktion eine Bewegung auf der Transformationskurve von P^{BW} nach P^{BT}. Im Empfängerland ist die Transformationselastizität wesentlich höher, denn hier geht die Spezialisierung etwas zurück. Durch den Verzicht auf die x_2-Produktion kann die x_1-Produktion relativ stark gesteigert werden. Der größte Teil der Nachfrageverlagerung hin zu Gut 1 wird somit durch die *Importsubstitution im Empfängerland* aufgefangen. Nur ein kleiner Teil der Reallokation aufgrund der verbesserten terms of trade wird durch das Geberland geleistet, da die Produktionsmöglichkeiten von Gut 1 nahezu vollständig ausgereizt sind – auch bei einer weiteren Verbesserung der terms of trade gelänge es nicht, die x_1-Produktion wesentlich zu erhöhen. Die Veränderung des Preisverhältnisses ist für das Geberland eine deutliche Erleichterung. Zwar sinkt das Wohlfahrtsniveau aufgrund des hohen Transfers (Bewegung von C^{AW} nach C^{AT}) und entspricht im gewählten Fall wieder dem Niveau in Autarkie I^{A}_{1}, ohne eine terms of trade-Änderung wäre die Wohlfahrtseinbuße jedoch deutlich höher ausgefallen. Im Empfängerland kommt es zu einer deutlichen Wohlfahrtssteigerung von (Bewegung von C^{BW} nach C^{BT}), diese wurde durch die für das Empfängerland schlechteren terms of trade jedoch etwas reduziert.

Das Beispiel zeigt, daß in einem Zwei-Länder-Modell unter normalen Elastizitätsannahmen die positiven Handels- und Spezialisierungseffekte den negativen Einkommenseffekt des Transfers im Geberland nicht auszugleichen vermögen. Gleichfalls zeigt sich, daß im Empfängerland ebenfalls der Einkommenseffekt des Transfers überwiegt. Zwar sind in der Literatur immer wieder Versuche unternommen worden, realistische Bedingungen für einen sogenannten immiserizing transfer aufzuzeigen, der unter rigorosen (Nachfrage-)Elastizitätsannahmen im Fall mehrerer Länder und Güter abgeleitet werden kann. Bei Berücksichtigung der (dämpfenden) Angebotswirkungen des Transfers wird dieses Ergebnis jedoch noch unwahrscheinlicher.

Auch um die Bedingungen für eine *terms of trade-Verschlechterung* herzuleiten, kann man wieder auf das terms of trade-Kriterium der EDGEWORTH-box-Analyse zurückgreifen: Ist x_1 das Exportgut, so kommt es zu einer terms of trade-Verschlechterung bei $c'^{A}_{1}/c'^{A}_{2} < c'^{B}_{1}/c'^{B}_{2}$, d.h., wenn die Präferenzen im Geberland eher als im Empfängerland zugunsten des Gutes ausfallen, das auch exportiert wird, vgl. Abb. III-13. Der Transfer bewirkt einen starken Rückgang der x_1-Nachfrage im Geberland, der nur zum Teil durch zusätzliche Nachfrage nach diesem Gut durch das Empfängerland ausgeglichen wird. Die Nachfrage nach x_2 im Geberland sinkt zwar, wird jedoch durch die zusätzliche Nachfrage im Empfängerland mehr als ausgeglichen. Die Preisverhältnisgerade für den Weltmarkt nach dem Transfer PV^{T}, d.h. auch die inländische Preisverhältnisgerade PV^{AT} bzw. PV^{BT}, verläuft nunmehr flacher als vor dem Transfer (PV^{W} bzw. PV^{AW} und PV^{BW}).

In diesem Fall fällt die *Reallokation im Geberland stärker* aus *als im Empfängerland*: Im Geberland ist die Produktion auf x_1 spezialisiert, eine Reallokation in den Importsubstitutionssektor zur Produktion des Gutes x_2 setzt relativ viel x_1 frei (Bewegung von P^{AW} nach P^{AT}). Im Empfängerland nimmt die Spezialisierung zu, allerdings ist eine zusätzliche Produktion von x_2 nur durch einen hohen Verzicht auf x_1 zu bewirken (Bewegung von P^{BW} nach P^{BT}). Die Änderung des Preisverhältnisses wirkt also stärker im Geberland als im Empfängerland. Die Schwierigkeiten, die für das Geberland mit dem Transfer verbunden sind, werden durch die Verlagerung des Konsumpunktes von C^{AW} auf C^{AT} deutlich. Das Nutzenniveau, dem die nun tangierte Indifferenzkurve I^{A}_{0} entspricht, liegt sogar noch deutlich unterhalb des Nutzenniveaus in Autarkie, dargestellt durch I^{A}_{1}. Drei Effekte wirken dabei gegen das Geberland: (1) der Güterabfluß im Zuge des Transfers,

(2) die Verringerung des Spezialisierungsvorteils aufgrund der Reallokation und schließlich (3) die Verringerung des Handelsvorteils aufgrund der terms of trade-Verschlechterung. Im Empfängerland hingegen wird die Güterversorgung gegenüber dem Weltmarktversorgungsniveau C^{BW} noch einmal deutlich gesteigert auf C^{BT}: Hier wirken die Vorteile aus dem Erhalt des Transfers, der stärkeren Spezialisierung und des Handelsvorteils in dieselbe Richtung.

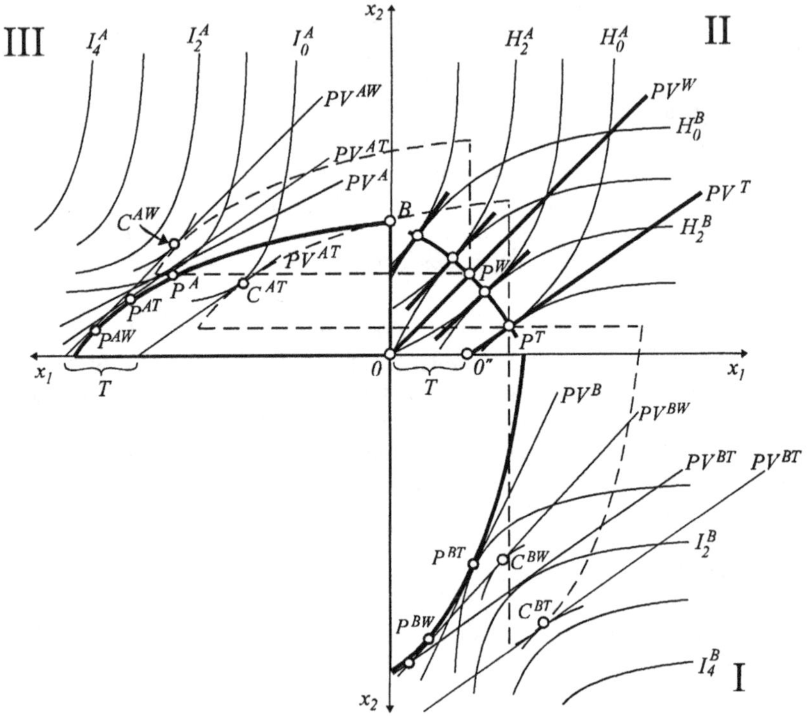

Abb. III-13: Terms of trade-Verschlechterung entsprechend den Präferenzen

Interessant ist in diesem Zusammenhang, daß der Transfer im Geberland zu einer Reallokation von Faktoren *aus dem Exportsektor heraus* führt und nicht etwa in den Exportsektor hinein. Dies scheint zunächst im Widerspruch zu der These zu stehen, daß die Produktion im Exportsektor verstärkt werden müßte, um den Transfer zu gewährleisten. Die genaue Betrachtung der Nachfrageeffekte zeigt jedoch, daß der Konsum im Geberland so weit absinkt, daß bisher im Geberland konsumierte Einheiten x_1 nun zum Export zur Verfügung stehen – in der Tat wird die *Ausfuhr* (Transfer und regulärer Handel zusammengenommen) *von x_1 deutlich erhöht.* Die zusätzliche Nachfrage des Empfängerlandes richtet sich jedoch zu einem größeren Teil auf x_2. Im Geberland werden daraufhin die Importe von

x_2 deutlich reduziert, sozusagen kommt es "netto" zu einem *Anstieg der Exporte von x_2*. Die Aussage, daß das Geberland seine Exportanstrengungen verstärken muß, bleibt in der Sache also unangetastet. Deutlich wird aber auch, daß der Erfolg des Transfers davon abhängt, *die Güter zu exportieren, die im Empfängerland nachgefragt werden*, d.h. die *Produktionsstruktur an den Präferenzen des Empfängerlandes auszurichten*. Je besser dies gelingt, desto geringer sind die Wohlfahrtsverluste.

Ob es nun in der Praxis zu einer terms of trade-Verbesserung oder -Verschlechterung kommt, ist analog zu den Erkenntnissen der Edgeworth-box-Analyse zu beantworten:

- Im dargestellten Zwei-Länder-Modell bestimmt ausschließlich die Präferenzstruktur die Richtung des terms of trade-Effekts, so daß das Ergebnis unbestimmt ist. Eine Verschlechterung der terms of trade wirkt für das Geberland erschwerend – das Wohlfahrtsniveau wird durch das weniger vorteilhafte Handelsergebnis weiter gesenkt. Zwar kommt es zu Reallokationseffekten, die erleichternd für den Transfer wirken und die terms of trade-Verschlechterung bremsen, diese sind jedoch zu einem großen Teil *vom Geberland zu erbringen*. Eine Verbesserung der terms of trade erleichtert dem Geberland den Transfer, die Reallokationseffekte, die der Verbesserung etwas entgegenbringen, sind in diesem Fall größtenteils *vom Empfängerland zu erbringen*. Unabhängig von der Richtung der terms of trade-Änderung kommt es also in dem Land zu stärkeren Anpassungseffekten, das seinen *Spezialisierungsvorteil* einbüßt – im Falle der Verbesserung im Empfängerland, im Falle der Verschlechterung im Geberland.
- Sieht man Präferenzen und Produktionsstruktur nicht als unabhängig voneinander an, d.h., unterstellt man eine Präferenz für die Güter, die aufgrund der Produktionsverhältnisse im Land reichlich vorhanden sind, so bewirkt ein Transfer immer eine terms of trade-Verschlechterung und damit zusätzliche Anpassungszwänge für das Geberland, was sowohl die Notwendigkeit der Faktorreallokation als auch der Verringerung des Konsums betrifft.

Bei einem Modell mit mehreren Gütern und mehreren Ländern bleibt das Kriterium im Kern erhalten, allerdings ist zu vermuten, daß die Nachfrageverlagerung die Exportgüterindustrie des Geberlandes nicht in dem Maße begünstigt, wie die inländische Nachfrage nach diesen Produkten zurückgeht. In diesem Fall erfolgt eine terms of trade-Verschlechterung, die – wie oben gezeigt wurde – mit der Tendenz zur Reallokation von Produktionsfaktoren zugunsten von Importsubstitutionsgütern verbunden ist. Sowohl der Export der klassischen Exportgüter wie auch der Export der bisher im Inland verbrauchten Güter – d.h. die Nettoimportverringerung – tragen zum Transfer bei. Diese Verbreiterung der Exportbasis wirkt sich ceteris paribus insofern nachteilig aus, als daß sie mit einer Verringerung der Spezialisierungsvorteile einhergeht. Aufgrund der ungünstigen Transformationselastizität im Empfängerland in seinen spezialisierten Exportgütersektoren und der relativ günstigen Transformationselastizität in den Importsubstitutionssektoren des Geberlandes werden auch in diesem Fall die Anpassungen das Geberland stärker betreffen, so daß Spezialisierungsvorteile verlorengehen.

Eine Implikation, die an dieser Stelle jedoch nicht weiter verfolgt werden soll, ist die grundlegende Analogie von Transfers und sonstigen Kapitalbewegungen in realwirtschaftlichen Modellen. Die Effekte, die mit Hilfe der Veränderung des Weltmarktpreisverhältnisses entlang der Transferkurve beschrieben werden, gelten auch für andere Formen der Kapitalübertragung, etwa solche, die vor dem Hintergrund der intertemporalen Optimierung geschehen. Daß heißt, die Verschiebung des Produktionspunktes kann auch zustandekommen, wenn bewußt ein Handelsbilanzüberschuß erwirtschaftet werden soll, um in einer künftigen Periode ein Handelsbilanzdefizit eingehen zu können. Damit verbundene Überlegungen werden in Kapitel III-C genauer ausgeführt. Die Auswirkung solcher Kapitalübertragungen auf die Produktions- und Konsumstrukturen sind analog zu dem hier dargestellten Fall des Transfers.

2. Der Faktortransfer

Bereits im Zuge der Reparationszahlungen spielte der Faktortransfer eine Rolle, denn bei der Frage, welche Vermögensgegenstände für einen Transfer in Frage kommen, kam man auf die naheliegende Idee, neben monetärem Vermögen und Gütern auch Sachkapital, ja sogar Immobilien zu transferieren oder zumindest ausländischen Investoren zu überschreiben. Diese Idee wurde 1920 von TAUSSIG noch abgelehnt, da in der Praxis nicht durchführbar,[253] im Anschluß an den II. Weltkrieg kam es jedoch zu einem massiven Transfer von (bereits investiertem) Produktionskapital im Zuge der Demontage[254] – sicher ein historischer Spezialfall des Faktortransfers. Von Interesse für die aktuelle Untersuchung sind hingegen alle Arten von Transferleistungen, die auf eine Veränderung der Produkti-

253 Vgl. TAUSSIG, F.W.: Germany's Reparation Payments, in: The American Economic Review, Vol. 10 (1920), S. 42.

254 Auf der Jalta-Konferenz der Allierten Führungsmächte vom 4.–11.2.1945 wurden 20 Mrd. US-Dollar als Reparationszahlung, vereinbart, von denen die UdSSR die Hälfte erhalten sollte. Dies sollte, um das Transferproblem zu umgehen, in Form von Beschlagnahme deutschen Auslandsvermögens, Demontage und Entnahme aus der laufenden Produktion erfolgen. Am 21.12.1945 wurde im Pariser Abkommen die Internationale Reparationsagentur eingesetzt. Die Schätzungen über die Höhe der im Zuge der Demontage an die UdSSR übertragenen Vermögenswerte belaufen sich auf ca. 66 Mrd. DM. Die an die Westmächte bis zu den Pariser Verträgen, in denen 1954 die Beendigung der Reparationsleistungen vereinbart wurden, geleisteten Zahlungen werden auf ungefähr 6 Mrd. DM geschätzt.

onsmöglichkeiten hinwirken – d.h. die Fälle, in denen Investitionsgüter bzw. Produktionsfaktoren zwischen den Ländern wechseln. Internationaler Handel besteht je nach Handelsstruktur zu einem großen Teil aus Investitionsgütern bzw. Vorleistungen, so daß es naheliegt, daß im Zuge eines Transfers auch Investitionsgüter nachgefragt werden können. Wichtig ist die Frage, ob die im Transfer enthaltenen Güter *konsumtiv* genutzt werden – wie bisher unterstellt – oder *investiv*. In letzterem Fall verändern sich die Produktionsmöglichkeiten in beiden Ländern. Zur Vereinfachung wird im Zuge der statischen Analyse unterstellt, daß der Kapazitätseffekt der Investition sofort wirksam werde. In Abgrenzung zum Gütertransfer, der eine *direkte* Veränderung der Güterausstattung bewirkt, führt ein Transfer von Produktionsfaktoren zu einer *indirekten* Veränderung der Güterausstattung: Im Geberland sinken die Produktionsmöglichkeiten aufgrund des verringerten verfügbaren Faktorbestandes und damit auch das Einkommen in diesem Land. Das Empfängerland erhält zusätzliche Produktionsfaktoren, die ihm eine Steigerung der Produktion über die bisherigen Möglichkeiten hinaus ermöglichen, verbunden mit einer Einkommenssteigerung.[255] Inwieweit diese veränderte Allokation der Produktionsfaktoren die bestehenden Mengen- und Preisrelationen beeinflußt, hängt maßgeblich von den Annahmen über die Produktionsstrukturen und die Faktorverteilung sowie die durch sie begründeten komparativen Kostenvorteile ab.[256] Zur Isolation der Produktionseffekte wird im folgenden zunächst von identischen Präferenzen in beiden Ländern ausgegangen. Beim Zustandekommen von komparativen Kostenvorteilen werden traditionell zwei Ansätze unterschieden:

- Im RICARDO-Fall entscheidet die Divergenz der Faktor*produktivität* zwischen den beiden Ländern über die komparativen Kostenvorteile.
- Im HECKSCHER/OHLIN-Fall ist die Divergenz der Faktor*ausstattung* zwischen den beiden Ländern entscheidend, wobei im folgenden zwei Unterfälle unterschieden werden. In der ersten hier vorgestellten Variante unterscheidet sich zwar die Ausstattung mit Faktoren, die Produktionsstrukturen hingegen sind in beiden Ländern identisch. In der zweiten Variante unterscheiden sich sowohl Faktorausstattung wie auch Produktionsstrukturen, und zwar derart, daß der

---

255 Genau genommen kann es auch bei einem Gütertransfer zu einer Veränderung der Faktorausstattung kommen, z.B. wenn die im Empfängerland frei werdenden Ressourcen zur Produktion von Investitionsgütern genutzt werden oder im Geberland eine Einschränkung auch der Investitionsgüterproduktion erfolgt. Solche Mischfälle des Güter- und Faktortransfers werden zur Klarheit der Analyse im folgenden nicht betrachtet.

256 Zum Zusammenhang von Produktions- und Konsumstruktur vergleiche auch JONES, R.W.: The Transfer Problem Revisited, in: Economica, Vol. 37 (1970), S. 178 - 184 sowie zum Faktortransfer LI, J./MAYER, W.: The transfer problem with supply effects: presumption for terms of trade changes, in: Canadian Journal of Economics, Vol. 23 (1990), S. 896 - 907.

reichlichere Faktor produktiver eingesetzt werden kann als im jeweils anderen Land (dort ist dieser Faktor entsprechend knapp).

Ein Faktortransfer führt allgemein dann zu einer Verschlechterung der terms of trade, wenn die Produktion mittels der veränderten Faktorausstattung eine höhere Weltausstattung mit dem Exportgut des Geberlandes bewirkt (bzw. eine geringere Ausstattung mit dem Exportgut des Empfängerlandes), so daß ceteris paribus das Überschußangebot des Exportgutes des Geberlandes eine Verringerung des relativen Preises dieses Gutes bewirkt. Auf der anderen Seite bleiben die terms of trade dann unverändert, wenn auch nach einem Transfer beide Güter in gleicher Relation produziert werden. Es wird deshalb zu untersuchen sein, in welcher Weise ein Faktortransfer die Output-Relation beeinflußt.[257]

a) Der Faktortransfer im RICARDO-Modell

Im Modell von RICARDO beruhen die komparativen Kostenvorteile ausschließlich auf unterschiedlichen *Produktivitäten* bei der Erzeugung der Güter. Komparative Kostenvorteile bilden sich bei dem Gut heraus, das mit relativ geringerem Faktoreinsatz erzeugt werden kann als im anderen Land. In Abb. III-14a - d ist der Fall angenommen, daß die komparativen Kostenvorteile bei *identischen Faktorintensitäten* ausschließlich auf unterschiedlichen *(Niveau-)Produktivitäten* beruhen. In Land A ist die Relation der Produktivität zur Erzeugung von x_1 im Vergleich zu x_2 günstiger als die gleiche Relation in Land B, so daß Land A einen komparativen (im dargestellten Beispiel sogar einen absoluten) Kostenvorteil bei der Erzeugung von Gut x_1 besitzt. Im folgenden wird von COBB/DOUGLAS-Produktionsfunktionen ausgegangen:

$$x_1^A = \pi_1^A \cdot (r_1^A)^{\alpha_1^A} \cdot (r_2^A)^{\beta_1^A} \quad \text{(Produktion von Gut 1 in Land A)}$$

$$x_2^A = \pi_2^A \cdot (r_1^A)^{\alpha_2^A} \cdot (r_2^A)^{\beta_2^A} \quad \text{(Produktion von Gut 2 in Land A)}$$

$$x_1^B = \pi_1^B \cdot (r_1^B)^{\alpha_1^B} \cdot (r_2^B)^{\beta_1^B} \quad \text{(Produktion von Gut 1 in Land B)}$$

$$x_2^B = \pi_2^B \cdot (r_1^B)^{\alpha_2^B} \cdot (r_2^B)^{\beta_2^B} \quad \text{(Produktion von Gut 2 in Land B)}$$

mit α_i^j = Substitionselastizität des Faktors r_1 zur Erzeugung des Gutes x_i in Land j, β_i^j die entsprechende Substitionselastiziät des Faktors r_2; i = 1,2; j = A,B). Es wird zunächst angenommen, daß die Substitutionselastizitäten α (des Faktors r_1)

---

257 "... much depends on the use to which each country would put extra ressources." CAVES, R.E./JONES, R.W.: World Trade and Payments, Boston 1973, S. 462.

und β (des Faktors r_2) bei beiden Faktoren gleich sind, d.h. $\alpha = \beta$ in beiden Ländern und in beiden Produktionen. Gilt für die Summen der Substitutionselastizitäten $\alpha + \beta < 1$, ergibt sich aufgrund der abnehmenden Niveaugrenzerträge ein konkaver Verlauf des Transformationsblocks. In Land A und Land B gelten hinsichtlich der Produktionselastizitäten dieselben Bedingungen, d.h. $\alpha_1^A = \alpha_2^A = \alpha_1^B = \alpha_2^B$ und $\beta_1^A = \beta_2^A = \beta_1^B = \beta_2^B$. Unterschiede zwischen den Ländern bestehen in der Produktivität π, wobei in Abb. III-14 angenommen wird, daß *Land A* in der Produktion des *Gutes 1 produktiver* sei ($\pi_1{}^A > \pi_2{}^A$), *Land B* hingegen *Vorteile bei Gut 2* habe ($\pi_2{}^B > \pi_1{}^B$). In diesem Fall besitzt Land A absolute Vorteile bei der Produktion von Gut 1, die Ergebnisse lassen sich jedoch auf den Fall komparativer Vorteile (d.h. $\pi_1{}^A/\pi_2{}^A > \pi_1{}^B/\pi_2{}^B$) anwenden. Die Nachfrage sei symmetrisch und durch den Transfer nicht verändert. In der Ausgangssituation in Abb. III-14a und b ist die Handelsbilanz beider Länder ausgeglichen, abzulesen an den eingezeichneten (gleichgroßen) Quadraten zwischen dem jeweiligen Konsumpunkt (C^A bzw. C^B) und dem Produktionspunkt (P^A und P^B), die sich in Größe und Proportion in Land A und Land B entsprechen.

Ein Faktortransfer[258] von Land A nach Land B bewirkt einen Rückgang des Produktionspotentials in Land A und eine Zunahme in Land B. Die Einschränkung im Geberland erfolgt bei unveränderten Güter- und Faktorpreisen *entlang des Faktorvariationspfads*. Dieser Effekt ist unabhängig davon, welcher Faktor transferiert wird, da im RICARDO-Fall nicht die Faktorausstattung Ursache der Handelsmuster ist, sondern die unterschiedlichen Produktivitätsverhältnisse in den Sektoren. Bei zunächst konstanten terms of trade schränken die Verbraucher im Land A ihren Konsum der beiden Güter zu gleichen Teilen ein, entsprechend wird der Konsum in Land B zu gleichen Teilen ausgedehnt, die Weltnachfrage bleibt unverändert. Das Weltangebot der beiden Güter verändert sich: Die Transformationskurve in Land A verschiebt sich nach innen, die Produktion wird bei beiden Gütern verringert, stärker jedoch bei dem relativ reichlicheren Gut x_1. In Land B wird die Produktion des Gutes mit dem komparativen Kostenvorteil stärker ausgeweitet, in diesem Fall bei x_2. Insgesamt steigt so die Weltversorgung mit x_2 [Die Strecke des Produkionsrückgangs bei Gut 2 in Land A (P^AA) ist kürzer als die Strecke des Produktionszuwachses in Land B ($BP^{B\prime}$)], während die Weltversorgung mit x_1 sinkt [Der Produktionsrückgang in Land A ($AP^{A\prime}$) ist größer als der Produktionszuwachs in Land B (P^BB)]. Ein neues Gleichgewicht kann nur bei einem höheren Preis von x_1 und einem entsprechend niedrigeren Preis von x_2 erreicht werden, dargestellt in Abb. III-14c und d. Die Weltmarktpreisgerade verläuft nun in beiden Abbildungen steiler, gleichbedeutend mit einer Verbesserung der terms of trade für das Geberland A. Die terms of trade-Verbes-

258 Vgl. dazu das Beispiel von CAVES, R.E./JONES, R.W.: World Trade and Payments, Boston 1973, S. 462 f.

serung bewirkt zudem einen Spezialisierungsgewinn im Geberland, denn dort wird die Produktion des Gutes mit dem komparativen Nachteil, x_2, vergleichsweise stärker zurückgefahren. In Land B gibt es aufgrund der terms of trade-Verschlechterung gleichgerichtete Effekte: In Abb. III-14d wird die Produktion trotz des komparativen Vorteils bei Gut 2 bei beiden Gütern ungefähr in gleichem Umfang erhöht.

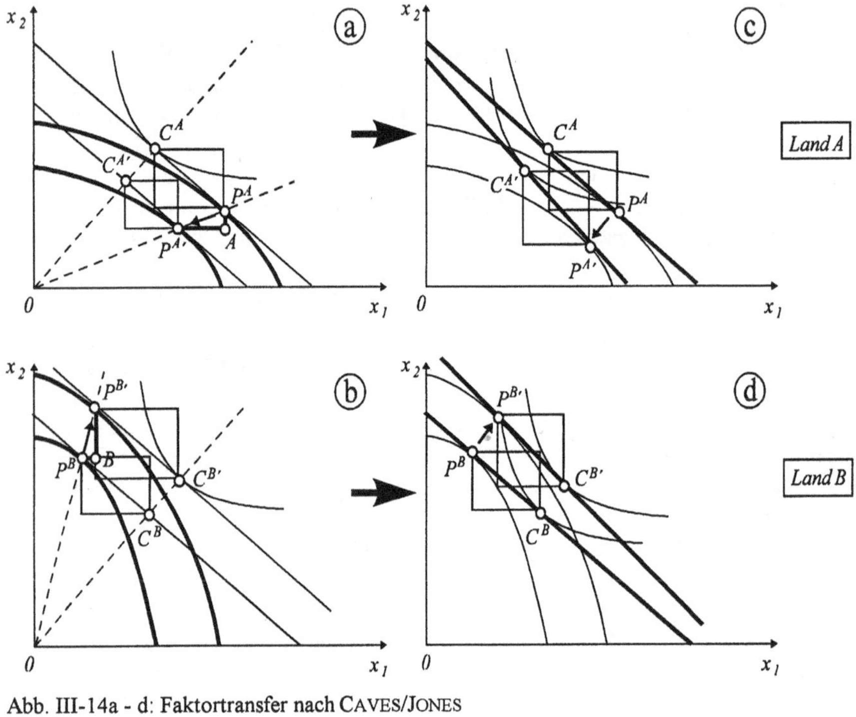

Abb. III-14a - d: Faktortransfer nach CAVES/JONES

Ursache der terms of trade-Verbesserung ist die Veränderung in der relativen Güterausstattung, die dadurch verursacht wurde, daß die Exportgüter des Geberlandes relativ knapper geworden sind, die des Empfängerlandes relativ reichlicher. Daß die Faktoren im Empfängerland in anderer Weise eingesetzt als sie im Geberland dem Produktionsprozeß entzogen wurden, ist damit zu begründen, daß Außenhandel – bzw. die komparativen Vorteile – im RICARDO-Modell ausschließlich aus der unterschiedlichen Nutzung der Faktoren herrührt. Indem das Geberland nun dieses Gut verknappt, verbessert es sogar noch seinen komparativen Vorteil. Wie die Reallokationseffekte und die Ausweitung des Handelsvolumens zeigen, werden Spezialisierungsvorteile sogar durch den Transfer verstärkt. Die grundlegende Voraussetzung dieser terms of trade-Verbesserung ist jedoch, daß die *Art* des transferierten Faktors *irrelevant* für das Produktionsergebnis ist. Im folgenden wird im Rahmen des HECKSCHER/OHLIN-Ansatzes die Bedeutung der Art des Faktors dargelegt.

b) Der Faktortransfer im HECKSCHER/OHLIN-Modell

Im HECKSCHER/OHLIN-Modell kann gezeigt werden, daß der Einfluß eines Faktortransfers weniger bestimmt ist, als es das Ergebnis im RICARDO-Fall nahelegt. Es können sogar Bedingungen aufgezeigt werden, in denen der Faktortransfer nicht zu einer Veränderung der terms of trade führt. Aus diesem (Referenz-)Fall werden dann die Bedingungen für eine terms of trade-Veränderung abgeleitet. Im HECKSCHER/OHLIN-Modell werden die komparativen Vorteile durch die Unterschiedlichkeit der Faktorausstattung, verbunden mit unterschiedlichen Faktorintensitäten bei der Herstellung der Güter, bestimmt. Es wird angenommen, daß Gut x_1 in beiden Ländern den Faktor r_1 mehr beansprucht, Gut x_2 hingegen den Faktor r_2. Das Land, das über einen (relativ) höheren Bestand an r_1 verfügt, wird also einen (komparativen) Kostenvorteil bei der Produktion des Gutes 1 besitzen, ein höherer Bestand an r_2 bedeutet einen (komparativen) Vorteil bei Gut 2.

Für die Existenz solcher komparativer Vorteile ist es nicht notwendig anzunehmen, daß sich die Produktionsverfahren (genauer: der konkrete Verlauf der Produktionsfunktion) in Land A und Land B unterscheiden, sondern nur, daß die Produktion von Gut 1 bzw. Gut 2 die Produktionsfaktoren unterschiedlich belastet. Die Faktorintensität *bezüglich der Güter* ist somit entscheidend für die komparativen Kostenvorteile, nicht etwa unterschiedliche Faktorintensitäten bei der Produktion der beiden Güter *in den beiden Ländern*. Das folgende Beispiel soll dieses Argument verdeutlichen und die Implikationen für das Resultat eines Faktortransfers darstellen. Es wird angenommen, daß die Bedingungen für einen Ausgleich der Faktorpreise nach dem Faktorpreisausgleichstheorem, insbesondere vollständige Konkurrenz in beiden Ländern, auf Güter- und Faktormärkten erfüllt sind.[259]

(1) Die Angebotseffekte des Faktortransfers bei symmetrischen Produktivitätsrelationen

Außenhandel ergibt sich bei symmetrischen Nachfrageverhältnissen, wenn ein Land relativ reicher mit einem Faktor ausgestattet ist – es wird zum Exporteur

259 Zum Faktorpreisausgleichstheorem vgl. etwa SAMUELSON, P.A.: International Factor Price Equalization Once Again, in: Economic Journal, Vol. 59 (1949), S. 181 ff. sowie LANCASTER, K.: The Heckscher-Ohlin Trade Modell: A Geometrical Treatment, in: Economica, Vol. 24 (1957), S. 19 ff. und MOOKERJEE, S.: Factor Endowments and International Trade, Bombay et.al. 1958, S. 30 ff. Eine Übersicht findet sich bei MACKSCHEIDT, K.: Der internationale Ausgleich der Faktorpreise, Berlin 1967.

des Gutes, das diesen Faktor intensiver nutzt. Geht man von einer COBB/DOUGLAS-Produktionsfunktion $x_1 = \pi_1 \cdot r_1^{\alpha} \cdot r_2^{\beta}$, bzw. $x_2 = \pi_2 \cdot r_1^{\alpha} \cdot r_2^{\beta}$ aus, so bewirkt die Annahme identischer Produktionsbedingungen, daß in *beiden Ländern* $\alpha > \beta$ bei Gut x_1 und $\alpha < \beta$ bei Gut x_2 gilt, genauer:

$$(\alpha_1^A = \alpha_1^B) > (\beta_1^A = \beta_1^B) \text{ und}$$

$$(\alpha_2^A = \alpha_2^B) < (\beta_2^A = \beta_2^B),$$

Im folgenden wird angenommen, daß Land A, das Geberland, relativ reich mit dem Faktor r_1 ausgestattet ist, so daß es bei x_1 komparative Kostenvorteile besitzt. Land B besitzt dementsprechend komparative Kostenvorteile bei der Produktion des Gutes x_2. Wie CAVES/JONES angedeutet haben, verändert ein Faktortransfer unter diesen Bedingungen die terms of trade nicht.[260] Die Argumentation von CAVES/JONES wird im folgenden durch eine ausführliche Darstellung der Produktionsbedingungen ergänzt.

Berücksichtigt werden muß, daß die Analyse von CAVES/JONES einen *Spezialfall innerhalb der HECKSCHER/OHLIN-Annahmen* darstellt. Legt man, wie es OHLIN tat, die Faktorausstattung mit Arbeit und Kapital bei der Analyse des Güteraustausches zwischen *unterschiedlich entwickelten Ländern* zugrunde, muß man sicherlich davon ausgehen, daß auch die Produktionsstrukturen und -technologien, also der Verlauf der Produktionsfunktionen, stark divergieren. Ein Modell, das dem Rechnung trägt, wird im Anschluß vorgestellt. Ein Faktortransfer unter den oben beschriebenen Bedingungen stellt jedoch den Fall eines Transfers zwischen *sehr ähnlichen Volkswirtschaften* dar, deren technologisches Niveau sich kaum unterscheidet, allerdings Unterschiede in der Faktorausstattung aufweist. In erster Linie wurde dieser Fall aus analytischen Gründen gewählt, in der Realität mag es zunächst wenig plausibel sein, wie Länder mit unterschiedlichen Faktorausstattungen gleiche Produktionsbedingungen, im Sinne symmetrischer Produktivitätsrelationen bezogen auf die Faktoren Arbeit und Kapital aufweisen. Beispiele lassen sich vereinzelt im Falle natürlicher Ressourcen finden, die weltweit unterschiedlich verteilt sind, aufgrund hoher Transportkosten jedoch wenig mobil sind, beispielsweise in der Forstwirtschaft. Weitet man, wie es auch im Falle des Neoproportionentheorems geschieht, die Analyse auf Faktoren aus, die sich in der *Qualität* unterscheiden, wird das Auffinden entsprechender Beispiele einfacher. In entwickelten Volkswirtschaften sind die komparativen Vorteile sozusagen hausgemacht, da die Menge der Produktionsfaktoren weniger durch die regionale Verfügbarkeit natürlicher Ressourcen, sondern durch die Kapitalstrukturen und die Qualifikation der Arbeitskräfte determiniert ist. Hier liegt im Prinzip in entwickelten Volkswirtschaften ähnliches Wissen über Produktionsverfahren und -technologien vor, dennoch kommt es bei der Nutzung dieser Technologien

260 Vgl. CAVES, R.E./JONES, R.W.: World Trade and Payments, Boston 1973, S. 461.

immer wieder zu Ungleichgewichten in der Entwicklung, die mal das eine Land mal das andere in verschiedenen Sektoren komparative Vorteile erlangen lassen.

Ein einfaches Beispiel, das mit dem oben erwähnten Fall kompatibel ist, sind spezialisierte Arbeitskräfte, die jedoch unterschiedliche Ausbildungen besitzen, beispielsweise im Maschinenbau oder der Elektrotechnik. Die Faktoren sind zu einem gewissen Grade komplementär, d.h., auch im Automobilbau ist z.B. der Einsatz von elektrotechnisch geschultem Personal unabdingbar, während in der Unterhaltungselektronik auch maschinenbauerische Fähigkeiten von Nöten sind. Ein Land, das mehr Maschinenbauer ausbildet, erlangt komparative Vorteile bei Produktionsverfahren, die diese Ausbildung stärker nutzen, beispielsweise Deutschland in der Automobilproduktion, während ein Land, das verstärkt Elektroingenieure und -facharbeiter ausbildet, einen komparativen Vorteil bei Unterhaltungselektronik aufweist, wie beispielsweise Japan. Prinzipiell produzieren beide Länder beide Güter mit vergleichbaren Technologien, dennoch kommt es entsprechend der Faktorproportionen zu einer Spezialisierung und zu unterschiedlichen Faktorintensitäten in der Produktion.

Spezialisierungen in dieser Hinsicht lassen sich sowohl für den Faktor Arbeit wie für den Faktor Kapital ableiten. Das heißt, daß auch in modernen Volkswirtschaften die Faktorausstattung über die komparativen Kostenvorteile bestimmt, die Darstellung des Zwei-Güter/Zwei-Faktor-Falles kann die komplexen Beziehungen jedoch nur im Ansatz darstellen. Der folgende Fall identischer Produktivitäten und identischer Substitutionselastizitäten (aber aufgrund der Faktorausstattung unterschiedlicher Faktorintensitäten in den beiden Ländern!) erlaubt jedoch einen Einblick in die prinzipiellen Effekte des Faktortransfers unter Volkswirtschaften mit gleichem Entwicklungsstand bei unterschiedlicher Spezialisierung. Ein Modell, das einem unterschiedlichen Entwicklungsstand Rechnung trägt, wird im nächsten Abschnitt vorgestellt.

Abb. III-15 zeigt die Produktionssituation im Geberland anhand einer *Faktorbox*. Ausgehend vom Ursprung 0 sind Faktoreinsatzmengen zur Erzeugung des Gutes 1 abgetragen, aufgrund der Annahme der linearen Homogenität der Produktionsfunktion lassen sich entlang der Faktorintensitätslinie F_1 direkt die produzierten Gütermengen x_1 ablesen. Steigende Gütermengen und Faktoreinsätze in der x_2-Produktion sind ausgehend von Punkt B eingezeichnet. Die Faktorintensitätslinien F_1 und F_2 geben mögliche Produktionsoptima beim Faktorpreisverhältnis FPV^A wieder. Als optimaler Produktionspunkt ergibt sich P, da hier die Grenzrate der Faktorsubstitution bei der Produktion von Gut 1 und Gut 2 identisch ist, abzulesen anhand der in Punkt P tangierenden Isoquanten I_1 für Gut 1 und I_2 für Gut 2. Das Gut 1 wird in der durch die Strecke 0P gekennzeichneten Menge produziert, das Gut 2 entsprechend der Strecke BP. Daß mehr von x_1 als von x_2 produziert wird, ist – bei dem herrschenden Faktorpreisverhältnis – auf die *unterschiedliche Ausstattung* mit r_1 und r_2 zurückzuführen.

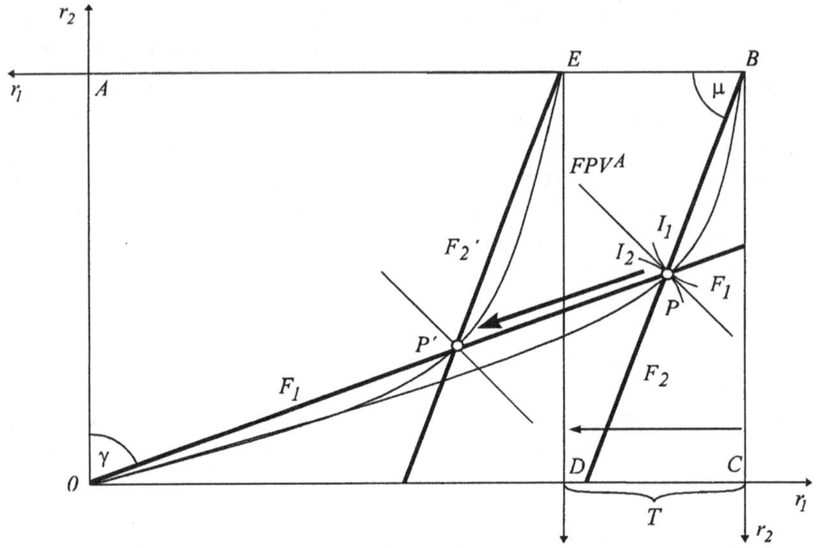

Abb. III-15: Reallokation der Faktoren im Geberland bei konstanten Faktorpreisen

Das Produktionsergebnis in Land A ist im Zusammenhang mit dem Produktionsmuster in Land B und den Nachfragestrukturen beider Länder zu sehen. In Abb. III-16 ist die Produktionsstruktur des Landes B dargestellt. Wie die Steigung der Faktorintensitätslinien F_1 und F_2 zeigt, ist die Faktorintensität entsprechend den getroffenen Annahmen bezüglich der beiden Gütern unterschiedlich, zwischen den beiden Ländern bei dem gleichen Gut jedoch identisch. Aufgrund der höheren Ausstattung mit r_2 kommt es hier zu einer (unvollständigen) Spezialisierung auf die Produktion von Gut 2. Ginge man von Autarkie aus, so hätten die Produktionslösungen in beiden Abbildungen keinen Bestand: Bei unterschiedlichen Produktionsbedingungen aber gleichen Präferenzen hinsichtlich der Güter x_1 und x_2 würde sich das Faktorpreisverhältnis solange ändern, bis die Mengenverhältnisse der produzierten Güter den Präferenzen entsprechen. In Land A ergibt sich dann ein steileres Faktorpreisverhältnis und die Steigung der Faktorintensitätslinien würde sich etwas, im hier gewählten Fall sogar vollständig[261], angleichen. Durch die Aufnahme von Außenhandel kommt es zum hier dargestellten Faktorpreisverhältnis FPV^A und FPV^B. Die Produktion wird nunmehr an der inländischen und

261 Das Beispiel wurde für linear homogene Produktionsfunktionen von x_1 und x_2 gezeichnet, die die gleiche Substitutionselastizität aufweisen, einmal zugunsten von r_1 und einmal zugunsten von r_2. In der Graphik wird dies dadurch deutlich, daß die Faktorintensitätslinien mit der gleichen Steigung bezüglich des stärker belasteten Faktors verlaufen, d.h., in Abb. III-16 entspricht der Winkel γ immer dem Winkel μ. In Autarkie ergibt sich für beide Güter die Faktorintensitätslinie als Gerade zwischen 0 und B.

ausländischen Nachfrage ausgerichtet und die Spezialisierungsvorteile solange ausgenutzt, bis sich aufgrund des Handelsgleichgewichts das Güterpreisverhältnis in Land B und Land A und daher auch die Faktorpreisrelation der Faktoren r_1 und r_2 ausgeglichen haben. In einem Zwei-Länder/Zwei-Güter/Zwei-Faktoren-Modell (2+2+2-Modell) gleichen sich die Preise der international nicht mobilen Faktoren vollständig aus.

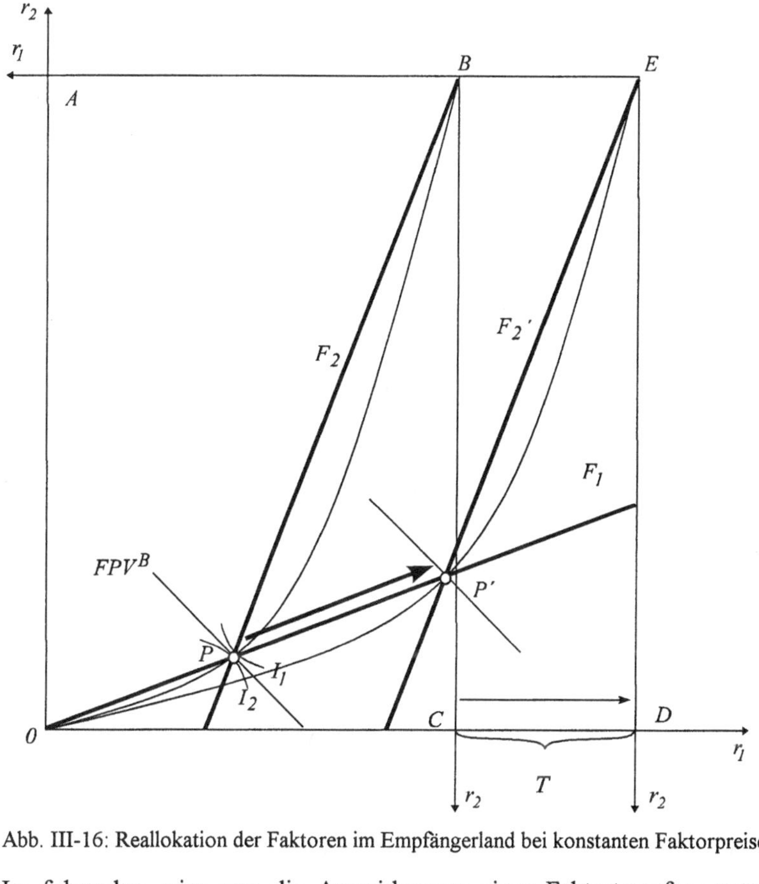

Abb. III-16: Reallokation der Faktoren im Empfängerland bei konstanten Faktorpreisen

Im folgenden seien nun die Auswirkungen eines Faktortransfers unter diesen idealisierten Bedingungen betrachtet. Ein Faktortransfer in Form des Faktors r_1 in Höhe von CD bewirkt im Geberland (Land A, Abb. III-15) eine Verringerung der Faktorausstattung mit r_1 auf 0D, die Größe der Faktorbox verringert sich auf 0DEA. Bei unveränderten Faktorpreisen liegt auch der neue Produktionspunkt auf der Faktorintensitätslinie F_1 des Gutes x_1. Die Faktorintensitätslinie des Gutes x_2 hat ihren Ursprung aufgrund der geringeren Größe der Faktorbox nun nicht mehr in B, sondern in E. Auch die neue Faktorintensitätslinie F_2' verläuft bei unveränderten Faktorpreisen mit der gleichen Steigung, so daß sich im Schnittpunkt der beiden Faktorintensitätslinien P' als neuer Produktionspunkt ergibt. In P' ist die Erzeugung des Gutes x_1 geringer als in P (0P' im Vergleich zu 0P), die Erzeugung des Gutes x_2 hingegen ist gestiegen (EP' im Vergleich zu BP). Diese als RYBCZYNSKI-Theorem[262] bekannte Hypothese erklärt sich aus der geänderten Knappheitsrelation der Faktoren: Bei unveränderten Faktorpreisen sind Faktorangebot und Faktornachfrage nur ausgeglichen, wenn sich die Nachfrage dem veränderten Faktorangebot anpaßt. Zu beachten ist, daß der Faktor mit hoher Nutzungsintensität in der Exportgüterproduktion r_1 nun in Relation zum Faktor r_2 knapper geworden ist, auch wenn er in absoluten Maßstäben immer noch überwiegt. Diesem geänderten Knappheitsverhältnis entspricht eine verstärkte Produktion des Gutes x_2, dessen Produktion eine geringere Nutzungsintensität des Faktor x_1 besitzt, während die Produktion des Gutes x_1 eingeschränkt wird. Insgesamt nimmt somit der Faktoreinsatz in der Produktion von x_2 zu, der Faktoreinsatz bei der Produktion von Gut x_1 sinkt daher stärker als es der Rückgang der Faktormenge aufgrund des Transfers notwendig macht.

Dieses Ergebnis ist nur dann von Bestand, wenn die *Güter*preise, und damit auch die Faktorpreise, tatsächlich unverändert bleiben. Unveränderte Güterpreise kommen hingegen nur zustande, wenn die Nachfragerelation unverändert bleibt. Bei unveränderter Nachfragerelation zwischen den beiden Gütern (allerdings bei nun geringerem Einkommen) ist dies der Fall, wenn die Importe von x_2 sinken, denn x_2 wird nun verstärkt im Inland hergestellt, und die Exportnachfrage nach x_1 aus dem Ausland entsprechend stark gesunken ist, wie es die verringerte Produktion von x_1 impliziert. Dazu sei die Reaktion im Produktionssektor des Landes B betrachtet. Der Transfer von r_1 bewirkt eine Ausweitung des Faktorbestands r_1 in Land B (Ausweitung der Box auf 0DEA), so daß der Faktor r_2 bei unverändertem Faktorpreisverhältnis nun relativ knapp ist. Hier erfolgt eine Umschichtung hin zur Produktion des Gutes 1, denn dieses Gut belastet den knappen Faktor x_1 weniger, die Produktion von x_2 wird sogar absolut eingeschränkt. Die Importnachfrage nach x_1 sinkt dementsprechend, gleichzeitig sinken auch die Exporte von x_2.

Insgesamt führt der Transfer dazu, daß Land A deutlich weniger von seinem Exportgut x_1, dafür aber mehr seines Importgutes x_2 produziert. Land B produ-

262 Die mit dem RYBCZYNSKI-Theorem umschriebene Verschlechterung der terms of trade im Falle des Wachstums des Faktors mit hoher Nutzungsintensität im Exportsektor – entsprechend einer terms of trade-Verschlechterung beim Rückgang dieser Produktionsfaktormenge – beruht auf der einseitigen Faktormengenveränderung in nur einem Land. Im Falle des Faktortransfers ändern sich jedoch die Faktormengen in beiden betrachteten Ländern. Zum RYBCZYNSKI-Theorem vgl. RYBCZYNSKI, T.M.: Factor Endowment and Relative Commodity Prices, in: Economica, Vol. 22 (1955).

ziert nunmehr geringere Mengen seines Exportgutes x_2, dafür deutlich höhere Mengen seines Importgutes x_1. Beachtenswert ist, daß die *weltweit* von jedem Gut erzeugten Mengen gleichgeblieben sind – der *Rückgang* von P nach P′ im Geberland entspricht genau der *Erhöhung* von P nach P′ im Empfängerland, so daß sich auch die Güterpreisrelation nicht ändert, das Volumen der zwischen den beiden Ländern gehandelten Güter jedoch gesunken ist: Land A produziert sehr viel geringere Mengen von Gut x_1, so daß die Exporterlöse in Form von Gut x_2 sinken, jedoch trägt die verstärkte eigene Produktion von x_2 dazu bei, daß die Mengenrelation unverändert bleibt. In Land B ist die im Inland produzierte Menge an Gut x_1 deutlich gestiegen, so daß in großem Umfang auf Importe verzichtet werden kann. Die Produktion des Exportgutes x_2 ist dementsprechend gesunken. Nach dem Transfer stehen in Land B beide Güter in höherem Umfang zur Verfügung, jedoch wie bisher in *derselben Mengenrelation*.

Daß die *Mengenrelation* der beiden Güter sich nicht verändert hat, wenn beide Länder zusammen gesehen werden, ist durch die identischen Produktionsbedingungen in beiden Länder zu erklären: Der Faktorbestand insgesamt hat sich nicht verändert, so daß die in Land A freigewordenen Ressourcen aufgrund identischer Produktionsbedingungen in Land B auf *gleiche Weise* eingesetzt wurden. Da die Ressourcenausstattung den Handel bestimmt, bewirkt der Transfer von r_1 eine Verringerung des Handelsvolumens. Bei unveränderter Faktorpreis- und Güterpreisrelation folgt, daß auch die gehandelten Güter zu *unveränderten terms of trade* getauscht werden. Erfolgt der Transfer in Form von Faktor r_2, so verstärkt sich die Disproportionalität der Faktorausstattung, und das Handelsvolumen wird bei unveränderter Weltausstattung mit beiden Gütern zunehmen.

Die – zusammen für beide Länder – unveränderten Gütermengen erlauben es, den betrachteten Fall in einer Güterbox darzustellen (vgl. Abb. III-17). Bei einer Veränderung der relativen Größe der Volkswirtschaften ändert sich der Anfangspunkt der Güterausstattung: Bei einem Transfer des Faktors r_1 verringert sich die Produktion des Gutes x_1, die Produktion von x_2 wird leicht erhöht. Als neuer Punkt der Güterausstattung des Landes A ergibt sich P′. In Land B bewirkt der Transfer von r_1 einen leichten Rückgang der Produktion des Gutes x_2 und eine deutliche Ausweitung bei Gut x_1. Bezogen auf den Ursprung 0^A wandert die Ausstattung von P zu P′, die absolute Größe der Box bleibt in diesem Fall unverändert. Da P′ näher an der Kontraktkurve liegt, auf der sich alle Handelsgleichgewichte befinden, fällt das Handelsvolumen geringer aus als bisher.

Daß ein Transfer trotz der Annahme identischer Produktivitäten in einem 2+2+2-Modell eine terms of trade-Veränderung bewirkt, kann auf zwei Faktoren zurückzuführen sein:

- Vollständige Spezialisierung in einem Land.
- Asymmetrische Präferenzen.

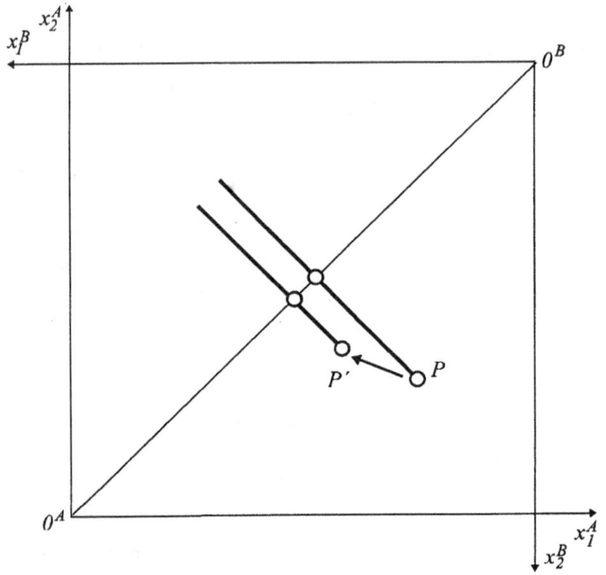

Abb. III-17: Güterbox bei Faktortransfer unter identischen Präferenzen und identischer Produktion

Wenn sich die Faktorausstattungen sehr stark unterscheiden, kann es zu einer *vollständigen Spezialisierung* z.B. im Geberland auf das Exportgut x_1 kommen.[263] Eine solche Spezialisierung bewirkt, daß der Rückgang der Faktorausstattung im Geberland nicht zu einer Mehrproduktion des Gutes führt, das den nun knapperen Faktor relativ weniger belastet, in diesem Fall x_2. Die Produktion wird allein bei x_1 eingeschränkt, so daß die Mengenrelation von x_1 zu x_2 sich verändert: x_1 wird relativ knapper. Bei konstanter Nachfrage ergibt sich ein Ansteigen des Relativpreises, gleichbedeutend mit einer *Verbesserung der terms of trade* für das Geberland. Gleiches gilt, wenn das Empfängerland auf die Produktion von x_2 spezialisiert ist. In diesem Fall steigt die Menge von x_2 in Relation zu x_1, das Sinken des Relativpreises von x_2 bedeutet für das x_2 importierende Land A gleichfalls eine Verbesserung der terms of trade. CAVES/JONES weisen darauf hin, daß die Verbesserung der terms of trade sogar den negativen Einkommenseffekt übertreffen kann.[264]

263 Vgl. CAVES, R.E./JONES, R.W.: World Trade and Payments, Boston 1973, S. 461.

264 Nur für den *theoretischen* Fall, daß ein Land auf ein Gut spezialisiert ist, das es trotzdem aufgrund starker Präferenzen noch importiert (im 2+2+2-Modell ist dies jedoch ohne Überschreiten der Budgetrestriktion nicht möglich), ergibt sich eine Verschlechterung der terms of trade für den Transfergeber.

Der Einfluß der Präferenzen kann analog zum Falle des Gütertransfers modelliert werden. Bei linearer Kontraktkurve ergibt sich keine Veränderung der terms of trade, lediglich der Punkt der Güterausstattung verschiebt sich in der gleichen Weise wie beim Gütertransfer. Es läßt sich zeigen, daß aufgrund der Symmetrieannahmen im Angebotssektor die Nachfrage den Ausschlag für terms of trade-Änderungen gibt.[265] Sind die Präferenzen in beiden Ländern nicht identisch, bedingt dies einen gekrümmten Verlauf der Kontraktkurve entsprechend der höheren Gesamtvorliebe für ein Gut. Der einzige Unterschied des Faktortransfers zum Gütertransfer besteht darin, daß die Veränderung der Güterausstattung indirekt über eine Veränderung auf der Angebotsseite bewirkt wurde. Die terms of trade-Veränderungen entlang der Kontraktkurve werden wie im Falle des Gütertransfers durch das *Kriterium der marginalen Ausgabeneigungen* bestimmt. Verläuft die Kurve beispielsweise nach unten gekrümmt, so bedeutet dies, daß das Geberland relativ starke Präferenzen für Gut x_1 besitzt. Ein Transfer des Geberlandes (Land A) führt in Land A zu einem negativen Einkommenseffekt und im Empfängerland (Land B) zu einem positiven. Aufgrund der Vorliebe des Lands B für Gut 2 steigt die relative Nachfrage nach diesem Gut.

- Liegt der Güterausstattungspunkt rechts unterhalb der Kontraktkurve, so bedeutet dies, daß das Geberland zwar eine Präferenz für das Gut x_1 besitzt, die komparativen Kostenvorteile aufgrund der Ressourcenausstattung über den verstärkten Konsum jedoch noch einen Export des Gutes erlauben. Die komparativen Kostenvorteile werden nicht durch die Präferenzen für dieses Gut kompensiert, so daß das Angebot an x_1 die Nachfrage überwiegt – der Handel ist in diesem Fall durch die Angebotsstruktur determiniert. Ein Transfer bewirkt bei unveränderten Güter- und Faktorpreisen eine Linkswanderung des Güterausstattungspunktes. Die dadurch bedingte Einkommensverschiebung zugunsten von Land B bewirkt, daß die relative Nachfrage nach Gut x_2 ansteigt – Land B besitzt ja weniger ausgeprägte Präferenzen für Gut 1. Die relative Nachfrage nach dem Exportgut x_1 des Landes A verringert sich entsprechend, so daß die terms of trade sich verschlechtern – der relative Preis des Exportgutes sinkt.
- Liegt der Punkt oberhalb der Kontraktkurve, so verfügt das Geberland zwar über komparative Vorteile bei der Produktion von Gut 1, aufgrund seiner ausgeprägten Präferenzen für Gut 1 wird es aber dennoch zum Importeur dieses Gutes – der Handel ist durch die Präferenzstruktur determiniert. In diesem Fall bewirkt der Transfer eine terms of trade-Verbesserung: Der negative Einkommenseffekt aufgrund des Transfers wird durch einen positiven Substitutionseffekt etwas gemildert.

Die Veränderung der Güterpreisrelation bewirkt auch eine Veränderung der Faktorpreisrelationen und damit des Ressourceneinsatzes im Produktionssektor.

265 Vgl. auch SCHRÖDER, J.: Transfertheorie, in: HdWW, Bd. 8, 1980, S. 15.

Die Richtung der Änderung ist zwar eindeutig durch die Präferenzen vorgegeben, eine genaue Analyse mit Hilfe der EDGEWORTH-box ist in diesem Fall nicht mehr möglich, da sich mit jeder Reallokation der Ressourcen die Größe der Güterbox ändert. Da die Wirkungen des Faktortransfers in Bezug auf das entwickelte Nachfragekriterium dem Fall des Gütertransfers entsprechen, gelten die Aussagen, die mit Hilfe des MEADE-Modells entwickelt wurden. Geht man davon aus, daß Produktions- und Handelsstrukturen interdependent sind in dem Sinne, daß die im Inland produzierten Güter präferiert werden, kommt es in diesem Fall zu einer terms of trade-Verschlechterung.

(2) Die Angebotseffekte des Faktortransfers bei asymmetrischen Produktivitätsrelationen

Aus den Ausführungen kann man folgern, daß ein Faktortransfer dann keine Veränderung der terms of trade bewirkt, wenn die komparativen Kostenvorteile *ausschließlich* durch die Faktorausstattung bedingt sind, wie dies der HECKSCHER/OHLIN-Fall in der oben dargestellten Form unterstellt. In der Praxis ist jedoch zu beobachten, daß Unterschiede in der Faktorausstattung auch mit Unterschieden in den Produktionsverfahren einhergehen und umgekehrt. Länder verschiedener Entwicklungsstadien weisen andere Faktorproportionen *und* andere Produktionsverfahren hinsichtlich der Nutzung der Faktoren auf. Bezogen auf die Produktionsfunktion bedeutet dies, daß auch die Produktionselastiziäten in den beiden Ländern *unterschiedlich* ausgeprägt sind. Angenommen Land A sei ein höher entwickeltes Land, daß eine größere Ausstattung des Faktors r_1 besitzt und damit das Gut x_1 produziert, dessen Produktion diesen Faktor auch verstärkt nutzt (wie auch in der oben dargestellten Variante des HECKSCHER/OHLIN-Falles). Darüber hinaus sei nun angenommen, daß bei der Produktion von x_1 der Faktor r_1 in Land A einen *höheren* Beitrag leistet, als er dies in Land B bei der Produktion von x_1 vermag. Bezogen auf die formale Schreibweise der vier Produktionsfunktionen

$$x_1^A = \pi_1^A \cdot (r_1^A)^{\alpha_1^A} \cdot (r_2^A)^{\beta_1^A} \qquad \text{(Produktion von Gut 1 in Land A)}$$

$$x_2^A = \pi_2^A \cdot (r_1^A)^{\alpha_2^A} \cdot (r_2^A)^{\beta_2^A} \qquad \text{(Produktion von Gut 2 in Land A)}$$

$$x_1^B = \pi_1^B \cdot (r_1^B)^{\alpha_1^B} \cdot (r_2^B)^{\beta_1^B} \qquad \text{(Produktion von Gut 1 in Land B)}$$

$$x_2^B = \pi_2^B \cdot (r_1^B)^{\alpha_2^B} \cdot (r_2^B)^{\beta_2^B} \qquad \text{(Produktion von Gut 2 in Land B)}$$

bedeutet dies, daß $\alpha_1{}^A > \alpha_2{}^A$ und $\alpha_1{}^B > \alpha_2{}^B$ (x_1 wird in beiden Länder mit höherem Einsatz von r_1 produziert) gilt und *außerdem* $\alpha_1{}^A > \alpha_1{}^B$ (die Produktion von

x_1 erfolgt in Land A mit einer höheren Einsatz von r_1 als in Land B). Entsprechend habe das weniger entwickelte Land einen höheren Bestand an r_2, der bei der Produktion von x_2 in höherem Maße benötigt wird. Land B nutze zudem seinen Faktor r_2 intensiver in der x_2-Produktion als Land A, d.h. $\beta_2^B > \beta_2^A$.

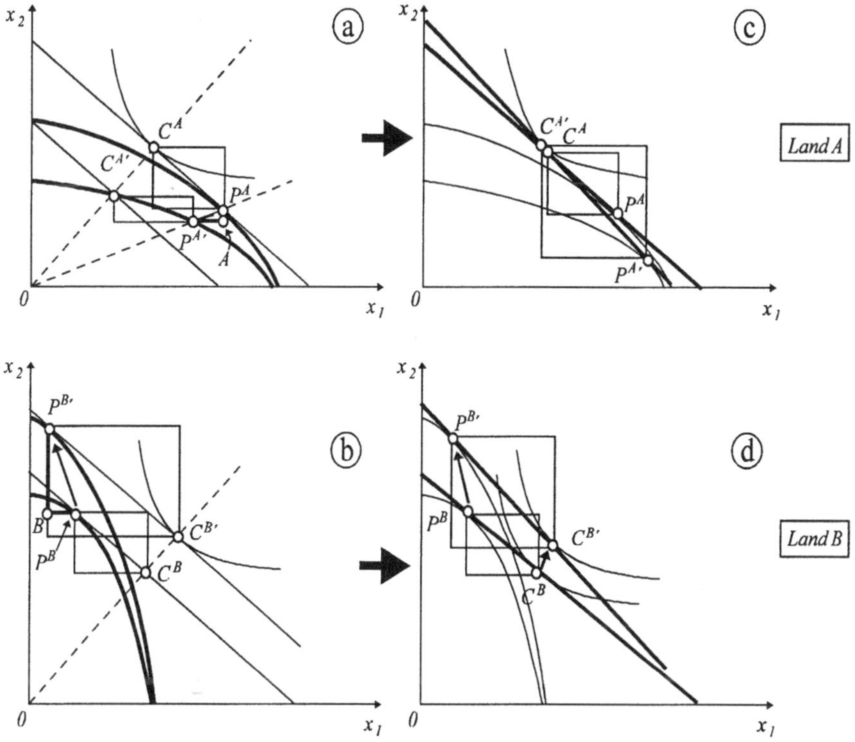

Abb. III-18a - d: Exportwachstum im Empfängerland bei Transfer von Faktor r_2

Die Wirkung eines Faktortransfers hängt nun maßgeblich davon ab, welcher Faktor transferiert wird und in welcher Art und Weise er die Produktionsmöglichkeiten in den beiden Ländern verändert. Zunächst seien die Abb. III-18a und b betrachtet, die für ein unverändertes Güter- und Faktorpreisverhältnis gelten. Ein Transfer in Form des Faktors r_2 bewirkt im Geberland eine Einschränkung der Produktionsmöglichkeiten, die sich stärker auf das den Faktor intensiver nutzende Gut 2 auswirkt. Im Empfängerland werden die Produktionsmöglichkeiten vor allem bei Gut 2 ausgeweitet. Dadurch, daß Gut 2 im Geberland nicht mit der gleichen Intensität genutzt wird wie im Empfängerland, wird die x_2-Produktion im Empfängerland stärker ausgeweitet, als sie im Geberland eingeschränkt wird. Die x_1-Produktion hingegen geht bei unverändertem Faktorpreisverhältnis in beiden Ländern zurück. Die Nachfrage verringert sich in Land A bei beiden Gütern, in Land B dehnt sie sich bei beiden Gütern aus. Der Transfer besitzt im Empfängerland die Wirkung einer auf *Exportwachstum* gerichteten Strategie.

Bei unverändertem Preisverhältnis besteht ein Angebotsüberhang bei Gut 2 sowie ein Nachfrageüberhang bei Gut 1. Die Bedingung für ein neues Gleichgewicht ist, daß der Relativpreis des Gutes 2 sinkt. Da dies das Exportgut des Empfängerlandes ist, geht das Exportwachstum in diesem Sektor mit einer Verschlechterung der terms of trade einher. In Abb. III-18c profitiert das Geberland von der terms of trade-Änderung derart, daß auch nach erfolgtem Transfer wieder dasselbe Nutzenniveau erreicht wird, das neue Optimum $C^{A'}$ liegt nur wenig links oberhalb des alten C^A. Das Empfängerland hat trotz der terms of trade-Einbußen mit $C^{B'}$ ein höheres Nutzenniveau erreicht, vgl. Abb. III-18d. Der Transfer hat somit zu einer echten PARETO-Verbesserung geführt, die dadurch zu erklären ist, daß der Faktor r_2 im Empfängerland effektiver genutzt wird, als dies im Geberland der Fall war. Im Geberland wurden die verringerten Produktionsmöglichkeiten durch die billigeren Importe kompensiert. Beide Länder haben ihre Spezialisierung erhöht, das Handelsvolumen ist dabei deutlich gestiegen, wie ein Vergleich der Quadrate in Abb. III-18c und d zeigt: Das Quadrat, daß Produktions- und Konsumpunkt (C^A und P^A bzw. C^B und P^B) in der anfänglichen Situation verbindet, ist deutlich kleiner als das Quadrat, daß Produktions- und Konsumpunkt nach dem Transfer verbindet ($C^{A'}$ und $P^{A'}$ bzw. $C^{B'}$ und $P^{B'}$).

Ein Transfer, der in Form des Faktors r_1 erfolgt, hat eine prinzipiell andere Wirkung, dargestellt in Abb. III-19a und b. Im Geberland bewirkt ein Rückgang der Ausstattung mit r_1, daß die Produktionsmöglichkeiten insbesondere des Gutes x_1 eingeschränkt werden. Bei unveränderter Güterpreisrelation bewirkt dies einen starken Rückgang der x_1-Produktion bei einer leichten Ausweitung der x_2-Produktion. Im Empfängerland weitet der Transfer die Produktionsmöglichkeit vor allem bei Gut 1 aus. Bei unverändertem Güterpreisverhältnis resultiert daraus eine deutliche Ausweitung der x_1-Produktion und eine leichte Abnahme der x_2-Produktion.

Im gewählten Beispiel verursacht der Transfer keine Veränderung der Güterpreisrelation, da das gesamte Angebot an Gütern gleich bleibt. Der Nachfragerückgang in Land A wird durch die Ausweitung der Nachfrage in Land B kompensiert. Sowohl im Empfänger- wie auch im Geberland bewirkt der Transfer eine *Importsubstitution*. Da jedes Land die benötigten Güter fast in der benötigten Relation produziert, ist der Handel auf ein Minimum reduziert, wie die deutlich kleineren Quadrate in der neuen Gleichgewichtssituation zeigen.

Das hier dargestellte terms of trade-Ergebenis ist keinesweges zwingend. Während ein Transfer des Faktors, der im anderen Land zu einer erhöhten Spezialisierung führt immer mit einer Wohlfahrtssteigerung und einer terms of trade-Veränderung verbunden ist, kann der Transfer des Faktors, der Importe substitutiert sowohl eine Verbesserung, wie auch eine Verschlechterung bewirken. Zum einen ist hier das Größenverhältnis der Länder entscheidend.

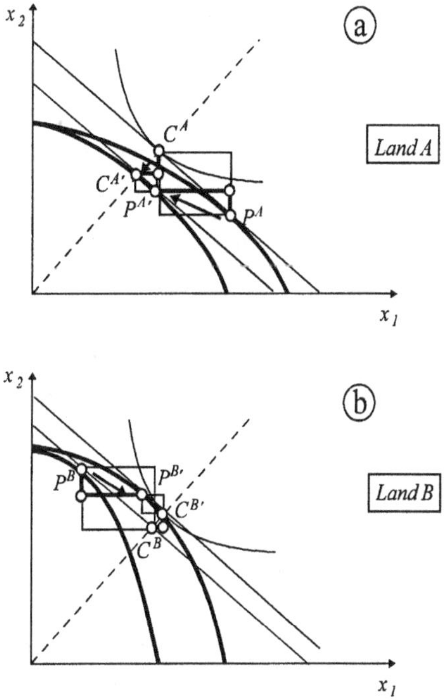

Abb. III-19a - d: Importsubstitution im Empfängerland bei Transfer von Faktor r_1

Die nachfolgende Tabelle faßt die Wirkungen eines Faktortransfers auf die terms of trade im 2+2+2-Modell zusammen.

Art des Faktortransfers (bei symmetrischen Nachfrageverhältnissen)	Terms of trade-Effekt für Geberland
RICARDO-Fall	Verbesserung
HECKSCHER/OHLIN-Fall mit symmetrischen Produktivitäten	Unverändert
HECKSCHER/OHLIN-Fall mit asymmetrischen Produktivitäten und Transfer des knapperen Faktors	Verbesserung
HECKSCHER/OHLIN-Fall mit asymmetrischen Produktivitäten und Transfer des reichlicheren Faktors	Unbestimmt

Tab. III-1: Terms of trade-Wirkung des Faktortransfers

3. Güter- oder Faktortransfer?

Die bisherigen Ergebnisse waren auf der Grundlage abgeleitet, daß der Transfer entweder zu einem Güter- oder Faktortransfer führt. Die Effekte am Beispiel der Importsubstitution und der Exportdiversifizierung geben jedoch Anlaß zu der Vermutung, daß das Transferergebnis wesentlich davon abhängt, in welcher Art und Weise in beiden Ländern die veränderten Produktions- und Konsummöglichkeiten auf die Struktur des Transfers selbst hinwirken.[266] Die Problematik der statischen realen Theorie liegt darin, daß *von vornherein* eine bestimmte *Struktur des Transfers* unterstellt wird (Gut x_1, Gut x_2, Faktor r_1 oder Faktor r_2), während in der Realität eher zu erwarten ist, daß die Struktur des Transfer nicht von vornherein feststeht, sondern vielmehr von den bereits bestehenden Produktionsstrukturen und Konsumgewohnheiten abhängt. Ein Blick auf die monetäre Theorie verdeutlicht diesen Standpunkt: In der monetären Theorie wird ein *monetärer* Transfer als Ausgangspunkt des Transfers angenommen. Die übereigneten Zahlungsmittel sind nun nicht a priori an eine bestimmte Verwendung für bestimmte Konsum- oder Investitionsgüter geknüpft, d.h., die Natur des Transfers, ob Güter- oder Faktortransfer, ist unbestimmt. So ist es unwahrscheinlich, daß ein Empfängerland die Transfermittel allein zum Kauf von Konsumgütern verwendet. Andererseits ist es sehr wahrscheinlich, daß ein Land, das in den internationalen Handel eingebunden ist und zu einem nicht geringen Teil Vorleistungen in Form von Investitionsgütern exportiert (und auch importiert), einen Transfer nicht allein in Form von Konsumgütern leisten wird. Vielmehr ist zu erwarten, daß auch Investitionsgüter, die schon international etabliert sind, transferiert werden. Es gilt also, neben dem Gütertransfer auch den Faktortransfer in die Analyse miteinzubeziehen und zu erklären, welche Art von Transfer das Geberland und welche das Empfängerland bevorzugen wird.

Der Wohlfahrtseffekt in einem Land hängt dabei von einem Einkommens- und einem Substitutionseffekt ab. Betrachten wir das Geberland. Der Einkommensef-

---

266 Ob der Transfer selbst in Form von Konsum- oder Kapitalgütern erfolgt ist dabei weniger von Belang, sondern vielmehr wie durch den Transfer Kapitalausstattung und Konsummöglichkeiten verändert werden: "... when we speak of capital exports, we do not mean necessarily that the transferring country be exporting capital goods. Thus, for example, the transferring country might export consumption goods, which enables resources in the borrowing country to be released for production in that country's capital goods industries." (STERN, R.M.: The Balance of Payments. Theory and Economic Policy, London/Basingstoke 1973, S. 243). STERN weist in diesem Zusammenhang darauf hin, daß die Hilfsleistungen der Vereinigten Staaten an Westeuropa im Anschluß an den Zweiten Weltkrieg zu einem Großteil aus Nahrungsmitteln und Rohstoffen bestanden. Indem weniger Ressourcen im Primärsektor gebunden wurden, konnten die Produktionskapazitäten im sekundären Sektor erhöht werden, so daß die Hilfsleistungen indirekt zur Kapitalbildung beitrugen.

fekt kann zum einen direkt aufgrund des Transfers von Gütern bestehen, oder aber auch indirekt, bei einem Faktortransfer, durch die verringerten Produktionsmöglichkeiten. Der Einkommenseffekt fällt gering aus, wenn ein Faktor transferiert wird, dem das Empfängerland z.B. einen hohen Wert beimißt (z.B. weil er in der dortigen Produktion knapp ist), dem im Geberland jedoch keine hohe Bedeutung bei der Produktion zukommt. Ein anschauliches Beispiel bieten die unlängst nach der deutschen Wiedervereinigung überzähligen Rüstungsbestände der Nationalen Volksarmee der ehemaligen DDR. Sieht man einmal von der sicherheitspolitischen Brisanz ab, boten sie eine Möglichkeit für weniger entwickelte Länder, ihre Produktionsmöglichkeiten beim Gut "äußere und innere Sicherheit" zu günstigen Anschaffungskosten auszuweiten (sozusagen ein Handelsgeschäft, das eine hohe Transferkomponente beinhaltet). In Deutschland wurde den Rüstungsbeständen aufgrund von zusätzlichen Unterhaltungskosten und Kompatibilitätsproblemen mit NATO-Standards nur geringer Wert beigemessen, denn das Gut "äußere Sicherheit" ließ sich – nicht zuletzt aufgrund seiner Unteilbarkeit – ohne erhebliche Mehrkosten auch im nunmehr erweiterten Staatsgebiet bereitstellen. Der negative Einkommens(= Wohlfahrts-)effekt im Geberland war gering, der positive im Empfängerland jedoch relativ hoch, so daß der Transfer eine PARETO-Verbesserung bedeutet. Auch in der Industrie sind solche Effekte zu beobachten, etwa wenn ein großer Automobilhersteller beim Umstellen auf ein kapitalintensiveres Produktionsverfahren die alten, arbeitsintensiveren Anlagen durch ein ausländisches Unternehmen zur weiteren Verwendung im Ausland demontieren läßt. Auf deutscher Seite werden Demontage- und Verschrottungskosten eingespart und zudem ein Veräußerungsgewinn erzielt, der auf die Errichtungskosten der neuen Anlage angerechnet werden kann. Der Wohlfahrtsverlust durch den Abbau der alten Anlage ist somit gering. Auf ausländischer Seite hingegen ist der Wohlfahrtseffekt relativ hoch. Ein Transfer, der diese Art von Gütern einbezieht, wird m.E. eher zu einem Faktor- denn zu einem Gütertransfer führen, d.h., wenn die Importsubstitution relativ günstig ist, wird ein Transfer in diese Richtung wirken. Ist die Importsubstitution jedoch schwieriger, da die Produktionsverfahren im Empfängerland nur schwer implementiert werden können, ist ein Gütertransfer wahrscheinlicher. Dafür spricht auch, daß die Importsubstitution auf (politischen) Widerstand im Lager der im Geberland betroffenen Exporteure stoßen dürfte, während eine Exportdiversifizierung diese begünstigt.

Ein Transfer zwischen Ländern gleichen Entwicklungsstandes läßt keine eindeutigen Rückschlüsse auf die Struktur zu. Der hohe Anteil des intra-industriellen Handels läßt jedoch vermuten, daß ein solcher Transfer in hohem Maße zu einem Gütertransfer führt. Ein Faktortransfer wird m.E. eher zu einem Ausbau der Spezialisierungsvorteile führen.

Der Substitutionseffekt eines Transfers ist im Außenhandel gleichzusetzen mit dem terms of trade-Effekt. So wird das Geberland darauf achten, das Budgetproblem nicht durch eine terms of trade-Verschlechterung zu verschärfen. Zunächst ist die Größe des Exportsektors von Bedeutung, denn je geringer der Transfer in Relation zum Handelsvolumen, desto geringer sind die Wirkungen auf das Preisverhältnis. Interessanter sind hier die Implikationen im Empfängerland, insbesondere auf die Preise im Importsubstitutionssektor. Die nun relativ billigeren Importe bewirken einen Preisrückgang der inländischen Produktion vergleichbarer Erzeugnisse. Das wohl bekannteste Beispiel ist der Rückgang der inländischen Nahrungsmittelproduktion in Katastrophenländern im Anschluß an langfristige Ernährungshilfen durch das Ausland, da die einheimische Produktion nicht mit den kostenlosen Importen konkurrieren kann. In diesem Fall wird der Transfer direkt durch eine höheres *Angebot* an (Nahrungs-)Gütern bewirkt. Ein Transfer in Form monetärer Mittel direkt an die Bedürftigen würde zu einem Anstieg des Preises sowohl der inländischen wie auch der Importgüter führen, so daß auch der importkonkurrierende Sektor durch die erhöhte *Nachfrage* positive Impulse erhielte. Das spezielle Problem dieses Falles ist, daß zwar die Präferenzen hinsichtlich der Grundbedürfnisse, allen voran Nahrung, eindeutig sind, sie sich jedoch aufgrund fehlenden Einkommens nicht am Markt artikulieren können. Wäre eine solche marktwirksame Nachfrage vorhanden, so wäre auch nach der erfolgten Hilfeleistung nach wie vor eine Überschußnachfrage nach Nahrungsmitteln, Kleidung, Wohnung etc. vorhanden, so daß trotz der Konkurrenz mit kostenlosen Importen die Preise für die diesbezüglichen Güter hoch genug für zusätzliche Produktionsanreize wären. Die Crux liegt darin, daß in der Regel vor dem Eintreten der Hungersnot die Betroffenen bereits nicht in der Lage waren, ein Einkommen zu erzielen, die Gründe hierfür können unterschiedlichster Art sein.

In der Realität ist ein weiterer Umstand nicht von der Hand zu weisen, der bereits durch die Verbindung von Produktions- und Konsumstrukturen anklang. Aus der Vermutung, daß sich gewachsene Produktionsstrukturen vornehmlich an den (historischen) Präferenzen orientieren, folgt auch, daß sich die komparativen Vorteile bei der Aufnahme von Außenhandel langfristig ändern, und daß die Präferenzen selbst in hohem Maße durch das Güterangebot beeinflußt werden. Dies gilt in besonderem Maße für neue auf dem Markt angebotene Lösungen zur Befriedigung der Konsumbedürfnisse, die sowohl Neubildung wie auch Verlagerung von Konsumbedürfnissen bewirken. Auch von einem Transfer, der die Konsummöglichkeiten im Empfängerland erweitert, gehen vermutlich Effekte aus, die die Präferenzstruktur beeinflussen und durch das Instrumentarium der Wohlfahrtstheorie nur unzureichend erfaßt werden. Hier können lediglich ad hoc-Annahmen gemacht werden, wie z.B. die, daß in sich dem Weltmarkt öffnenden Ländern verstärkte Präferenzen für höher entwickelte Konsumgüter entstehen (d.h., hier gilt die PIGOU-Annahme, daß die marginale Ausgabeneigung für diese Güter höher ist als die durchschnittliche Konsumquote).

C. Kapitalmärkte im realwirtschaftlichen Modell

1. Kapitalbewegungen im realwirtschaftlichen Modell

Die bisher diskutierten Gleichgewichtskonzepte postulierten ein langfristiges Gleichgewicht der Zahlungsbilanz unter der Voraussetzung, daß einem monetären Transfer – im Zuge mehr oder minder umfangreicher Anpassungsmechanismen – ein realer Transfer in gleicher Größe folgt. In dem Umfang, wie die Reaktion auf den Transfer nicht die güterwirtschaftliche Seite unmittelbar betrifft, sondern den Kapitalmarkt, führt der monetäre Transfer nicht unmittelbar zu einem realen Transfer. Eine solche Situation wird als nicht gleichgewichtig, bzw. als nicht dauerhaft interpretiert. Ein Konzept, das die Ursache und Richtung solcher Kapitalbewegungen zu analysieren vermag, ist das Modell der intertemporalen Zahlungsbilanztheorie. Kern dieses ex ante-Konzepts, das auf realwirtschaftlichen, neoklassischen Betrachtungen beruht, ist die Einbeziehung von Optimierungsentscheidungen der Wirtschaftssubjekte, die sich über mehrere Perioden erstreckt. Der Kapitalbilanzsaldo ist dabei Ausdruck der intertemporalen Einkommensverteilung, d.h., im Umfang des Kapitalbilanzsaldos werden Ansprüche auf ausländisches Vermögen erworben, aus dem sich in zukünftigen Perioden Einkommensströme erzielen lassen.

2. Das intertemporale Modell der Zahlungsbilanz

a) Modellannahmen

Das intertemporale Modell der Zahlungsbilanz ist gekennzeichnet durch konkrete mikroökonomische Verhaltensannahmen und Restriktionen, auf denen die makroökonomischen Aussagen beruhen. Die Analyse erfolgt zunächst im Rahmen eines einfachen Grundmodells mit folgenden Annahmen:[267]

- Betrachtet werden zwei Perioden (t_1 und t_2) als einfachste Form der mehrperiodischen Betrachtung. Vereinfachend wird von t_1 als der Gegenwart und t_2 als der Zukunft gesprochen.
- Es gibt ein aggregiertes Gut X, das sowohl zu Konsum-, Spar- und Investitionszwecken als auch zum Austausch mit anderen Ländern genutzt werden kann.
- Es gibt eine intertemporale Transformations- bzw. Investitionsfunktion, die einer Investition in t_1 ein zusätzliches Einkommen in t_2 zuordnet.
- Alle Wirtschaftssubjekte besitzen freien Zugang zu einem vollkommenen internationalen Kapitalmarkt, der eine Transformation zwischen Einkommen der Periode t_1 und t_2 zu einem einheitlichen Kreditmarktzins i ermöglicht. In

267 Zum Grundmodell vgl. FRENKEL, J.A./RAZIN, A.: Fiscal Politics and the World Economy, Cambridge (MA) 1987, S. 139 ff.

einer kleinen offenen Volkswirtschaft ist dieser Zinssatz eine exogen gegebene, konstante Größe. Durch Abzinsen des Einkommens in t_2 durch Multiplikation mit dem subjektiven Abdiskontierungsfaktor $[1/(1+i^s)]$ läßt sich der Wert dieses Einkommens in t_1 ermitteln.

- Von einem Staatssektor mit seinen Einflüssen wird abgesehen, des weiteren wird in diesem neoklassischen realwirtschaftlichen Rahmen von monetären Einflüssen abstrahiert.

Bei der Beschreibung des Verhaltens von Haushalten und Unternehmen und der Herleitung der Gleichgewichtslösung für Investitionen, Konsum, Sparen und Zahlungsbilanzsaldo liegt das Hauptaugenmerk auf dem Zahlungsbilanzsaldo bzw. der externen Verschuldung, die sich aus der Disparität zwischen dem optimalen Konsumpfad über die Zeit und dem zur Verfügung stehenden Einkommen in den einzelnen Perioden ergibt.

Das Güterangebot der Volkswirtschaft ist gegeben durch den Einsatz eines historischen Bestandes an Produktionsfaktoren, der in der Periode t_1 zu einem Einkommen von $\hat{Y}_1$ führt. Abstrahiert man von Beschäftigungsänderungen und Entwertungen dieses Kapitalstocks, so erlaubt er auch in t_2 ein *gleichhohes* Einkommen von $\hat{Y}_2$. Durch Investition eines Teils dieser Güter (I_1) verringert sich der für Konsumzwecke verfügbare Anteil des Einkommens $\hat{Y}_1$ in der ersten Periode auf $\tilde{Y}_1$, in der zweiten Periode steht aufgrund des Investitionsergebnisses mit $\tilde{Y}_2$ ein höheres Einkommen als $\hat{Y}_2$ zur Verfügung,[268] wobei die Beziehung zwischen I_1 und $\tilde{Y}_2$ durch die Transformationsfunktion beschrieben wird:[269]

$$\tilde{Y}_2 = \hat{Y}_2 + F(I_1)$$

Der zusätzliche Ertrag jeder zusätzlichen Investitionseinheit sei abnehmend, z.B. weil Investitionsprojekte mit hoher Rendite zuerst getätigt werden und mit wachsendem Investitionsvolumen deshalb Projekte mit geringeren Renditen durchge-

268 Berücksichtigt man Entwertungen des Kapitalstocks, so führt dies zu einer entsprechenden Reduktion des Einkommens in t_2. Bei $Y_2 < Y_1$ liegt eine Entwertung des Kapitalstocks vor, die über den Bruttoinvestitionen liegt. In diesem Fall sind die Nettoinvestitionen negativ.

269 Die Investitionsmöglichkeiten werden in Abhängigkeit vom Kapitaleinsatz dargestellt. Offen bleibt bei diesem Sachverhalt, ob andere Produktionsfaktoren, insbesondere der Faktor Arbeit, in verstärktem Maße eingesetzt, substituiert oder konstant gehalten werden. Um diese Frage zu beantworten, müssen zusätzliche Annahmen über die Arbeitszeit-Freizeitentscheidung und die Faktoreinsatzverhältnisse in der Produktion getroffen werden. Festzuhalten ist, daß die Annahme der Vollbeschäftigung nicht unbedingt ein Konstanthalten des Faktors Arbeit rechtfertigt, da freiwillige Arbeitslosigkeit im neoklassischen Sinne nicht mit dieser Annahme kollidiert.

führt werden. Das Investitionskalkül der Unternehmen ist die Maximierung des Gegenwartswertes des Gewinns π aus der Investition:

$$\pi = [1/(1 + i)] \cdot F(I_1) - I_1 \rightarrow \max$$

Die Umrechnung des zukünftigen Ertrags $F(I_1)$ in Gegenwartsgrößen erfolgt entsprechend des Opportunitätskostenkalküls durch Abzinsung mit dem Abdiskontierungsfaktor $1/(1 + i)$,[270] der sich aus der möglichen alternativen Anlage dieser Mittel auf dem Kapitalmarkt ergibt. Die optimale Investitionshöhe ergibt sich aus dem Gewinnmaximierungskalkül. Zusätzliche Investitionen (= Grenzkosten) werden solange getätigt, wie der Gegenwartswert ihres Ertrages (= Grenzeinnahmen) über dem Wert der eingesetzten Investitionsmittel liegt. In Abb. III-20 wird durch die Investition, ausgehend von Punkt A, der Punkt P erreicht, wo die Steigung der Investitionskurve I der Steigung der Finanzmarktgeraden Kr′ entspricht. Mit diesem Punkt ist ein um π höherer Gegenwartswert verbunden (W_0), abzulesen auf der Abszisse.

Die Güternachfrage wird bestimmt durch das Optimierungskalkül eines repräsentativen Konsumenten, der sein verfügbares Einkommen entsprechend seinen Präferenzen auf die beiden Perioden verteilt. Die Höhe und zeitliche Verteilung des Einkommens ist zunächst durch den Kapitalstock und die (Investitions-) Entscheidung im Unternehmenssektor mit $\tilde{Y}_1$ und $\tilde{Y}_2$ vorgegeben. Zusätzlich besteht die Möglichkeit, die zeitliche Verteilung auf die beiden Perioden unter Inanspruchnahme des internationalen Finanzmarktes zu beeinflussen, der Gegenwartswert W_0 wird von dieser Entscheidung nicht berührt. Das unter diesen Umständen höchste realisierbare Nutzenniveau, in Abb. III-20 dargestellt durch die Indifferenzkurve J_3, wird durch eine Kreditaufnahme in Höhe von B_1 in t_1 erreicht, wodurch der Konsumpunkt C realisiert wird. In der Gegenwart beträgt der Konsum $C_1 = \tilde{Y}_1 + B_1$, in der Zukunft $C_2 = \tilde{Y}_2 - B_2$, wobei ein positiver Wert von B_1 eine Kreditaufnahme in t_1 darstellt, verbunden mit einer Rückzahlung $B_2 = B_1 \cdot (1 + i)$ dieses Kredites in t_2. Da die Kreditaufnahme am internationalen Finanzmarkt erfolgt, entsprechen B_1 und B_2 den *Zahlungsbilanzsalden* der jeweiligen Periode. Die konkrete Entscheidung über die zeitliche Verteilung hängt von den Nutzenvorstellungen ab, die mit zu Konsumzwecken zur Verfügung stehenden Gütermengen in der jeweiligen Periode verbunden sind, $U(C_1)$ bzw. $U(C_2)$, wobei der Gegenwartswert des Budgets auf W_0 begrenzt ist. Die Aufteilung erfolgt so, daß der Grenznutzen des Einkommens in beiden Perioden gleich ist, bzw. so, daß im Konsumoptimum C die Grenzrate der Substitution dem

270 Es ist zu unterscheiden zwischen dem vom Markt bzw. extern gegebenem Abdiskontierungsfaktor und dem subjektiven Abdiskontierungsfaktor, der die zeitlichen Präferenzen der Wirtschaftssubjekte widerspiegelt. Vgl. dazu FRENKEL, J.A./RAZIN, A.: Fiscal Politics and the World Economy, Cambridge (MA) 1987, S. 162 f. und 220 ff.

Kreditmarktzinssatz entspricht. Das Land importiert – ausgehend von $\hat{Y}_1$ – Güter im Umfang von B_1, das es zum Teil investiv (I_1) und zum Teil konsumtiv ($C_1 - \hat{Y}_1$) verwendet (geht man von $\tilde{Y}_1$ aus, d.h., die Investition wird aus inländischen Mitteln getätigt, so werden die Importe vollständig zur Konsumsteigerung verwendet, bei einem homogenen Gut ist diese Unterscheidung jedoch nicht von Belang).

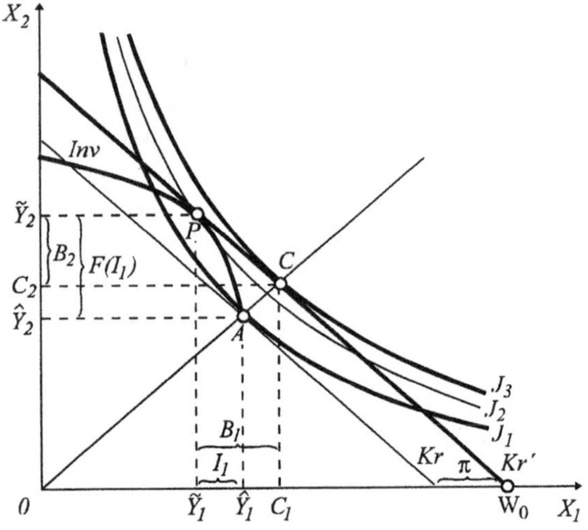

Abb. III-20: Intertemporales Grundmodell

Drei Faktoren sind maßgeblich für die Höhe des Zahlungsbilanzsaldos bzw. die optimale Verschuldung:[271]

- Der *Investitions*faktor ("consumption augmenting motive"): Im Umfang der lohnenden Investitionen erfolgt eine Passivierung der Zahlungsbilanz in der ersten Periode, verbunden mit einer Aktivierung in der zweiten Periode.
- Der *Einkommenspfadglättungs*faktor ("consumption smoothing motive"): Die Haushalte verteilen durch Kreditmarkttransaktionen den Konsum entsprechend ihres Konsumpfades bei gegebenem Kreditmarktzins auf die Perioden. Weicht die Einkommensverteilung von dieser gewünschten Konsumverteilung ab, so erfolgt eine Inanspruchnahme des internationalen Kapitalmarktes, verbunden mit einem Zahlungsbilanzsaldo in entsprechender Höhe. Insbesondere temporäre Einkommensänderungen können so auf mehrere Perioden verteilt werden.

271 Vgl. FRENKEL, J.A./RAZIN, A.: Fiscal Politics and the World Economy, Cambridge (MA) 1987, S. 146 ff.

- Der *Einkommensverschiebungs*faktor ("consumption tilting motive"): Eine Veränderung des Zinssatzes bewirkt einen Substitutionseffekt aufgrund der veränderten Kosten der Inanspruchnahme des Kreditmarktes. Graphisch bewirkt dies eine Verlagerung des intertemporalen Konsumpfades verbunden mit einem entsprechenden Zahlungsbilanzsaldo.

b) Kapitalverkehr, Zahlungsbilanz und Realzins

Die Betrachtung in Abb. III-20 hat den Fall eines Nettokapitalimporteurs zum Gegenstand, zudem ist die Kreditmarktzinsgerade exogen gegeben. Im Rahmen eines intertemporalen Zwei-Länder-Modells sollen nun die Determinanten, die ein Land zum Nettoexporteur oder Nettoimporteur von Kapital werden lassen, verdeutlicht werden.

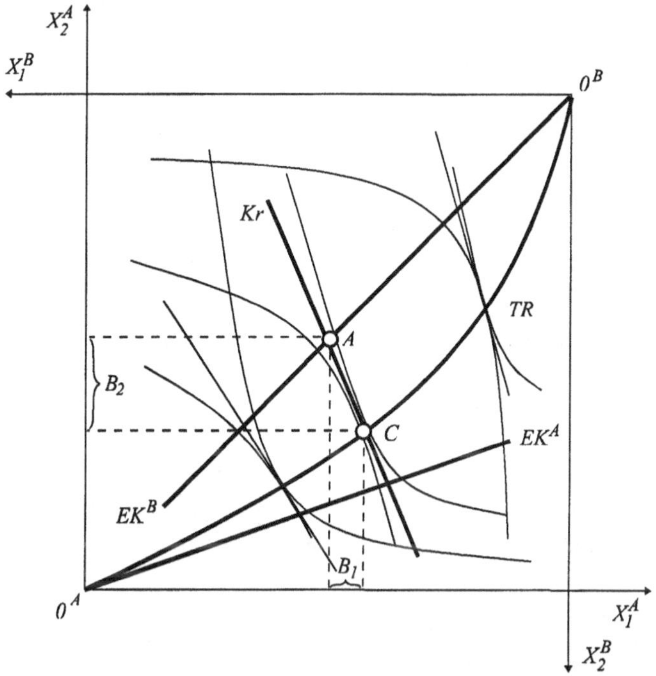

Abb. III-21: Determinanten des Nettokapitalimportes auf der Nachfrageseite

In Abb. III-21 ist der Fall dargestellt, daß das Land A höhere Präferenzen für Gegenwartskonsum besitzt als das Land B. Von Investitionen wird in diesem Rahmen zunächst abstrahiert, im Vordergrund stehen die konsumbezogenen *Zeitpräferenzen* als Determinanten des Zahlungsbilanzsaldos. Die Einkommenshöhen des Landes A sind wie gewohnt ausgehend von 0^A auf der Abszisse für die erste

Periode und auf der Ordinate für die zweite Periode abgetragen. Die Einkommenswerte des Landes B sind in dem gegenüberliegenden, sozusagen auf dem Kopf stehenden Koordinatensystem, ausgehend von 0^B, abgetragen. Land A besitzt starke Präferenzen für Gegenwartskonsum, deutlich wird dies an der Einkommenskonsumkurve EK^A, gültig für einen Zinssatz von 0, d.h. unter der Annahme, das relative Preisverhältnis von Gegenwarts- und Zukunftsgütern betrage 1. Für dasselbe Preisverhältnis besitzt das Land B Präferenzen, die einer Gleichverteilung des Einkommens auf beide Perioden entspricht, dargestellt durch die Einkommenskonsumkurve EK^B. Die Anfangsausstattung wird in A angenommen und sei in beiden Perioden für beide Länder gleich hoch.[272]

Aufgrund der höheren Präferenzen für Gegenwartskonsum ist es für das Land A vorteilhaft, sich in t_1 in Höhe von B_1 zu verschulden, es wird zum Nettokapitalimporteur. Dies geschieht jedoch zu einem ungünstigeren Zins, da das Land B nur aus dem Motiv des "consumption tilting" von seinem bisherigen intertemporalen Konsumpfad abweicht. Für das Land A bewirkt diese Verschlechterung eine relativ hohe Rückzahlungssumme, im gewählten Beispiel in Abb. III-21 ist die Rückzahlungssumme B_2 deutlich höher als der Kreditbetrag B_1 in t_1.

In Abb. III-22 ist dargestellt, in welcher Weise die Investitionsmöglichkeiten die Richtung der Kapitalströme beeinflussen. Zur Vereinfachung der Darstellung wird von identischen und symmetrischen Präferenzen ausgegangen, so daß Kapitalströme allein auf der Unterschiedlichkeit der intertemporalen Investitionsmöglichkeiten beruhen. Land A besitzt komparative Vorteile bei der intertemporalen Transformation, es ist dort leichter (d.h. mit weniger Konsumverzicht in der Gegenwart verbunden), mittels Investitionen die Konsummöglichkeiten in späteren Perioden auszuweiten, wie der Verlauf der Transformationskurven verdeutlicht.[273]

Bei vollständiger *Kapitalimmobilität* finden in Land B keine Nettoinvestitionen statt, denn der Zinssatz entspricht in Punkt A^B – dieser Punkt ergibt sich bei unverändertem Kapitalstock aus den Einkommen $\hat{Y}_1^B$ und $\hat{Y}_2^B$ – genau der Rate der Zeitpräferenz. Hier entspricht die Steigung der Transformationskurve der Stei-

272 Es ist zu beachten, daß diese Anfangsausstattung auf der Produktionsseite ermittelt wurde, die jedoch hier nicht näher betrachtet wird. Die Analyse ist insofern partial, als daß sie Anpassungsreaktionen des Investitonssektors auf Zinsänderungen nicht berücksichtigt.

273 Die Modelldarstellung lehnt sich an das Modell von MEADE an, da es nicht die Konstanz der Ressourcenausstattung unterstellt, wie dies in der EDGEWORTH-box der Fall ist. Daß der Gleichgewichtspunkt im linken unteren Quadranten liegt, ist im übrigen nicht mit dem analogen Fall des inversen Handels der komparativ-statischen Zwei-Güter/Zwei-Länder-Analyse zu vergleichen, sondern liegt darin begründet, daß das Land A einen komparativen Vorteil bei x_2 besitzt, während im originären MEADE-Modell angenommen wird, daß Land A einen komparativen Vorteil bei Gut x_1 besitzt.

gung der Indifferenzkurve I_1^B, so daß sich die Kreditgerade Kr^B einstellt. In Land A ergeben sich die Einkommen $\hat{Y}_1^A$ und $\hat{Y}_2^A$ bei unverändertem Kapitalstock im Punkt A^A. Hier ist die Rate der Transformation höher als die Rate der Zeitpräferenz, so daß Investitionen lohnend sind. Investiert wird ausgehend von A^A bis zum Optimalpunkt in Autarkie A^{A*}. Die benötigten Mittel werden durch Konsumverzicht in t_1 aufgebracht, der aufgrund des höheren Gleichgewichtszinses, ausgedrückt durch die (absolut größere) Steigung der Kreditmarktgeraden Kr^A, ermöglicht wird.

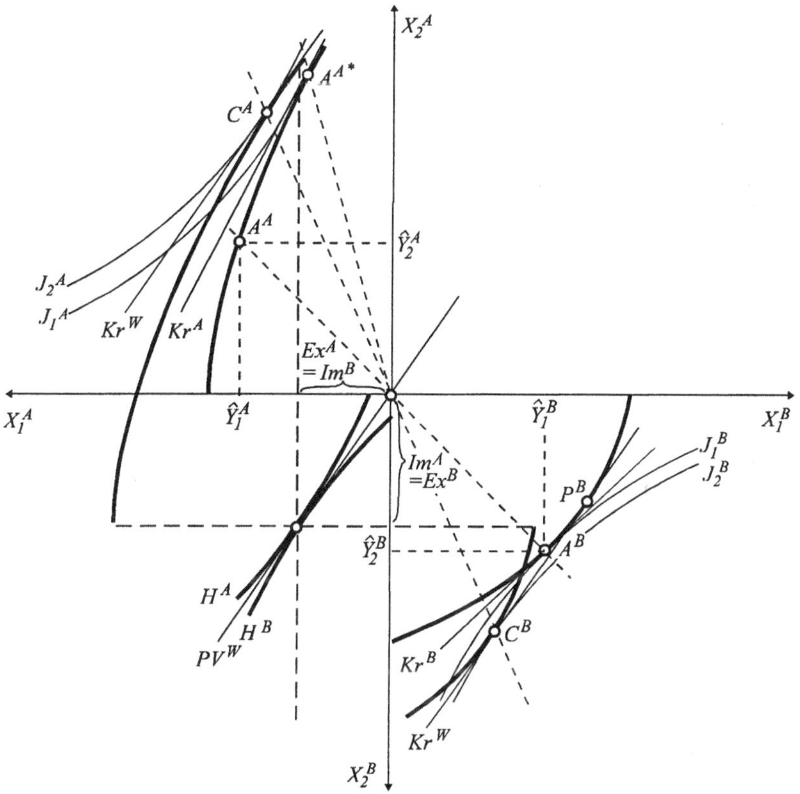

Abb. III-22: Determinanten des Nettokapitalimportes auf der Angebotsseite

Internationale *Kapitalmobilität* führt zu einem Angleichen der Zinssätze, dargestellt durch die Kreditmarktgerade Kr^W, deren Steigungsmaß zwischen den Steigungsmaßen von Kr^A und Kr^B liegt. Land B wird unter diesen Umständen in t_1 zum (Kapitalgüter-)Exporteur, während Land A Güter importiert ($Ex^A = Im^B$). In t_2 kehren sich die Verhältnisse um, Land A exportiert einen Teil der erstellten

Güter ($Ex^A = Im^B$). Zum einen entsteht analog zum Handelsgewinn in statischen Modellen eine Wohlfahrtsverbesserung durch das Zulassen der Kapitalbewegung: Der hohen Kapitalnachfrage in Land A steht nun ein zusätzliches Angebot in Form von (Real-)Kapitalimporten aus Land B gegenüber, denn aufgrund des Motives des "consumption tilting" sind die Wirtschaftssubjekte in Land B bei dem höheren Zins bereit, auf Gegenwartskonsum zu verzichten, wenn sie dafür durch einen höheren Zukunftskonsum entschädigt werden. Analog zu den Spezialisierungsgewinnen in statischen Modellen entsteht ein Gewinn durch den effektiveren Einsatz des Kapitals: Der gestiegene Zins veranlaßt Unternehmen zu geringeren Investitionen in Land B,[274] der nunmehr geringere Zins in Land A führt dort zu (noch) höheren Investitionen.

3. Transfers im intertemporalen Modell der Zahlungsbilanz

a) Wirkung eines permanenten Gütertransfers

Ein Transfer bewirkt eine Veränderung der Güterausstattung $\hat{Y}_1$ und/oder $\hat{Y}_2$. Ein permanenter Transfer berührt sowohl in t_1 als auch in t_2 das Einkommen, während ein temporärer Transfer lediglich die Periode t_1 berührt.[275] Zur Vereinfachung wird in Abb. III-23 von einem optimalen Konsumpfad ausgegangen, der eine *gleiche Aufteilung* des Konsums auf die beiden Perioden abbildet (Dies ist der Fall wenn bei gleicher Aufteilung des Konsums auf beide Perioden die Grenzrate der zeitlichen Substitution dem Zinssatz entspricht.). Des weiteren wird davon ausgegangen, daß der Transfer keinen Einfluß auf die Investitionen habe, so daß diese hier vernachlässigt werden können. Beide Annahmen zusammen bewirken, daß die Zahlungsbilanz ohne einen Transfer ausgeglichen ist. Die Analyse erfolgt zunächst für das Empfängerland.

Ein permanenter Transfer, d.h. ein Transfer, der *in beiden Perioden gleich hoch* ist ($T_1 = T_2$), erhöht im Empfängerland in beiden Perioden das Einkommen und damit den Gegenwartswert des Einkommens von W_0 auf $W_0{}^T$ in Abb. III-23. Der

274 Im hier gewählten Beispiel kommt es im Land B zu Desinvestitionen im Sinne eines Rückgangs des Kapitalstocks. Ökonomisch kann dies dadurch erklärt werden, daß Erhaltungsinvestitionen unterlassen werden – das Kapital wird stattdessen in Land A investiert – so daß die Nettoinvestitionen zurückgehen. Die bis zu den Koordinatenachsen durchgezogenen Transformationskurven implizieren den rein theoretischen (makroökonomisch jedoch absurden) Fall, daß in t_1 das gesamte Einkommen investiert wird, um das Einkommen in t_2 zu maximieren, bzw. daß in t_1 der gesamte Kapitalstock aufgezehrt und konsumtiv verwendet wird, so daß in t_2 kein Einkommen verbleibt.

275 Die Wirkungen sind analog der Wirkung eines "Supply shock" wie FRENKEL/RAZIN ihn analysieren, vgl. FRENKEL, J.A./RAZIN, A.: Fiscal Politics and the World Economy, Cambridge (MA) 1987, S. 151 ff.

neue Optimalpunkt A^T liegt wie A auf der Einkommenskonsumlinie, so daß aus dem Motiv des "consumption smoothing" keine Kreditmarkttransaktionen erfolgen. Der Transfer bewirkt keine Veränderung der Zahlungsbilanzsituation, er ist *verschuldungsneutral*. Bezogen auf den realen Transfer bedeutet dies, daß die in t_1 zugeflossenen Mittel in derselben Periode vollständig verausgabt werden, so daß dem monetären Transfer kein monetärer Gegentransfer folgt. Das gleiche gilt in der Folgeperiode t_2.

Dieses Ergebnis gilt jedoch nur dann, wenn der Konsumpfad aufgrund der getroffenen Annahmen hinsichtlich der Präferenzen in einem Winkel von 45° verläuft. Ein flacherer Verlauf etwa, der eine höhere *Präferenz für Gegenwartsgüter* anzeigt, läßt das Land aufgrund seiner Präferenzen zum Nettokapitalimporteur werden. Ein Transfer, der in beiden Perioden das Einkommen zu gleichen Teilen erhöht, stimmt mit *diesen* Präferenzen nicht überein, sondern führt vielmehr zu einer weiteren Erhöhung der Kapitalimporte. Dies ist in der Antizipation der Transfermittel in t_2 begründet, von denen ein Teil bereits in t_1 verbraucht wird. In diesem Fall führt der Transfer in t_1 nicht nur zu einem gleichhohen Realtransfer, sondern darüber hinaus zu einem zusätzlichen Realtransfer aufgrund des Vorziehens des Konsums aus t_2 in die Periode t_1.

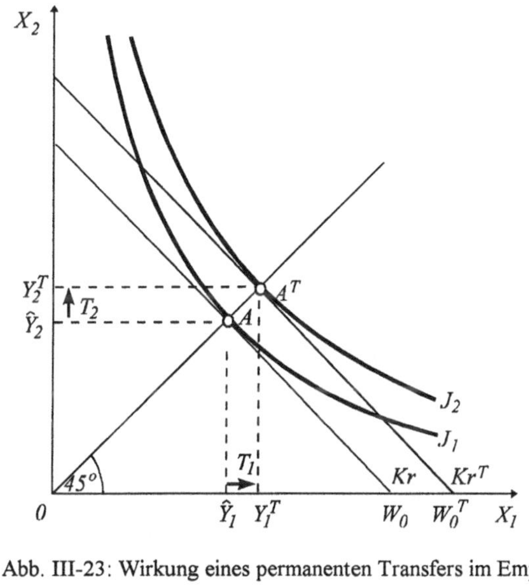

Abb. III-23: Wirkung eines permanenten Transfers im Empfängerland

b) Wirkung eines temporären Transfers

Ein temporärer Transfer, der nur in t_1 erfolgt, entfaltet aufgrund des intertemporalen Charakters des Modells auch Wirkungen in der Folgeperiode t_2. Der in Abb.

III-24 dargestellte Transfer besitzt den gleichen Gegenwartswert wie der in Abb. III-23 dargestellte – der Gegenwartswert des Einkommens wird von W_0 auf W_0^T gesteigert, erhöht die Güterausstattung jedoch nur in einer Periode.

Erfolgt der Transfer nur in der ersten Periode, so ergibt sich als neuer Punkt der Güterausstattung Punkt A_1^T. Um den Optimalpunkt A^{T*} zu realisieren, erfolgt in der ersten Periode aufgrund des "consumption smoothing" ein Güterexport im Umfang der Hälfte des Transfers. Dies bedeutet, daß der Transfer zur einen Hälfte einen Gütertransfer und zur anderen Hälfte ein Kreditgeschäft bewirkt, mit dem Effekt, daß dieser Teil der Güter im Geberland verbleibt. Bezogen auf den monetären Transfer bedeutet dies, daß er zur Hälfte einen realen Transfer, zur anderen Hälfte jedoch einen *monetären Gegentransfer* bewirkt. In der Folgeperiode kommt es zu Güterimporten, die den Rest des realen Transfers ermöglichen.

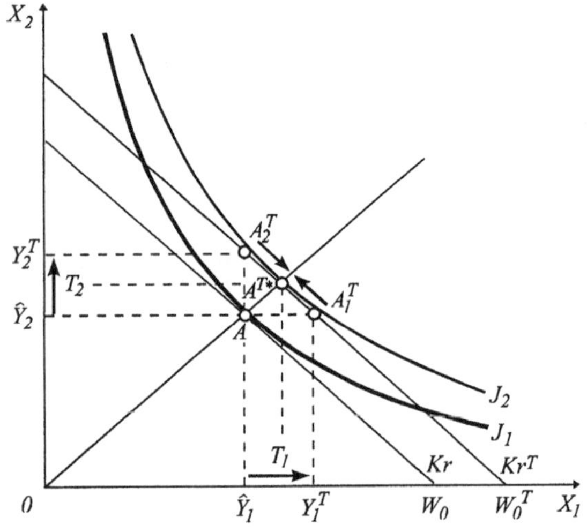

Abb. III-24: Wirkung eines temporären Transfers im Empfängerland

Wird ein Transfer für die Periode t_2 in Aussicht gestellt, so verschiebt sich der Punkt der Güterausstattung nach A_2^T. Bereits in der ersten Periode führt dies zu einem Nettokapitalimport, verbunden mit einem gleichhohen Güterimport in Höhe der Hälfte des Transfers. Der monetäre Transfer in der zweiten Periode wird zur Hälfte zur Schuldentilgung genutzt und führt in t_2 lediglich in Höhe der verbliebenen Hälfte zu einem Realtransfer.

Die Schwierigkeit bei der Bestimmung, ob ein Transfer einen permanenten oder temporären Charakter hat, läßt sich anhand der deutschen Reparationszahlungen verdeutlichen. Von ihrer Dauer her waren die deutschen Reparationszahlungen, gerade nach dem unbefristeten DAWES-Plan, auf einen langen Zeitraum angelegt.

Da jährlich ein bestimmter Betrag zu erbringen war, waren sie von der Konzeption her als *permanenter* Transfer ausgelegt. Entsprechend der intertemporalen Zahlungsbilanztheorie wäre in diesem Fall ceteris paribus kein monetärer Gegentransfer zu erwarten gewesen. Zeitgleich wurde jedoch der Zugang zu relativ günstigen Krediten möglich, so daß die Höhe des Gegenwartskonsums unverändert aufrechterhalten werden konnte. Statt einer Einkommenseinschränkung kam es zu einer Lastenverschiebung in die Zukunft. Abb. III-25 illustriert diesen Fall.

Die Güterausstattung vor Beginn der Reparationszahlungen lag im Punkt A, ein Teil des Einkommens $\hat{Y}_1$ wurde investiv verwendet, so daß sich mit $\tilde{Y}_1$ eine geringere für Konsumzwecke verfügbare Gütermenge ergab, die aber durch das höhere Einkommen $\tilde{Y}_2$ der Zukunft mehr als ausgeglichen wurde. Die Kapitalaufbringung erfolgte im Inland, ein Rückgriff auf ausländische Kapitalquellen war praktisch nicht möglich, d.h., als simultaner Produktions- und Konsumpunkt ergab sich P = C.

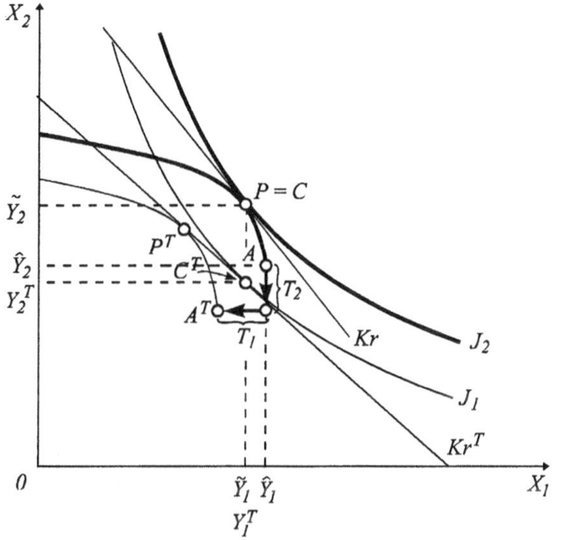

Abb. III-25: Permanenter Transfer bei gleichzeitigem Zugang zum Kapitalmarkt

Mit Aufnahme der Reparationszahlungen sank die im Inland verfügbare Ausstattung von A auf A^T. Dies entspricht der Annahme eines permanenten Transfers, d.h., sowohl in t_1 wie auch in t_2 muß ein bestimmter Teil der inländischen Ressourcen abgegeben werden, die somit im Inland nicht mehr zur Verfügung stehen. Eigentlich hätte dies einen Rückgang des Konsums in beiden Perioden zur Folge haben müssen, durch die Inanspruchnahme des Kapitalmarktes gelang es jedoch, den Konsum in der Periode t_1 in Höhe von Y_1 aufrechtzuerhalten. Der Zukunftskonsum hingegen wurde durch die Zahlungsverpflichtungen stark eingeschränkt, da zu der Reparationsverpflichtung auch noch die Rückzahlung des Kredites kam. Daß dies insgesamt zu einem Wohlfahrtsrückgang führen muß, ist daran zu erkennen, daß die Indifferenzkurve J_1 auf einem niedrigeren Niveau liegt als J_2.

Man kann die Situation jedoch auch dahingehend interpretieren, daß der Transfer als temporär interpretiert wurde, d.h. die Anpassungslast auch auf Perioden nach dem Transfer verteilt werden sollte. In diesem Fall würde nicht die gesamte Last des Transfers sofort wirksam, statt dessen käme es zu einem Gegentransfer, der einen Teil der Last auf zukünftige Perioden verschieben würde. Für sich genommen würde die Kapitalaufnahme ein Handelsbilanzdefizit bewirken, zusammen mit dem Transfer betrachtet bewirkt sie eine Verringerung des transferbedingen Handelsbilanzüberschusses. Welchem Fall man einen Transfer zuordnet, hängt somit vor allem vom Zeitraum ab, über den die Wirtschaftssubjekte, in diesem Fall insbesondere der Staat, eine intertemporale Optimierung vornehmen. Je längerfristig diese Planung ausfällt, desto eher wird ein Transfer als temporär interpretiert, und desto eher wird er durch eine Inanspruchnahme des internationalen Kaptialmarktes temporär abgefedert. Für den Fall, daß der internationale Kapitalmarkt aufgrund schlechter Bonität nicht, oder nur unter sehr hohen Kosten, zugänglich ist, und zudem der interne Kapitalmarkt ebenfalls schwach ausgeprägt ist, muß die gesamte Last des Transfers in der jeweiligen Periode getragen werden. Andererseits gelingt die intertemporale Optimierung auch nicht, wenn der Transfer zwar als permanent wahrgenommen wird, es jedoch nicht gelingt, die Absorption zu verringern.

c) Wirkung eines gebundenen Transfers

Häufig ist zu beobachten, daß Transfers an Bedingungen geknüpft sind, die als Voraussetzung für die Transferleistung erfüllt sein müssen oder die Verwendung des Transfers mit Auflagen verknüpfen.

Im folgenden sei als Auflage angenommen, einem Land werden kostenlose Investitionshilfen zur Verfügung gestellt, dergestalt, daß jeder getätigten Investitionsausgabe ein fester Satz an Transfermitteln in t_1 zugeschlagen wird. Im Gewinnmaximierungskalkül des Unternehmers steht in t_2 jeder Investitionseinheit nicht nur der Ertrag dieser Investition, sondern zusätzlich der Zukunftswert der in t_1 empfangenen Transferleistung pro Investitionseinheit gegenüber. Der Transferbetrag wächst mit dem Umfang der getätigten zusätzlichen Investitionen. Gleichzeitig sinkt jedoch mit wachsendem Investitionsumfang die Rendite der Investition selbst, so daß das Investitionsoptimum dort erreicht ist, wo die Verschlechterung der Rendite gerade noch durch den Transferbetrag für diese Investitionseinheit ausgeglichen wird. Bei jeder weiteren Investition wäre das Einkommen in t_2 trotz des zusätzlichen Transferbetrages geringer als beim Unterlassen der Investition bzw. bei alternativer Anlage der Mittel am Kapitalmarkt. In Abb. III-26 ist das veränderte Kalkül durch eine Verschiebung der Investitionsfunktion um den Transferbetrag nach oben dargestellt. Je größer der Investitionsumfang, desto größer ist der Abstand von der originären zur neuen Investitionskurve. Als neuer optimaler Investitionspunkt im Falle des gebundenen Transfers T_g ergibt sich P_g. Als neuer optimaler Konsumpunkt ergibt sich A_g, der auf der höheren Indifferenzkurve I_2 liegt.

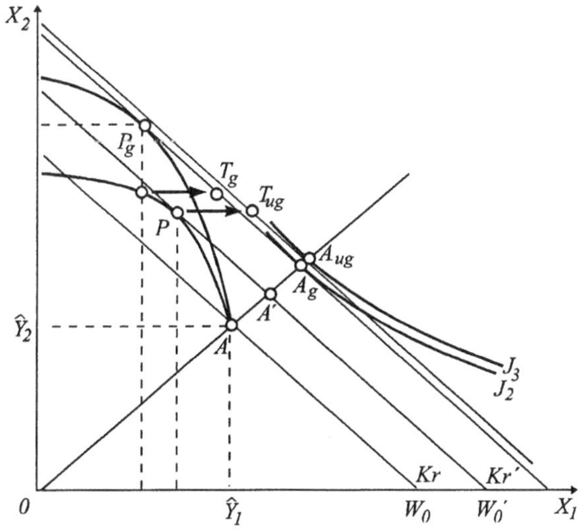

Abb. III-26: Gebundener Transfer

Das Ziel des Transfers, die Investitionen und damit das Einkommen in t_2 zu erhöhen, wird erreicht, jedoch verbunden mit Fehlallokationen, die den Wohlfahrtsgewinn geringer ausfallen lassen als im Falle eines ungebundenen Transfers T_{ug}:

- Zum einen hätte dieselbe Transfersumme als ungebundener Transfer bei konsumtiver Verwendung einen größeren Wohlfahrtseffekt erbracht als bei der gebundenen investiven Verwendung. In Abb. III-26 ist dies dargestellt durch einen Transfer im Umfang von T_{ug}, der das Erreichen einer höheren intertemporalen Budgetgeraden und damit auch einer höheren Indifferenzkurve, nämlich J_3, ermöglicht. Die ökonomische Begründung liegt in den gemessen am internationalen Zins unrentablen zusätzlichen Investitionen, die nur durch die Subventionierung durch den Transfer für den Investor interessant sind. Diese Fehlallokation von Ressourcen wird im unmittelbaren Vergleich mit der alternativen Anlage am Kapitalmarkt deutlich.
- Des weiteren ist die Kreditaufnahme, die zur Erlangung des Konsumoptimums aus dem Motiv des "consumption smoothing" getätigt wird, im Fall des gebundenen Transfers größer als im Falle des ungebundenen, da die zusätzlichen Investi-

tionen durch Kapitalimporte in t_1 finanziert werden. Unter den Bedingungen des vollkommenen Kapitalmarktes fällt dieses Argument noch nicht ins Gewicht, bei Kapitalmarktunvollkommenheiten, die etwa die Höhe des Kredites beschränken oder zusätzliche Kredite nur zu schlechteren Konditionen ermöglichen, gewinnt dieser Umstand an Bedeutung. In bezug auf die Relation zum monetären Transfer bedeutet dies, daß im Falle des gebundenen Transfers ein größerer Teil direkt zum Import von Investitionsgütern verwendet wird. Der *Realtransfer*, der dem monetären in t_1 folgt, ist in diesem Fall *höher* als im Falle des ungebundenen Transfers, der zur Hälfte einen monetären Gegentransfer zur Folge hat. Die Höhe des Realtransfers ist dabei abhängig vom Prozentsatz, mit dem Investitionsausgaben durch Transferunterstützung gefördert werden.

4. Transfer und Realzins

Unabhängig von der kurzfristigen Zinsreaktion aufgrund von monetären Parametern führt ein Transfer u.U. zu einer Beeinflussung des realen Zinssatzes aufgrund geänderter Kapitaleinsatzverhältnisse oder veränderter Nachfragerelationen von Zukunfts- zu Gegenwartsgütern. In Abb. III-27 ist angenommen, daß Land A bei gleichem Preisverhältnis eine höhere Präferenz für Gegenwartsgüter besitzt, während Land B indifferent ist. Als intertemporale Kontraktkurve ergibt sich in diesem Fall ein gekrümmter Verlauf. Das "ungeduldigere" Land A wird zum Kapitalimporteur in t_1 und zahlt seine Schulden in t_2 zurück.

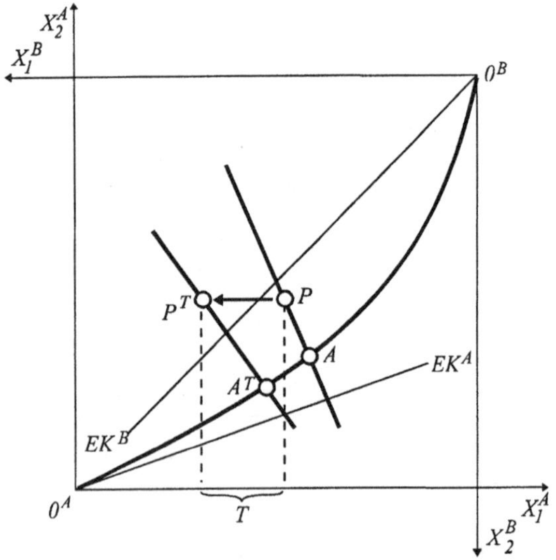

Abb. III-27: Transfer und Realzins

Ein Transfer von Land A nach Land B bewirkt in diesem Fall einen *Rückgang des internationalen Zinssatzes*, denn das weniger "ungeduldigere" Land B fragt vergleichsweise weniger Gegenwartsgüter nach als Land A dies mit diesen Mitteln getan hätte. Für Land A stellt dieser Zinsrückgang eine Erleichterung dar, denn die Transformation von Zukunfts- zu Gegenwartsgütern wird hierdurch erleichtert.

Leistet hingegen ein stärker auf Zukunftskonsum gerichtetes Land (wie z.B. Land B, in Abb. III-27 kehrt sich dann die Richtung des Transfers um) den Transfer, so bewirkt der Transfer eine Erhöhung des Zinssatzes, ebenfalls verbunden mit einer Verbesserung der Konditionen für das Geberland (die vom Land B bevorzugten Zukunftsgüter können bei der steileren Kreditmarktgerade durch einen nunmehr geringen Verzicht auf Gegenwartsgüter erworben werden).

Die Zinsänderungen werden durch verändertes Investitionsverhalten etwas gedämpft. Ob die (Netto-)kapitalbewegungen höher oder geringer als ohne Transfer ausfallen, hängt davon ab, ob der Transfer in Form des Gutes erfolgt, das das Geberland präferiert (geringere Kapitalbewegungen) oder weniger vorzieht (höhere Kapitalbewegungen).

Ihre Grenzen findet die hier vorgestellte Analyse in der empirischen Relevanz intertemporaler Optimierungsentscheidungen – ein Thema, das nach wie vor umstritten ist. So bediente man sich zur modellhaften Abbildung des Konsumverhaltens seit den frühen 50er Jahren der *Life cycle/permanent income-Hypothese*, bis in den späten 70er Jahren dieses Feld durch die Theorie rationaler Erwartungen neu belebt wurde und insbesondere der Konjunkturtheorie neue Impulse brachte. Der grundlegende Gedanke dieser neueren Theorie ist, daß Haushalte ihre Konsumpläne in Abhängigkeit von Informationen über das zur Verfügung stehende Zukunftseinkommen gestalten. Das einfachste Modell beschreibt mit Hilfe der EULER-Gleichung die Entwicklung des Konsums als "random walk". Eine bessere Erklärung des Konsumentenverhaltens wurde erzielt, als in diesen Überlegungen auch langlebige Konsumgüter (Durable goods) und/oder Liquiditätsrestriktionen berücksichtigt wurden. Besondere Aufmerksamkeit galt der *Abhängigkeit des Konsumverhaltens vom Realzins* – diesbezügliche Forschungsergebnisse strahlen auch auf das intertemporale Modell aus.[276] Leider sind die eindeutigen Aussagen, die sich aus empirischen Untersuchungen auf mikroökonomischer Ebene gewinnen lassen, nicht ohne weiteres auf die Makroökonomie übertragbar. Die Ergebnisse sind nicht so konsistent und eindeutig, wie dies für eine einfache Handhabung des Modells wünschenswert wäre.[277] Zum einen bewirken Änderungen des erwarteten Realzinses neben dem Substitutions- auch einen Ein-

---

276 Vgl. HALL, R. E.: Intertemporal Substitution in Consumption, in: Journal of Political Economy, vol. 96 (1988), S. 153ff.

277 Vgl. HALL, R. E.: Intertemporal Substitution in Consumption, in: Journal of Political Economy, vol. 96 (1988), S. 168ff.

kommenseffekt, der die empirische Messung der Substitutionselastizität erschwert, zum anderen kommt es zu entgegengesetzten Reaktionen von Nettokapitalkreditgebern und -nehmern, ebenfalls ein erschwerender Faktor bei der Beurteilung der Substitutionselastizität. Nichtsdestotrotz läßt sich als einzelwirtschaftliches Entscheidungskalkül im Rahmen der Theorie rationaler Erwartungen ein starker Zusammenhang von Konsum und Zinserwartung auch empirisch nachweisen, so daß es nicht erstaunlich ist, daß auch in makroökonomischen Untersuchungen (vgl. z.B. HALL[278] und SELDEN[279]) trotz der erwähnten Schwierigkeiten immer wieder signifikante Substitutionselastizitäten aufgezeigt werden.

278 Vgl. HALL, R. E.: Intertemporal Substitution in Consumption, in: Journal of Political Economy, Vol. 96 (1988).

279 Vgl. SELDEN, L: A New Representation of Preferences over "Certain X Uncertain" Consumption Pairs: The "Ordinary Certainty Equivalent Hypothesis", in: Econometrica, Vol. 46 (1978), S. 1045 - 1060.

IV. Fazit

Im Mittelpunkt der Arbeit steht das Bestreben, zu umfassenderen Aussagen über das Phänomen des Transfers zu gelangen, als dies die einzelnen Transferansätze per se ermöglichen. Als Haupthindernis erweist sich dabei die methodische Diskrepanz zwischen monetären und realwirtschaftlichen Theorieansätzen. Es konnte an zahlreichen Stellen gezeigt werden, daß sich die Aussagen der beiden Theorierichtungen ergänzen, wenn sachverwandte Teilaspekte des Transfers betrachtet werden, und umgekehrt die Ergebnisse nur einer Theorierichtung zur Beschreibung eines Phänomens unvollständig bleiben. Bei dem Versuch, zu einer mehr ganzheitlichen Betrachtung zu gelangen, galt es insbesondere, über die traditionellen Ansätze hinaus verstärkt monetäre Parameter in die Analyse einzubeziehen und Aspekte der Geldhaltung, der Finanzierung und der Denomination des Transfers zu berücksichtigen. Daneben wurden Ansätze verwendet, die zusätzlich zur traditionellen Analyse des externen Gleichgewichts alternative Gleichgewichtskonzeptionen miteinbeziehen. Als Ausgangspunkt der Analyse wurde nicht etwa der monetäre Transfer an sich, sondern die Aufbringung der Transfermittel gewählt, so daß die Bewältigung des Budgetproblems und der zeitliche Ablauf der Transfereffekte in den Vordergrund rücken. Die traditionelle Betrachtung der Nachfrageeffekte des Transfers wurde durch die Einbeziehung von Reallokationseffekten und den Fall des Faktortransfers um Angebotsaspekte ergänzt. Vor diesem Hintergrund wurde der Analyse der nach wie vor umstrittenen Hypothese der terms of trade-Verschlechterung viel Platz eingeräumt, als nicht weniger bedeutsam stellte sich allerdings die Frage nach der Höhe des monetären Gegentransfers dar. Interessanterweise lieferten hier sowohl die monetäre wie die realwirtschaftliche Theorie teils übereinstimmende, teils sich ergänzende Erkenntnisse. Die Rolle des monetären Gegentransfers im Transferprozeß ist dabei ambivalent: Zum einen stellt er im Zuge der Optimierung einen wichtigen Anpassungskanal auf dem Weg zu einem intertemporalen Gleichgewicht dar, zum anderen kann er aber auch Ausdruck einer Verzögerung oder Behinderung des Realtransfers sein.

Die Unterscheidung der Initialeffekte des Transfers in Finanzierungseffekte und Aufbringungseffekte der Transferkasse in Kapitel II-B geschah vor dem Hintergrund, daß das Budgetproblem kontraktiv auf das Einkommen des Geberlandes wirkt, positive direkte Rückwirkungseffekte aus dem Ausland also nicht wirksam werden. Während bei der Kreditfinanzierung die Initialeffekte ausbleiben oder zumindest gering ausfallen, zeigte sich, daß eine Senkung der Staatsausgaben zwar effektiver als eine Steuererhöhung auf die Lösung des Budgetproblems und im Falle des Transfers in Devisen auch auf die Lösung des Transferproblems hinwirkt, daß der damit verbundene höhere Einkommensrückgang allerdings auch einen schärferen Einschnitt für die Wirtschaftssubjekte des Geberlandes bedeutet. Der Rückgang des Angebotes an öffentlichen Gütern im Falle der Staatsausgabenrückführung im Vergleich zu dem Rückgang des zum privaten Konsum zur Verfügung stehenden Einkommens im Falle der Steuerfinanzierung führt unter Wohlfahrtsaspekten ebenfalls zu unterschiedlichen Ergebnissen der beiden Finanzierungsformen. Hohe marginale Nachfrageausfälle erweisen sich bei der Lösung des Budgetproblems als hilfreich, ebenso ein geringer Anteil des marginalen Steuersatzes an den Nachfrageausfällen, da unter diesen Umständen ein Budgetausgleich mit vergleichsweise geringen Einkommensrückgängen verbunden ist. Neben der konkreten Höhe des Transfermultiplikators bestimmen die Kassenhaltungsgewohnheiten und die Art der Aufbringung des Transfers das Zusammenspiel der Initialeffekte. Der Transfer in Inlandswährung gestaltet sich insbesondere deswegen leichter, weil zu erwarten ist, daß die Kassenfreisetzungseffekte der Transferaufbringung in diesem Fall höher sind. Die Herbeiführung eines sich anschließenden Realtransfers gestaltet sich hingegen schwieriger, da die Tendenz zu einem rein monetären Gegentransfer besonders ausgeprägt ist. Insbesondere im System fester Wechselkurse kann es zu einer monetären Begleitung des Transfers seitens der Notenbank kommen, der die notwendigen Anpassungssignale für einen realen Transfer verhindert oder zumindest verzögert. An dieser Stelle wurde besonders deutlich, daß Anpassungen mit vorwiegend monetärem Charakter zwar den Vorzug geringerer realer Einschnitte für das Geberland besitzen, der reale Transfer gegenüber dem Empfängerland jedoch gering ausfällt. Der Transfer in Devisen ist demgegenüber mit schärferen realen Einschnitten verbunden, die jedoch durch eine verstärkte Einbindung des Geberlandes in die internationale Arbeitsteilung gemildert werden können. Hilfreich sind in diesem Fall flexible Wechselkurse, die aufgrund der entstehenden Abwertungstendenz neben Preis- und Einkommenswirkung einen zusätzlichen Anpassungskanal darstellen. Feste Wechselkurse können unter diesen Umständen die Anpassung erschweren, da Einkommens- und Preisänderungen alleine auf einen Exportüberschuß hinwirken müssen und – gerade bei geringen internationalen Rückwirkungen – ein Reserveproblem der Notenbank drohen kann.

Die heute zu beobachtende hohe internationale Kapitalmobilität weist in bezug auf den Transfer zwei Facetten auf: Auf der einen Seite bietet sie die Möglichkeit, die realen Anpassungszwänge mit Hilfe eines monetären Gegentransfers zu überbrücken, auf der anderen Seite können unvorhersehbare kapitalmarktbestimmte Wechselkursreaktionen den den Realtransfer herbeiführenden Anpassungsreaktionen hingegen abträglich sein. Wie in Kapitel II-D beschrieben, kann dieser Fall bei einem Transfer in inländischer Währung auftreten, wenn die Transferaufbringung mit einer Aufwertung verbunden ist und der Außenbeitrag schneller als binnenländische Parameter auf die Wechselkursänderung reagiert. Die Anpassung an ein neues simultanes Gleichgewicht erfolgt unter solchen Voraussetzungen vermutlich nicht graduell, sondern unter großer Instabilität der Wechselkurse. Entscheidend für die Anpassung ist die Art und Weise der Erwartungsbildung am Devisenmarkt, die aufgrund von Ausmaß und Reagibilität der Kapitalströme andere Märkte entscheidend mitbeeinflußt. Auch ein geringer Anteil spekulativen Kapitals kann bei dem derzeit vorherrschenden Volumen der Kapitalströme (Schätzungen bewegen sich in einer Bandbreite von etwa 2000 - 4000 Milliarden DM Tagesumsatz weltweit, punktuell sogar noch höher) zu heftigen Kursschwankungen an Wertpapier- und Devisenmärkten führen, deren Auswirkungen mit einer Gleichgewichtstheorie prinzipiell nicht zu beschreiben sind: Rationale Marktteilnehmer müssen unter diesen Umständen erkennen, daß sie ein bewegliches Ziel verfolgen und nicht etwa ein zukünftiges Gleichgewicht antizipieren können.

Dennoch gilt: Betrachtet man Budgetaufbringung, monetären Transfer und die Rückwirkungseffekte in ihrer Gesamtheit, stellt eine Einbindung der am Transfer beteiligten Länder in die internationale Arbeitsteilung die beste Voraussetzung für das Gelingen des Realtransfers dar. Wichtigste Faktoren sind die höheren direkten Nachfrage-Effekte, darüber hinaus ist zu vermuten, daß die Abfolge der Transfereffekte in den einzelnen geschilderten Phasen schneller und reibungsloser vonstatten geht, so daß der temporäre monetäre Gegentransfer geringer ausfällt. Die Unterscheidung eines kurz- und eines langfristigen Gleichgewichts erlaubt es, den monetären Gegentransfer in Abhängigkeit der langsameren realen Anpassungen darzustellen. Je kurzfristiger dabei die expansiven Rückwirkungen aus dem Empfängerland auftreten, desto geringer bleiben die notwendigen Anpassungen monetärer und realer ökonomischer Größen. Charakteristisch für den Transferablauf ist es, daß eine temporäre Geldknappheit – verursacht durch die in der Transferkasse gebundenen Mittel – zu Preissenkungstendenzen führt. Eine Notenbankpolitik, die konsequent auf Preisniveaustabilität ausgerichtet ist, kann vor diesem Hintergrund den Ablauf des Transfers stören oder gar blockieren, da die durch den Transfer bewirkte relative Verschiebung in der internationalen Kassenhaltung stets neutralisiert werden kann, so daß sich über Substitutionseffekte hinaus keine realen Wirkungen entfalten.

Im realwirtschaftlichen Teil konnte gezeigt werden, daß das von SAMUELSON entwickelte Ausgaben-Kriterium im Zusammenhang mit den Handelsstrukturen Aussagen über die Tendenz der terms of trade-Veränderung erlaubt. Bei präferenzdeterminierter Handelsstruktur ergibt sich im Zwei-Länder-Modell eine terms of trade-Verbesserung für das Geberland, da der Transfer die bestehende Diskrepanz von Ressourcenverteilung und Konsumwünschen verstärkt. Per se resultiert daraus auch eine Intensivierung der Handelsbeziehung, die konkrete Entwicklung des Handelsvolumens hängt jedoch vorwiegend davon ab, ob das transferierte Gut im Geberland oder im Empfängerland in Relation zu anderen Gütern bevorzugt wird. Für die in den Welthandelsbeziehungen überwiegend anzutreffenden angebotsdeterminierten Handelsstrukturen zwischen zudem zahlreichen Ländern konnte gezeigt werden, daß eine Verschlechterung der terms of trade wahrscheinlich ist. Zwar ist es richtig, in dieser Verschlechterung eine zusätzliche Last für das Geberland zu erblicken, allerdings muß auch berücksichtigt werden, daß die Verschlechterung an sich das Resultat der Optimierungsbestrebungen der Wirtschaftssubjekte ist. Je besser es dem Geberland gelingt, sich den Bedürfnissen des Empfängerlandes anzupassen, desto geringer werden solche Änderungen der Preisrelation(en) ausfallen.

Die genaue Betrachtung der Reallokationseffekte offenbarte eine Asymmetrie zwischen den beteiligten Ländern in der jeweiligen Reaktion der Faktoreinsatzverhältnisse. Die Faktor-Reallokation zwischen den Produktionssektoren muß zu einem größeren Teil von dem Land erbracht werden, das seinen Spezialisierungsvorteil einbüßt. Bei einem Gütertransfer, der für das Geberland zu einer terms of trade-Verschlechterung führt, wirken somit drei Faktoren nachteilig auf die Wohlfahrt: der Gütertransfer selbst, die Verringerung des Spezialisierungsvorteils und die Verringerung des Handelsvorteils. Allerdings wird letzterer etwas kompensiert durch den Rückgang des Handelsvolumens. Auch in dieser Hinsicht gilt wieder, daß die Nachteile aus dem Transfer um so geringer ausfallen, je besser eine Adaption an die Präferenzen des Empfängerlandes gelingt.

Das Zusammenspiel von Güterproduktion und -verwendung in den am Transfer beteiligten Ländern wird entscheidend geprägt durch die Art des Transfers, d.h. durch die investive oder konsumtive Verwendung der transferierten Güter. Während beim Transfer von Konsumgütern die Art des Gutes vornehmlich die Handelsintensität bestimmt, bewirkt ein Faktortransfer – möglicherweise dauerhaft – eine Veränderung der komparativen Kostenvorteile. Das Ergebnis des Faktortransfers reagiert dabei sehr sensibel auf Annahmen in bezug auf die Entstehung der komparativen Kostenvorteile. In einer Welt der RICARDO-Güter bewirkt die Umverteilung eine verstärkte Spezialisierung und damit verbunden eine Intensivierung des Handels, von dem in diesem Fall das Geberland profitiert. Der Grund der terms of trade-Verbesserung liegt in der relativen Verknappung des Exportgutes des Geberlandes, bei einer gleichzeitigen Ausweitung der Exportgutproduktion im Empfängerland. Unter den Annahmen des HECKSCHER/OHLIN-Ansatzes konnte gezeigt werden, daß die Entwicklung der Produktions- und Handelsverhältnisse maßgeblich davon abhängt, ob die beteiligten Länder mit dem transferierten Faktor knapp oder reichlich ausgestattet sind.

Neben den angeführten monetären Begründungen wurde mit der realwirtschaftlichen Begründung intertemporaler Optimierungsbestrebungen eine weitere Erklärungsmöglichkeit des monetären Gegentransfers aufgezeigt. In einem Zwei-Perioden-Modell wurde gezeigt, daß der durch den Transfer auferlegten Budgetrestriktion zwar nicht ausgewichen werden kann, daß aber durch einen monetären Gegentransfer die Wohlfahrtseinbuße eines als temporär empfundenen Transfers vermindert werden kann. Ein als permanent empfundener Transfer führt nur unter zusätzlichen Annahmen – etwa unvollkommener Kapitalmärkte, Risikoaversion bei Unsicherheit oder divergierender Zeitpräferenzen zwischen den Ländern – zu einem monetären Gegentransfer, die empirische Relevanz solcher Optimierungsüberlegungen mit Bezug auf den Transfer ist jedoch schwer einzuschätzen. Der intertemporale Ansatz wurde zudem als eine für die Transfertheorie wertvolle Ergänzung im Hinblick auf die im Transferprozeß wirkenden Realkasseneffekte aufgezeigt.

Die Frage, welche Art von Gütern unter Optimierungsgesichtspunkten in einem Gütertransfer enthalten sind, und welche der oben beschriebenen Wirkungen dementsprechend erwachsen, konnte im Rahmen der hier verwendeten realwirtschaftlichen Modelle nicht mit Bestimmtheit beantwortet werden. Ein monetärer Transfer ist prinzipiell in seiner Verwendung nicht vorbestimmt. Analog zum berühmten Ausspruch KEYNES' "money is not earmarked"[267] ist auch die These, daß einem Transferbetrag seine spätere Verwendung nicht anzusehen ist, nicht von der Hand zu weisen. Die in der Praxis häufig vorzufindende Bindung des monetären Transfers an Verwendungsauflagen entschärft diese Frage nur zum Teil. Zwar ist damit die Struktur des Transfers im Zuge der direkten Effekte im großen und ganzen vorgegeben (wie in der realen Theorie unterstellt), für die – gerade im Fall des verzögernden monetären Gegentransfers umfangreichen – indirekten Effekte mit ihren unterschiedlichen Anpassungskanälen stellt sich die Frage nach der Art des Transfers jedoch erneut.

---

267 KEYNES spielte darauf an, daß einem bestimmten Geldbetrag nicht anzusehen sei, zu welchem konkreten Kassenhaltungszweck dieser gehalten wird.

Anhang

Herleitung der Modell-Gleichungen in Abschnitt I-E-4[267]

In einem ersten Schritt wird die Interdependenz der multiplen Einkommensveränderung berücksichtigt. Bei totaler Differentation der Gleichungen (I-1), (I-2) und (I-3) erhält man:

$$(4)\ dY^A = d\overline{A}^A + \frac{\partial A^A}{\partial Y^A} dY^A + d\overline{Im}^B + \frac{\partial Im^B}{\partial Y^B} dY^B - d\overline{Im}^A - \frac{\partial Im^A}{\partial Y^A} dY^A$$

$$(5)\ dY^B = d\overline{A}^B + \frac{\partial A^B}{\partial Y^B} dY^B + d\overline{Im}^A + \frac{\partial Im^A}{\partial Y^A} dY^A - d\overline{Im}^B - \frac{\partial Im^B}{\partial Y^B} dY^B$$

$$(6)\ dLBS^A = d\overline{Im}^B + \frac{\partial Im^B}{\partial Y^B} dY^B - d\overline{Im}^A - \frac{\partial Im^A}{\partial Y^A} dY^A$$

Geordnet nach autonomen und einkommensabhängigen Komponenten ergibt sich daraus das folgende Gleichungssystem:

$$(4a)\quad \left(1 - \frac{\partial A^A}{\partial Y^A} + \frac{\partial Im^A}{\partial Y^A}\right) dY^A \qquad - \frac{\partial Im^B}{\partial Y^B} dY^B \qquad = d\overline{A}^A + d\overline{Im}^B - d\overline{Im}^A$$

$$(5a)\quad \frac{\partial Im^A}{\partial Y^A} dY^A + \left(1 - \frac{\partial A^B}{\partial Y^B} + \frac{\partial Im^B}{\partial Y^B}\right) dY^B = d\overline{A}^B + d\overline{Im}^A - d\overline{Im}^B$$

$$(6a)\quad \frac{\partial Im^A}{\partial Y^A} dY^A \qquad - \frac{\partial Im^B}{\partial Y^B} dY^B + dLBS^A = d\overline{Im}^B - d\overline{Im}^A$$

Die einkommensabhängigen Komponenten können durch die bekannten Verhaltenskoeffizienten abgekürzt werden:

$$\left(1 - \frac{\partial A^A}{\partial Y^A}\right) = h^A, \quad \left(1 - \frac{\partial A^B}{\partial Y^B}\right) = h^B, \quad \frac{\partial Im^A}{\partial Y^A} = m^A \text{ und } \quad \frac{\partial Im^B}{\partial Y^B} = m^B$$

Schreibt man das Gleichungssystem in der Matrixform Ax = b, so erhält man:

$$\begin{pmatrix} (h^A + m^A) & -m^B & 0 \\ -m^A & (h^B + m^B) & 0 \\ m^A & -m^B & 1 \end{pmatrix} \begin{pmatrix} dY^A \\ dY^B \\ dLBS^A \end{pmatrix} = \begin{pmatrix} d\overline{A}^A + d\overline{Im}^B - d\overline{Im}^A \\ d\overline{A}^B + d\overline{Im}^A - d\overline{Im}^B \\ d\overline{Im}^B - d\overline{Im}^A \end{pmatrix}$$

---

267 Vgl. auch JARCHOW, H.-J./RÜHMANN, P.: Monetäre Außenwirtschaftslehre I: Monetäre Außenwirtschaftstheorie, 4. Aufl., Göttingen 1994, S. 325 ff.

Da es sich bei der Matrix A um eine quadratische Matrix handelt, kann die CRAMERsche Regel zur Lösung herangezogen werden. Als Determinante von A erhält man:

$$\det A = \det\begin{pmatrix} (h^A + m^A) & -m^B & 0 \\ -m^A & (h^B + m^B) & 0 \\ m^A & -m^B & 1 \end{pmatrix}$$

$$= (h^A + m^A)\cdot(h^B + m^B) + 0 + 0 - (0 + m^A \cdot m^B + 0)$$

$$= h^A \cdot h^B + h^A \cdot m^B + m^A \cdot h^B + m^A \cdot m^B - m^A \cdot m^B$$

$$= h^A \cdot h^B + h^A \cdot m^B + h^B \cdot m^A$$

Für det A1 erhält man:

$$\det A1 = \det\begin{pmatrix} d\overline{A}^A + d\overline{Im}^B + d\overline{Im}^A & -m^B & 0 \\ d\overline{A}^B + d\overline{Im}^A + d\overline{Im}^B & (h^B + m^B) & 0 \\ d\overline{Im}^B + d\overline{Im}^A & -m^B & 1 \end{pmatrix}$$

$$= (d\overline{A}^A + d\overline{Im}^B - d\overline{Im}^A)\cdot(h^B + m^B)$$

$$+ 0 + 0 - \left[-m^B \cdot (d\overline{A}^B + d\overline{Im}^A - d\overline{Im}^B)\right] + 0 + 0$$

$$= h^B \cdot d\overline{A}^A + h^B \cdot d\overline{Im}^B - h^B \cdot d\overline{Im}^A + m^B \cdot d\overline{A}^A + m^B \cdot d\overline{Im}^B$$

$$- m^B \cdot d\overline{Im}^A + m^B \cdot d\overline{A}^B + m^B \cdot d\overline{Im}^A - m^B \cdot d\overline{Im}^B$$

$$= (h^B + m^B)\cdot d\overline{A}^A + h^B \cdot (d\overline{Im}^B - d\overline{Im}^A) + m^B \cdot d\overline{A}^A$$

Für det A2 erhält man entsprechend:

$$\det A2 = (h^A + m^A)\cdot d\overline{A}^B + h^A \cdot (d\overline{Im}^A - d\overline{Im}^B) + m^A \cdot d\overline{A}^B$$

Für det A3 erhält man:

$$\det A3 = -h^B \cdot m^A \cdot d\overline{A}^A + h^A \cdot m^B \cdot d\overline{A}^B + h^A \cdot h^B \cdot (d\overline{Im}^B - d\overline{Im}^A)$$

Als Lösung des Gleichungssystems erhält man:

$$dY^A = \frac{(h^B + m^B)\cdot d\overline{A}^A + h^B \cdot (d\overline{Im}^B - d\overline{Im}^A) + m^B \cdot d\overline{A}^B}{h^A \cdot h^B + h^A \cdot m^B + h^B \cdot m^A}\cdot T$$

$$dY^B = \frac{(h^A + m^A)\cdot d\overline{A}^B + h^A \cdot (d\overline{Im}^A - d\overline{Im}^B) + m^A \cdot d\overline{A}^A}{h^A \cdot h^B + h^A \cdot m^B + h^B \cdot m^A}\cdot T$$

$$dLBS^A = \frac{-h^B \cdot m^A \cdot d\overline{A}^A + h^A \cdot m^B \cdot d\overline{A}^B + h^A \cdot h^B \cdot (d\overline{Im}^B - d\overline{Im}^A)}{h^A \cdot h^B + h^A \cdot m^B + h^B \cdot m^A} \cdot T$$

Durch Substitution von

$$d\overline{Im}^A = - m'^A \cdot T,$$
$$d\overline{Im}^B = m'^B \cdot T,$$
$$d\overline{A}^A = - (1 - h'^A) \cdot T \text{ und}$$
$$d\overline{A}^B = (1 - h'^B) \cdot T$$

(zu den Gleichungen vgl. S. 39) in den obigen Gleichungen erhält man (I-4), (I-5) und (I-6).

Darstellungsformen des monetären Kriteriums der terms of trade-Veränderung

Aus dem realen Kriterium läßt sich ein monetäres Kriterium entwickeln, im folgenden Beispiel dargestellt anhand des Kriteriums einer terms of trade-Verschlechterung:

$$c'^A_1 \cdot c'^B_2 - c'^A_2 \cdot c'^B_1 > 0 \text{ oder } c'^A_1 \cdot c'^B_2 > c'^A_2 \cdot c'^B_1$$

Wenn keines der beiden Güter inferior ist, bedeutet dies, daß die Überschußnachfrage nach einem Gut durch den Anstieg des relativen Preises dieses Gutes abgebaut wird, das System ist stabil.[268] In diesem Fall läßt sich das Kriterium umformen zu:

$$\frac{c'^A_1}{c'^A_2} - \frac{c'^B_1}{c'^B_2} > 0, \quad \frac{\frac{dx^A_1}{dy^A}}{\frac{dx^A_2}{dy^A}} - \frac{\frac{dx^B_1}{dy^B}}{\frac{dx^B_2}{dy^B}} > 0, \text{ oder } \frac{dx^A_1}{dx^A_2} \cdot \frac{dy^A}{dy^A} - \frac{dx^B_1}{dx^B_2} \cdot \frac{dy^B}{dy^B} > 0, \text{ oder}$$

$$\frac{dx^A_1}{dx^A_2} \cdot \frac{dy^A}{dy^A} > \frac{dx^B_1}{dx^B_2} \cdot \frac{dy^B}{dy^B}$$

268 Vgl. JOHNSON H.G.: The Transfer Problem: A Note on Criteria for Changes in Terms of Trade, in: Economica, Vol. 22 (1955), S. 113.

Dieser Ausdruck bezeichnet das *reale Kriterium* als Veränderung des physischen Konsums bei Änderung des Einkommens. Das Einkommen kann sowohl in Einheiten von x_1 oder x_2 angegeben sein, die Umrechnung erfolgt anhand des Preisverhältnisses p_2/p_1 bzw. x_1/x_2. Da die Gütergrößen von empfangenem und geleistetem Einkommenstransfer gleich sind, ist dies unproblematisch: $-dy^A = dy^B$. Dieses Kriterium läßt sich durch Multiplikation mit den Güterpreisen in ein *monetäres Kriterium* [C′ bezeichnet dabei den nominalen Wert der marginale Ausgaben $(c' \cdot p)$] transformieren:

$$\frac{\frac{c'^A_1 \cdot p^A_1}{p^A_1}}{\frac{c'^A_2 \cdot p^A_2}{p^A_2}} - \frac{\frac{c'^B_1 \cdot p^B_1}{p^B_1}}{\frac{c'^B_2 \cdot p^B_2}{p^B_2}} > 0, \quad \frac{\frac{C'^A_1}{p^A_1}}{\frac{C'^A_2}{p^A_2}} - \frac{\frac{C'^B_1}{p^B_1}}{\frac{C'^B_2}{p^B_2}} > 0, \quad \text{oder} \quad \frac{C'^A_1}{C'^A_2} \cdot \frac{p^A_2}{p^A_1} - \frac{C'^B_1}{C'^B_2} \cdot \frac{p^B_2}{p^B_1} > 0,$$

Bei Gültigkeit des internationalen Preiszusammenhangs entspricht die Preisrelationen p_2/p_1 in Land A der in Land B, es gilt $p_2{}^A/p_1{}^A = p_2{}^B/p_1{}^B$. In diesem Fall kann man durch die Preisrelation p_2/p_1 kürzen und erhält ein generelles monetäres Kriterium:

$$\frac{C'^A_1}{C'^A_2} - \frac{C'^B_1}{C'^B_2} > 0, \text{ oder } \frac{C'^A_1}{C'^A_2} > \frac{C'^B_1}{C'^B_2}$$

Betrachtet man *nur die beiden Handelsgüter*, keine Binnengüter und keine Verwendung des Einkommens für Ersparnisse, addieren sich die monetären marginalen Ausgabeneigungen zu 1: $C'^A_1 + C'^B_1 = 1$ für Gut 1 und $C'^A_2 + C'^B_2 = 1$ für Gut 2, in diesem Fall entspechen die gesamten Ausgaben dem gesamten Einkommen. Angewendet auf das Kriterium bedeutet dies, daß für eine terms of trade-Verschlechterung die marginale Ausgabenneigung für das Exportgut des Geberlandes im Empfängerland kleiner sein muß:

$$C'^A_1 - C'^B_1 > 0, \text{ oder } C'^A_1 > C'^B_1, \text{ bzw.}$$

$$C'^B_2 - C'^A_2 > 0, \text{ oder } C'^B_2 > C'^A_2$$

Man kann zeigen, daß dieses Kriterium mit dem klassischen Kriterium identisch ist, indem man nur die *Importgüter* betrachtet:

$$\frac{C'^A_1}{C'^A_2} - \frac{C'^B_1}{C'^B_2} > 0, \text{ läßt sich umformen zu } \frac{1 - C'^A_2}{C'^A_2} - \frac{C'^B_1}{1 - C'^B_1} > 0$$

Dieses Kriterium vereinfacht sich zu:

$$C'^{A}_{2} + C'^{B}_{1} - 1 < 0 \qquad \text{oder} \qquad C'^{A}_{2} + C'^{B}_{1} < 1$$

Dies entspricht dem klassischen Kriterium, wonach sich die marginalen Importneigungen zu 1 ergänzen müssen.[269] Betrachtet man allein die Exportgüter, so ergibt sich das Kriterium:

$$1 - C'^{A}_{2} - C'^{B}_{1} < 0 \qquad \text{oder} \qquad C'^{A}_{2} + C'^{B}_{1} > 1$$

Tab. A-1 faßt die Darstellungsformen der Kriterien zusammen:

Kriterien für terms of trade-Verschlechterung	**Reales Kriterium**	**Monetäres Kriterium**
1)	$c'_1{}^B - c'_1{}^A < 0$	$C'_1{}^B - C'_1{}^A < 0$
2)	$c'_1{}^B \cdot c'_2{}^A - c_2{}^B \cdot c'_1{}^A < 0$	$C'_1{}^B \cdot C'_2{}^A - C'_2{}^B \cdot C'_1{}^A < 0$
3)	$c'_1{}^B/c'_2{}^B - c'_1{}^A/c'_2{}^A < 0$	$C'_1{}^B/C'_2{}^B - C'_1{}^A/C'_2{}^A < 0$
4)		$C'_1{}^B + C'_2{}^A - 1 < 0$
5)		$C'_2{}^A - C'_2{}^B < 0$
6)		$1 - C'_2{}^B - C'_1{}^A < 0$

1) Vergleich der (Ausgabe-)Neigungen für Gut 1
2) Vergleich der Relation der (Ausgabe-)Neigungen
3) Vergleich der Relation der (Ausgabe-)Neigungen (Nur wenn keine inferioren Güter)
4)Vergleich der Ausgabeneigungen für Importgüter
5) Vergleich der Ausgabeneigungen für Gut 2
6) Vergleich der Ausgabeneigungen für Exportgüter

Tab. A-1: Kriterien für terms of trade-Verschlechterung

---

269 Vgl. SAMUELSON, P.A.: The Transfer Problem and Transport Costs: The Terms of Trade When Impediments are Absent, in: Economic Journal, Vol. 62 (1952), S. 286.

Literaturverzeichnis

ALEXANDER, S.S.: Effects of a Devaluation on a Trade Balance, in: IMF Staff Papers, 2 1951/52, S. 263 - 278.

BALASKO, Y.: The Transfer Problem and the Theory of Regular Economics, in: Journal of Mathematical Economics, Vol. 1 (1974), S. 209 - 211. Auch in: International Economic Review, Vol. 19 (1978), S. 687 - 694.

BASTABLE, C.: On Some Applications of the Theory of International Trade, in: Quarterly Journal of Economics, Vol. 4 (1889), S. 16 ff.

BAUMGARTNER, M./GÖCKE, M.: Einkommens- und Zinseffekte internationaler monetärer Transfers, in: WiSt, 26. Jg. (1997), S. 334 - 340.

BERTHELEMY, J.-C.: The Transfer Paradox in a Non-Walrasian Context, in: Weltwirtschaftliches Archiv, Vol. 124 (1988), S. 420 - 434.

BHAGWATI, J.N./BRECHER, R.A./HATTA, T.: The Generalized Theory of Transfer and Welfare: Bilateral Transfers in a Multilateral World, in: The American Economic Review, Vol. 73 (1983), S. 606 - 618.

BHAGWATI, J.N./BRECHER, R.A./HATTA, T.: The Paradox of Immizerizing Growth and Donor-Enriching "Recipient-Immiserizing" Transfers: A Tale of Two Literatures, in: Weltwirtschaftliches Archiv, Vol. 120 (1984), S. 228 - 243 (auch in: International Research Center, Columbia University, Paper No. 15, 1982.)

BHAGWATI, J.N./BRECHER, R.A./HATTA, T.: The Generalized Theory of Transfer and Welfare: Exogenous (Policy-Imposed) and Endogenous (Transfer-Induced) Distortions, in: Quarterly Journal of Economics, Vol. 100 (1985), S. 697 - 714.

BORCHERT, M.: Außenwirtschaftslehre, 3. Aufl., Wiesbaden 1987.

BROCK, P.L.: International transfers, the relative price of non-traded good, and the current account, in: Canadian Journal of Economics, Vol. 29 (1996), S. 163 - 180.

CAIRNES, J.E.: An examination into the principles of Currency, 1854, S. 34 - 36.

CAIRNES, J.E.: Some Leading Principles of Political Economy Newly Expounded, 1874, S. 360 ff.

CAVES, R.E./JONES, R.W.: World Trade and Payments, Boston 1973, S. 455 - 464 und S. 476 - 480.

CAVES, R.E./JONES R.W.: World Trade and Payments, 6th ed., Boston 1993, S. 455 - 480.

CHIPMAN, J.S.: The Transfer Problem Once Again, in: HORWICH, G./SAMUELSON P.A. (Hrsg.): Trade, Stability, and Macroeconomics – Essays in Honor of Lloyd A. Metzler, New York/London 1974.

CHIPMANN, J.S.: The Transfer Problem and the Theory of Foreign Exchanges, in: FEIWEL, G.R. (Hrsg.): Joan Robinson and Modern Economic Theory, New York 1989, S. 739 - 773.

CHICHILNISKY, G.: Basic Goods, the Effect of Commodity Transfers and the International Economic Order, in: Journal of Development Economics, Vol. 7 (1980), S. 505 - 519.

CHICHILNISKY, G.: The Transfer Problem with Three Agents Once Again, in: Journal of Development Economics, Vol. 13 (1983), S. 237 - 248.

DODD, R.: Jubilee or Apocalypse: Debt Forgiveness and Capital Transfers in an Interdependent World Economy, Ann Arbor (Michigan) 1990.

DORNBUSCH, R.: Currency Depreciation, Hoarding, and Relative Prices, in: Journal of Political Economy, Vol. 81 (1973), S. 893 - 915.

DORNBUSCH, R.: Devaluation, Money and Nontraded Goods, in: American Economic Review, Vol. 63 (1973), S. 871 - 880.

DORNBUSCH, R.: Expectations and Exchange Rate Dynamics, in: Journal of Political Economy, Vol. 84 (1976), S. 1167 - 1176.

DORNBUSCH, R.: Exchange Rate Economics: 1986, in: Economic Journal, Vol. 97 (1987), S. 1 - 18.

DUNG, T.H./ KUMAR, R.: The transfer problem under uncertainty, in: The Indian Economic Review, Vol. 24 (1989), S. 197 - 205.

FLASSBECK, H.: Freihandel, GATT und das internationale Währungssystem. in: Walter Eucken Institut (Hrsg.): Vorträge und Aufsätze 105, Tübingen 1985.

FLASSBECK, H.: Preise, Zins und Wechselkurs, Tübingen 1988.

FLASSBECK, H.: Die deutsche Vereinigung – ein Transferproblem, in: Wochenbericht des DIW 1995, S. 404 - 414.

FRENKEL, J.A./JOHNSON, H.G.: The Monetary Approach to the Balance of Payments: Essential Concepts and Historical Origins, in: FRENKEL, J.A./ JOHNSON, H.G. (Hrsg.): The Monetary Approach to the Balance of Payments, London 1976, S. 21 - 45.

FRENKEL, J.A./RAZIN, A.: Fiscal Politics and the World Economy, Cambridge (MA) 1987.

FRENKEL, J.A./RODRIGUEZ, C.A.: Portfolio Equilibrium and the Balance of Payments: A Monetary Approach, in: American Economic Review, Vol. 65 (1975), S. 674 - 688.

FRIES, T.: The Possibility of an Immiserizing Transfer under Uncertainty, in: Journal of International Economics, Vol. 15 (1983), S. 297 - 311.

GALE, D.: Exchange Equilibrium and Coalitions: An Example, in: Journal of Mathematical Economics, Vol. 1 (1974), S. 63 - 66.

GALOR, O./POLEMARCHAKIS, H.M.: Intertemporal Equilibrium and the Transfer Paradox, The Review of Economic Studies, Vol. 54 (1987), S. 147 - 156.

GÄRTNER, M.: Makroökonomik flexibler und fester Wechselkurse, 2. Aufl., Berlin u.a. 1997.

GERVAIS, I.: The System of Theory of The Trade of The World [1720], in: John Hopkins University Press: Economic Tracts, 1956.

HABERLER, G.: Der internationale Handel, Berlin 1933.

HALL, R.E.: Intertemporal Substitution in Consumption, in: Journal of Political Economy, vol. 96 (1988), S. 339 - 357.

HARROD, R.F.: International Economics, London 1939, S. 81 - 102.

HAUSER, H./SCHANZ, K.U.: Das neue GATT, München/Wien 1995.

HAYEK, F.A.: Monetary Mechanisms and International Stability. London/New York 1937, S. 63 f.

HOYER, W.H.: Vermögenseffekte des Geldes. Theoretische Ansätze zur Rolle des Geldes als Vermögensobjekt im Wirtschaftsprozeß, Frankfurt a.M./Bern/Las Vegas 1978.

HUME, D.: Political Discourses (1752), in: Essays, Moral, Political and Literary, 1875, S. 330 - 345.

JAEGER, K.: Gleichgewicht, ökonomisches, in: HdWW, Bd. 3. Göttingen/ Stuttgart/Tübingen 1981, S. 671 - 699.

JARCHOW, H.-J./RÜHMANN, P.: Monetäre Außenwirtschaftslehre I: Monetäre Außenwirtschaftstheorie, 4. Aufl., Göttingen 1994, S. 124 ff.

JOHNSON, E. (ed.): The Collected Writings of John Maynard Keynes, Vol. XVIII: The End of the Reparations, London/Basingstoke 1978.

JOHNSON, H.G.: The Transfer Problem: A Note on Criteria for Changes in Terms of Trade, in: Economica, Vol. 22 (1955), S. 113 - 121.

JOHNSON, H.G.: The Transfer Problem and Exchange Stability, in: Journal of Political Economy, Vol. 64 (1956), S. 212 - 225 (P2214)

JOHNSON, H.G.: Towards a General Theory of the Balance of Payments, in: International Trade and Economic Growth, London 1958.

JOHNSON, H.G.: The Monetary Approach to the Balance of Payments Theory, in: Journal of Financial and Quantitative Analysis, Vol. 7 (1972), S. 1555 - 1572.

JONES, R.W.: The Transfer Problem Revisited, in: Economica, Vol. 37 (1970), S. 178 - 184.

JOPLIN, T.: Currency Reform: Improvement, not Depreciation, 1844, S. 14 f.

KALDOR: Speculations and economic stability, in KALDOR, N.: Essay on Economic Stability and Growth, London 1960, S. 31.

KEYNES, J.M.: The Economic Consequences of the Peace [New York 1920], in: The Collected Writings of John Maynard Keynes, Vol. II, London/ Basingstoke 1971.

KEYNES, J.M.: The Transfer Problem, in: Economic Journal, Vol. 39 (1929), S. 1 - 7.

KEYNES, J.M.: The Reparation Problem: A Rejoinder, in: Economic Journal, Vol. 39 (1929), S. 178 - 182.

KEYNES, J.M.: Views on the Transfer Problem: A Reply, in: Economic Journal, Vol. 39 (1929), S. 404 - 408.

KEYNES, J.M.: The General Theory of Employment, Interest and Money, London 1936.

KINDLEBERGER, C.P.: International Economics, 3rd ed., Homewood 1963, S. 373 ff.

KONRAD, A.: Zahlungsbilanztheorie und Zahlungsbilanzpolitik, München 1981.

LANCASTER, K.: The Heckscher-Ohlin Trade Modell: A Geometrical Treatment, in: Economica, Vol. 24 (1957), S. 19 ff.

LAURENSEN, S./METZLER, L.A.: Flexible Exchange Rates, in: METZLER, L.A.: Collected Papers, Cambridge 1973, S. 277 f.

LEONTIEF, W.: Note on the Pure Theory of Capital Transfer, in: Explorations in Economics, Notes and Essays Contributed in Honor of F.W. Taussig, New York 1936, S. 84 - 91.

LI, J./MAYER, W.: The transfer problem with supply effects: presumption for terms of trade changes, in: Canadian Journal of Economics, Vol. 23 (1990), S. 896 - 907.

LONGFIELD, M.: Banking and Currency, Part I, in: Dublin University Magazine, Vol. 15 (1840).

MACDONALD, R.: Floating Exchange Rates. Theory and Evidence, London 1988, S. 59 ff.

MACHLUP, F.: The Transfer Problem Revisited, in: MACHLUP, F.: International Payments, Debts, and Gold, New York, 1964, S. 433 - 446.

MACKSCHEIDT, K.: Der internationale Ausgleich der Faktorpreise, Berlin 1967.

MARSHALL, A.: Principles of Economics, 8th ed., London/Basingstoke 1920.

MEADE, J.E.: The Balance of Payments, Vol. 1, London 1951.

MEADE, J.E.: A Geometry of International Trade, London 1952.

METZLER, L.A.: The Transfer Problem Reconsidered, in: Journal of Political Economy, Vol. 50 (1942), S. 297 - 414.

METZLER, L.A.: The Theory of International Trade. in: ELLIS, H.S. (ed.): A Survey of Contemporary Economics, Philadelphia/Toronto 1949, S. 210 - 254.

METZLER, L.A.: A Multiple-Country Theory of Income Transfers, in: Journal of Political Economy, Vol. 59 (1951), S. 14 - 29.

MILL, J.S.: Some unsettled Questions of Political Economy, London 1844, S. 41 - 43.

MILL, J.S.: Principles of Political Economy, London 1848.

MOOKERJEE, S.: Factor Endowments and International Trade, Bombay et.al. 1958.

MUNDELL, R.A.: The Pure Theory of International Trade, in: The American Economic Review, Vol. 19 (1960), S. 67 - 110.

MUNDELL, R.A.: International Economics, New York/London 1968, insbesondere S. 17 - 26.

MUSSA, M.: Tariffs and the Balance of Payments: A Monetary Approach, in: FRENKEL, J.A./JOHNSON, H.G. (Hrsg.): The monetary Approach to the Balance of Payments, London 1976, S. 190 ff.

NIEHANS , J.: International Monetary Economics, Baltimore/London 1984.

NURSKE, R.: International Currency Experience, Genf 1944.

OHLIN, B. The Reparation Problem: A Discussion.Transfer Difficulties, Real and Imagined, in: Economic Journal, Vol. 39 (1929), S. 172 - 178.

OHLIN, B.: Mr. Keynes' Views on the Transfer Problem: A Rejoinder, in: Economic Journal, Vol. 39 (1929), S. 400 - 404.

PATINKIN, D.: Money, Interest and Prices: An Integration of Monetary and Value Theory, New York et. al. 1965.

PIGOU, C.A.: The Effect of Reparations on the Ratio of International Interchange, in: Economic Journal, Vol. 42 (1932), S. 532 - 543.

REISEN, H.: Über das Transferproblem hochverschuldeter Entwicklungsländer, Baden-Baden 1987, insb. S. 53 ff.

REISEN, H./van TROTSENBURG, A.: Developing Country Debt: The Budgetary and Transfer Problem, in: Development Centre of the Organisation for Economic Co-Operation and Development (ed.): Development Centre Studies, Paris 1988.

REUTER, M: Gleichgewichtswechselkurs, Zahlungsbilanzgleichgewicht und Budgetdefizite: theoretische Analyse zentraler Konzepte und postulierter Zusammenhänge der Außenwirtschaftstheorie, München 1989.

RICARDO, D.: On the Principles of Political Economy and Taxation [1821], in: SRAFFA, P. (ed.): The Works and Correspondence of David Ricardo, Vol. 1, Cambridge 1951, S. 224 ff.

RICARDO, D.: High Price of Bullion, appendix, in: Mc CULLOCH, J.R. (ed.): The Works of David RICARDO, 1852, S. 268 - 269.

ROBINSON, J.: The Foreign Exchanges, in: Essays in the Theory of Employment, New York 1937, S. 134 ff.

RÖPKE, W.: Zum Transferproblem bei internationalen Kapitalbewegungen, in: Jahrbücher für Nationalökonomie und Statistik, 133. Bd. (1930), S. 225 - 240.

RUEFF, M.J.: Mr. Keynes' View on the Transfer Problem: I. A Criticism, in: Economic Journal, Vol. 39 (1929), S. 388 - 399.

RYBCZYNSKI, T.M.: Factor Endowment and Relative Commodity Prices, in: Economica, Vol. 22 (1955).

SALVERSEN, H.K.: The Theory of International Trade in the U.S.A., in: Oxford Magazine, May 19, Vol. 20 (1927), S. 498 ff.

SAMUELSON, P.A.: International Factor Price Equalization Once Again, in: Economic Journal, Vol. 59 (1949), S. 181 ff.

SAMUELSON, P.A.: The Transfer Problem and Transport Costs: The Terms of Trade When Impediments are Absent, in: Economic Journal, Vol. 62 (1952), S. 278 - 304.

SAMUELSON, P.A.: The Transfer Problem and Transport Costs II: Analysis of the Effects of Trade Impediments, in: Economic Journal, Vol. 64 (1954), S. 264 - 289.

SAMUELSON, P.A.: On the Trail of Conventional Believes About the Transfer Problem, in: BHAGWATI, J. et. al. (eds.): Trade, Balance of Payment and Growth, North Holland 1971, Kap.15.

SARKAR, P./SINGER, H.W.: Debt pressure and the transfer burden of the Third World Countries, in: Asian Journal of Economics and Social Studies; Vol. 7 (1988), S. 255 - 267.

SARKAR, P.: Debt crisis of the less developed countries and the transfer debate once again. in: The journal of development studies, Vol. 27 (1991), 4; S. 84 - 101.

SCHOLL, F.: Die Zahlungsbilanz, in: BLIND, A. (Hrsg.): Umrisse der Wirtschaftsstatistik, Hamburg 1966.

SCHRÖDER, J.: Transfertheorie, in: HdWW, Bd. 8 (1980), S. 8 - 17.

SCHWARZ, A.J.: Sustained Recovery and the Trade Liberalization, How the Transfer Problem Can Be Solved, in: GIERSCH, H. (Hrsg.): The International Debt Problem, Kiel 1985, S. 133 - 144.

SELDEN, L.: A New Representation of Preferences over "Certain X Uncertain" Consumption Pairs: The "Ordinary Certainty Equivalent Hypothesis", in: Econometrica, Vol. 46 (1978), S. 1045 - 1060.

SIEBERT, H.: Außenwirtschaft, 6. Aufl., Stuttgart/Jena 1994.

STERN, R.M.: The Balance of Payments. Theory and Economic Policy, London/Basingstoke 1973, S. 242 - 269.

STÜVEN, V.: International Capital Transfers with Public Guarantees: A Principal Agent Analysis (Kieler Arbeitspapier Nr. 376 des Instituts für Weltwirtschaft an der Universität Kiel), Kiel 1989.

SWOBODA, A.K.: Monetary Policy under Fixed Exchange Rates, in: FRENKEL, J.A./JOHNSON, H.G.: The Monetary Approach to the Balance of Payments, London u.a. 1976.

TAUSSIG, F.W.: International Trade under Depreciated Paper, in: Quarterly Journal of Economics, Vol. 31 (1917).

TAUSSIG, F.W.: Germany's Reparation Payments, in: The American Economic Review, Vol. 10 (1920), S. 33 - 57.

TAUSSIG, F.W.: International Trade, New York 1927.

THORNTON, H.: An Inquiry into the Nature and Effects of the Paper Credit of Great Britain, 1802.

TITZRATH, A.: Wirkung internationaler Kapitalbewegungen auf Einkommen und Beschäftigung, Studie zum Stand der Transfertheorie, Köln 1959.

TORRENS, R.: The Budget, a Series of Letters on Financial, Commercial, and Colonial Policy, 1841 - 44, Letter II.

VINER, J.: Studies in the Theory of International Trade, New York 1937, S. 290 - 311 und S. 326 - 360.

WHEATLEY, J.: Report on the Reports of the Bank Committees, Shrewsbury 1819.

WICKSELL, K.: International Freights and Prices, Quarterly Journal of Economics, Vol. 32 (1918), S. 404 - 410.

WILLMS, M.: Internationale Währungspolitik, 2. Aufl., München 1995.

WIRTH, D.: Einseitige Kapitalübertragungen, Stuttgart 1960.

YANO, M.: Welfare Aspects of the Transfer Problem, in: Journal of International Economics, Vol. 15 (1983), S. 227 - 289.

YEAGER, L.B.: Absorption and Elasticity: A Fuller Reconsiliation, in: Economica, Vol. 37 (1970), S. 68 - 77.

Kolibri 360 GmbH
Ferdinand-Jühlke-Straße 7
99095 Erfurt, Deutschland
produktsicherheit@kolibri360.de

Druck:
CPI Druckdienstleistungen GmbH
im Auftrag der
Kolibri 360 GmbH
Ferdinand-Jühlke-Str. 7
99095 Erfurt